WENDLER

ANACHRONISMEN:
HISTORIOGRAFIE UND KINO

Diese Publikation ist im Rahmen des Internationalen Kollegs für
Kulturtechnikforschung und Medienphilosophie der Bauhaus-Universität
Weimar entstanden und wurde mit Mitteln des Bundesministeriums für
Bildung und Forschung gefördert.

SCHRIFTEN DES
INTERNATIONALEN KOLLEGS
FÜR KULTURTECHNIKFORSCHUNG UND MEDIENPHILOSOPHIE

Band 19

Eine Liste der bisher erschienenen Bände findet sich unter
www.ikkm-weimar.de/schriften

FILM DENKEN

herausgegeben von

LORENZ ENGELL
OLIVER FAHLE
VINZENZ HEDIGER
CHRISTIANE VOSS

ANDRÉ WENDLER

ANACHRONISMEN: HISTORIOGRAFIE UND KINO

WILHELM FINK

Bibliografische Information der Deutschen Nationalbibliothek

Die Deutsche Nationalbibliothek verzeichnet diese Publikation in der Deutschen Nationalbibliografie; detaillierte bibliografische Daten sind im Internet über http://dnb.d-nb.de abrufbar.

Alle Rechte, auch die des auszugsweisen Nachdrucks, der fotomechanischen Wiedergabe und der Übersetzung, vorbehalten. Dies betrifft auch die Vervielfältigung und Übertragung einzelner Textabschnitte, Zeichnungen oder Bilder durch alle Verfahren wie Speicherung und Übertragung auf Papier, Transparente, Filme, Bänder, Platten und andere Medien, soweit es nicht §§ 53 und 54 UrhG ausdrücklich gestatten.

© 2014 Wilhelm Fink, Paderborn
(Wilhelm Fink GmbH & Co. Verlags-KG, Jühenplatz 1, D-33098 Paderborn)

Internet: www.fink.de

Satz: Lena Haubner, Weimar
Einbandgestaltung: Evelyn Ziegler, München
Printed in Germany
Herstellung: Ferdinand Schöningh GmbH & Co. KG, Paderborn

ISBN 978-3-7705-5711-0

Ich widme dieses Buch Simon Ruf (1973–2001),
der zur rechten Zeit zur Stelle war, um mir zu zeigen,
wie wunderbar das Denken sein kann und
dann für immer von allen rechten Stellen verschwand.

A.W.

Inhalt

Einleitung..................................13

1 – Anachronismen, Kino und Historiografie

1. Sequenzanalyse: Shutter Island 22

    Akustische Erinnerung.....................22
    Geschichtston 28
    Bild und Geschichte 33

2. Anachronismen und Historiografie...........42

    Anachronistische Praktiken: Ranke und Meinecke...42
    Theorie des Anachronismus: Rancière 46
    Anachronismus oder Anachronismen?.........49

3. Eine kleine Genealogie der Anachronismen ...54

    Die frühneuzeitliche Chronologie als moderne Wissenschaft.........55
    Die Wartburg. Anachronismen im Historismus
    des neunzehnten Jahrhunderts 58
    1895: Post-Anachronismen 68
    Geschichte als Film: Simmel und Benjamin .72

4. Historiografie und Kino 81

    Materialistische Bilder-Geschichte........81
    Kino und Historiografie 85

INHALT

II – REFERENZ: CHRONIK DER ANNA MAGDALENA BACH

1. Sequenzanalyse 94

2. Referenzfiguren 101

Dokumente. 101
Rede der Anna Magdalena Bach 111
Vergangenes Geschehen und historisches Ereignis. 113
Zirkulierende Referenz. 117

3. Musik-Geschichte. 122

Die technologische Bedingung der Musik 124
(Gegen) Musik-Historismus 128

4. Geschichte über Geschichte. 133

Metahistorische Methode. 133
Die Historiografie über Bach in Berlin und Potsdam. 137
Zusammenfassung. 142

III – AKTEUR-NETZWERK: CLEOPATRA

1. Die Widersprüche. 146

Sequenzanalyse 146
Sehen und Lesen 153

2. Technologien der Zeit 165

Erzählung und Geschichte: White und Ricœur 165
Medien-Zeit. 171
CLEOPATRAS Zeittechnologien. 173

3. Cleopatra, das Spektakel 184

Der Cleopatra Look. 187
Zur Geschichte des Cleopatra Looks 202

4. Cleopatra, das Netzwerk 226

Inhalt

IV – Agentur: Caravaggio

1. Dinge des Films: Kracauer 232
2. Sequenzanalyse: Dinge der Gemälde 241
3. Anachronistische Dinge 254

   Caravaggios Schreibmaschinen, Taschenrechner,
   Glühlampen und Motorräder 254
   Quasi-Objekte 259
   Geschichte ohne Chronologie 263

4. Bilder als Dinge 273

   Stillstand und Bewegung 273
   Panoramen & Agenturen 288

5. Queere Geschichte 294

Schluss 303

Anhang

Sequenzprotokoll 1: Shutter Island 307
Sequenzprotokoll 2: Chronik der Anna Magdalena Bach 313
Sequenzprotokoll 3: Cleopatra 319
Sequenzprotokoll 4: Caravaggio 325

Filmverzeichnis 328

Literaturverzeichnis 329

Danksagung 341

Einleitung

Ein Anachronismus: Im Zentrum SHUTTER ISLANDS steht ein Mann und seine unentschiedene Identität. Dieser Mann, der von sich selbst und anderen einmal als Edward Daniels und einmal als Andrew Laeddis erkannt wird, befindet sich aus Gründen, die ebenfalls nicht zweifelsfrei zu klären sind, in einer Anstalt, von der sich schwer sagen lässt, ob sie eine Psychiatrie oder ein Gefängnis ist. Wer auch immer er ist und was auch immer genau sein Problem ist: Sein Trauma und sein Weg nach Ashcliffe liegen in der Vergangenheit und das Drama des Films entwickelt sich aus der Unmöglichkeit die Erinnerungen, Träume und Erzählungen der Vergangenheit mit den Diagnosen, Wahrnehmungen und Erkenntnissen der Gegenwart zur Deckung zu bringen. Insofern leidet der Mann mit den zwei Namen mehr an der Vergangenheit als an deren Ereignissen. Die Erzählung der filmischen Gegenwart mit der Dauer von ein paar Tagen wird ständig von Bildern und Sequenzen aus unterschiedlichen Vergangenheiten unterbrochen. Während diese Bilder hier und da eindeutig erinnernden Sprecher_innen zugewiesen werden können, brechen sie in den meisten Fällen unbestimmt in den Bilderfluss des Filmes ein. Erst im Nachhinein und nicht immer eindeutig können wir bestimmte Vergangenheitsbilder mit träumenden, halluzinierenden oder sich erinnernden Personen assoziieren. Inmitten einer dieser Vergangenheitssequenzen gibt

Abb. 0.1 – Teddy/Andrew mit der rückwärts rauchenden Zigarette, Shutter Island.

Abb. 0.2 – Begegnung von Marcus Antonius und Kleopatra in Tarsus. Kupferstich aus Neumark, 1651, Georg Neumarks von Mühlhausen aus Thür: Verhochteutschte Kleopatra, o. S.

Abb. 0.3 – Festmahl des Bacchus. Kupferstich aus Neumark, 1651, Georg Neumarks von Mühlhausen aus Thür: Verhochteutschte Kleopatra, o. S.

es zwei Einstellungen, in denen unser Vergangenheitspatient eine Zigarette im Mund hat. Diese wurde ihm eben von einer Person angezündet, die er als sein alter ego erkannt hat. Beim nächsten Schnitt hat sich die Person in seinen Partner Chuck verwandelt, der ihn warnt: »The clock's ticking my friend. We're running out of time.« Deutlich ist das Ticken einer Uhr auf der Tonspur zu hören. Mit einem Schrei verstummt die Uhr. Er wendet sich in Richtung Kamera. Ein weiterer Schnitt zeigt eine Totale des Raumes, in dem er ganz allein, geräuschlos steht. Der nächste Schnitt zeigt ihn, in Richtung der Kamera blickend mit der Zigarette im Mund (Abb. 0.1). Der Zigarettenrauch entweicht der Zigarette aber nicht, sondern er zieht sich in sie zurück. Nachdem eine weitere Einstellung zeigt, was er in diesem Moment Schreckliches sieht, sehen wir im Gegenschnitt noch einige Sekunden lang den Zigarettenrauch rückwärts strömen. Es handelt sich bei diesen Einstellungen nicht nur um einen Anachronismus, weil hier Einstellungen zu sehen sind, in denen die Zeit entgegen ihrer ›eigentlichen‹ Richtung rück-

Abb. 0.4 – Seeschlacht von Actium. Kupferstich aus Neumark, 1651, Georg Neumarks von Mühlhausen aus Thür: Verhochteutschte Kleopatra, o. S.

Abb. 0.5 – Tod der Kleopatra. Kupferstich aus Neumark, 1651, Georg Neumarks von Mühlhausen aus Thür: Verhochteutschte Kleopatra, o. S.

wärts läuft und auch nicht, weil dieser gewöhnliche Zeitverlauf in allen anderen Einstellungen des Filmes gewahrt wird. Ein Anachronismus ist vor allem auch deshalb in diesen Einstellungen zu sehen, weil sich am technologischen Zeitlauf des Filmes streng genommen gar nichts ändert. Sehen wir den Film im Kino, so läuft der Filmstreifen in dieser Einstellung mit der gleichen Geschwindigkeit und Regelmäßigkeit in die gleiche Richtung durch den Projektor, wie in allen anderen Einstellungen vorher und nachher. Obwohl die Zeit des Films unverändert voran schreitet, ändert die Zeit der projizierten Bilder für wenige Augenblicke die Richtung. Zudem sind diese Einstellungen durch die Montage in den übrigen Zeitlauf des Films integriert, als verliefe die Zeit in ihnen ›ganz normal‹.

Ein anderer Anachronismus: Georg Neumarks *Verhochteutschte Kleopatra* von 1651 ist die Übersetzung eines Lehrgedichtes des Niederländers Jacob Cats von 1637, »[…] vermöge unserer edlen Hochteutschen Sprache so viel müglich in reine Verse versetzet / mit vielen Lehrsprüchen und Gleichnüssen vermehret / mit

Historischen Erklährungen erleutert / und mit Kupferstükken ausgeziehret«.[1] Die Versform, die Rezeption, die Differenz zum niederländischen Original sowie die literarische Tradition, aus der das Werk stammt, sind gut erforscht.[2] Bereits auf der Textebene wimmelt es nur so von anachronistischen Redeweisen. Über Markus Antonius heißt es in den historischen Anmerkungen zur eigentlichen Versdichtung etwa: »Antonius des Redeners Marci Antonii Sohn / ist ein Zunfftmeister in Rom gewesen«.[3] An anderer Stelle wird zu Caesar erklärt: »Demnach aber Cesar […] vom Kassius und Brutus / auf dem Rahthause mit drey und zwantzig Wunden ermordet / ist Antonius hernachmals Oberster Bürgermeister worden«.[4] Weniger Beachtung als Neumarks Text haben seine Kupferstiche gefunden (Abb. 0.2 bis 0.5). Die durchweg kanonischen Themen (Kleopatras Begegnung mit Markus Antonius in Tarsus, Das Gastmahl des Bacchus, Die Seeschlacht von Actium, Der Tod Kleopatras) werden wiedergegeben, als handelte es sich um Szenen des siebzehnten Jahrhunderts. Angefangen bei der Kleidung der Soldaten und Kleopatras sowie ihrer Dienerinnen, über Frisuren und Bärte bis hin zur Architektur sind fast alle Elemente im Stil der Zeitgenossenschaft Neumarks ausgeführt. Nur wenige Elemente verweisen das Geschehen der Bilder in die römische Antike wie etwa das »SPQR« auf einem Schild am Schiff in der Schlacht von Actium.

Diese beiden Beispiele machen deutlich, warum es sich nicht nur allgemein lohnt den Blick auf Anachronismen zu richten, wenn man etwas über das Verhältnis von Medien und Geschichtsschreibung in Erfahrung bringen möchte, sondern sie zeigen auch, mit welchen spezifischen Problemen zu rechnen ist, wenn sich Geschichte in bewegten Bildern zuträgt. Offensichtlich genügt es nicht Anachronismen als historiografische Fehler einfach zurückzuweisen. Sie appellieren an einen medienanalytischen Blick, der die Umstände ihres Zustandekommens, ihre Funktionsweisen und Bedingungen freilegt. Neumarks anachronistische Begrifflichkeiten haben offenbar mit den mannigfachen Übersetzungsprozessen zwischen dem Griechisch Plutarchs, dem Niederländisch Cats' und seinem eigenen »Hochteutsch« zu tun. Die anachronistischen Kupferstiche fügen sich in die Tradition der Kleopatra-Darstellungen des siebzehnten Jahrhunderts ein (vgl. dazu Kap. 3). Ihre Kombination in ein und demselben Buch, die eine gegenseitige Erklärung und Lesbarkeit stiftet, lässt sich auf Gattungs- und Rezeptionsfragen zurückführen. Der Erfolg der Neumarkschen *Kleopatra*, die in zahlreichen Neuauflagen verbreitet wurde, deutet darauf hin, dass ihren Leser_innen um 1650 unser verstörter Blick auf ihre Anachronismen fremd war. Mindestens die Anwesen-

---

1 Georg Neumark, 1651, An den geneigten Leser. In: Georg Neumarks von Mühlhausen aus Thür: Verhochteutschte Kleopatra / Mit beygefügten Kupferstükken / und kurtzen Historischen Erklährungen / der eigenen Nahmen und etlicher dunkelen Redensahrten. Gedrukt zu Dantzig / bey Andreas Hünefeld in Verlegung Ernst Müllers / Buchhändlers / im Jahr 1651, o. S.
2 vgl. Michael Ludenscheidt, 2002, Georg Neumark (1621–1681) : Leben und Werk. Heidelberg, S. 167–172.
3 Neumark, 1651, Verhochteutschte Kleopatra, o. S.
4 Neumark, 1651, Verhochteutschte Kleopatra, o. S.

heit der »kurtzen Historischen Erklährungen« zeigt aber, dass es hier, wenn auch fernab akademischer Historiografie im modernen Verständnis, ausdrücklich um die Produktion historiografischen Wissens geht. Der Blick auf die mediale Verfasstheit der Anachronismen führt zugleich auf epistemologische Überlegungen über Charakter, Wahrheitskriterien und Reichweite des mit ihnen verbundenen historischen Wissens.

Wie unterscheidet sich der rückwärts rauchende Zigarettenqualm aus SHUTTER ISLAND von ›Cesar auf dem Rathaus‹ und ›Kleopatra im Barockkleid‹? Die beiden historisch-literarisch-grafischen Figuren repräsentieren die Zeit der Vergangenheit und verfehlen sie einem modernen historiografischen Verständnis nach anachronistisch. Wenn auch Neumarks Lehrgedicht offensichtlich einer Vorstellung von der Geschichte als *historia magistra vitae* gehorcht, lassen sich an dieses doch verschiedene Konzeptionen von Historizität und Temporalität herantragen. Für SHUTTER ISLAND gilt das nicht in der gleichen Weise. Im Verfahren und in den technologischen Bedingungen kinematografischer Zeitproduktion werden nicht nur Ereignisse in einem präfigurierten Zeitverlauf situiert, sondern das Kino *produziert* jeweils spezifische Zeitlichkeiten, die den traditionellen Vorstellungen vom Lauf der Zeit entsprechen können, es aber, wie SHUTTER ISLAND zeigt, nicht müssen. Den Blick auf die Methoden, Erkenntnisse und Idiosynkrasien des Geschichtskinos entlang seines Umgangs mit Anachronismen zu richten, heißt deshalb, sowohl seine Gemeinsamkeiten mit traditionellen historiografischen Formen und Gattungen zu untersuchen als auch einige Elemente einer spezifisch kinematografischen und damit verhältnismäßig neuen Historiografie zu versammeln.

Über das Verhältnis von Kino und Geschichte, bewegtem Bild und Historiografie hat es zwischen Geschichtswissenschaft und Filmtheorie, aber auch innerhalb dieser Fächer, zahlreiche Diskussionen gegeben, die von der populäreren Filmkritik teilweise aufgegriffen wurden und oft den Hintergrund für publizistische Bewertungen von Geschichtsfilmen abgeben. Wie in Kapitel 1.4 näher dargelegt wird, lässt sich dabei folgende Tendenz beobachten: Geschichtsschreibung und Kino werden in zwei getrennte Bereiche mit mehr oder weniger fixen Umrissen verwiesen. Während Geschichte dabei zumeist als positivistische Wissenschaft verstanden wird, muss sich das Kino damit begnügen, als mehr oder weniger elaborierte Form der Unterhaltungsindustrie aufzutreten. Das Problem von Verkürzungen und Generalisierungen dieser Art liegt in der Statik des Verhältnisses, das damit zwischen Kino und Geschichte postuliert wird. Anachronismen sind in sehr vielen Fällen die Einfallstore für eine so oder so gewendete Kritik an dieser Relation gewesen. Entweder hat man dem Kino durch den Aufweis der massenhaft in ihm vorkommenden Anachronismen nachzuweisen versucht, dass es jeder historiografischen Ernsthaftigkeit entbehrt oder man wollte es ebenfalls im Verweis auf die Anachronismen vor den Wahrheitsproben der Historiografie in Schutz nehmen und behaupten, das Kino müsse ihnen nicht standhalten, weil es eben ›etwas ganz anderes‹ sei als Historiografie und seine Aussagen folglich anderen Konstitutionsbedingungen gehorchten. Ich werde mich in diesem Streit nicht auf diese oder jene Seite schlagen. Ich werde auch keinen Vorschlag zu seiner Lösung unterbreiten. Stattdessen will ich versuchen, das Problem von einer anderen Seite aus zu beleuchten und dazu eine Theorie heranziehen, die bisher für diesen Problemkreis keine Rolle gespielt hat. Die Rede ist von der Actor Network Theory (ANT), wie sie vor allem durch Bruno Latour gefasst wurde. Neben aller Willkür und Subjektivität, die Theorieentscheidungen immer anhaftet, gibt es wenigstens drei sachliche Gründe für dieses Vorgehen. Zunächst entwirft Latour die ANT in einem ins Grundsätzliche gehenden Text, der weit rezipiert wurde, als explizit anachronistische Theorie. *Wir sind nie modern gewesen* weist die abendländische Idee eines chronologischen Zeitlaufs zurück, erkennt zugleich aber die Effekte ihrer Durchsetzung an. Für Latour ist die Idee eines linearen Verlaufs der Zeit die *conditio sine qua non* einer modernistischen Gesinnung, für die er die ANT als realistische gesellschaftstheoretische Alternative vorschlägt – und nicht als Nachfolgerin. Wenn man Latour darin folgt, wäre dann nicht gerade eine schon technologisch anachronistische Historiografie wie das Kino privilegiertes Reflexionsmedium auf die Zeitlichkeit des amodernen Kollektivs? Der zweite Grund für die Wahl der ANT als theoretischer Leitfaden dieser Arbeit liegt in ihrer gesteigerten Aufmerksamkeit für ein Ganzes, das ausschließlich aus Einzelfällen besteht. An die Stelle von Überlegungen dazu, was Natur und Kultur, Subjekte und Objekte, Dinge und Menschen an sich sind, setzt die ANT eine materialistische Konzeption von Kollektiven, die keine Reduktion auf umfassende Eigenschaften oder Determinanten vornehmen muss, um zu erklären, wie eine gegebene Zahl spezifischer Akteure miteinander assoziiert ist, war oder wird. Auf diesem Weg können die Großkategorien der Debatten um das Verhältnis von Geschichte und Kino umgangen werden. Was Kino ist, was bewegte Bilder sind, was Geschichte ist, wird nicht von jenen entschieden, die Definitionen dazu zu Protokoll geben, sondern es wird in jedem Fall bewegter Kino-Geschichts-Bilder neu ausgehandelt.[5] Aus diesem Grund geht diese Arbeit von Einzelfallanalysen aus: Jeder Film steht für sich und ist nicht als Stellvertreter für ganze Genres, Epochen oder Nationalkinematografien zu betrachten. Auch schreibt diese Arbeit keine Geschichte des kinematografischen Geschichtsbewusstseins.[6] Drittens schließlich habe ich mich für die ANT entschieden, weil diese innerhalb der deutschen Medienwissenschaft in den letzten Jahren verstärkt rezipiert wurde und dabei insbesondere im Kontext von Überlegungen zum Verhältnis von technischen Medien und menschlichen ›Benutzer_innen‹ zahlreiche Anhaltspunkte liefern konnte. Für die medienwissenschaftliche Beschäftigung mit bewegten Bildern ist die ANT aber noch weitgehend folgenlos geblieben. Diese Arbeit unterzieht die ANT daher einer Art Theorietest, der neben Antworten auf konkrete Problemlagen feststellen will, ob sich mit ihrer Hilfe etwas über bewegte Bilder in Erfahrung bringen

---

5   vgl. dazu auch Marnie Hughes-Warrington, 2007, History Goes to the Movies. Studying history on film. London, New York, S. 26ff.
6   Ein jüngerer Versuch dazu: Gilles Lipovetsky; Jean Serroy, 2007, L'écran global : Culturemédias et cinéma à l'âge hypermoderne. Paris, S. 173–193.

lässt, was sich ohne ANT so nicht wissen oder angemessen theoretisch darstellen ließe. Sofern sie diesen Test besteht, wäre sowohl für die ANT als auch für die medientheoretische Beschäftigung mit bewegten Bildern etwas gewonnen. Ich werde dazu in meinen drei Hauptkapiteln jeweils ein Konzept der ANT auf die im Kapitel entwickelte historiografische Problemlage antworten lassen. Es ergibt sich daraus folgende Aufteilung der Arbeit.

Kapitel 1 werde ich mit einigen Überlegungen zu meinem Anachronismusverständnis und zur Geschichte der Anachronismen beginnen und dabei wichtige philosophische und historiografische Positionen zum Problem der Anachronismen zu Wort kommen lassen. Dies führt mich dann zur Rolle der Anachronismen für eine Geschichtstheorie des Kinos bei Walter Benjamin und Georg Simmel. Wie jedes Kapitel dieser Arbeit, geht auch dieses einleitende historisch-theoretische Kapitel von einem konkreten filmischen Einzelfall aus: Martin Scorseses SHUTTER ISLAND.

Geschichtsfilme können nicht einfach »die Geschichte« aufrufen, referenzieren, sie zitieren oder sich auf sie beziehen. Sie müssen Schnittstellen schaffen, mit denen das komplexe Dispositiv »Geschichtsfilm« an das nicht weniger komplexe Medienbündel »Geschichte« andocken kann. Ich werde in Kapitel 2 an Jean-Marie Straubs und Danièle Huillets CHRONIK DER ANNA MAGDALENA BACH zeigen, wie ein Geschichtsfilm in einer Kette von Übersetzungen diese Verbindungen herstellt und diesen Prozess zugleich reflektiert. Ich werde zeigen, wie der Film damit nicht nur Aussagen zu Bach, seiner Frau und deren Musik trifft, sondern auch zur Musikgeschichte, für die Bach alles andere als ein Gegenstand unter vielen war und noch immer ist. Gleichzeitig soll in diesem Kapitel gezeigt werden, dass das Problem der historischen Referenz sich für den Film keineswegs neu stellt, sondern dass jede Historiografie auf ihre Weise damit konfrontiert ist und es lösen muss. Anachronismen werden hier immer wieder als Werkzeuge sichtbar, mit deren Hilfe die Zeit des Historiografierens mit der Vergangenheit verschaltet werden kann. Der ANT-Begriff, der in diesem Kontext entwickelt wird, ist jener der *zirkulierenden Referenz*.

Kapitel 3 befasst sich mit der hier schon eingeführten Kleopatra, genauer mit Joseph L. Mankiewicz' CLEOPATRA. Der Film dürfte sich am weitesten von traditionellen historiografischen Vorstellungen entfernen. Er inszeniert ein groß angelegtes Geschichtsspektakel, das nicht nur gewaltige zeitliche Räume umfasst, sondern sich selbst großflächig ausdehnt. Eine Gegenüberstellung mit Ricœurs wichtiger Auseinandersetzung mit *Zeit und Erzählung* soll hier das Terrain des Films schärfer markieren. Ich werde dabei zeigen, dass die historiografische Praktik des Films keineswegs in den Grenzen seiner Leinwände oder Monitore verbleibt, sondern konsequent und planmäßig über sie hinauswächst. Die kommerziellen Anstrengungen, die mit dem Film unternommen werden und starke Verbindungen zwischen ihm und seinen Zuschauer_innen stiften, werde ich mit einem weiteren ANT-Begriff als *Akteur-Netzwerk* beschreiben.

Kapitel 4 wird sich zentral mit Derek Jarmans CARAVAGGIO beschäftigen und von ihm eine Antwort auf die Frage erbitten, woraus die Geschichte der

Geschichtsfilme besteht. Inspiriert von Siegfried Kracauers Überlegungen zum Verhältnis von Kino und Geschichte, soll die Materialität des Geschichtsfilms herausgearbeitet werden. Für den Geschichtsfilm und seine Vergangenheiten folgt daraus eine bestimmte Ordnung der sichtbaren und damit historiografierbaren Dinge. Das Kino wird als ein Aussagesystem begriffen, innerhalb dessen Aussagen über die Vergangenheit, die damit zur Geschichte werden, sich formieren, kursieren, falsifiziert und verifiziert werden können. Das Wissen von der Vergangenheit wird damit nicht nur – aber auch – unter neue Bedingungen, nämlich die technologischen, diskursiven und sozialen des bewegten Bildes gestellt. Es gelangt nicht nur in neuen Orten, neuen Kontexten und vor einem neuen Publikum zur Aufführung. Es wird nicht nur in neue ökonomische Zusammenhänge integriert, die eine andere Verteilung von Ressourcen zu seiner Produktion und Erhaltung installieren. Statt einer bloßen Veränderung historischen Wissens, entsteht hier ein neues Wissensfeld. Dessen Untersuchung beginnt »nicht mit der Wahrheit der Aussagen, sondern mit den Verfahren und Regeln [...], die gewisse Aussagen ermöglichen«.[7] Der Begriff der Aussage, der im Bezug auf visuelle Medien zu Missverständnissen geführt hat, wird hier versuchsweise durch den Begriff der Kinodinge ersetzt. Deren Begegnung mit den Dingen der Vergangenheit ist so anachronistisch wie ein von elektrischen Glühbirnen beschienener Caravaggio. Den Raum, in dem sich Aussagen dieser Art zutragen, werde ich wiederum im Rekurs auf die ANT als *Agentur* bezeichnen.

---

[7] Joseph Vogl, 2002, Kalkül und Leidenschaft : Poetik des ökonomischen Menschen. München, S. 15.

Kapitel 1
Anachronismen, Kino und Historiografie

»Pas waar anachronismen onderkend worden is sprake
van een ontluikend historisch besef.«[1]

---

[1] »Erst wo Anachronismen unterschieden werden, ist von einem entstehenden historischen Bewusstsein die Rede.« (Übers. A.W.) P. B. M. Blaas, 1988, Anachronisme en historisch besef. Momenten uit de ontwikkeling van het Europees Historisch Bewustzijn. Den Haag, IX.

1. Sequenzanalyse: SHUTTER ISLAND

Akustische Erinnerung

Zwei US Marshals kommen mit einem Schiff auf eine Insel, die zugleich Schauplatz und Titel des Filmes ist: SHUTTER ISLAND. Sie sind beauftragt, im Fall einer gefährlichen Patientin zu ermitteln, die aus jener psychiatrischen Anstalt entflohen ist, die das einzige ist, was sich auf der Insel befindet. Schnell werden die Ermittlungen unübersichtlich, es tauchen eine Reihe von Namen auf, denen keine Personen entsprechen und umgekehrt gibt es Figuren im Film, die zwei Namen tragen (wie Andrew Laeddis/Edward Daniels) oder wieder andere, bei denen Figur und Person vertauscht werden können (wie bei Rachel Solando und Dolores Chanal). Namen und Personen verfehlen einandern und können unabhängig von einander zirkulieren. Am Ende ist aus einem der beiden US Marshals ein Insasse des Anstalt geworden, der andere soll nun einer der behandelnden Ärzte sein. Während in der gleichnamigen Romanvorlage von Dennis Lehane der Fall entschieden wird und Figuren und Namen zur Deckung gebracht werden, unterläuft der Film seine Aufklärungsbemühungen immer wieder selbst. In seinem letzten Drittel versucht Dr. Cawley für die von Leonardo DiCaprio gespielte Hauptfigur und die Zuschauer_innen mit Hilfe von Beweisfotos, einer Tafel, auf der alle Namen aufgelistet werden, Dokumenten und Zeugenaussagen Ordnung in das Chaos aus realen und imaginierten Personen und Namen zu bringen. (Abb. 1.1) Akzeptierte man seine Erklärung, müsste die Figur DiCaprios Andrew Laeddis sein, die von Mark Ruffalo gespielte nicht sein Partner Chuck, sondern Dr. Sheehan, ein Arzt der Anstalt. Nur zwanzig Minuten nach dieser Erklärung tauchen dann aber wieder die anderen beiden Namen im Abspann des Films auf: Leonardo DiCaprio als Teddy Daniels und Mark Ruffalo als Chuck Aule. Während der Film also zunächst nur Rätsel zu erzählen scheint, deren Lösung durch zwei ermittelnde Figuren in Aussicht gestellt wird, wird diese Erzählung selbst zu einem Rätsel, für dessen Lösung zunehmend die Zuschauer_innen in Anspruch genommen werden.[2]

Diese Arbeit nimmt ihren Ausgang aber von einem anderen Problem des Films. Die Sequenz, in der es aufgeworfen wird, befindet sich am Ende seiner Exposition, während der die Figuren DiCaprios und Ruffalos auf die Insel gelangt sind, den Tatort in Augenschein genommen und erste Zeugen befragt haben. Dr. Cawley, der medizinische Leiter der Anstalt, hat die beiden auf ein abendliches Getränk in sein Haus gebeten, eine herrschaftliche Villa, die als Haus des Kommandanten diente, während die Insel noch ein Gefängnis war. Dort treffen sie erstmals auf Dr. Naehring, einen weiteren Psychiater, den die Figur DiCaprios als Deutschen

---

2   Zum Konzept dieses sog. mind game movies vgl. Thomas Elsaesser, 2009, Hollywood heute: Geschichte, Gender und Nation im postklassischen Kino. Berlin, S. 237ff.

Abb. 1.1 – Dr. Cawley an der Tafel, SHUTTER ISLAND

Abb. 1.2 – KZ-Häftlinge in der Erinnerung Teddys/Andrews,
SHUTTER ISLAND, Einst. 8, Sequenzprotokoll (SP) 1

Abb. 1.3 – Kommandantenbüro in der Erinnerung Teddys/Andrews,
SHUTTER ISLAND, Einst. 26, SP 1

und ehemaligen KZ-Arzt zu identifizieren glaubt.[3] Die Spannungen zwischen den beiden wachsen im Verlauf der Sequenz so weit, dass DiCaprio und Ruffalo das Haus im Streit mit ihm verlassen und zu ihrer Unterkunft fahren. Viermal tauchen in dieser Sequenz Bilder auf, die im weiteren Verlauf der Erzählung als Erinnerungsbilder DiCaprios gekennzeichnet werden, später jedoch auch als dessen Wahnvorstellungen gelesen werden können.[4] Innerhalb dieser Sequenz lässt sich von den Bildern nur sagen, dass sie offenbar Erinnerungsbilder an die Befreiung des Konzentrationslagers Dachau sein sollen, an der er beteiligt gewesen sein will. An verschiedenen Stellen im Film tauchen später genauere Erklärungen zu den hier zunächst unkommentierten und dialogfreien Bildern auf. Gezeigt werden die Insassen des Konzentrationslagers (Einst. 8, Abb. 1.2), das Büro des SS-Kommandanten (Einst. 26, Abb. 1.3), die Figur DiCaprios, wie sie diesen verletzt am Boden liegend findet (Einst. 35–45, Abb. 1.4) und ihn daran hindert, sich selbst den Gnadenschuss zu geben (Einst. 53–68).

Diese Erinnerungsbilder werden offenbar von der Musik freigesetzt, die kurz vor Beginn der ersten Einstellung der Sequenz im Off beginnt und dann über alle ihre Einstellungen hinweg als Musik aus dem Hors-Champ hörbar bleibt.[5] Sie wird dann schließlich in Einstellung 101 an einer Tremolo-Stelle fast unmerklich zunächst in das Prasseln des Regens auf ein Autodach und dann in ein anderes Stück überblendet, das den Soundtrack für den Beginn der nächsten Sequenz abgibt. Unterdessen erklärt der Film selbst Quelle und Provenienz dieser Musik. Nachdem Einstellung 6 einen geöffneten Phonoschrank im Stil der 1950er-Jahre gezeigt hat (Abb. 1.5), in dem sich eine Schallplatte dreht, fragt die Figur Ruffalos in der folgenden Einstellung: »Nice music. Who is that? Brahms?« DiCaprio antwortet mit leerem Blick: »No.« Es folgt ohne Dialog die erste Einstellung des Konzentrationslagers ohne In-Ton, während der die Musik bruchlos weitergeführt wird und für diese Einstellung aus dem relativen Off kommt. In der darauffolgenden Nahaufnahme ergänzt er dann: »It's Mahler.« In den beiden nächsten Einstellungen bestätigt Dr. Naehring: »Right, right, Marshal. Quartet for piano and strings, in a minor.« Während in der zweiten Einstellung aus dem Konzentrationslager (Einst. 26), dem Büro des Kommandanten, ein großer schwarzer Flügel steht, der weder kommentiert noch sichtbar gespielt wird, gibt es in den dritten Erinnerungen eine Musiktruhe, die der im Hause Dr. Cawleys verblüffend ähnelt und die auch in der gleichen Einstellungsart gezeigt wird (Einst. 39–42, Abb. 1.6–9). Das Mahler-Quartett, welches auch hier zu hören ist, wird im Gegensatz

---

3 Ich verwende im Weiteren für die Figuren, die von Leonardo DiCaprio und Mark Ruffalo gespielt werden, deren Schauspielernamen, da der Film, wie hier nicht abschließend argumentiert werden kann, deren Identität offen lässt. Die von Ben Kingsley und Max von Sydow gespielten Ärzte Dr. Cawley und Dr. Naehring werden mit ihren diegetisch unzweifelhaften Namen benannt.
4 Einstellungen 8, 26, 35–45 und 53–68. Zur Nummerierung der Einstellungen und deren genauer Beschreibung siehe Sequenzprotokoll 1 im Anhang.
5 Die Begriffe In, relatives und absolutes Off und Hors-Champ werden verwendet im Sinne von Michel Chion, 1985/1992, Le son au cinéma. Paris, 31ff.

Abb. 1.4 – Kommandant von Dachau in der Erinnerung Teddys/Andrews, SHUTTER ISLAND, Einst. 53, SP 1

Abb. 1.5 – Plattenspieler im Salon Dr. Cawleys, SHUTTER ISLAND, Einst. 6, SP 1

Abb. 1.6 – Plattenspieler in Dachau, SHUTTER ISLAND, Einst. 39, SP 1

zu den ersten beiden Erinnerungsbildern nun als Musik aus dem Hors-Champ verortet, denn die Figur DiCaprios sieht die sich drehende Schallplatte in einem Point-of-View-Shot in Einstellung 55 (exakt wie Einst. 39, Abb. 1.6).

Der Einsatz der Musik folgt der Logik der Filmerzählung. So wie diese unter großem Aufwand vermeintliche Fakten erklärt (DiCaprio ist Andrew Laeddis) und sie sogleich wieder dementiert (DiCaprio ist Teddy Daniels), wechselt das Mahler-Quartett ständig seinen filmischen Ort. Es befindet sich in manchen Einstellungen im absoluten Off (ganz zu Beginn und am Ende der Sequenz), in anderen im relativen Off (Einst. 8), in den meisten im Hors-Champ und in den Einstellungen, welche die sich drehende Schallplatte zeigen im In, wobei auch das zu differenzieren ist, denn die Musik im Salon Dr. Cawleys wird immer noch vom Knistern das Kaminholzes und den Geräuschen das Sturmes begleitet, während in den Erinnerungsbildern die Musik der einzige Ton ist. Die Musik ist über sechs Minuten und mehr als einhundert Einstellungen hinweg kontinuierlich zu hören, wechselt aber stellenweise im Sekundentakt ihren Status im Bezug auf das Bild. Michel Chion hat im Hinblick auf eine Reihe ähnlicher akustischer Phänomene im Kino gezeigt, wie dieses eine eigene akustische Sphäre hervorbringt, die es so nur im Kino und erst seit diesem gibt.[6] Diese seine Überlegungen laufen immer wieder auf zwei Punkte zu: Einerseits bleiben Stimme und Ton im Kino irreduzibel auf die Technologien ihrer Hervorbringung verwiesen, seien das Instrumente, akustische Medien oder in letzter Instanz die Lautsprecher des Kinosaals, von denen aus sich der Status und die Funktion des Kinotons erklären. Andererseits entwickelt kaum ein anderes Element des Films eine so kraftvolle Subjektivität wie der Ton: Ganze Filmfiguren erscheinen nur akustisch (Chions Lieblingsbeispiel dafür ist »der Chef« in Langs Das Testament des Dr. Mabuse), nichts macht leidende Heroinen so traurig wie sentimentale Filmmusik. Und gerade in dieser doppelten Bezugnahme wird der Ton im Kino für Chion so spannend: Er lässt sich von hier aus nämlich als Emblem einer ganz und gar technisch-externalisierten Subjektivität begreifen, der jede Innerlichkeit abhanden gekommen ist und die sowohl die Dinge im Kino unter Bedingungen setzt, als auch dem Selbstverständnis der am Kino beteiligten Subjekte einen neuen Zuschnitt verpasst. Sowenig das Medienwesen Mabuse jenseits von Mikrofon und Lautsprecher existiert, sowenig taucht jenseit von Schallplatte und Plattenspieler ein sich erinnernder Teddy Daniels oder Andrew Laeddis auf. Der Kinoton reguliert nicht nur die Verhältnisse technologischer Subjekte und lebender Dinge im Kino, sondern er ist auch »un *appareil temps/espace* ; autrement dit, une machine à traiter l'espace et le temps, qu'elle permet de dilater, de contracter ou de figer à volonté.«[7]

---

[6] Das betrifft vor allem sein acousmêtre (vgl. Michel Chion, 1982/1993, La voix au cinéma. Paris (Wiederauflage)., S. 25ff.) und die Mischformen der ›musique de l'écran‹ und der ›musique de fosse‹ (vgl. Chion, 1985/1992, Le son au cinéma, S. 153f.)

[7] Chion, 1985/1992, Le son au cinéma, S. 149. [Hervorhebungen in Zitaten stammen immer von den Autor_innen der Zitate sofern nicht anders angegeben.]

Abb. 1.7 – Plattenspieler in Dachau, SHUTTER ISLAND, Einst. 40, SP 1

Abb. 1.8 – Plattenspieler in Dachau, SHUTTER ISLAND, Einst. 41, SP 1

Abb. 1.9 – Plattenspieler in Dachau, SHUTTER ISLAND, Einst. 42, SP 1

Geschichtston

Plattenspieler und hörbarer Ton werden in SHUTTER ISLAND zu einer solchen Raum-Zeit-Maschine, mit deren Hilfe sich der Film mit Geschichte in ihrem doppelten Sinn als *res gestae* und *historia rerum gestarum* versieht. Einerseits taucht der Plattenspieler, der Mahler spielt, schlicht als ein Ding der Vergangenheit auf, das, wie die Point-of-View-Shots belegen, von der Figur DiCaprios gesehen wurde und nun wiedererkannt und erinnert werden kann. Als solches trägt es die Signatur seiner Zeit. Der Plattenspieler Dr. Cawleys ist deutlich moderner als der aus dem Büro des SS-Kommandanten und klar in die 1950er-Jahre verwiesen. Über diese antiquarische Funktion hinaus wird er aber auch zum Antrieb der innerfilmischen Historiografie und damit der *historia rerum gestarum*: Der Film stiftet einen Zusammenhang zwischen den zahlreichen in die Handlung auf der Insel einbrechenden Bilder nämlich unter anderem dadurch, dass er in ihnen immer wieder den Plattenspieler erscheinen lässt. Ganz zu Beginn des Filmes noch auf dem Schiff fragt die Figur Mark Ruffalos die DiCaprios, ob er eine Frau habe, woraufhin Erinnerungsbilder erscheinen, in denen sie ihm die Krawatte umlegt, die er gerade trägt. In diese sehr schnell geschnittene und mit verstörend verzerrtem Ton unterlegte Sequenz ist ein Einstellung des gleichen, und wohl sogar selben, Plattenspielers geschnitten, der später in den Erinnerungsbildern aus dem Büro des Kommandanten auftaucht. Ein drittes Mal taucht dieses Bild auf, wenn die Figur DiCaprios der Figur Ruffalos explizit von den Erlebnissen bei der Befreiung Dachaus berichtet. Was diese Bilder zeigen, wird vom Film und seinen Figuren immer wieder unterschiedlich interpretiert: Ob es die genauen Erinnerungen an das historische Dachau, die verdrängten Bilder einer traumatischen Familientragödie sind oder ob es sich um die referenzlosen Fantasien eines geisteskranken Mörders handelt, bleibt letztlich unentschieden und aus verschiedenen Blickwinkeln gleich wahrscheinlich. Wenn sich auch nicht klären lässt, was diese Bilder miteinander und dem Geschehen zu tun haben, das der Beginn des Filmes auf das Jahr 1954 datiert, so bleibt doch unbestritten, *dass* diese Bilder etwas miteinander zu tun haben, das als *historia rerum gestarum* erzählt werden kann und vom Film auch erzählt wird.

Wie genau lässt sich die Funktionsweise dieser filmischen Historiografie in SHUTTER ISLAND beschreiben?

> »Die so genannten ›Gedankenspielfilme‹ (*mind game movies*) bestehen, zumindest in ihren Schlüsselmomenten, aus referenziellen Bildern, die aber nicht durch *point-of-view*-Strukturen oder durch das klassische System der Szenenzergliederung ›gerahmt‹ sind. Stattdessen entziehen sich diese Bilder sowohl dem modernistischen Paradigma der Selbstreferenz [...] wie auch dem ›konstruktivistischen‹ der Postmoderne.«[8]

---

8   Thomas Elsaesser; Malte Hagener, 2007, Filmtheorie zur Einführung. Hamburg, S. 195.

1. SEQUENZANALYSE: SHUTTER ISLAND

Abb. 1.10 – Totale des Salons Dr. Cawleys, SHUTTER ISLAND, Einst. 14, SP 1

Abb. 1.11 – Dr. Naehring im Salon Dr. Cawleys, SHUTTER ISLAND, Einst. 11, SP 1

Wie so oft hat der Film in kürzester Zeit seine Theorie überholt. Die hier vorgestellte Sequenz schafft nämlich das Kunststück, ihre »Geisterbilder« (Elsaesser/Hagener) sehr wohl durch klassische Point-of-view-Strukturen zu rahmen und an eine diegetische Welt anzubinden. Die Szene im Salon erfüllt meisterlich die Regeln der klassischen Continuity-Montage. Nach einer Reihe von Establishing Shots (Einst. 1–7) wird über eine Kamerafahrt Dr. Naehring als die vierte an der Sequenz beteiligte Person eingeführt (Einst. 10 und 11). Einstellung 14 schließlich zeigt den gesamten Raum mit allen darin befindlichen Personen sowie dem markanten Orientierungspunkt des Kamins, dessen Flackern auf den Gesichtern der Personen auftaucht oder sich in Brillen und Vasen spiegelt, um jede räumliche Desorientierung auszuschließen. (Abb. 1.10) Der Rest der Szene wird aus verschiedenen Schuss-Gegenschuss-Montagen zusammengesetzt, bei denen jeweils die Person im Bild auftaucht, die spricht. Das geht soweit, dass der sonst weitgehend stumme Dr. Cawley periodisch in die Montage integriert wird, indem er in einer kurzen Einstellung Getränke anbietet (Einst. 13), lacht (Einst. 21 und 51) oder

Abb. 1.12 – Vogelperspektive in den Erinnerungen Teddys/Andrews, SHUTTER ISLAND, Einst. 43, SP 1

Abb. 1.13 – Froschperspektive in den Erinnerungen Teddys/Andrews, SHUTTER ISLAND, Einst. 45, SP 1

skeptisch zu Boden blickt (Einst. 73). In einem exzessiven Bemühen um Naturalismus ist der Plattenspieler im Hintergrund aller Einstellungen des sitzenden Dr. Naehring (wie Einst. 11) zu sehen. (Abb. 1.11) Nur einmal wird dieser Continuity-Exzess durchbrochen: Wenn die Figur DiCaprios in Einst. 88 die Fassung verliert und auf den Tisch schlägt, folgt dieser ein räumlich undefinierter Anschluss auf den neben ihm stehenden Mark Ruffalo, in dem auch noch die Störung aus der Handlung heraus ihre Motivation findet. Schließlich endet die Sequenz in Einst. 101 mit dem Spiegelbild zur ersten Einstellung.

In diese schöne Übersichtlichkeit brechen die Erinnerungsbilder an das Konzentrationslager Dachau um so brüllender und unsystematischer ein. Während die erste Einstellung (8) klar als dessen Erinnerung zwischen zwei Aufnahmen DiCaprios montiert ist, schaltet sich Einstellung 26 konsequenzlos in die zentrale Schuss-Gegenschuss-Passage der Unterhaltung zwischen Dr. Naehring und der

Figur DiCaprios (Einst. 15–82) ein. In der Einstellung vor ihr ist Dr. Naehring zu sehen, nach ihr der Gegenschuss auf DiCaprio. Ließe man sie weg, dem Film würde nichts fehlen, es gäbe nicht die kleinste Irritation zwischen den Einstellungen 25 und 27. Ganz anders bei den folgenden beiden längeren Passagen. Vor und nach diesen ist jeweils die gleiche Einstellung auf Dr. Naehring zu sehen. Verzichtete man hier auf die Dachau-Einstellungen, käme es zu Jumpcuts, welche die Kontinuität der Sequenz völlig auseinander rissen. Den Bildern fehlt aber nicht nur im Bezug auf ihre Umgebung Systematik und Kohärenz. Auch in sich sind sie nach wenig anschlussfähigen rhythmischen und räumlichen Prinzipien organisiert. Zunächst ist die Beziehung der vier Abschnitte untereinander teilweise ungeklärt. Sie sind zwar durch ihre Farbigkeit aufeinander bezogen, lassen sich jedoch keinem kohärenten Betrachtersubjekt zuschreiben. Die Fahrt am Zaun entlang in Abschnitt 1 ist zu schnell um, als der Blick einer am Zaun entlanglaufenden Person gesehen zu werden. Abschnitt 2 wirkt dem Eindruck einer menschlichen Wahrnehmung durch seine tableauartige strenge Symmetrie entgegen. Außerdem ist unklar, woher das umherwirbelnde Papier in ihm kommt. Während in Abschnitt 3 Aktenschränke durchwühlende Soldaten als dessen Ursache gezeigt werden, ist dieser Raum menschenleer, am zwar offenen aber doch unversehrten Aktenschrank auf der rechten Seite steht niemand. Wenn sich schließlich in Abschnitt 4 die Figur DiCaprios und der SS-Kommandant begegnen, scheinen sie völlig allein zu sein. Kann das der Raum sein, in dem gerade noch unzählige Soldaten alles durchwühlten? Außerdem bleiben die extremen Einstellungswechsel rätselhaft: Während die Kamera in einer Einstellung lotrecht von der Decke auf den Boden blickt (Einst. 43, Abb. 1.12), liegt sie nur zwei Einstellungen später mit dem Kommandanten am Boden (Einst. 45, Abb. 1.13), dem extremen Closeup von Waffe, Schuhen und Plattenspielernadel steht der Panoramablick aus dem Fenster über die Leichenberge entgegen. Und doch tauchen immer wieder Point-of-View-Montagen hier auf: der Blick DiCaprios auf den Plattenspieler, die Blicke zwischen ihm und dem Kommandanten am Boden, sein Blick aus dem Fenster. All diese diskontinuierlichen Einstellungen sind stellenweise extrem schnell und sogar rhythmisch auf die Musik geschnitten (Einst. 39–42 wechseln exakt im Takt der Musik). Zwischen den Erinnerungsbildern und der Salon-Szene wird auf fast allen filmischen Ebenen ein Kontrast etabliert. Auf der einen Seite unverbundene, unübersichtliche und diskontinuierliche Räume; auf der anderen ein übersichtlicher, wohlgeordneter und verständlicher Raum. Hier von einer Einstellung zur nächsten auftauchende und verschwindende Personen, deren Wahrnehmung die Filmbilder nicht zugewiesen werden; dort übersichtliches Personal, das jede Einstellung durch seine Blicke motiviert und plausibilisiert. Hier musikalisch rhythmisierter Schnitt und Kamerabewegung, die nicht der Grammatik des klassischen oder neoklassischen Kinos folgen, sondern von Einstellung zu Einstellung anderen Organisationprinzipien gehorchen; dort ein rationaler Schnitt, der sich an den Gesprächen der Personen und ihren Gedanken orientiert und diese jederzeit in ein überschaubares Verhältnis setzt.

Es ist die aus dem Mahler-Quartett, der Schallplatte und dem Plattenspieler zusammengesetzte Raum-Zeit-Maschine, welche diese Begegnung unterschiedlicher Bildwelten nicht als dysfunktionale Störung entlässt, sondern sie mit einer Ratio ausstattet, die nicht anders als historiografisch bezeichnet werden kann, da in ihr *res gestae* und *historia rerum gestarum* einander begegnen. Diese Bilder gehören zusammen und erklären sich allen systematischen Unterschieden zum Trotz gegenseitig, weil sie von Anfang bis Ende durch die fortlaufende Musik zusammengehalten werden. Sie sind aufeinander verwiesen, weil diese Musik in ihrem extremen Ortswechsel zwischen Hors-Champ, In und Off zugleich in ihnen allen und außerhalb ihrer aller ist und weil in beiden (ästhetisch und diegetisch getrennten) Welten das augenscheinlich gleiche Subjekt die gleiche Wahrnehmung (DiCaprios Blick auf den Plattenspieler) mit dem Film (Schnittwechsel auf den Plattenspieler im Takt der Musik) und dessen Zuschauer_innen teilt. Die ganze Erzählung des Films ist letztlich nichts anderes als das Bemühen, die hier angelegten historiografischen Bildrelationen zu erklären und zu verstehen.

SHUTTER ISLAND begnügt sich aber nicht damit, diese historiografische Ratio innerhalb seiner Grenzen zu erproben, sondern er erhebt einen weiter reichenden historiografischen Anspruch. Zunächst natürlich dadurch, dass er als Film aus dem Jahr 2010 sich mit Ereignissen befasst, von denen behauptet wird, und zwar als Texttafel noch vor der ersten Bildeinstellung, sie hätten sich im Jahr 1954 zugetragen. Diese ›Behauptung‹ wird aber nicht nur durch Kleidung und Gegenstände der Zeit untermauert, sondern sie wird auf ästhetischer Ebene wiederholt. In einer Vielzahl Szenen sind Hintergründe mit Hilfe digitaler Rotoskopie ins Bild eingefügt worden, etwa Himmel und Meer bei der anfänglichen Schifffahrt oder die Ausblicke aus den Fenstern des Leuchtturms gegen Ende sowie die Hintergründe in den verschiedenen Szenen, die in den Klippen am Meer spielen. Was von einigen Kritikern als schlecht gemachte Spezialeffekte gerügt wurde,[9] erzeugt indessen bei mir den Eindruck älterer analoger und deshalb weniger perfekt ins Bild integrierter Rotoskopien, wie sie etwa aus den Filmen Hitchcocks bekannt sind. Der Film zeigt nicht nur, dass er weiß wie Plattenspieler, Damenkleider, Sofas und Krawatten um 1954 ausgesehen haben, sondern er weiß auch vom Anblick der Farbfilme dieser Zeit und lässt deshalb beides in seinen Bildern erscheinen. In

---

9   »Deshalb reißen die zum Teil misslungenen computergenerierten Effekte und die vielen offensichtlich vor dem Blue Screen entstandenen Szenen den Zuschauer in Shutter Island immer wieder aus dem Sog und aus der Empathie heraus. Sie unterminieren ein ums andere Mal, was Scorsese und sein Team in Pedanterie atmosphärisch geschaffen haben, und brechen den in der Inszenierung heraufbeschworenen Bezug zum klassischen amerikanischen Kino.« Sascha Keilholz, 2010, Shutter Island. In: http://www.critic.de/film/shutter-island-1729/ (Abgerufen: 16.12.2011). Im Gegensatz dazu: »Martin Scorsese hat die Bildsprache von „Shutter Island" an den deutschen Expressionismus angelehnt. Bewusst arbeitet er mit künstlich wirkenden Farben und kulissenhaften Settings. „Shutter Island" wird zu einem labyrinthischen Ort, an dem Wirklichkeit und Einbildung bald nicht mehr zu unterscheiden sind. Großes Paranoia-Kino.« Anke Leweke, 2010, In: http://www.dradio.de/dkultur/sendungen/fazit/1131241/ (Abgerufen: 16.12.2011).

diese Richtung lässt sich auch der Gebrauch des Mahler Quartetts verstehen: Indem der Film auf dem begrenzten Raum einer Sequenz alle möglichen Arten des Kinotons durchspielt, vom realistischen In bis zum offen artifiziellen Ton aus dem absoluten Off, bringt er eine akustische Sphäre zu Gehör, die es so nur im Kino gibt und die ihren kinematografischen Existenzmodus unterstreicht.

Die Selbstvergewisserungen über die eigenen historiografischen Technologien lassen den Film sich aber nicht nur mit der Geschichte des Kinos befassen. Ganz im Gegenteil begibt er sich ausdrücklich auf die Suche nach Geschehnissen der Vergangenheit, deren Wirklichkeitsgehalt nicht Gegenstand der geringsten Diskussion sein kann. Er bezieht sich auf einen der größten romantischen Komponisten und nennt ihn mit Namen und Adresse: Gustav Mahler, Quartet for piano and strings, in a minor. Mit dem Griff nach den traumatischen Erinnerungen an den Holocaust nähert er sich *dem* Ereignis der Moderne, das schließlich die Vorstellung davon, was überhaupt ein historisches Ereignis sei und wie es historiografisch repräsentiert werden könnte, nachhaltig erschüttert und zur Diskussion gestellt hat. Schließlich bezieht er sich dabei mit dem Verweis auf Schallplatte und Kino auf Medien, deren spezifischer Realitätseffekt als systematische Produktion und Distribution von Sinnesdaten seit dem neunzehnten Jahrhundert gegen das historiografisch defiziente menschliche Erinnerungsvermögen in Stellung gebracht werden konnte. »Medien kreuzen einander in der Zeit, die keine Geschichte mehr ist.«[10]

Bild und Geschichte

Welche Kreuzung von Zeit und Medien begegnet uns dann in und auf SHUTTER ISLAND? Ist es ›nur‹ ein Film oder ernstzunehmende Historiografie? Sind es überästhetisierte Bilder, die Dachau hollywoodtauglich machen sollen oder Reflektionen auf die Funktionsweise der Erinnerung? Sind es lediglich Imaginationen eines wahnsinnigen Mörders oder Symptome eines schwer kranken Patienten?

Was wäre aber, wenn das keine Gegensätze wären? Der Film nötigt uns einen vielleicht nicht ganz einfachen Gedanken auf: Leonardo DiCaprio ist Andrew Laeddis *und* Teddy Daniels, er ist US Marshal *und* Verrückter, seine Erinnerungen sind real *und* imaginiert, sie bezeugen Präsenz *und* Mediatisierung. Es sind Bilder, die unmittelbar verständlich sind und die zugleich unbeantwortbare Fragen formulieren. Es trägt sich hier etwas zu, das auf vielfältige Weise diskursiviert werden kann: Als psychiatrisches, als politisches, als kriminologisches Problem, das letztlich aber als Problem bewegter Bilder insistiert und nur mit ihnen und durch sie beantwortet werden kann.

Übertragen auf die Geschichte hieße das: Historiografie und Kino sind nicht zwei getrennte Entitäten, die sich zwar begegnen können, Gedanken und Bilder austauschen, aber davon mehr oder weniger unbeeindruckt, sie selbst und vonein-

---

10   Friedrich A. Kittler, 1986, Grammophon Film Typewriter. Berlin, S. 177.

ander unterschieden blieben. Die Bilder in diesem und im Film überhaupt verweisen nicht auf Probleme, die ihnen vorausgehen und hier nur eine andere Form gefunden haben, sondern sie sind selbst ein Problem, welches, wie im Verlauf der Arbeit gezeigt werden soll, ausdrücklich *historiografisch* genannt werden muss. SHUTTER ISLAND ist Kino *und* Historiografie: ein Geschichtsfilm.

Wenn diese These stimmen soll, wenn Geschichte also nicht lediglich etwas ist, auf das sich Kino beziehen kann, sondern das von ihm produziert wird; wenn Historiografie nicht nur im Medium der Schrift stattfindet, sondern auch in bewegten Bildern, dann muss es verlässliche Kriterien geben, nach denen diese Historiografie als solche erkannt und nicht versehentlich mit etwas anderem verwechselt werden kann. Ein erstes dieser Kriterien wurde bereits genannt. Der historistischen Definition des neunzehnten Jahrhunderts zufolge entsteht Geschichte dort, wo sich *res gestae* und *historia rerum gestarum* in einem notwendigen und wechselseitigen Verhältnis beggnen.[11] »Die geistige Einheit der Idee läßt sich demnach nicht aus einem Begriff ableiten, sondern beruht auf einem Akt der ästhetischen Erfahrung und Darstellung.«[12] Die hiermit aufgerufene Geschichtswissenschaft war spätestens seit Leopold von Ranke jene Instanz, welche die Kriterien überwachte, diskutierte und formte, nach denen etwas als Historiografie Geltung beanspruchen konnte. Damit ist noch nichts über die Haltbarkeit oder Reichweite dieses Geltungsanspruchs gesagt.

> »Bei allem Respekt vor der Geschichtswissenschaft – selbst in ihrer Blütezeit im 19. Jahrhundert repräsentierte sie keineswegs das gesamte Geschichtsdenken, gingen keineswegs alle Geschichtswerke aus ihr hervor. [...] Die Historie war lange Zeit keine Wissenschaft und ist es niemals ganz geworden; bis heute ragt sie über die Geschichtsforschung hinaus.«[13]

Nichts desto trotz hat diese Geschichtswissenschaft Methoden und Verfahren entwickelt, auf die letztlich alle wie auch immer unwissenschaftlichen oder populären historiografischen Formen bezogen bleiben.

Zwei dieser Methoden, die in den Zuständigkeitsbereich der beiden grundlegenden historischen Hilfswissenschaften fallen, sind Chronologie und Diplomatik. Die Annahmen über die Beschaffenheit historischer Gegenstände, die von diesen beiden Disziplinen gemacht werden, sind so grundlegend, dass sie zu erwähnen beinahe trivial erscheint. So geht es in der Diplomatik, die sich mit der

---

11 Das lässt sich neben unzähligen anderen beispielhaft an Leopold von Ranke zeigen. vgl. dazu vor allem Philipp Müller, 2008, Erkenntnis und Erzählung : Ästhetische Geschichtsdeutung in der Historiographie von Ranke, Burckhardt und Taine. Köln u.a.; Daniel Fulda, 1996, Wissenschaft aus Kunst : Die Entstehung der modernen deutschen Geschichtsschreibung 1760–1860. Berlin/New York; Uwe Hebekus, 2003, Klios Medien : Die Geschichtskultur des 19. Jahrhunderts in der historistischen Historie und bei Theodor Fontane. Tübingen, 45f.
12 Müller, 2008, Erkenntnis und Erzählung, S. 50.
13 Johannes Süßmann, 2000, Geschichtsschreibung oder Roman? : Zur Konstitutionslogik von Geschichtserzählung zwischen Schiller und Ranke (1780–1824). Stuttgart, S. 17.

Abb. 1.14 – Tor des KZ Dachau im Film, SHUTTER ISLAND

Quellenkritik der Urkunden befasst, zunächst darum, historisch-kritische Methoden bereitzustellen, die erlauben die Faktizität historischer Ereignisse aus ihrer urkundlichen Überlieferung heraus zu beglaubigen.

> »Wer über die Glaubwürdigkeit der Geschichte, über die verschiedenen Stufen der historischen Wahrscheinlichkeit nachgedacht hat, wird die Ueberzeugung gewonnen haben, daß eine eigentlich beglaubigte Geschichte nur durch als historisch richtig erwiesene Ueberlieferungen, namentlich aber durch Urkunden erreicht werden kann; sie allein geben so viel Gewißheit und Beruhigung, als in solchen Dingen möglich und erforderlich ist.«[14]

Die Diplomatik befasst sich (nicht als einzige, aber traditionell wichtigste und erste historische Hilfswissenschaft) also mit dem ersten Merkmal historischer Objekte: ihrer Faktizität. Das allein genügt der simpelsten historischen Erkenntnis jedoch nicht: Sie braucht die Chronologie, um nicht nur angeben zu können, dass etwas geschehen ist, sondern auch wann.

> »Zu wissen, daß irgend ein Factum geschehen sei, ist für die Geschichte noch nicht genug; ihr Nutzen besteht vornehmlich darin, daß sie die Ursachen aufsucht und aus denen wieder ihre allgemeinen Folgen ableitet. [...] Dabei springt denn der Werth der Chronologie von selbst in die Augen. Eine Irrung im Datum könnte einen Historiografen späterer Jahrhunderte leicht veranlassen, die Wirkung mit der Ursache zu verwechseln[.]«[15]

---

14 Eduard Brinckmeier, 1882, Praktisches Handbuch der historischen Chronologie aller Zeiten und Völker, besonders des Mittelalters. 2., vollständig umgearbeitete und vermehrte Aufl. Berlin (unveränderter Nachdruck, Akademische Druck- und Verlagsanstalt Graz 1973), S. V.
15 ebd., S. VI.

Abb. 1.15 – KZ-Tor Auschwitz, Yad Vashem Photo Archive (5353/250), Stanisław Mucha, http://collections.yadvashem.org/photosarchive/en-us/64935.html (Zugriff: 14.12.2011).

Abb. 1.16 – KZ-Tor Dachau 2005, Yad Vashem Photo Archive (8603/5), Daniel Brunod, http://collections.yadvashem.org/photosarchive/en-us/7323641.html (Zugriff: 14.12.2011).

Faktentreue und Datentreue ergänzen sich wechselseitig: Lässt sich von einem Ereignis lediglich sagen, dass es geschehen ist, aber nicht wann, ist das für die historische Erkenntnis so gut als sei es nicht geschehen. Umgekehrt wären historische Berichte von einem namenlosen Ereignis an einem bestimmten Datum wertlos.

In welches Licht sieht sich SHUTTER ISLAND durch die historistischen Anforderungen von Faktizität und Datierbarkeit gestellt? Zunächst lässt sich feststellen, dass es für die misslungene Selbsterschießung des Kommandanten von Dachau keine historischen Belege gibt. Im Gegenteil: Heinrich Wicker, der am 29. April 1945 das Kommando über das Konzentrationslager hatte und sich den amerikanischen Truppen ergab, wurde vermutlich unter nicht genau geklärten Umständen in den Tagen nach der Übergabe des Lagers umgebracht.[16] Zweitens taucht in der zweiten großen Erinnerung an Dachau ein Bild des Lagertores auf, welches die bekannte Inschrift »Arbeit macht frei« getragen hat (Abb. 1.14). Das Bild im Film erinnert jedoch an das Lagertor des Konzentrationslagers Auschwitz (Abb. 1.15). In Dachau hat zwar der gleiche Spruch im Tor gestanden, jedoch war dieser in den Torflügel eingelassen und nicht über ihm angebracht (Abb. 1.16). Es wäre nun leicht den Film wegen dieser offensichtlichen historischen Faktenfehler zurückzuweisen. Damit würde dem Film allerdings eine Referenzialität beigelegt, die er selbst nicht beansprucht. Gegen Ende des Films, wenn die Figur DiCaprios im Leuchttum auf Dr. Cawley trifft, wo der ganze Fall endgültig erklärt werden soll, werden die Bilder wiederholt als Halluzinationen bezeichnet, in denen sich verdrängte Verbrechen mit tatsächlichen historischen Erinnerungen vermischt haben sollen.

»Ob DiCaprio verrückt ist oder nicht, hängt aber unter anderem auch von der Korrektheit seiner Erinnerung an Dachau ab. Der Zuschauer wird mit dem Eindruck entlassen, die Befreiung habe zwar so stattgefunden wie erinnert, die anschließende Revanche-Erschießung von SS-Männern durch US-Soldaten aber sei geträumt. Man weiß aber, dass es sie gegeben hat. Die Umkehrung von Kracauer: von Hitler zu Caligari? Ein amerikanischer Gegenwartsstar, der keinen Spaß am gemütlichen Nazikillen hat, sondern daran psychisch zerbricht? Ein glorioser Antibastard?«[17]

Die Bilder könnten also vielmehr Symptome als Beweise sein: Symptome verdrängter Erinnerung, Symptome traumatischer Ereignisse der Vergangenheit, aus denen sich nicht, oder zumindest nicht letztgültig und zweifelsfrei die Faktizität historischer Ereignisse ableiten lässt. Das gilt in ähnlicher Weise für das Bild des

---

16 vgl. Howard Marcuse, 2001, Legacies of Dachau. The Uses and Abuses of a Concentration Camp 1933–2001. Cambridge, S. 5 und Juergen Zarusky, 1998, »That is not the American Way of Fighting«. Die Erschießungen gefangener SS-Leute bei der Befreiung des KZ Dachau. In: Dachauer Hefte 13 (1998), S. 27–55, hier: 53.
17 Diedrich Diederichsen, 2010, In der Hochzeit des kalten Krieges. In: http://www.taz.de/!48381/ (Aufgerufen am 08.12.2011).

Abb. 1.17 – »Young and old survivors in Dachau cheer approaching U.S. troops. Among those pictured are Juda Kukiela (middle), Tevya Grojs (second from the right), David Moszkowicz (fourth from the left), Szmulek Rozental (third from the left) and Gyorgy Laszlo Spiegel (second from the left).«, 29.04.1945, United States Holocaust Memorial Museum (#45075), http://resources.ushmm.org/inquery/uia_doc.php/photos/11497?hr=null (Zugriff: 14.12.2011).

Lagertores. Die Fotografie des Tores des Konzentrationslagers Auschwitz gehört zu den kanonischen Fotografien des zwanzigsten Jahrhunderts und ist so zu einem der visuellen Embleme des Holocaust geworden, wovon nicht zuletzt die Startseite der Internetpräsenz der Gedenkstätte Auschwitz-Birkenau zeugt, auf der eine Fotografie des Tores eines von zwei Bildern ist.[18] Selbst, wer nicht genau weiß, auf welchen präzisen historischen Schauplatz sie verweist, wird sie als diesen Verweis lesen können. Wenn wir im Film nun ein nachgestelltes, für den Film inszeniertes Bild des Lagertores von Auschwitz sehen, das im Kontext der Filmerzählung als Lagertor Dachaus gelesen werden soll, ist in diesem komplexen Referenzverhältnis eine doppelte Frage gestellt: zunächst natürlich, was auf *diesem* Bild überhaupt zu sehen ist. Und zweitens, wie sich dieses Bild zu dem von ihm aufgerufenen verhält, welche Nähe oder Ferne zwischen beiden herrscht, in welchem Verhältnis sie sich begegnen. Die Bilder SHUTTER ISLANDS scheinen zwischen zwei Extremen zu oszillieren: Das ist das Tor des Konzentrationslagers Dachau; das alles ist nichts

---

18 http://www.auschwitz.org/ (Aufgerufen am 14.12.2011).

als Halluzination, Projektion, Einbildung, Hirngespinst, Fake im schlechtesten Sinn des Wortes.

Wieso muss ein Film, der von seinem deutschen Trailer als unterhaltsamer Schocker angepriesen wurde, sich ausgerechnet auf den Holocaust beziehen? Kann es irgendeine vernünftige Erklärung für diese Entscheidung geben, die auf den ersten Blick nichts als Leichenfledderei zu sein scheint? Lohnt es überhaupt, solche Fragen an einen solchen Film zu richten?

»Die Frage nach den Bildern steht im Zentrum dieser Unruhe unserer Zeit, sie bestimmt unser »Unbehagen in der Kultur«. Es müßte gelingen, in den Bildern dasjenige zu erblicken, dessen Nachlebende sie sind. Damit die von der reinen Vergangenheit (diesem Abstrakten und Absoluten) befreite Geschichte uns hilft, die Gegenwart der Zeit zu *erschließen*.«[19]

Welche Unruhe, welches Unbehagen trifft mich aus den Bildern dieses Filmes? Es ist ein doppeltes: Einerseits ist es die verstörende Einsicht, dass das Reale, an das diese Bilder rühren,[20] zunächst nicht der Holocaust und nicht das Konzentrationslager Dachau sind. Die Bilder des Films rühren für mich an andere Bilder: an Darstellungen wie jene des Tores des Vernichtungslagers Auschwitz. Sie beziehen sich auf Fotografien, wie sie von den alliierten Truppen bei der Befreiung der Lager zu Tausenden angefertigt wurden, wie etwa Bilder vom Typ »KZ-Häftlinge hinter dem Stacheldrahtzaun«, auf das sich die erste hier besprochene Erinnerungssequenz in Einst. 8 zu beziehen scheint (Abb. 1.17). Und damit verweisen diese Bilder auf die bildhistorische Zäsur, die Georges Didi-Huberman auf das Jahr 1945 datiert:

»Tatsächlich begann eine neuen Epoche des *bildlichen Beweises* (*preuve visuelle*) als die alliierten Führungskräfte 1945 die fotografischen Zeugnisse der Kriegsverbrechen zusammentrugen, um die Verantwortlichen im Verlauf der Nürnberger Prozesse damit zu konfrontieren. Zugleich war damit auch eine neue Epoche der *bildlichen Demonstration* (*épreuve visuelle*) eingeleitet: eine von den Alliierten beschlossene »Erziehung durch Entsetzen«, die von den Zeitschriften und Filmberichten in alle Welt getragen wurde.«[21]

SHUTTER ISLAND ist kein Film über die Verbrechen der Nazis an Orten wie dem Konzentrationslager Dachau, sondern darüber, was Bilder seitdem nicht mehr sind und nie wieder sein können. Insofern möchte ich ihn als Kino-Kommentar zu der Diskussion begreifen, die Didi-Huberman in *Bilder trotz allem* mit Gérard Wajcman und Élisabeth Pagnoux führt. Der hier ausgetragene Dissens bezieht sich nämlich keineswegs auf die Ereignisse in Auschwitz im Sommer 1944, von de-

---

19 Georges Didi-Huberman, 2003/2007, Bilder trotz allem. München, S. 256.
20 vgl. ebd., S. 108.
21 ebd., S. 103.

nen Häftlinge des »Sonderkommandos« vier Fotos anfertigen und aus dem Lager schmuggeln konnten, sondern auf die Frage, in welchem Modus diesen Bildern zu begegnen ist und worüber ihre Lektüre Aufschluss geben kann. Didi-Huberman beharrt darauf, dass sich ihnen zu stellen ist. »Es gibt Bilder der Shoah; und wenn sie auch nicht alles sagen – und noch weniger ›das Ganze‹ umfassen – verdienen sie es doch betrachtet und als besonderer Tatbestand, als *Zeugnis und Teil des Ganzen* dieser tragischen Geschichte befragt zu werden.«[22] Die Bilder aus SHUTTER ISLAND rühren an die Realität der Bilder, die an die Realität des Holocaust rührt. Wenn also die geschichtswissenschaftliche Frage nach der Faktizität des Ereignisses an diese Bilder herangetragen wird, so bezieht sich diese auf bildliche Fakten. Welche Kräfte führen dazu, dass die Verwechslung zwischen den beiden Lagertoren stattfinden kann? Welche Sehgewohnheiten problematisiert der Film in seiner polemischen Konfrontation aus konventionellen Genre- und experimentellen Geschichtsbildern?

Das zweite, ebenfalls von Didi-Huberman aufgerufene Unbehagen betrifft die Gegenwart der eigenen Zeit der Bilder. »Wir erleben das *Bild im Zeitalter der zerrissenen Einbildungskraft.*«[23] So zerrissen, wie die Figur Leonardo DiCaprios und so unbeantwortet wie ihre letzte Frage: »What is worse: live as a monster, or die as a good man.« Wenn man bereit ist, die Frage nach der Referenzialität der Bilder SHUTTER ISLANDS mit George Didi-Huberman gegen vorschnelle Verurteilungen in Schutz zu nehmen, so mag man gegen das, was ich als Antrieb der historiografischen Ratio des Filmes versucht habe freizulegen, vielleicht weniger großmütig sein. Ein letzter Blick gilt also noch einmal der Mahler-Schallplatte und dem Plattenspieler. Dazu instruiert uns die Internet Movie Database: »Anachronisms: A recording of Mahler's piano quartet plays in Dr. Cawley's study and in the Nazi officer's office at Dachau. The first recording of the quartet was released in 1973.«[24]

Das musikwissenschaftliche Standardwerk zur Mahler-Discografie bestätigt diesen Befund.[25] Die Geduld strenger Beobachter_innen mag hier vielleicht an ihre Grenzen kommen. Der Film konfrontiert uns nicht nur mit über alle Maßen rätsel- und wahnhaften Bildern, die in einem regelrecht Referenzexzess zu Staub zu zerbröseln beginnen, wie der halbverkohlte Körper seiner Ehefrau, von dem die Figur DiCaprios im Film immer wieder träumt. Er nötigt uns nicht nur ihm dabei zu folgen, wie er eine Erzählung über Bilder des Konzentrationslagers Dachau mit einer sentimentalen Geschichte einer in den Wahnsinn gestürzten Familie und einer reißerischen Kriminalgeschichte verknüpft, sondern verlangt von uns auch noch, ihm im Zentrum dessen, was hier als historiografische Rationalität bezeichnet wurde, einen einigermaßen platten und zudem völlig überflüssigen Anachro-

---

22 ebd., S. 100.
23 ebd., S. 255.
24 http://www.imdb.com/title/tt1130884/goofs (Aufgerufen am 04.03.2011, bei Drucklegung nicht mehr verfügbar.
25 vgl. Péter Fülöp (Hg.), 1995, Mahler Discography. New York, S. 245.

nismus durchgehen zu lassen. Schließlich wäre es ein Leichtes gewesen, ein Musikstück zu wählen, von dem 1945 bereits eine Schallplattenaufnahme existierte. Muss man angesichts eines solchen Anachronismus schließlich doch konstatieren, dass die Überlegungen des Filmes letztlich historiografisch folgenlos, fiktiv und fahrlässig bleiben? Das Gegenteil ist der Fall und im übrigen die These, der sich diese Arbeit widmet: Die hier vorgeführte Historiografie versagt nicht, weil sie einem Anachronismus zum Opfer fällt, sondern sie glückt, wie jede Historiografie, überhaupt nur aus einem Grund: und zwar *weil* sie von einem Anachronismus zusammengehalten wird.

SHUTTER ISLAND steht am Anfang dieser Überlegungen, weil sich an ihm vier Merkmale historiografischer Filme beobachten lassen, deren eingehende Beschreibung diese Arbeit versucht.

1. Geschichts-Filme argumentieren filmisch, d. h. in einer spezifischen Logik der Verkettung von Bild und Ton und verlangen »von den heutige[n] Historikern eine Bildkritik, auf die sie allem Anschein nach nicht immer vorbereitet sind.«[26]

2. Sie generieren darin nicht nur ein Wissen von den Vergangenheiten, auf die traditionelle Formen der Historiografie lange ihr Augenmerk gerichtet hatten, sondern erschließen zudem eine Geschichte der Geschichtsbilder.

3. Die dabei aufgeworfenen und beantworteten Fragen entsprechen aber weder denen, deren Beantwortung sich die Geschichtsphilosophie verschrieben hat, noch unterscheiden sie sich gänzlich von ihnen. Kino-Historiografie hat stellenweise mit den selben Fragen zu kämpfen wie andere Formen der Geschichtsschreibung: etwa Fragen der Chronologie, der Faktizität, der Referenz. Sie trifft aber auch neue Fragen an, die auf Grund ihrer Medialität bisher keinem anderen historiografischen Medium vorlagen.

4. Wenn SHUTTER ISLAND nicht nur ein bedauerlicher oder glücklicher Einzelfall ist (und er ist es nicht), dann kommt dem Anachronismus eine besondere Rolle für die Funktionsweise der Kino-Historiografie zu, deren Konturen im nun Folgenden entwickelt werden.

---

26 Didi-Huberman, 2003/2007, Bilder trotz allem, S. 67.

2. Anachronismen und Historiografie

Anachronistische Praktiken: Ranke und Meinecke

Wie grundlegend der Anachronismus seit dem neunzehnten Jahrhundert für historiografische Unternehmungen geworden ist, wird vielleicht dort am deutlichsten, wo er mit der größten Verve verdammt wird. Bei Lucien Febvre etwa ist er »die schlimmste, die unverzeihlichste aller Sünden« geworden, der sich Historiker_innen schuldig machen können.²⁷ Im Anachronismus wird die Zeit auffällig. Wo Anachronismen eingekreist und gestellt werden, wo vor ihnen gewarnt wird, ihre Vermeidung Tugend und ihr Auftreten Sünde ist, dort formiert sich implizit oder explizit eine Vorstellung davon was und wie Zeit ist. Wer Anachronismen pflegt oder bekämpft, weiß, und sei es heuristisch, was Zeit ist. Die moderne Physikerin hat sie im relativen Ticken der Uhren erkannt, die Philosophin der Wende vom neunzehnten zum zwanzigsten Jahrhundert weiß von ihrer ewigen Wiederkehr zu berichten, der Verkünder christlicher Heilsgeschichte hat ihre Dauer auf die Zahl von sechstausend Jahren abgezählt. »Da der Gegenstand der Geschichte als eines theoretischen Gebildes das Geschehene ist – abgehoben von dem Gegenwärtigen wie von dem Zukünftigen – so gehört die Zeit jedenfalls zu den entscheidenden Bestandteilen ihres Begriffs.«²⁸ Die von Simmel so zentral gesetzte Differenz der Zeiten aus Geschehenem, Gegenwärtigem und Zukünftigem muss in der Historiografie hergestellt werden und das gelingt nur, indem sie selbst einen intimen Zeitbezug installiert: am besten vor ihrem Anfang (Ranke) oder als Ursünde ihrer Wissensform (Febvre). Der Anachronismus ist dieser Zeitbezug. Er markiert den archimedischen Punkt jeder Historiografie und also auch der Kino-Historiografie.

Beginnen wir jedoch am Anfang. Spätestens seit Friedrich Meinecke hat man sich daran gewöhnt, den Anfang der wissenschaftlichen Historiografie mit dem Datum 1824 und dem Namen Leopold von Ranke zu versehen. Bei diesem heißt es: »Strenge Darstellung der Thatsache, wie bedingt und unschön sie auch sey, ist ohne Zweifel das oberste Gesetz.«²⁹ Die *Geschichten der romanischen und germanischen Völker*, später wie kein zweiter Text zum Gründungsdokument des akademischen Historismus gemacht,³⁰ wissen von solchen Ehren noch nichts und üben sich stattdessen in reich verzierten Pirouetten der Selbstentschuldigung: »Was ist

---

27 Lucien Febvre, 1968/2002, Das Problem des Unglaubens im 16. Jahrhundert: Die Religion des Rabelais. Stuttgart, S. 17.
28 Georg Simmel, 1916/2003, Das Problem der historischen Zeit. In: Ders., 2003, Gesamtausgabe, Band 15. Frankfurt am Main, S. 287–304, hier: 289. Es gibt keine noch so flüchtige Beschäftigung mit der Geschichte, die diesen Zusammenhang nicht herstellte. Simmels Formulierung steht stellvertretend für unzählige.
29 Leopold von Ranke, 1824, Geschichten der romanischen und germanischen Völker von 1494–1535. Leipzig u. Berlin, S. VII.
30 Über die Schwierigkeiten des Versuches, den dt. Historismus als einheitliches geschichtswissenschaftliches Paradigma zu konturieren vgl. Müller, 2008, Erkenntnis und Erzählung, S. 337ff.

2. Anachronismen und Historiografie 43

zu sagen? Man bemüht sich, man strebt, am Ende hat man's nicht erreicht.«[31] In Mitten dieser umfassenden Bescheidenheit und wiederum als Entschuldigung dann das epochemachende Bekenntnis: »Man hat der Historie das Amt, die Vergangenheit zu richten, die Mitwelt zum Nutzen zukünftiger Jahre zu belehren, beygemessen: so hoher Aemter unterwindet sich gegenwärtiger Versuch nicht: er will bloß sagen, wie es eigentlich gewesen.«[32]

Die eigentliche Sensation dieses Anfangs steckt aber in ihrem Anfang: »Gegenwärtiges Buch kam mir freilich, wie ich nur bekennen will, ehe es gedruckt wurde, vollkommener vor, als nun, nachdem es gedruckt ist.«[33] Ranke begründet die Demutsgeste, die »nur Geschichten, nicht die Geschichte«[34] meint und wohl nicht zuletzt daraus ihren umfassenden und kanonischen Geltungsanspruch ableiten konnte, in einer zeitlichen Vorwegnahme der eigenen Relektüre. Er lässt drucken, was er meint, nach dem Druck von seinem Buch halten zu werden und präsentiert es seinen Leser_innen im Präsens deren Lektüre. Allein die mediale Form – geschriebenes Manuskript oder gedrucktes Buch – scheint hier eine Transformation des Sinnes vollbringen zu können, die der Autor nicht nur hinnehmen, sondern mitdenken und den Leser_innen *vor allem anderen* zu Bewusstsein bringen muss. Am Beginn einer Historiografie, die später so viel mehr gewesen sein wird als nur »Geschichten«, nämlich »eine der größten geistigen Revolutionen, die das abendländische Denken erlebt hat«,[35] steht ein Wirbel in der Zeit, welcher eine offenbar notwendige Unruhe in die im Titel so präzise formulierte Dauer von 1494 – 1535 bringt. Dieser Zeitwirbel stiftet Sinn für den Autor, für seine Leser_innen und muss deshalb an den Anfang gesetzt, zum Programm vor dem Programm werden. Der Gründungstext der modernen historistischen Historiografie beginnt mit einem Anachronismus, oder anders formuliert: Am Anfang des systematischen Studiums der vergangenen Zeit steht eine Geste, in deren Lektüre eine Zeit erst hergestellt werden muss, die dann vergangen sein wird. Für dieses systematische Studium benennt Ranke »ein erhabenes Ideal: das ist die Begebenheit selbst in ihrer menschlichen Faßlichkeit, ihrer Einheit, ihrer Fülle; ihr wäre beyzukommen«.[36] Die Verfehlung dieses Ideals – »ich weiß, wie weit ich davon entfernt geblieben.«[37] – ist aber, durch die Brille des primären Anachronismus betrachtet, alles andere als ›bloße‹ Rhetorik. Es ist die Ratio historiografischen Wissens, der ausgewichen werden *muss*, aber nicht ausgewichen werden *kann*. Es ist eine konstitutive Selbstverfehlung zwischen der Analytik der vergangenen Zeit und dieser selbst, in der sie als wahrnehmbare – und das heißt bei von Ranke: lesbare – erst hervorgebracht wird. Rankes Geschichten können den Anspruch auf

---

31 Ranke, 1824, Geschichten der romanischen und germanischen Völker, S. VIII.
32 ebd., S. Vf.
33 ebd., S. III.
34 ebd., S. IV.
35 Friedrich Meinecke, 1936, Die Entstehung des Historismus. 2 Bde, Bd. 1: Vorstufen und Aufklärungshistorie. München u. Berlin, S. 1.
36 Ranke, 1824, Geschichten der romanischen und germanischen Völker, S. VIII.
37 ebd., S. VIII.

die Geschichte nur von sich weisen, wenn sie immer schon um ihn gewusst haben werden. Der Anachronismus, der diesen umfassend selbstbezüglichen historiografischen Diskurs in Gang setzt, ist fortan als Zeittechnik aus der Zeitanalytik nicht mehr auszutreiben.

Schließlich liegt genau in diesem intimen Verhältnis zur Zeit selbst die relative Neuheit des Historismus: »Der Kern des Historismus besteht in der Ersetzung einer generalisierenden Betrachtung geschichtlich-menschlicher Kräfte durch eine individualisierende Betrachtung.«[38] Diese Individualisierung, so Meinecke weiter, bedingt das zweite Merkmal des Historismus. »Im Wesen der Individualität, der des Einzelmenschen wie der ideellen und realen Kollektivgebilde, liegt es, daß sie sich nur durch Entwicklung offenbart.«[39] Individualität und Entwicklung sind die Embleme einer Denkweise, die Zeit nicht als ewigen und unbeweglichen Hintergrund des menschlichen Lebens betrachtet, sondern in ihr den Motor für dessen Voranschreiten entdeckt. Diese Denkweise reicht tief in die Methodik und das Selbstverständnis des wissenschaftlichen Historismus hinein. »Die großen Totalerscheinungen der Geschichte [...] werden erst allmählich, indem man Distanz gewinnt, verstanden und begriffen.«[40] Distanz gewinnen oder, anders gesagt: Die Differenz der Zeiten hervortreiben wird zum Hauptgeschäft der Historiografie. Und deshalb erscheinen diese zeitlichen Differenzen allerorten in deren methodologischen Selbstvergewisserungen. Bei Meinecke findet sich dann auch eine Rhetorik wieder, die bereits bei Ranke begegnete. Der Historiker, selbst nicht ausgenommen vom Gang der Geschichte, muss feststellen, dass im selben Maße, wie seine Distanz und damit seine Reflexionsfähigkeit der Geschichte gegenüber zunimmt, deren genaue Wiedergabe immer schwieriger wird. »Die Jahre machen sich fühlbar, und ich kann nur hoffen, diesen und jenen Faden aus dem mächtigen Gewebe des frühen deutschen 19. Jahrhunderts noch zu fassen, aber nicht das Ganze mehr zu bewältigen.«[41] Das ist die Melancholie der Historiker: durch das, was ihr Stoff ist, von diesem selbst getrennt zu werden: »Ich trat diese dritte und letzte Fußwanderung durch ein Hochgebirge mit der Resignation des Alters an, das alle Schwierigkeiten der übernommenen Aufgabe viel genauer als früher kennt, seine Ansprüche an sich deswegen auch steigert und doch zuletzt nur ein Fragment dessen zu geben sich bewußt bleibt, was als ideale Lösung lockend vor Augen stand.«[42] Der Historismus ist zu jenem Anachronismus verdammt, den er wehklagend begrüßen muss. Dieses inhärente Zeitparadox, das, wie ich behaupte, im Anachronismus allerorten wieder auftaucht, findet Meinecke dann auch in einer seiner zahlreichen Charakterisierungen Leopold von Rankes:

---

38 Meinecke, 1936, Die Entstehung des Historismus. Bd. 1, S. 2.
39 ebd., S. 5.
40 Friedrich Meinecke, 1942, Aphorismen und Skizzen zur Geschichte. Leipzig, S. 11f.
41 Meinecke, 1936, Die Entstehung des Historismus. Bd. 1, S. 7.
42 ebd., S. 9.

2. Anachronismen und Historiografie

»Daß der junge Ranke diesen unvergleichlichen Moment sofort ganz ausgekostet und mit genialem Finderblick Prinzipien des geschichtlichen Sehens entdeckt hat, die immer nur neu und fruchtbar angewandt werden wollten, aber keiner Revision und Korrektur für ihn mehr bedurften, das hat ihm das merkwürdige Urteil eingetragen, daß er, der überall in der Geschichte Entwicklung gezeigt habe, selber eigentlich im Kerne seines Denkens entwicklungslos geblieben sei. Schon gegenüber dem Wandelbaren der Geschichte hatte er eben ein unwandelbares Prinzip ihrer Erkenntnis gefunden und so gleichsam einen Einheitspunkt des Wandelbaren und Unwandelbaren und einen so hohen Standort über den Dingen erreicht, daß es höher nicht mehr ging, – und abwärts erst recht nicht.«[43]

Es ist dann, um noch ein Beispiel der anachronistischen Poetik des Historismus, die sich hier zwischen Ranke und Meinecke aufspannt, zu erwähnen, auch nicht weiter verwunderlich, dass Meinecke *Die Entstehung des Historismus* als Vorgeschichte desselben konzipiert, deren »ursprüngliche Absicht [...] dahin gegangen« war, »mit der Bildungsgeschichte des jungen Ranke zu enden«,[44] den er als Gründungsvater und zugleich Höhepunkt des Historismus darstellt. Da er das im Buch nicht mehr hat verwirklichen können, setzt er an dessen Ende eine *Gedächtnisrede, gehalten am 23. Januar 1936 in der Preußischen Akademie der Wissenschaften*: »Am 23. Mai 1886 starb Leopold v. Ranke im Alter von 90 Jahren. [...] In feierlicher Stimmung folgten die damaligen jungen Berliner Historiker dem Sarge von dem Wohnhaus in der Luisenstraße zur Kirche. Wir wußten es schon, obwohl noch nicht in voller Klarheit, daß wir einem der Unsterblichen das letzte Geleit gaben.«[45] Der Tote unsterblich, seine Erben das Ererbte antizipierend, beginnt Meinecke den Schluss der Vorgeschichte des Historismus mit der letzten Anekdote, die sich vom ersten Historisten erzählen lässt. Meinecke braucht diese anachronistische Zeitkonstellation, die in der Erzählung seiner Erinnerung kristallisiert, um der letzten Konsequenz der historistischen Geschichtserkenntnis in Gegenstand und Methode Rechnung zu tragen. »Das geschichtliche Verstehen und Begreifen selbst hat seine Geschichte. Es gehört darum an sich selbst auch zu jenen Totalerscheinungen der Geschichte, die man nach langer Wanderung und von einem günstigen Standpunkte aus als solche entdeckt.«[46] Der Historismus kommt erst da richtig zu sich selbst, wo er sich selbst als historischen und vor allem geschichtlichen Gegenstand entdeckt. »Der Historismus, der sich selbst analysiert und aus seiner Genesis zu verstehen sucht, das ist die Schlange, die sich in den Schwanz beißt. Es ist ein Zeichen, daß das Stadium der naiven Selbstverständlichkeit, wie ich es noch in meiner Jugend erlebte, vorüber ist«.[47] Im *historiografischen* Bezug auf sich

---

43 Meinecke, 1942, Aphorismen und Skizzen, S. 72.
44 Meinecke, 1936, Die Entstehung des Historismus. Bd. 1, S. 7.
45 Meinecke, 1936, Die Entstehung des Historismus. Bd. 2, S. 632.
46 Meinecke, 1942, Aphorismen und Skizzen, S. 12.
47 ebd., S. 11.

selbst, wandelt sich die historistische Historiografie und wird dann bei Meinecke zur Ideengeschichte.

Zwischen Ranke und Meinecke jedenfalls wird eine Geschichtskonzeption ablesbar, die mit dem Anachronismus, den sie von Anfang an in ihrem Zentrum installiert, über viel mehr verfügt als bloßes Zeitbewusstsein oder Reflexionsvermögen über die Zeit. Sie legt nämlich ausdrücklich und systematisch eine Zeitlichkeit zu Grunde, von deren Zeitlichkeit sie selbst nicht ausgenommen ist. Diese Zeitlichkeit lässt sich am besten als Anachronismus bezeichnen: als Koexistenz divergenter Zeiten; als Zeiten, die sich selbst vorausgeeilt sein werden; als Zeit, deren unhintergehbare Abwesenheit fortwährend beschworen werden muss und deren Präsenz in den Quellen methodisch sauber zu (re)produzieren ist.

Theorie des Anachronismus: Rancière

Was von Ranke bis Meinecke als Subtext und Praxisbeschreibung der Historiografie mitläuft, hat Jacques Rancière explizit gemacht: »L'anachronisme engage donc bien tout autre chose qu'une affaire de chronologie défectueuse. C'est le concept-emblème par lequel l'histoire affirme sa spécificité et sa scientificité.«[48] Die Spezifik des geschichtlichen Wissens, wie sie sich für Rancière aus der Beschäftigung mit dem Anachronismus ergibt und in diesem bündelt, hat drei Aspekte. Zunächst ist die Geschichte für ihn keine Philosophie oder Theorie, sondern eine Praxis, die mit ihren Mitteln Fragen löst, welche traditionell von der (Geschichts-)Philosophie gestellt werden.

> »L'hypothèse est que la constitution de l'histoire comme discours scientifique engage un nœud de questions philosophiques qui n'ont rien à voir avec les questions dites de « méthodologie » ou d' « épistémologie » de l'histoire. Ce nœud concerne les rapports du temps, de la parole et de la vérité. Seulement il n'est jamais traité comme tel dans le discours historien. Il est traité par des procédures poétiques de construction du récit historique.«[49]

Das Verhältnis von Zeit, Sprechakt und Wahrheit ist in der Poetologie der Geschichtserzählung praktisch gelöst. »La question philosophique se cache dans la

---

48 »Mit dem Anachronismus beginnt also etwas ganz anderes als ein Fall gestörter Chronologie. Er ist der paradigmatische Begriff, durch den die Geschichte ihre Spezifik und ihre Wissenschaftlichkeit behauptet.« (Übers. AW) Jacques Rancière, 1996, Le concept d'anachronisme et la verité de l'historien. In: L'Inactuel 6 (1996), S. 53–68., hier: 65.

49 »Die Hypothese lautet hier, dass mit der Herausbildung der Geschichte als wissenschaftlichem Diskurs ein Knoten aus philosophischen Fragen geknüpft wird, die nichts mit sogenannten methodologischen oder epistemologischen Fragen der Geschichte zu tun haben. Dieser Knoten betrifft die Verhältnisse der Zeit, der Aussagen und der Wahrheit. Im geschichtlichen Diskurs wird er jedoch niemals in dieser Weise behandelt. Er wird von poetischen Konstruktionsverfahren der historischen Erzählung behandelt.« (Übers. AW) ebd., S. 53.

2. Anachronismen und Historiografie 47

résolution poétique.«⁵⁰ Nichts anderes zeigt die kanonisch gewordene Geschichtspraxis Rankes. Sie installiert eine anachronistische Rede über eine Zeit, die in der anachronistischen Spannung existieren muss, als vergangene unerreichbar und als historiografisch repräsentierte unmittelbar verfügbar zu sein. Für das Gelingen dieser prekären Operation steht der Historiker mit dem Eigennamen ein, der seine akademische Persona bezeichnet und damit auf der Quellenseite Wissenschaftlichkeit und auf der Seite der historischen Erzählung literarische Qualität verbürgt.

Diese anachronistische Geschichte, so Rancières zweite These, begehrt gegen zwei andere Zeiten auf, differenziert sich von ihnen und formiert sich damit als spezifisch wahrheitstaugliche Rede über die Zeit.⁵¹ Einerseit steckt die historiografische Rede damit ihr Terrain gegenüber der mythischen Zeit ab; jener Zeit, die sich nicht datieren lässt, die zeitlos im doppelten Wortsinn ist: Von den Mythen lässt sich nicht sagen, wann sie sich zugetragen haben sollen und gerade deshalb können sie eine Gültigkeit ohne Verfallsdatum beanspruchen. Rancière erinnert an »la faute contre l'histoire par excellence«:⁵² Vergil mischt in seiner Erzählung von Dido und Aeneas zwei unterschiedliche Regime der Wahrheit. Auf der einen Seite stehen Aeneas und der trojanische Krieg, die ins Register der mythischen Erzählung gehören und in der »le poète a toute liberté, à la seule condition de ne pas contredire Homère.«⁵³ Auf der anderen Seite steht die Gründung Karthagos als Ereignis, welches in die Chronologie Roms gehört und damit »ne peut être marié à n'importe quel autre temps.«⁵⁴ Der zweite Aufstand, den die Geschichtszeit probt, richtet sich gegen die Ewigkeit.⁵⁵ Wie schon bei Ranke gesehen (den Rancière allerdings nicht erwähnt), bringt sich das historistische Zeitverständnis gegen jede Form der Ewigkeit in Stellung, indem es die unaufhaltsame Veränderung aller Individualitäten nicht nur konstatiert, sondern in seinen Geschichtserzählungen produziert. Was in der Natur- und Universalgeschichte unveränderlich war und begrifflich eingeholt werden konnte, wird im Historismus eine unübersichtliche Ansammlung von Personen, Ereignissen und Daten, deren Zusammenhang historisch zwar kontingent ist, historiografisch jedoch erklärt werden muss.⁵⁶ Hinzu kommt das Problem, dass jede Veränderung *in* der Zeit, nicht ohne eine Stabilität *der* Zeit erklärt werden kann: Chronologie und Ewigkeit schließen sich aus, sind ohne einander aber nicht zu denken. Das geschichtliche Denken, so Rancière, löst

---

50 »Die philosophische Frage versteckt sich in der poetischen Auflösung.« (Übers. AW) ebd., S. 65.
51 vgl. ebd., S. 54ff.
52 »das Vergehen gegen die Geschichte schlechthin« (Übers. AW) ebd., S. 54.
53 »der Dichter alle Freiheiten hat unter der einzigen Bedingung, dass er Homer nicht widerspricht.« (Übers. AW) ebd., S. 55.
54 »mit keiner beliebigen anderen Zeit verheiratet sein kann.« (Übers. AW) ebd.
55 vgl. ebd., S. 55.
56 vgl. dazu auch Meinecke über Ranke, von dem er behauptet den genauen Mittelweg zwischen diesen beiden Extremen gefunden zu haben: Meinecke, 1936, Die Entstehung des Historismus. Bd. 2, S. 644.

dieses Problem, indem es der unendlichen Masse historischer Individualitäten die ordnende Ratio der historiografischen Erzählung an die Seite stellt. »Telle est la première manière de racheter le temps et de fonder l'histoire en vérité. Elle consiste à subsumer le temps sous l'intrigue d'un enchaînement nécessaire.«[57]

Schließlich und drittens erklärt Rancière auf diese Weise den spezifischen Wahrheitsmodus der historiografischen Rede, der sich in der »théorie du temps impliquée par la dénonciation de l'anachronisme« erblicken lässt.[58] Auf der einen Seite, in ihren erzählerischen Verfahren, lässt die Historiografie die Geschichte aussehen wie die Ewigkeit und verleiht den historischen Subjekten, die in der Erzählung an diese Ewigkeit gebunden werden, Glaubhaftigkeit durch Ähnlichkeit. Auf diese Weise erzeugt die Historiografie das erste mal ihre eigene Wahrheit. Gleichzeitig installiert sie damit aber als Objekt dieses Wahrsprechens ein »être fait de temps«[59] und das heißt letztlich ein Objekt des bloßen Glaubens und das heißt eben des Nicht-Wissens. »La ‹ ressemblance › temporelle norme à la fois la science du savant et l'ignorance de l'ignorant. Elle noue ainsi la contrainte de la vérité à une contrainte sociale.«[60] Das historiografische Wahrheitsregime beruht damit letztlich auf einem unhintergehbaren Riss in den Zeiten, seinem anachronistischen Apriori. Der historiografische Sinn, so folgert Rancière, erwächst aus nichts anderem als aus der Verknüpfung unterschiedlicher Ereignisse, Begriffe und Bezeichnungen, die die Zeiten gegen den Strich bürsten und ihr jede Form der Identität mit sich selbst nehmen.[61] »La multiplicité des lignes de temporalités, des sens même de temps, inclus dans un « même » temps est la condition de l'agir historique.«[62] Der Anachronismus, wie er in Rankes Schreibpraxis und in Rancières geschichtsphilosophischen Überlegungen auftaucht, ist das genaue Gegenteil eines Fehlers oder einer Fehlleistung: Er ist das Emblem geschichtlicher Rationalität schlechthin.

---

57 »Das ist die erste Weise die Zeit freizukaufen und die Geschichte auf die Wahrheit zu gründen. Sie besteht darin, die Zeit der notwendigen Verkettung einer Handlung zu unterwerfen.« (Übers. AW) Rancière, 1996, Le concept d'anachronisme, S. 56.
58 »Theorie der Zeit, wie sie die Denunziation des Anachronismus impliziert« (Übers. AW) ebd., S. 62.
59 »Wesen, das aus Zeit gemacht ist« (Übers. AW) ebd.
60 »Die zeitliche ›Ähnlichkeit‹ normiert zugleich die Wissenschaft des Wissenden und die Unwissenheit des Unwissenden. So verbindet sie die Beschränkung der Wahrheit mit einer sozialen Beschränkung« (Übers. AW) ebd.
61 vgl. ebd., S. 67.
62 »Die Vielschichtigkeit der zeitlichen Linien, der Bedeutungen der Zeit, die in einer ›selben‹ Zeit eingeschlossen sind, ist die Bedingung für historisches Handeln.« (Übers. AW) ebd., S. 68.

2. Anachronismen und Historiografie

Anachronismus oder Anachronismen?

Julien Febvres Buch zum Problem des Unglaubens im sechzehnten Jahrhundert gilt einigen Kommentator_innen nicht nur als eines der Hauptwerke der Geschichtsschreibung des zwanzigsten Jahrhunderts.[63] Es ist darüber hinaus und gleichzeitig eine einzige Ermahnung zur Wachsamkeit gegen die zermürbende Kraft der Anachronismen. Es geht in dem Buch nicht nur um eine Rekonstruktion der religiösen Mentalität des sechzehnten Jahrhunderts. Es geht nicht nur darum, noch einmal die langwierigen Dispute über die offen antiklerikalen Schriften Rabelais' zu rekonstruieren, seine Gegner zu Wort kommen zu lassen und die Motive seiner Befürworter nachzuvollziehen. Das Buch ist vielmehr der Versuch, die Orte zu rekonstruieren, an denen Aussagen über bestimmte Epochen sagbar werden. Für den Fall der Religion des Rabelais sind dies zwei Orte, die Febvre säuberlich voneinander trennt, weil ihm ihre Grenzen im Laufe der Zeit und den Kommentaren zum Thema unscharf geworden zu sein scheinen. Verwischt wurde diese Grenze durch den inflationären Gebrauch des Begriffs ›Atheist‹. Febvre wird zum unermüdlichen Kritiker all jener, die in Rabelais' Schriften und Briefen den untrüglichen Beweis für seinen Atheismus gesehen haben wollten. Er kritisiert diese Darstellungen jedoch nicht, weil er das Gegenteil behaupten und Rabelais zum glühenden Gottesmenschen umdeuten will. Er fragt vielmehr nach den Bedingungen solcher Aussagen. Ob Rabelais Atheist war oder nicht, hängt nicht von seinen Aussagen und Schriften ab, sondern davon ob ihm die Bedingungen seiner Zeit überhaupt eine andere Möglichkeit als die des Glaubens eröffnen konnten. Es geht also, in Febvres Worten,

> »nicht darum, wie die zwischen 1530 und 1550 verfaßten Werke eines Rabelais, Dolet oder einer Margarete von Navarra in unseren Ohren klingen. Es geht darum, herauszufinden, wie die Menschen von 1532 den *Pantagruel* und das *Cymbal Mundi* auffaßten, auffassen und verstehen konnten. Oder andersherum gesagt: Noch wichtiger ist, wie diese Menschen die genannten Werke mit Sicherheit nicht auffassen und verstehen konnten.«[64]

An die Stelle des unscharfen Atheismusbegriffs setzt Febvre diesen doppelten Ort der Geschichte: einerseits die historischen Umstände, die den Begriff ermöglichen oder verhindern und die Febvre mit dem berühmt gewordenen Begriff der Mentalität bezeichnet. Und andererseits bemüht er sich, deutlich die Position zu markieren, von der aus diese Historiker die Geschehnisse und Aussagen um Rabelais im sechzehnten Jahrhundert als Atheismus wahrnehmen konnten. Die Historiografie Febvres führt ein doppeltes Selbstverständnis mit: Sie spricht über

---

63 vgl. Kurt Flasch, 2002, Nachwort: Lucien Febvre und der Unglaube im 16. Jahrhundert. In: Lucien Febvre, 1968/2002, Das Problem des Unglaubens im 16. Jahrhundert : Die Religion des Rabelais. Stuttgart, S. 506–536, hier 514.
64 Febvre, 1968/2002, Das Problem des Unglaubens im 16. Jahrhundert, S. 17.

die Bedingungen der Möglichkeit des Auftretens bestimmter historischer Konstellationen und über die Bedingungen des Sprechens über diese Konstellationen. Der Horizont, in dem sich Glaube oder Unglaube im sechzehnten Jahrhundert formieren konnten, wird für Febvre im Verlauf des Buches immer klarer. Für ihn

> »gab es im 16. Jahrhundert keine Wahl. Man war faktisch Christ. Mochte man auch in Gedanken von Christus abschweifen, so hatten derlei Gedankenspiele doch keinen lebendigen Rückhalt in der Realität. […] Ob man es wollte oder nicht, ob man es sich klarmachte oder nicht, man war von Geburt an ins Christentum eingetaucht […]. Von der Geburt bis zum Tod spannte sich eine ganze Kette von Zeremonien, Traditionen, Gepflogenheiten und Gebräuchen, die allesamt christlich oder christlich eingefärbt waren, den Menschen auch wider seinen Willen banden, ihn auch dann gefangen hielten, wenn er sich frei dünkte, und vor allem sein Privatleben einengten.«[65]

Mit anderen Worten: Wer behauptet Rabelais oder irgendeiner seiner Zeitgenossen sei ein Ungläubiger gewesen, ein Atheist oder Gottesleugner, der irrt und zwar auf spezifische Weise: Sein Irrtum hat die Gestalt des Anachronismus und damit der schlimmsten aller Historikersünden. Nicht das gelegentliche oder planmäßige Führen unchristlicher Reden entscheidet über Glaube oder Unglaube, sondern die Mentalität der Zeit, die einen strukturellen, praktischen und damit unausweichlichen Glauben bedingt. Febvre führt diese Argumentation in einem weiten Bogen über das ganze Buch hinweg parallel zu seinen Rabelais-Lektüren und lässt keine Gelegenheit aus, sich und seine Leser_innen der eigenen methodischen Reflektiertheit zu versichern, die vor allem anderen in der Vermeidung der historiografischen Ursünde des Anachronismus liegen soll.

Das erste Kapitel des zweiten Buchs des zweiten Teils über die beherrschende Rolle der Religion im Leben der Menschen teilt Febvre in drei Unterkapitel: das Privatleben, das Berufsleben, das öffentliche Leben. Man mag diese Unterteilung in den Bereich didaktischer Notwendigkeiten verschieben, als Angebot, das ferne und unübersichtliche sechzehnte Jahrhundert leser_innenfreundlich zu strukturieren. Es ändert aber nichts daran, dass Febvre mit diesem Zugeständnis an die Lesbarkeit zugleich seine durch und durch moderne Konzeption einer funktional differenzierten Gesellschaft dokumentiert.[66] Damit ist keinesfalls ein Vorwurf an den Historiker formuliert. Das Beispiel ist klein, wahrscheinlich unbedeutend, im besten Falle eine Randbemerkung. Es geht mir nicht darum dem Rabelais-Buch das Scheitern an den eigenen Ansprüchen nachzuweisen. Es geht aber darum, das Farbenspiel deutlicher zu Tage treten zu lassen, in das die unvermeidlichen historiografischen Anachronismen vom Lichte seiner Anwürfe gegen sie getaucht werden. Wenn Febvres Unterscheidung zwischen privat, beruflich und öffentlich im

---

65 ebd., S. 296.
66 vgl. zur Wortgeschichte von »Öffentlichkeit« und »öffentlich« Peter Uwe Hohendahl (Hg.), 2000, Öffentlichkeit : Geschichte eines kritischen Begriffs. Stuttgart, Weimar, S. 5ff.

Bezug auf das sechzehnte Jahrhundert von heute aus als anachronistisch erscheint oder zumindest gefährlich nah an diesem Abgrund wandelt, so zeigt das nichts anderes, als dass jede noch so strenge Anachronismuskritik nicht jenseits historischer Entwicklungen existiert und insbesondere nicht jenseits Veränderungen im geschichtlichen Wissen. Die Kritik einzelner Anachronismen mag als Lackmustest historischer Genauigkeit dienen, kann dies jedoch selbst nur in historisch eng gesetzten Grenzen.

Wie lässt sich also vom Anachronismus im Singular sprechen? Er hat sich immer schon in und an sich selbst verdoppelt. »Der Anachronismus ist ein Anachronismus.«⁶⁷ Der griechische Begriff suggeriert nämlich nur eine antike Geschichte, die er nicht hat.⁶⁸ »[Es] bleibt anachronistisch, den Griechen, den klassischen Griechen jedenfalls, ein historisches Bewußtsein zu unterstellen, das Anachronismen hätte Aufmerksamkeit schenken wollen.«⁶⁹ Anachronismen folgen der Logik, die sie nur zu beschreiben vorgeben. Zumindest rufen sie sie herbei und es wird fortan schwer, über sie nachzudenken, ohne dieser Logik Beachtung zu schenken. Die doppelte Historizität des Anachronismus gründet sich also nicht nur auf das Sprachspiel, dass dieser selbst einer sei. Anachronismen sind vielmehr historisch sowohl im Bezug auf die *res gestae* als auch auf die *historia rerum gestarum*. Während Febvre mit viel Aufwand den Atheismus im sechzehnten Jahrhundert als Anachronismus auf der Seite der historischen Gegenstände freilegt und zurückweist, zieht er in die Beschreibung dieser Gegenstände mit der Unterscheidung zwischen privat, beruflich und öffentlich ein modernes Narrativ und mithin eine anachronistische Erzählstruktur ein.

Wenn es stimmt, dass geschichtliche Erkenntnis seit wenigstens dem neunzehnten Jahrhundert anachronistische Züge trägt, von Anachronismen ausgeht und zu diesen zurückkehrt und damit in der Betrachtung einer Zeitform sich selbst in den Blick bekommt,⁷⁰ dann darf die Frage nach der Geschichtlichkeit auch dieser Anachronismen nicht ausgespart bleiben. So wertvoll Rancières Beobachtungen sind: In seinem großen Wurf von Thukydides zu Febvre, von griechischen Mythen zur Ideengeschichte des zwanzigsten Jahrhunderts sieht er an allem, was aus seiner Sicht als Geschichte beschrieben werden kann, dieselbe anachronistische Logik am Werke. Rancière geht schließlich so weit, den Begriff ganz auszusetzen: »Il n'y a pas d'anachronisme. Mais il y a des modes de connexion que nous pouvons appeler positivement des anachronies«.⁷¹ Er versucht damit einen

---

67 Tilman Borsche, 2003, Die rückwirkende Kraft der Geschichte. In: Andreas Speer (Hg.), 2003, Anachronismen. Würzburg, S. 51–70, hier: 51.
68 vgl. Wilhelm Schmidt-Biggemann, 2003, Geschichte, Ereignis, Erzählung. Über Schwierigkeiten und Besonderheiten von Geschichtsphilosophie. In: Speer (Hg.), 2003, Anachronismen, S. 25–50, hier: 25.
69 Borsche, 2003, Die rückwirkende Kraft der Geschichte, S. 51.
70 vgl. zu einer Ideengeschichte des Anachronismus im 19. Jh Chris Lorenz, 1987/1997, Konstruktion der Vergangenheit. München, S. 361–365.
71 »Es gibt keinen Anachronismus. Aber es gibt Arten der Verknüpfung, die wir positiv als Anachronien bezeichnen können.« (Übers. AW) Rancière, 1996, Le concept d'anachronisme, S. 67.

Spagat ganz ähnlich dem Rankes: die Individualitäten der Geschichte einerseits vorbehaltlos anerkennen und ihnen zu ihrem eigenen Recht verhelfen, andererseits aber das unveränderliche Prinzip dieses Wandels anschreiben.

Was ist die Alternative zu Glorifizierung und Ausstreichung des Anachronismusbegriffes? Die Alternative ist in der Vervielfachung zu suchen. Zunächst gibt es keinen Anachronismus, wir begegnen immer nur Anachronismen im Plural. Über deren Zustandekommen, ihre Identifizierung und die Konsequenzen, die aus ihnen gezogen werden, muss jeweils vor Ort entschieden werden. Anachronismen lassen sich nicht ohne weiteres auf einen systematischen Begriff bringen. Ihre Funktion wandelt sich in dem Maße, in dem sich die Vorstellungen von der Beschaffenheit der Zeit und genauer: der geschichtlichen Zeit, ändern. Keinesfalls also können Überlegungen zum *pharmakon* der Geschichte[72] unter Absehung von dessen eigener Geschichte angestellt werden. Anachronismen setzen nicht nur geschichtliches Wissen frei, sondern sie unterliegen selbst historischem Wandel.

> »Zij [de geschiedenis van de geschiedschrijving] leert ons ook dat het anachronisme geen filosofisch 'tijdloos' probleem is. Het heeft duidelijk zijn eigen geschiedenis. Als probleem doet het zich slechts vanaf een bepaalde periode voor in de geschiedenis. Vanaf dat tijdstip gaat het de geschiedwetenschap bezig houden met wisselende intensiteit doch in toenemende mate.«[73]

Dieser Wandel, und das ist die zweite Konsequenz, die ich einstweilen ziehen möchte, lässt sich aber nicht als Begriffs- oder Ideengeschichte schreiben, weil Anachronismen keine Begriffe und erst recht keine Ideen sind. Zu diesem Missverständnis könnte die Lektüre Rancières verleiten, in der Historiografie zwar als Praxis, jedoch als poetologische Praxis angesprochen wird, in der poetische Verfahren an der Konstruktion historischer Erzählungen arbeiten.[74] Für diese Arbeit kann eine solche Konzeption nicht genügen, denn im Zentrum der Betrachtung stehen die Anachronismen des Geschichts-Kinos, die Praktiken in Gang setzen, die begriffliche und erzählerische Komponenten enthalten, aber nicht in ihnen aufgehen. Es wäre also gleichzeitig zu viel und zu wenig, *den* Anachronismus nur als »concept poétique« zu sehen.[75] Zu viel wäre eine solche Konzeption, weil Anachronismen damit als Ursprung historiografischer Erzählung gesetzt wären und ihren Ort in jenem Historiografen-Olymp gefunden hätten, in den Meinecke

---

72 vgl. Georges Didi-Huberman, 2000, Devant le temps : histoire de l'art et anachronisme des images. Paris, S. 34.

73 »Die Geschichte der Geschichtsschreibung lehrt uns auch, dass der Anachronismus kein ›zeitloses‹, philosophisches Problem ist. Er stellt sich als Problem erst ab einem bestimmten Punkt der Geschichte. Von da an beschäftigt er die Geschichtswissenschaft mit wechselnder aber doch zunehmender Dringlichkeit.« (Übers. AW) P. B. M. Blaas, 1988, Anachronisme en historisch besef. Momenten uit de ontwikkeling van het Europees Historisch Bewustzijn. Den Haag, S. IX.

74 vgl. Rancière, 1996, Le concept d'anachronisme, S. 53 u. 65.

75 ebd., S. 53.

Leopold von Ranke zu heben versuchte. Anachronismen eignen sich aber nicht für Ursprungserzählungen, weil uns in ihnen die Unähnlichkeit verschiedener Zeiten in ihrer Selbsthervorbringung begegnet. Und sie wäre zuwenig, weil eine Auffassung der Anachronismen im Register der Poetik oder Poetologie zu kurz griffe und Gefahr liefe, ihre Medialität zu ignorieren. Anachronismen tauchen von daher nicht von ungefähr *nicht* als Lemmata in allen möglichen methodischen und begrifflichen Grundlagenwerken der Geschichtswissenschaft auf.[76] Sie sind weder Begriffe noch methodische Verfehlungen.

Die Notwendigkeit einer *Mediengeschichte der Anachronismen* wird unterdessen bereits an Rankes erstem Anachronismus deutlich. Die Differenz in der Selbstbeurteilung seines eigenen Buches ist zuerst die (imaginierte) Mediendifferenz zwischen Manuskript und gedrucktem Buch, in der zugleich eine Zeitdifferenz erzeugt wird. »Ohne Medien des Beobachtens, Archivierens, Sortierens, Erschließens, ohne Medien der Codierung und Darstellung in Bild, Wort und Zahl, ohne Medien der Verbreitung schließlich ist Geschichtsschreibung (und somit Geschichte überhaupt) nicht möglich.«[77] Wo diese Medien, wie in den Fällen, die hier betrachtet werden, anachronistisch strukturiert sind oder mit Anachronismen operieren, wird eine ihrer Besonderheiten sichtbar. Es sind nämlich Medien, die nicht nur Zeit, Zeitwahrnehmung und -reflexion strukturieren, sondern es sind Medien, die selbst zeitlich strukturiert sind. Als solche werden sie in historiografischen Operationen zu Zeitwerkzeugen. Anachronismen werden hier als solche Zeitwerkzeuge verstanden, die dort Operationen bedingen, wo Meinecke mit Ranke niemals hin wollte. »Abwärts erst recht« ist also Motto dieser Arbeit: abwärts ins Material der Geschichte, abwärts in die Stoffe, aus denen sie immer wieder hervorgekratzt werden muss, abwärts schließlich in die Medien des geschichtlichen Erkennens, die selbst keine Geschichte sind aber eine haben und sie produzieren.

---

76 vgl. Didi-Huberman, 2000, Devant le temps, S. 28f.
77 Lorenz Engell; Joseph Vogl, 2001, Editorial. In: Archiv für Mediengeschichte 1 (2001), S. 5–8, hier: 7.

3. Eine kleine Genealogie der Anachronismen

Es geht also darum, dem « *faire* » *l'histoire*[78] Rancières die Anführungszeichen zu nehmen und darauf zu beharren: Geschichte wird gemacht und nicht geschrieben, in ihr wird ein spezifisches Verhältnis zu vergangenem Geschehen nicht repräsentiert, kommentiert oder dokumentiert, sondern produziert. Anachronismen sind, längst nicht die einzigen aber doch wichtige, Werkzeuge der Historiografie. Sie gestatten ihr eine spezielle Zeit zu produzieren: die Zeit der Geschichte.[79] Sie treten deshalb an unterschiedlichen Orten und in verschiedenen Formen auf: als Werkzeuge der Textproduktion, bei der Zeitmessung, in Archiven, bei der Datierung von Ereignissen oder in historiografischen Bildern. Vor allem aber treten sie – Differenz der Zeiten – zu verschiedenen Zeiten auf: Anachronismen haben eine Geschichte und nur in dieser und im Hinblick auf sie können sie betrachtet werden. Es folgen deshalb einige »Herkunfts-Hypothesen« über Anachronismen.[80]

Die Genealogie der Anachronismen ist weder eine Erfolgsgeschichte, noch geht sie gerade Wege.[81] Sie ist vor allem gekennzeichnet von Ungleichzeitigkeiten. Bestimmte Handhabungen der Anachronismen entfalten sich erst dann ganz, wenn diejenigen, die sie in die Welt gesetzt haben diese schon längst wieder verlassen haben und Alternativen zu ihnen bereits gedacht sind. Diese Beschreibung ist keine Entschuldigung für unsauberes Historiografieren. Sie ist noch viel weniger der Versuch, die Beschreibung zwanghaft ihrem Gegenstand mimetisch anzuverwandeln. Sie ist aber wohl der Versuch Dinge in der Geschichte der Historiografie zu beschreiben, deren Entwicklung nicht einer chronologischen Entwicklungsgeschichte folgt, bei der einzelne Epochen oder Zeitalter von umwälzenden Ereignissen markiert und transformiert werden. Gleichzeitig handelt es sich bei den hier genannten unterschiedlichen Arten von Anachronismen auch um keine bloße Typologie, die weitgehend ahistorisch wäre und alle drei jederzeit gleichzeitig

---

78 Rancière, 1996, Le concept d'anachronisme, S. 68.
79 vgl. Nicole Loraux: Eloge de l'anachronisme en histoire. In: Le genre humain 27 (1993), S. 23–39, S. 37: »Pourquoi faire l'éloge de l'anachronisme quand on est historien ? Pour inviter les historiens, peut-être, à se mettre à l'écoute de notre temps d'incertitude en s'attachant à tout ce qui deborde le temps de la narration ordonée : aux emballements comme aux îlots d'immobilité qui dénient le temps dans l'histoire, mais qui font le temps de l'histoire.« » Warum sollte man als Historiker das Loblied auf den Anachronismus anstimmen? Vielleicht um die Historiker dazu einzuladen, in unserer unsicheren Zeit besonders genau auf all das zu hören, was jenseits der Zeiten wohl geordneter Erzählungen liegt: auf die vorschnelle Begeisterung wie auf die Inseln der Unbeweglichkeit, welche gegen die Zeit der Geschichte gerichtet sind, die aber zugleich die Zeit der Geschichte produzieren.« (Übers. AW)
80 Friedrich Nietzsche 1887/1968, Zur Genealogie der Moral. Vorrede. In: Nietzsche Werke. Kritische Gesamtausgabe. Hg. v. Giorgio Colli und Mazzino Montinari. Sechste Abteilung, Zweiter Bd., S. 263.
81 vgl. zur Geschichte der Anachronismen aus geschichtsphilosophischer Sicht auch Margreta de Grazia, 2010, Anachronism. In: Brian Cummings (Hg.), 2010, Cultural Reformations: Medieval and Renaissance in Literary History. Oxford, S. 13–32.

auftreten lassen könnte. Es ist stattdessen der Versuch unterschiedliche Erscheinungsweisen von Anachronismen mit konkreten Zeiträumen zu assoziieren, ohne das eine aus dem anderen zu erklären. Gleichzeitig geht es aber darum zu zeigen, dass es historische Möglichkeitsbedingungen für das Auftreten (und Verschwinden) von Anachronismen gibt, die Resonanzen in der Medienwirklichkeit und der Historiografie dieser Zeit erzeugen, die weniger als Notwendigkeiten aber mehr als Kontingenzen sind.

Die frühneuzeitliche Chronologie als moderne Wissenschaft

Zedlers Universallexikon von 1732–54 beinhaltet nicht nur eine der frühesten und ohnehin seltenen Definitionen dessen, was Anachronismen sind, sondern verweist auf das epistemische Umfeld, für dessen Regulierung sie einstehen: »Anachronismus, bedeutet einen Fehler oder Irrthum in der Chronologie oder Zeit-Rechnung.«[82] Die hier aufgerufene Chronologie ist aber nicht nur die angenommene Sukzession der Zeit, sondern, wie der gleichnamige Artikel aus dem selben Lexikon unterrichtet, »eine Wissenschaft die Zeit abzumessen, und deren Theile von einander zu unterscheiden.«[83] Als Begründer dieser Wissenschaft wird, bei Zedler und und dann in der Folge in fast allen chronologischen Abhandlungen,[84] Joseph Scaliger und sein *Opus de emendatione temporum* von 1583 genannt. Scaliger erfindet keineswegs die Chronologie, er verbessert sie aber methodisch und inhaltlich so entscheidend, dass sich seine Setzung als ihr Begründer nachvollziehen lässt.[85] Während die Chronologie später zu einer der historischen Hilfswissenschaften wurde, ist sie im sechzehnten Jahrhundert eine der Disziplinen humanistischer Gelehrsamkeit an der Schnittstelle von Philologie, Astronomie und Geschichte. Scaligers *Emendatione* verbindet zwei Überlegungen miteinander: Auf der einen Seite stehen allgemeine astronomische Überlegungen zum Lauf der Zeit und ihrer Einteilung in Tage, Monate und Jahre. Auf der anderen Seite kompiliert und rekonstruiert er in philologischer Kleinarbeit das überlieferte Wissen der Zeit über die unterschiedlichen Zeitrechnungen der bekannten antiken Völker. Scaliger unterscheidet dazu *tempus naturalis* von *tempus civilium*, für die er nicht nur eine Geschichte in Anschlag bringt, sondern verschiedene

---

82 Anachronismus. In: Johann Heinrich Zedler (Hg.), 1732–1754, Grosses vollständiges Universallexicon aller Wissenschaften und Künste. Leipzig, Bd. 2, Sp. 11.
83 Chronologie. In: Zedler (Hg.), 1732–1754, Universallexicon, Bd. 5, Sp. 2270.
84 vgl. Zedler (Hg.), 1732–1754, Universallexicon, Bd. 5, Sp. 2273; Ludwig Ideler, 1825–26, Handbuch der mathematischen und technischen Chronologie. 2 Bde. Berlin, S. 1; Eduard Brinckmeier, 1882, Praktisches Handbuch der historischen Chronologie aller Zeiten und Völker, besonders des Mittelalters. 2., vollständig umgearbeitete und vermehrte. Aufl. Berlin.
85 vgl. Anthony Grafton, 1975, Joseph Scaliger and Historical Chronology: The Rise and Fall of a Discipline. In: History and Theory 14, Nr. 2, S. 156–185, hier: 160.

Formen und Methoden zur ihrer Hervorbringung.[86] Neben seiner Erschließung bis dahin unbeachteter Quellen, gelingen Scaliger zwei Entdeckungen, vor deren Hintergrund Zedlers Anachronismus-Definition überhaupt erst verständlich wird.

Zunächst konstruierte Scaliger mit der *julianischen Periode* ein universales Maß für die historische Zeit.[87] Es handelt sich dabei um einen Zyklus von 7980 fortlaufenden julianischen Jahren, der aus der Kombination dreier gebräuchlicher Zyklen gewonnen wurde, in denen historische Ereignisse in Europa häufig angegeben wurden. Scaliger bezog sich als erstes auf den 28-jährigen Sonnenzyklus, der besagt, dass alle 28 Sonnenjahre eine Entsprechung von Wochentagen und Monatsdaten an allen Tagen des Jahres erfolgt. Dieser Zyklus wurde für die Konstruktion des fortlaufenden julianischen Kalenders und die Berechnung der Wochentage in einem bestimmten Jahr sowie in vielen lokalen Kalendersystemen des Mittelalters genutzt.[88] Den zweiten Zyklus, den Scaliger für die Konstruktion seiner julianischen Periode zu Rate zog, war der 19-jährige Mondzyklus. Dieser Zyklus leitet sich von der Tatsache ab, dass ein Mondjahr 11 Tage kürzer ist als ein Sonnenjahr. Um die aus Mond- und Sonnenumlauf errechneten Daten sinnvoll ineinander umrechnen zu können, musste man einen Zyklus finden, bei dem eine gegebene Zahl Sonnenjahre eine ganzzahlige Anzahl Mondmonate enthielt. Dies trifft auf 19 Sonnenjahre zu, die exakt 235 Mondmonaten entsprechen. Der julianische Kirchenkalender verwendete diese Kreuzung zweier Zyklen, um die beweglichen Kirchenfeste mit dem zivilen Sonnenkalender abzugleichen. Kombiniert man den Sonnen- und Mondzyklus miteinander, erhält man einen Zyklus von 28 × 19 = 532 julianischen Jahren, den sogenannten Dionysischen Osterzyklus nach Dionysius Exiguus.[89] Dieser Zyklus war allerdings für Scaligers Unternehmen noch zu kurz, weil er nicht erlaubte alle Ereignisse der bekannten Geschichte in eine Zeitrechnung einzutragen. Er nahm also noch einen weiteren Zyklus hinzu: den 15-jährigen Indiktionszyklus, eine rein verwaltungstechnische aber in der römischen Kaiserzeit gebräuchliche Jahreseinteilung, die auf periodisch wiederkehrende Steuerabgaben zurückgeht.[90]

Mit diesen drei Zyklen zusammen hatte Scaliger eine Reihe von 28 × 19 × 15 = 7980 Jahren. Im Vergleich aller drei Zyklen konnte er berechnen, dass die Geburt Jesu Christi im Jahr 4713 der julianischen Periode stattgefunden haben musste. Schließlich gab es verschiedene Quellen, welche über das Jahr der Geburt Christi spezifische astronomische Informationen enthielten bzw. auf seinen Stand im Zyklus der Indiktion schließen ließen. Der Beginn der julianischen Periode wurde also auf das Jahr 4713 v. Chr. berechnet. Es war nun möglich für jedes

---

86 Joseph Scaliger, 1583/1629, Opus de emendatione temporum. Genf, S. I: »Civilium temporum cognitio, eorumque historia, vertitur in multiplici diversorum annorum forma, & eorum methodis vulgaribus«
87 vgl. dazu und zum Folgenden Anthony Grafton, 1993, Joseph Scaliger : A Study in the History of Classical Scholarship. II Historical Chronology. Oxford, S. 247ff.
88 vgl. Grafton, 1975, Joseph Scaliger and Historical Chronology, S. 182.
89 vgl. ebd., S. 183.
90 vgl. ebd.

3. Eine kleine Genealogie der Anachronismen

überlieferte historische Ereignis, dass sich in einen der drei Zyklen datieren ließ, eine Vergleichszahl anzugeben, nämlich das Jahr der julianischen Periode. Der Beginn dieser Periode im Jahr 4713 v. Chr. lag nicht nur weit vor dem Zeitpunkt, zu dem die drei unterschiedlichen Jahreszyklen in Gebrauch kamen, sondern er lag sogar vor der Schöpfung der Welt, die Scaliger auf der Grundlage des Alten Testaments auf das Jahr 3949 v. Chr. datierte.[91] Die Schöpfung wurde damit nicht nur zu einem historischen Ereignis, das sich allen anderen in der julianischen Periode an die Seite stellen ließ. Entscheidender noch war, dass damit überhaupt eine Zeit denkbar wurde, die, wie Anthony Grafton nachweist, einer rein arithmetischen Ratio gehorcht und damit nicht aus der göttlichen Schöpfung hervorgeht, sondern diese als historisches Ereignis beinhaltet.[92] Es konnte nun nur noch eine Frage der Zeit sein, bis Überlieferungen von historischen Ereignissen auftauchten, die in Scaligers Zeitrechnung vor der Erschaffung der Welt lagen. Scaliger selbst fand später mit der Folge der altägyptischen Dynastien nicht nur genau diese Ereignisse, sondern publizierte sie auch und gestattete seinem Denken, den offensichtlichen Widerspruch zur biblischen Überlieferung weder zurückzuweisen noch zu affirmieren, sondern ihn als wissenschaftliches Problem, das seiner Lösung harrte, zunächst bestehen zu lassen.[93]

Mit Scaligers julianischer Periode lag nun erstmal eine abstrakte Zeit*rechnung* vor, die »das universale *tertium comparationis* aller historischen Ereignisse«[94] werden konnte. Sie war nicht nur aus der Differenz unterschiedlicher Zeiten gewonnen worden, sondern konnte gerade deshalb alle unterschiedlichen Zeitrechnungen und Kalender miteinander vergleichen, selbst solche, die es nach christlicher Schöpfungslehre gar nicht gegeben haben konnte. Das wäre die erste Art von Anachronismen, die hier denkbar wird: Zeiten vor der Zeit. Jedes historische Ereignis oder Datum, das in der julianischen Periode verortet werden soll, wird aus der Differenz der Zeiten konstruiert. Das ist die zweite Art von Anachronismen, die mit Scaligers Chronologie in die Welt kommt: Was als Ereignis der Geschichte wahrgenommen werden soll, muss als solches aus differenten *Zeiten* und niemals aus *der Zeit* emporsteigen. Schließlich produziert Scaligers julianische Periode historische Ereignisse, die nun als Fehler in der Zeit – und das heißt Anachronismen – bezeichnet werden können, während sie vordem als gänzlich fiktional zurückgewiesen werden mussten und damit eben keine *geschichtlichen* Ereignisse gewesen sein konnten.[95]

Diese durch die frühneuzeitliche Chronologie ermöglichten Anachronismen haben weitreichende Konsequenzen für die Entwicklung der Geschichtsschreibung als Wissenschaft. Im Umgang mit ihnen kann diese Historiografie ihren

---

91 vgl. ebd., S. 171.
92 vgl. ebd., S. 184.
93 vgl. ebd., S. 175.
94 Schmidt-Biggemann, 2003, Geschichte, Ereignis, Erzählung, S. 26.
95 Grafton verweist darauf, wie durch Scaliger die historische Forschung über das alte Ägypten als neues Genre der Historiografie begründet wurde: vgl. Grafton, 1975, Joseph Scaliger and Historical Chronology, S. 175f.

Anspruch als strenge, zumindest in ihren Wurzeln arithmetische, Wissenschaft nachweisen und ständig neu affirmieren. Außerdem wird sie im Wortsinn als eine Wissenschaft der Zeiten begründet, für die Zeit kein Begriff und kein philosophisches Problem ist, sondern eine praktische Angelegenheit, mit der gerechnet, begründet und geforscht werden kann und muss. Aus genau diesem Grund vergisst die Geschichtswissenschaft von nun an auch nicht mehr ihre materiellen Grundlagen in Form von Uhren, Kalendern, astronomischen Gerätschaften und dergleichen, deren systematische Erforschung sie an die historischen Hilfswissenschaften delegiert. Dem widerspricht nicht, dass sie im gleichen Moment als strenge Philologie entworfen wird. Scaligers Chronologie ist philologisch konstruiert, die Zeiten werden strenger Quellenkritik entnommen, die immer auch ihre methodischen Grundannahmen mitskizziert.[96] Und hierin liegt vielleicht der dauerhafteste Anachronismus der Historiografie, der in der Beschäftigung mit Scaliger deutlich wird: Ihr Gegenstand ist nicht das vergangene Geschehen, sondern die (sich widersprechenden oder ergänzenden) Überlieferungen desselben, aus denen philologische Arbeit geschichtliche Ereignisse konstruiert und die damit immer schon ›Zeiten aus zweiter Hand‹ sind. »In view of the facts presented it seems highly probable that the modern currency of the word *anachronism* is due to Joseph Justus Scaliger.«[97]

Die Wartburg. Anachronismen im Historismus des neunzehnten Jahrhunderts

Neben Scaligers Chronologie, die in ihrer philologischen Methode systematischen Anachronismen begegnet, diese in eine einheitliche Zeitrechnung übersetzt um fortan richtige und falsche Zeiten als Anachronismen von Synchronismen unterscheiden zu können, soll hier noch ein zweiter Schauplatz eröffnet werden, der zeigt, dass Historiografie auch in Verfahren jenseits von Textverarbeitung stattfindet. Dieser Schauplatz ist die Wartburg. In der Urkunde, die im Grundstein des neu zu errichtenden Turmes am 10. Dezember 1853 niedergelegt wurde, ist folgendes weitreichende historistische Programm formuliert:

> »diese Burg, welche einst durch ihre Pracht die Bewunderung der Welt auf sich gezogen und verloren, in ihrem alten Glanze, jedoch so wiederherzustellen, daß sie von den verschiedenen Zeiten, die sie merkwürdig gemacht, gleichmäßig Zeugnis gebe. In ihrer Neugestaltung sollte sie das Bild aller dieser Epochen wiederspiegeln und doch einen ganzen, einigen, harmonischen Eindruck ge-

---

96 vgl. Grafton, 1975, Joseph Scaliger and Historical Chronology, S. 164.
97 Herman L. Ebeling, 1937, The Word Anachronism. In: Modern Language Notes, Vol. 52, Nr. 2 (Feb., 1937), S. 120–121, hier: 121.

3. Eine kleine Genealogie der Anachronismen

Abb. 1.18 – Palas der Wartburg, Eisenach am 24.05.2010, André Wendler

Abb. 1.19 – Moritz von Schwind, Sängerkriegsfresko im Sängersaal der Wartburg, Eisenach (1855) am 24.05.2010, André Wendler

währen, sollte den äußeren Wandlungen und den geistigen Größen und Dichtungen Rechnung tragen, die in ihr gewaltet, sich in ihr bethätigt hatten.«[98]

Seit 1838 hatte man begonnen zugemauerte Fenster und Türen am Palas, dem hochherrschaftlichen Haus der Wartburg, wieder freizulegen und einige Bauforschung über den früheren Zustand der teilweise schwer verfallenen Gebäude anzustellen.[99] Erbgroßherzog Carl Alexander erhob die »Restauration« der Wartburg zu einem staatswichtigen Projekt, welches er mit dem Geld seiner Mutter Maria Pawlowna finanzierte. 1847 legte der Gießener Architekt Hugo von Ritgen seine Pläne zum Wiederaufbau der Wartburg vor und wurde dann 1849 mit der Ausführung dieser Arbeiten beauftragt. Er ließ zahlreiche Gebäude abreißen, baute einige von ihnen über den Originalgrundmauern wieder auf, ließ Gebäude errichten, die es so nicht gegeben hatte und fügte noch vorhandener Originalsubstanz zahlreiche Ergänzungen hinzu. So ist der Palas, den die Literatur als romanisches Gebäude preist, an vielen Stellen stark verändert. Der dritte Stock wurde angehoben und mit einer gewaltigen Dachkonstruktion versehen, die es vor dem neunzehnten Jahrhundert so nie gegeben hatte. Auf gleiche Weise ergänzte man eine Außentreppe, Glasfenster usw. (Abb. 1.18) Die »Restauration« genannte Rekonstruktion der Burg ist eine vom Dachziegel bis zur Türklinke reichende und, »was ihre gegenwärtige substanzielle Präsenz angeht, wesentlich [...] historistische Schöpfung des vorigen Jahrhunderts.«[100] Die historistische Logik dieser Wartburg aus dem Geist des neunzehnten Jahrhunderts lässt sich beispielhaft an einem der zahlreichen Fresken erörtern, die Moritz von Schwind 1854/55 in der Wartburg anbrachte. Es handelt sich um das sogenannte Sängerkriegsfresko, das sich im seit dem neunzehnten Jahrhundert als Sängersaal bezeichneten Raum befindet (Abb. 1.19).

Dieser Saal wird vor allem durch die sogenannte Sängerlaube bestimmt. (Abb. 1.20 und 1.21) Vor Beginn der Bauarbeiten in den späten 1840er Jahren gehörte dieser kleine Raum gar nicht zu dem Saal, sondern war eine fensterlose Kammer, die Hugo von Ritgen über die Arkaden an den Saal anbinden ließ. Beim Blick auf von Schwinds Fresko erblickt man nun genau diese Sängerlaube wieder. Eine Reihe von Figuren, darunter Landgraf Hermann und Landgräfin Sophie, Heinrich von Ofterdingen und Wolfram von Eschenbach, stehen direkt vor ihr, während die restlichen Figuren auf den beiden Seiten angeordnet sind. Die Sängerlaube ist aber

---

98   Freunde der Wartburg e. V. (Hg.), 1924, Carl Alexander und die Wartburg in Briefen an Hugo von Ritgen, Moritz von Schwind und Hans Lucas von Cranach. Hannover, S. 3 (= Hefte der Freunde der Wartburg e. V. Eisenach Nr. 2).
99   Für alle hier genannten Daten vgl. die umfassende Chronologie der Wiederherstellung der Wartburg in Max Baumgärtel (Hg.), 1907, Die Wartburg : ein Denkmal Deutscher Geschichte und Kunst; dem deutschen Volke gewidmet von Großherzog Carl Alexander von Sachsen. Berlin.
100 Ernst Badstübner, 1996, Die Wartburg : Historisches Bauwerk und gebautes Geschichtsmonument. In: Kuratorium Schloß Ettersburg e. V. (Hg.), 1996, Ettersburger Hefte 4. Weimar, S. 6–34, hier: 6.

3. Eine kleine Genealogie der Anachronismen

Abb. 1.20 – Sängerlaube im Sängersaal der Wartburg, Eisenach am 06.02.2010, André Wendler

Abb. 1.21 – Foto des Sängersaals der Wartburg aus der Sängelaube mit dem Fresko von Schwinds ca. 1910, Foto der Königlich-Preußischen Messbild Anstalt.

Abb. 1.22 – von Schwind, Sängerkriegsfresko, Detail.

Abb. 1.23 – Detailfotografie des Sängersaals am 24.05.2010, André Wendler

nicht das einzige Element des Bildes, das es mit dem Saal, in dem es sich befindet, verbindet: Neben der Sängerlaube fällt auf, dass sich die Wanddekorationen des Saales auf dem Bild und des eigentlichen Raumes sehr stark ähneln (Abb. 1.22 und 1.23). Wandzeichnungen und ornamentale Schmuckbänder, an den Wänden hängende Teppiche und Banner, sowie Tür und Fensteraufteilung entsprechen einander. Zusammengefasst wird dieser Anspruch umfassender gegenseitiger Bezugnahme durch die Tafel, die im unteren Teil des Freskos besagt: »In diesem Saale wurde der Saengerstreit gehalten den 7ten Juli 1207 dem Geburtstag der heil: Elisabeth.« Diese Tafel lässt sich nun einerseits auf das Fresko beziehen, von dem sie hervortritt, sie soll aber ebenso für den Saal gelten, in dem sich Betrachter_in und Fresko befinden. Es wird ein Ineinander der Zeiten geschaffen, bei dem sich durch ein leichtes Drehen des Kopfes die Vergangenheit von 1207 mit der Gegenwart des Betrachtens verschalten soll. Die Betrachterin wird zu einem Bildvergleich eingeladen, an dessen Ende die Erkenntnis steht, dass sie sich an eben dem geschichtlichen Ort befindet, den das Bild so farbenreich wiedergibt. Die Baugeschichte zeigt aber, dass der Saal, der auf dem Bild die Situation von 1207 wiedergeben soll, in der baulichen Ausformung mit Sängerlaube erst seit den 1840er-Jahren besteht. Saal und Fresko stellen einander im gegenseitigen Verweis als geschichtliches oder genauer: historistisches Dokument und Monument her. Ohne das in ihm befindliche Fresko ist der Saal nur ein Raum, von dem sich nicht mit Bestimmtheit sagen lässt, wozu er im Mittelalter genutzt wurde. Und umgekehrt fügt der Raum dem Bild eine unmittelbare Evidenz als Dokument hinzu. Entsprechend sind sowohl die Wahl des Raumes für das Fresko als auch die Funktion der Malerei für die Wartburg Gegenstand langer Briefwechsel gewesen, die (Erb-)Großherzog Carl Alexander mit einer Reihe von Leuten führte. So heißt es in einem Brief Moritz von Schwinds an den Großherzog vom 24.12.1854:

> »Zuerst kömmt die Localität in Betracht. Euer Königliche Hoheit erinnern sich, daß im Saal des zweiten Stockwerks, unter der Laube der Rückwand, noch die zwei Stufen sichtbar sind, auf denen die Estrade für die landgräfliche Familie mag aufgeschlagen gewesen sein. Euer Königliche Hoheit bemerkten noch selbst, daß zwischen den Bögen die Gestalten der Damen und Hofleute sich günstig präsentiert haben mögen. Es ist kein Grund zu ersehen, daß im Saal des ersten Stockes vorkommenden Falles eine andere Anordnung sollte in Anwendung gekommen sein. Es ist eben so wahrscheinlich, ja wahrscheinlicher, daß der Sängerkrieg in dem Saal des ersten Stockwerks abgehalten worden sei, als im zweiten Stock. Dazu hat er die malerisch günstigere Laube für sich, und die voraussetzliche Gewißheit, daß jeder unbefangene Beschauer den Saal, in dem die Begebenheit gemalt ist, für den nehmen wird, in dem sie sich zugetragen. Natürlicher ist nichts als daß auf Bänken rechts und links von der Estrade die Streitenden Platz genommen, wie denn auch die Jenaer Handschrift die Sänger auf der Bank *sitzend* vorstellt.«[101]

Auf bemerkenswerte Weise führt von Schwind hier vor, wie sich die bereits bei Ranke beobachtete Einfühlung in den Gegenstand mit jener Quellenkritik verbindet, für die der akademische Historismus so berühmt geworden ist.[102] Dabei, und auch das erklärt von Schwind an anderer Stelle ausführlich, sind die Bilder alles andere als Dekoration.

> »1) Die beabsichtigte Totalwirkung kann nicht durch die Architektur allein, sondern nur mit Beihülfe der Malerei und Sculptur erreicht werden.
> 2) Die Architektur gibt nur den Ort, die Zeit und die Scenerie. Sie muß daher vor Allem *wahr* sein.
> 3) Da es nicht möglich ist, die Lebensweise und Bedürfnisse der künftigen Bewohner der Vorzeit anzupassen, oder mit andern Worten, ein fortwährendes Drama im Charakter früherer Zeiten aufzuführen, so muß durch historische Malerei ersetzt werden, was hier an Handlung fehlt.«[103]

Ausdrücklich geht es in dieser Konzeption von Schwinds darum den »Zauber der Vergangenheit mit dem Reize der Gegenwart« zu verbinden, was unter anderem »durch die Absicht Sr. Königl. Hoheit, von Zeit zu Zeit die Wartburg zu bewohnen« erzielt wird.[104] Dieses offen anachronistische Programm führt von Schwind

---

101 zit. nach Baumgärtel (Hg.), 1907, Die Wartburg, S. 303.
102 vgl. Hebekus, 2003, Klios Medien, S. 43f.
103 Moritz von Schwind, 1847, Gedanken über die Restauration der Wartburg. Unveröffentl. Manuskript. zit. nach Baumgärtel (Hg.), 1907, Die Wartburg, S. 305.
104 zit. nach Baumgärtel (Hg.), 1907, Die Wartburg, S. 303.

konsequent im Bild fort. Er hat dort nämlich zwei sagenhafte Episoden um den Sängerkrieg zusammengefasst, deren Handlung laut Überlieferung ein Jahr auseinander liegt. Die Auseinandersetzung zwischen Heinrich von Ofterdingen und Wolfram von Eschenbach sollte nämlich durch das Herbeiholen Klingsors von Ungarn ein Jahr später beigelegt werden, der auf Schwinds Bild jedoch im Moment des Streits selbst auf einer vom Höllenhund getragenen Wolke in den Saal schwebt. Und so gilt es auch für die Gesichter der dargestellten Personen des Freskos, die sich fast alle identifizieren lassen und über die von Schwind einen regen Briefwechsel mit Carl Alexander geführt hat. Dort heißt es:

> »Ich bin Ihnen sehr dankbar für den besondern Sinn, für die besondere Deutung, die Sie dem ganzen Werke untergelegt sehen wollen. Über mein Portrait sprechen wir wohl noch an Ort und Stelle. Es bleibt immer eine gewagte Sache, eine Vergangenheit sich aneignend als Stempel der Zukunft aufzudrücken. Daß Sie mit auf das Bild müssen, versteht sich von selbst. An Ihnen ist es, den Platz auszusuchen, der Ihnen beliebt, mit Ausschluß des Hintergrundes, denn wie der Meister hervor zu treten hat in seinem Werk, vor Gegenwart und Zukunft, so hat er, wenn ihm das Bewußtsein wird, seinem Genius getreu gehandelt zu haben – und dieses Bewußtsein müssen Sie haben – sich nicht in den Hintergrund zurück zu stellen. Daß Sie Ihre Eisenachischen Freunde auch mit auf dem Bilde haben wollen, ist mir ganz lieb. Es dokumentiert das Eigentumsrecht, was der schaffende Geist immer an seiner Creation behält. Daß mir Arnswald und Henkel in dem Kreis willkommen sind, versteht sich von selbst, Liszt füge ich Ihnen bei, und ein Paar Köpfe müßten Sie noch meiner fernern Überlegung überlassen. Für den Knaben links im Vordergrunde, der das Wappen hält, nenne ich meinen Sohn. Gott lasse es ihn halten! –«[105]

Moritz von Schwind war zudem vertraglich zugesichert worden, dass er nicht nur die Fresken eigenständig ausführen durfte, sondern auch die Dekoration der Räume bestimmen sollte. Er hatte für den Sängersaal und das Landgrafenzimmer eine Dekoration mit eigens gewebten Teppichen und geprägten Ledertapeten vorgesehen. Schließlich wurde diese Variante aber zu kostspielig und so beauftragte man im Sommer 1856 den Eisenacher Maler Wilhelm Rosenthal mit der Gestaltung der Räume.[106] Dieser legte aber keine eigenständigen Entwürfe vor, sondern kopierte die Wanddekoration, die von Schwind auf dem Fresko dargestellt hatte, in den tatsächlichen Saal. Am Ende stellt also nicht mehr nur das Bild den Saal dar, sondern dieser wird zum Bild des Bildes.

---

105 Brief Carl Alexanders an Moritz von Schwind vom 6. Januar 1855. Zit. nach Freunde der Wartburg e. V. (Hg.), 1924, Carl Alexander und die Wartburg, S. 57.
106 vgl. Vladimir Frömke, 2008, Moritz von Schwinds Sängerkriegsfresko auf der Wartburg : die historischen Quellen und deren Auslegung in der Kunst des 19. Jahrhunderts. Frankfurt am Main, S. 226.

Wir haben es auf der Wartburg und in Moritz von Schwinds Fresken mit einer spektakulären und anachronistischen Konzeption des Historismus zu tun, die weder der modernen Kunstgeschichte noch der Historiografie Wohlgefallen abgenötigt hat. Die Kunstgeschichte schämt sich immer ein wenig für den Historismus und versucht ihn wenigstens als Anstoß für moderne Techniken der Restaurierung und Denkmalpflege zu retten. In den Geschichten der Geschichtswissenschaft wird der gebaute und gemalte Historismus stets sauber vom »eigentlichen« historiografischen Historismus getrennt.[107] In den meisten geschichtswissenschaftlich-systematischen oder historischen Darstellung zum Historismus scheint es nie einen Historismus in der bildenden Kunst gegeben zu haben. Hier führt die Genealogie immer vom Geschichtsverständnis der Aufklärung über Niebuhr, Ranke, Droysen und Meinecke zur endlich modernen Historiografie. Die großen historistischen Historiker haben Pionierarbeit geleistet, indem sie die Grundlagen für die Entwicklung einer verlässlichen und präzisen Quellenkritik gelegt haben. Ihre Neigung zu poetischer Überhöhung und ihren starken Erzählwillen sieht man ihnen nach, ja lobt sie sogar, nur um zu versichern, dass die moderne Historiografie darüber hinweg sei. Wie Uwe Hebekus gezeigt hat, verfehlt diese Erzählung zur Genese der modernen Historiografie den Historismus in ihrer Blindheit gegenüber seinen Medien und das heißt insbesondere gegenüber der historistischen bildenden Kunst und Architektur.

Am Beispiel Rankes lässt sich das illustrieren. Die herkömmliche geschichtswissenschaftliche Disziplingeschichte hat in Ranke immer den widersprüchlichen Klassiker gesehen, der auf der einen Seite der entscheidende »Beförderer einer (objektivistischen) Professionalisierung der Geschichtsforschung via Quellenkritik und [auf der anderen Seite der] [...] paradigmatische[] Vertreter einer Ästhetisierung der Geschichtsdarstellung«[108] wurde. Man hat versucht Ranke in die Tradition der aufklärerischen Geschichtspoetologie zu stellen, in der es darum ging Narration und Quelle in ein ästhetisches und unmittelbares, aber doch distanziertes Verhältnis zu bringen. »Für Ranke dagegen darf die visuelle Dimension der Geschichte nicht erst Effekt narrativer Vergegenwärtigung sein, sondern sie soll bereits die primäre Gegebenheit des Historischen, nämlich die historische Überlieferung selbst, prägen und damit den Erfahrungsmodus schon des forschenden Historikers bestimmten.«[109] Ranke, so Hebekus weiter, »bestimmt für den Text des Historikers die historiografische Ebenendifferenz zwischen Materie der Überlieferung und darstellender Erzählung neu als Abstand, der vom Leser in ihrseits produktiver hermeneutischer, will heißen ›textualistisch‹ versierter Lektüre zu überbrücken ist und überbrückt werden kann, weil beide Ebenen – in der

---

107 vgl. dazu etwa Thomas Nipperdey, 1983/1994, Deutsche Geschichte 1800–1866 : Bürgerwelt und starker Staat. München, S. 498ff.
108 Hebekus, 2003, Klios Medien, S. 43.
109 ebd., S. 45f.

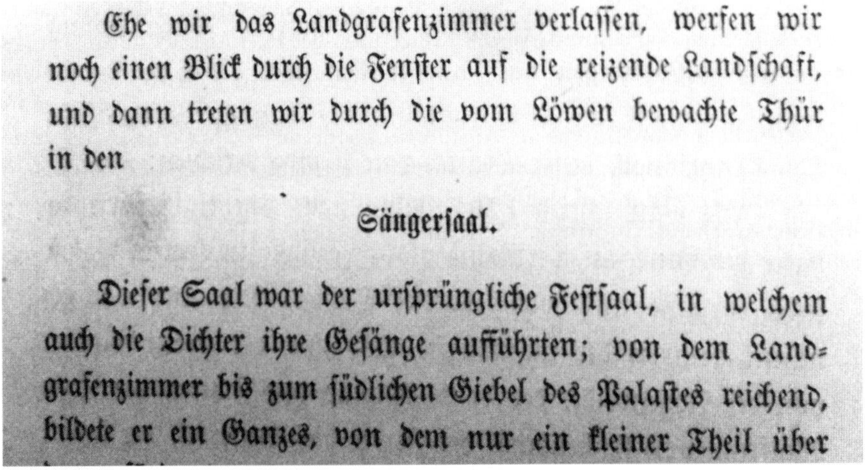

> Ehe wir das Landgrafenzimmer verlassen, werfen wir noch einen Blick durch die Fenster auf die reizende Landschaft, und dann treten wir durch die vom Löwen bewachte Thür in den
>
> Sängersaal.
>
> Dieser Saal war der ursprüngliche Festsaal, in welchem auch die Dichter ihre Gesänge aufführten; von dem Landgrafenzimmer bis zum südlichen Giebel des Palastes reichend, bildete er ein Ganzes, von dem nur ein kleiner Theil über

Abb. 1.24 – Detail aus von Ritgen, 1859/1876, Der Führer auf der Wartburg, S. 115.

Technik der historiografischen Präsentation – ihre Struktur analogen ästhetischen Formationsprinzipien verdanken.«[110]

Man kann in der Gegenüberstellung der bereits weiter oben entwickelten Geschichtspoetologie Rankes und der Ausmalung der Wartburg sehen, dass hier gemeinsame Vorstellungen über das Was und Wie historistischer Geschichte entwickelt werden. Neben der Einfühlung in die historischen Gegenstände und dem Versenken in die Quellen, der Gegenüberstellung historischer Individualitäten und umfassender Erzählungen, lässt sich auf vielen Ebenen von einer Verräumlichung der Geschichte sprechen, für die die Wartburg ebenso steht wie die Regensburger Walhalla.[111] In beiden Orten drängt das neunzehnte Jahrhundert nicht nur alle bekannte Geschichte zusammen, sondern etabliert sie als spektakuläre Orte. Erhöht gelegen, geben sie Aussichten auf die durch sie selbst historisch perspektivierte Landschaft und als Ziel von Wanderungen und Reisen sind sie bereits aus weiter Ferne zu erblicken, einen Umstand den Hugo von Ritgen durch die Wiedererrichtung des Bergfriedes unterstrich, der dann mit einem weithin sichtbaren goldenen Kreuz gekrönt wurde. »Es verlagert sich gewissermaßen der diskursive Ort von ›Zeit‹ im Modell von Geschichte: Nicht die Geschichte bewegt sich, sondern der Betrachter in ihr, in ihrer verräumlichenden Repräsentation.«[112]

Dieser Umstand produziert im neunzehnten Jahrhundert ein eigenes Genre geschichtlich-touristischer Literatur, für das Hugo von Ritgens *Der Führer auf der Wartburg. Ein Wegweiser für Fremde und ein Beitrag zur Kunde der Vorzeit* von 1859 exemplarisch ist. Diese Bücher, die sowohl als Begleitung für tatsächlich

---

110 ebd., S. 48.
111 vgl. ebd., S. 79.
112 ebd., S. 80.

unternommene Wanderungen als auch zur alleinigen Lektüre vorgesehen waren, verknüpfen den Weg durch Städte, Landschaften oder einzelne Gebäude mit Beobachtungen zu deren Geschichte.

»Wenn man, von dem Marktplatze zu Eisenach ausgehend, den kürzesten Weg zur Wartburg einschlägt, so gelangt man durch die obere Predigergasse, oder auch durch die Messerschmiedgasse, zunächst auf den Predigerplatz. Auf diesem zeigt sich zur Rechten die ehemalige Prediger- oder Dominikanerkirche nebst einem Theil der früheren Klostergebäude, welche, vielfach umgestaltet, jetzt zum Gymnasium benutzt werden.«[113]

Von Ritgen verwendet dabei eine besondere Erzählform. Er unterteilt das Buch in einzelne Kapitel: den Weg zur Burg, die verschiedenen Burgteile, schließlich die einzelnen Räume im Landgrafenhaus. Diese Abschnitte sind zwar durch Überschriften gekennzeichnet, die allerdings lediglich typografisch aus dem Text herausgelöst werden und sonst im fortlaufenden Satz verbleiben (Abb. 1.24). Die historiografisch-touristische Erzählung stiftet einen Zusammenhang zwischen Räumen und Gegenständen, die sonst nur unverbunden nebeneinander stünden und insinuiert diesen als – vorgestellte oder tatsächliche – Wanderung. Entsprechend werden diese historistischen Gegenstände an sich selbst verdoppelt. »Noch stehen die gewaltigen Mauern, noch ragen ernst und ehrwürdig das hohe Haus und das Ritterhaus weit empor über Thüringens Gaue und mahnen uns, als treue Zeugen, an deutsche Heldengröße, deutsche Kraft und deutsche Poesie.«[114] Diese Verdopplung wird fortwährend als ›Vergegenwärtigung‹ beschworen. Die Wartburg ist ein gutes Beispiel dafür, wie weitreichend, um nicht zu sagen historisch kontingent die Gegenstände dieser Vergegenwärtigung sein können, reichen sie doch hier von der heiligen Elisabeth über Luther bis zur langen dynastischen Reihe des Hauses Sachsen-Eisenach.

In Moritz von Schwinds Sängerkriegsfresko, der Wartburg und einigen ihrer Erzählformen kondensieren sich spezifische Merkmale der Historizität des Historismus. Erstens sehen wir hier einen spektakulären Historismus, der nur jene Ereignisse als geschichtliche erfasst, die er auch als ästhetische Gegenstände wahrnehmen kann. Von daher nicht nur die ständige Insistenz auf der Verwendung von Bildern, sondern auch die Interpretation aller möglicher vorgefundener Werke als Bilder der Geschichte. Diese historisch-ästhetischen Gegenstände werden jedoch, zweitens, nicht einfach vorgefunden, sondern müssen in autopoetischen Sprech- und Zeigeakten hervorgebracht und in konkreten Geschichts-Dispositiven aufgeführt werden: das Geschichtsbauwerk à la Wartburg oder Walhalla, das Panorama, die historiografische Großerzählung usw. Diese Geschichtsdispositive, von denen ich hier versucht habe, eines genauer zu beschreiben, provozieren, drittens,

---

113 Hugo von Ritgen, 1859/1876, Der Führer auf der Wartburg. Ein Wegweiser für Fremde und ein Beitrag zur Kunde der Vorzeit. 3., vermehrte und verbesserte Auflage. Leipzig, S. 3.
114 ebd., S. VII.

eine anachronistische Indifferenz von Vergangenheit und Gegenwart, indem sie zwangsläufig die gegenwärtige Betrachter_in adressieren und großflächig historistische Als-ob-Gegenstände produzieren. Der zentrale Begriff der Vergegenwärtigung steht für dieses Ineinander historischer Zeit und der Gegenwart ein. Er benötigt zu seiner Schlüssigkeit und historiografischen Schließung Zuschauer_innen, in deren ästhetischer Erfahrung sich die Geschichte verwirklicht. Ein so betrachteter Historismus verliert jede Naivität und wird lesbar als der Name einer anachronistischen Zeitform, deren Epistemologie sich nur durch ihre Medien und Artefakte begreifen lässt und die grundlegend visuell strukturiert ist.

1895: Post-Anachronismen

In diesen beiden Beispielen lassen sich Anachronismen auf zwei verschiedenen Ebenen beobachten: Zunächst sind Anachronismen Datierungsverstöße gegen die von der frühneuzeitlichen Chronologie erst entwickelte Vorstellung einer regelmäßig und potentiell unendlich fortschreitenden und messbaren Zeit. Ereignisse können falsch in den Lauf der Zeit eingeordnet werden und damit Anlass zu sachwidrigen Interpretationen über Ursache und Wirkung im historischen Verlauf geben. Diese Anachronismen nenne ich inhaltliche Anachronismen, weil sie allein am Gegenstand der historiografischen Untersuchung hängen. Daneben gibt es methodische Anachronismen, die von der landläufigen Anachronismusdefinition als Fehler nicht erfasst werden. So entwickelte die Chronologie ihre umfassenden Zeitrechnungen und Kalender, indem sie unterschiedliche Zeiten, ja sogar Zeitformen (Sonnenzeit, Mondzeit, fiskalische Zeit) miteinander verrechnete und in diesem Sinne die Vorstellung einer einheitlichen Zeit überhaupt erst aus dem Vergleich unterschiedlicher Zeiten beziehen konnte. Eine ähnliche Dopplung lässt sich sowohl in Rankes Historismus als auch im Historismus der Wartburg finden. Die für die romantische Historiografie so überaus wichtige Figur der Einfühlung und Vergegenwärtigung, welche für den intimen Kontakt des Historiografen zu seinen Gegenständen einstehen soll und will, ist fortwährend mit der Anachronismus-Drohung konfrontiert, die Ideen der eigenen in die historische Zeit hineinzutragen und damit die Geschichte zum Austragungsort gegenwärtiger Probleme zu machen. Die ostentative Beschwörung der Unmöglichkeit der vollends gelungenen historiografischen Einfühlung kann als Bannformel gegen genau das in ihr beschworene Scheitern verstanden werden. Damit wird zugleich jeder Anachronismus historisiert: Was nämlich zu einer Zeit als vollständig vernünftige Schlussfolgerung durchgeht, mag von einer anderen als anachronistische Fehlleistung zurückgewiesen werden. Das führt schließlich in der Mentalitätsgeschichte Febvres zur schärfsten Zurückweisung der Anachronismen. Je systematischer Überlegungen über die Vergangenheit angestellt werden, desto beißender wird die Kritik, die sich im Namen historischer Wahrhaftigkeit gegen die Anachronismen erhebt. Je genauer und hochauflösender die Verfahren zur Datierung historischer Ereignisse werden, desto schärfer müssen Anachronismen als

Ernstfälle ihres Scheiterns ausgeschlossen werden. Entsprechend instabil sind jene historiografischen Verfehlungen, die irgendwann als Anachronismen wahrnehmbar werden. Während das Einfühlungsprogramm auf der Wartburg und bei ähnlichen Unternehmungen in Fresken, Wanderführern und ganzen Architekturen seine medientechnische Implementierung und Ausweitung erfährt und damit den engeren Bereich der Geschichtsschreibung verlässt und ins Register medialer Historiografien eintritt, häuft es eine Unzahl anachronistischer Dinge und Bilder an. Die Nähe zur Geschichte wird quantitativ produziert, und so sehr allerorten das Hohelied des exakten Quellenstudiums erklingt, wird es übertönt vom Getöse der sich übereinander stapelnden historistischen Monumente.

Es mag von hier aus sich ein Unwohlsein diesem historischen Regime gegenüber formulieren, wie es in Friedrich Nietzsches Plädoyer für das Unzeitgemäße Ausdruck findet. In seinen Überlegungen zum *Nutzen und Nachteil der Historie für das Leben*, der zweiten *Unzeitgemäßen Betrachtung*, wendet sich Nietzsche gegen zwei Grundüberzeugungen des Historismus, und damit dessen grundlegende methodische und inhaltliche Anachronismen. Zunächst plädiert er für eine Ungerechtigkeit der Geschichte gegenüber.

»das historische Wissen und Empfinden eines Menschen kann sehr beschränkt sein, in jedes Urtheil mag er eine Ungerechtigkeit, in jede Erfahrung den Irrthum legen, mit ihr der Erste zu sein – und trotz aller Ungerechtigkeit und allem Irrthum steht er doch in unüberwindlicher Gesundheit und Rüstigkeit da und erfreut jedes Auge; während dicht neben ihm der bei weitem Gerechtere und Belehrtere kränkelt und zusammenfällt, weil die Linien seines Horizontes immer von Neuem unruhig sich verschieben, weil er sich aus dem viel zarteren Netze seiner Gerechtigkeiten und Wahrheiten nicht wieder zum derben Wollen und Begehren herauswinden kann.«[115]

Diese Ungerechtigkeit, d. h. also die bewusste Ignoranz dem historischen Zeitverlauf gegenüber oder noch anders: der absichtliche Anachronismus wird zur Kraft sich gegen die Zumutungen des historischen Denkens, der schlimmsten Krankheit, die Nietzsche seinem Jahrhundert diagnostiziert, zu wehren. Die Ungerechtigkeit ist die Gegenbewegung zur historistischen Einfühlung, bei der gerade das Individuelle an jedem historischen Ding und an jedem Ereignis zu Tage gefördert werden soll, indem der Historiker sich ihm anverwandelt so gut es eben gehen will. Der lebensfrohe nietzscheanische Historiker blickt genau in die andere Richtung. Er sieht in der Vergangenheit nur das, was ihm für die Schaffung der Zukunft nützt. Seine Richtschnur sollen nicht Richtigkeit und Nähe sein, sondern sein schaffender Wille für die Zukunft. Das gipfelt bei Nietzsche in der Forderung: »Es wäre eine Geschichtsschreibung zu denken, die keinen Tropfen

---

115 Friedrich Nietzsche, 1874/1972, Unzeitgemäße Betrachtungen II: Vom Nutzen und Nachtheil der Historie für das Leben. In: Kritische Studienausgabe (KSA). Hg. v. G. Colli u. M. Montinari, III,1, S. 239–330, hier 248.

der gemeinen empirischen Wahrheit in sich hat und doch im höchsten Grade auf das Prädicat der Objectivität Anspruch machen dürfte.«[116] Die Objektivität, um die es Nietzsche hier geht, ist nicht die Objektivität des bloßen Zeitverlaufs, die sich an der Ordnung der Anachronismen abmessen lässt, sondern es ist das objektive Erkennen der Macht, welche jedes historische und historiografische Handeln formt. Nietzsche verabschiedet sich also vollständig von der historistischen Objektivitätskonzeption, weil er sie als Ausdruck einer unausgesprochenen und übrigens auch nicht bewussten Machtformation begreift. Der Mensch

> »muss die Kraft haben und von Zeit zu Zeit anwenden, eine Vergangenheit zu zerbrechen und aufzulösen, um leben zu können: dies erreicht er dadurch, dass er sie vor Gericht zieht, peinlich inquiriert, und endlich verurtheilt; jede Vergangenheit aber ist werth verurtheilt zu werden – denn so steht es nun einmal mit den menschlichen Dingen: immer ist in ihnen menschliche Gewalt und Schwäche mächtig gewesen.«[117]

Der historistische Glaube an die gerechte, nicht-anachronistische, objektive Geschichtsschreibung ist für Nietzsche nichts als ein Deckmantel für die vielfältigen Machtinteressen einer Zeit. Im Stil der *Genealogie der Moral* gilt es diese Interessen nicht nur einfach zurückzuweisen, sondern ihre Geschichte zu schreiben und damit ihren Anspruch in die Schranken zu weisen. Von hier stammt Nietzsches Beharren auf dem Nutzen für das Leben. Das Leben, wie er es konzipiert, ist nämlich fortwährend von allen möglichen Kräften gehemmt und ihnen unterworfen und kann sich deshalb nicht an sich selbst entfalten. Im neunzehnten Jahrhundert, so Nietzsche, sei die Geschichtlichkeit dieser lebensfeindlichen Interessen gleichsam zu ihrer Rechtfertigung verkommen. Die historistische Historiografie versucht im bloßen Aufweisen der Geschichtlichkeit der Zustände diese – zum Schaden des Lebens – zu legitimieren und zu rechtfertigen. Es geht hier nicht darum Nietzsches Lebensbegriff das Wort zu reden. Es soll lediglich festgehalten werden, dass Nietzsche, vielleicht nicht erstmals aber doch über die Maßen prominent, der historistischen Logik am Ende des neunzehnten Jahrhunderts eine Alternative gegenüberstellt: Der bloße Zeitverlauf und seine korrekte (d. h. objektive) oder fehlerhafte, also anachronistische Rekonstruktion allein, erklären nichts. Immer ist nach der Moral und der Macht zu fragen, welche bestimmte Ereignisse möglich macht, andere verhindert und darin keineswegs einem irgendwie kommensurablen Plan folgt. Während die historistische Historiografie versucht diesen Plan als Teleologie oder Fortschritt plausibel zu machen, versucht Nietzsches Genealogie den Blick auf ihr Menschliches, Allzumenschliches zu richten, »auf das Nächstgelegene, auf den Leib, das Nervensystem, auf Nahrung und Verdauung, auf die Energien; sie sucht nach dem Verfall; und wenn sie sich den erhabenen Zeiten zuwendet, so mit dem keineswegs grollenden, sondern

---

116 ebd., S. 286.
117 ebd., S. 265.

fröhlichen Verdacht, dass sie auf ein unaussprechliches, barbarisches Gewimmel stoßen wird.«[118] Wie wenig dieses Gewimmel einer Ordnung folgt, die den Anachronismus leidenschaftlich umarmen und radikal ausschließen muss, lässt sich an Nietzsches eigenen, im engeren Sinn historiografischen Arbeiten, der *Genealogie der Moral* und seinen philologischen Vorlesungen verfolgen.[119] Nietzsche geht über das historistisch-ausgewogene Spiel der Anachronismen hinaus, an dessen Ende die Erkennbarkeit der Vergangenheit steht und ersetzt es durch einen radikalisierten Gebrauch des Anachronismus. Seinen zunächst vielleicht verstörenden Versuch das Modell einer radikal neuen Zukunft in der griechischen Antike zu finden, erklärt er selbst, wenn er sagt,

> »dass ich nur sofern ich Zögling älterer Zeiten, zumal der griechischen bin, über mich als ein Kind dieser jetzigen Zeit zu so unzeitgemässen Erfahrungen komme. So viel muss ich mir aber selbst von Berufs wegen als classischer Philologe zugestehen dürfen: denn ich wüsste nicht, was die classische Philologie in unserer Zeit für einen Sinn hätte, wenn nicht den, in ihr unzeitgemäss – das heisst gegen die Zeit und dadurch auf die Zeit und hoffentlich zu Gunsten einer kommenden Zeit – zu wirken.«[120]

Wenn sich die Anachronismen, die Nietzsche beschwört und konstruiert, begehrt und herbeiwünscht, von den funktionalen Anachronismen des Historismus unterscheiden, dann auf allen Ebenen und in jeder Hinsicht. Mit und seit Nietzsche scheint sich hier ein Historiografisches anzukündigen, für das Anachronismen weiterhin eine wichtige, jedoch völlig veränderte Rolle spielen. Sie sind nicht mehr funktionales Negativum, das einschließend ausgeschlossen werden muss, nicht mehr »la bête noire de l'historien, le péché capital contre la méthode dont le nom seul suffit à constituer une accusation infamante«,[121] sondern sie werden zu einer Waffe gegen landläufige Vorstellungen historistischer Ratio. Nietzsche imaginiert diese neue Form der Geschichtsschreibung als Kunstwerk.

> »und nur wenn die Historie es erträgt, zum Kunstwerk umgebildet, also reines Kunstgebilde zu werden, kann sie vielleicht Instincte erhalten oder sogar wecken. Eine solche Geschichtsschreibung würde aber durchaus dem analytischen und unkünstlerischen Zuge unserer Zeit widersprechen, ja von ihr als Fälschung empfunden werden.«[122]

---

118 Michel Foucault, 1971/2002, Nietzsche, die Genealogie, die Historie. In: Schriften in vier Bänden. Dits et Ecrits. Bd. II 1970–1975. Hg. v. D. Defert u. F. Ewald. Frankfurt am Main, S. 166–190, hier: 181.
119 vgl. Katrin Meyer, 1998, Ästhetik der Historie : Friedrich Nietzsches »Vom Nutzen und Nachteil der Historie für das Leben«. Würzburg, S. 144ff.
120 Nietzsche, 1874/1972, Vom Nutzen und Nachtheil, S. 243.
121 Nicole Loraux, 1993, Eloge de l'anachronisme en histoire. In: Le genre humain 27 (1993), S. 23–39.
122 Nietzsche, 1874/1972, Vom Nutzen und Nachtheil, S. 292.

Geschichte als Film: Simmel und Benjamin

Ich will nun zeigen, wie sich, nur wenige Jahrzehnte nach Nietzsche, bei Georg Simmel ein Modell der Geschichtsschreibung findet, das sich erstens durch eine spezifisch anachronistische Struktur auszeichnet und das Nietzsches Anrufung der Historie als Kunstwerk auf die medientechnische Höhe der Zeit bringt. In einem kleinen Vortrag von 1916 widmet sich Simmel der Frage, unter welchen Bedingungen ein vergangenes Geschehen zu einem historischen Ereignis wird. Die Antwort fällt zunächst simpel aus: »Ein Wirklichkeitsinhalt ist dann ein historischer, wenn wir ihn innerhalb unseres Zeitsystems an eine bestimmte Stelle geheftet wissen – wobei diese Bestimmtheit mannigfache Genauigkeitsgrade haben mag.«[123] Nichts wird also allein dadurch zum *historischen* Ereignis, dass es einfach vorgefallen ist und existiert hat, sondern seine Zeit muss eine spezifische Qualität haben. Diese erreicht es entweder, indem es datierbar wird oder indem seine intrinsische temporale Qualität, etwa ein Ursache-Wirkungs-Zusammenhang, verstanden wird.[124] Hier stößt Simmel auf ein Paradox: »allein dieses, auf die Relation bestimmter Elemente gerichtete Verständnis ist ersichtlich ganz unabhängig davon, an welcher Stelle unserer Zeitrechnung die ganze Gruppe sich befindet. Denn nicht weil sie an einer bestimmten Stelle steht, sondern weil sich ihre Inhalte untereinander bedingen, wird sie verstanden.«[125] Die historischen Ereignisse sind also, als verstandene, dem übergeordneten Lauf der Zeit gegenüber gleichgültig. Die temporale Qualität, deren Verstehen sie zu historischen Ereignissen macht, ist ihnen nicht äußerlich, sondern gewissermaßen innerlich. Das, so Simmel, führt zunächst zur beliebigen Verschiebbarkeit aller Ereignisse auf dem Zeitstrahl unter der Vorraussetzung, dass sie in sich temporal begründbar sind. Das Barock etwa hätte auch tausend Jahre früher stattfinden können, wenn nur alle seine Elemente in der richtigen Anordnung untereinander zusammengekommen wären. Das historische Verstehen wird sich damit aber nicht begnügen und zu der Erkenntnis kommen, »das Aufkommen des Barockstils sei nur in der Epoche, in der die Renaissance ihre spezifischen Kräfte erschöpft hatte, als möglich anzusehen usw.«[126] Auf diese Weise dehnen sich die historischen Verstehensinhalte immer weiter aus und zwar »der Forderung nach ins Unendliche, der Tatsache nach bis an den frühesten, uns jeweilig bekannten Geschehensinhalt.«[127] Das historische Verstehen ist erst dann vollständig,

> »wenn es die Gesamtheit der verwirklichten Inhalte in sich einbezogen hat, diese verstehensmäßig angeordnete Gesamtheit aber für jeden ihrer Teilinhalte nur

---

123 Georg Simmel, 1916/2003, Das Problem der historischen Zeit. In: Ders., 2003, Gesamtausgabe, Band 15. hg. v. Uta Kösser, Hans-Martin Kruckis u. Otthein Rammstedt. Frankfurt am Main, S. 287–304, hier: 289.
124 vgl. ebd., S. 290.
125 ebd., S. 290f.
126 ebd., S. 291.
127 ebd.

einen Platz hat; jetzt ist kein phantasiemäßiges Verschieben mehr erlaubt, da jede Stelle, auf die es erfolgte, bereits von einem unvertreibbaren Inhalt besetzt ist. Man kann sagen, historisch sei eine Ereignis, wenn es aus sachlichen, gegen ihre Zeitstelle völlig gleichgültigen Gründen eindeutig an einer Zeitstelle fixiert ist.«[128]

Simmel konstruiert also als Bedingung einer historischen, und das heißt mit spezifischen Qualitäten versehenen, notwendigen und verstandenen Zeit, eine leere Zeit, deren Dauer ebenso bedeutungslos ist wie die genaue Anordnung der Geschehnisse in ihr. Nur in der Absetzung von dieser unhistorischen Zeit, in der es nichts als Anachronismen gibt, weil alle Ereignisse an jeder beliebigen Stelle des Zeitverlaufs erscheinen können, konstruiert Simmel seine Konzeption der ›richtigen‹ historischen Zeit, in der die Ereignisse durch ihre Stellung zueinander bestimmt sind und in der es zwar unendlich viele mögliche Ereignisabfolgen gibt, aber nur eine wirkliche, nämlich jene, die voll und ganz von jedem Anachronismus befreit ist. »Hier aber zeigt sich eine antinomische Problematik schwerster Art.«[129] Während nämlich die Gesamtheit des Zeitverlaufs aus richtig oder falsch angeordneten und wechselseitig aufeinander verwiesenen historischen Einzelereignissen besteht, hat »das wirklich erlebte Geschehen […] diese Form nicht, sondern verläuft schlechthin absatzlos in einer Kontinuität, die der bloßen Zeit ohne Bruch angeschweißt ist.«[130] Simmel unterscheidet von hier an zwischen dem »wirklichen Geschehen« und dem »historischen Bild«. Dieses Bild, »das wir aus Forschung und phantasiemäßiger Konstruktion heraus wirklich *haben*, besteht aus diskontinuierlichen, gleichsam um je einen zentralen Begriff herum geronnenen Teilbildern«.[131]

»Es stellt sich also das ganz Merkwürdige ein: daß diejenige Vorstellung von der Form des Geschehens, die dessen Realität sicher allein entspricht, die kontinuierliche, nur ein von dem konkreten historischen Inhalt zurücktretender, abstrakt reflektierender Gedanke ist, während die wirklich zeichnende Bildung dieses Inhalts sich in der wirklichkeitsfremden Form der Diskontinuität der ›Ereignisse‹ bewegt.«[132]

Simmel verweist darauf, wie die Vorstellung einer Schlacht zu verschwinden droht, je stärker sie analytisch in geschichtliche »Momentbilder«[133] zerlegt wird. Die Schlacht als Ganze, als historiografisches Konzept, besteht zwar aus einer unabzählbaren und im Einzelnen auch nicht rekonstruierbaren Menge solcher

---

128 ebd., S. 293f.
129 ebd., S. 298.
130 ebd.
131 ebd., S. 299.
132 ebd.
133 ebd., S. 301.

Momentbilder, geht aber nicht in ihnen auf. Umgekehrt sind die Momentbilder für sich genommen und durcheinander geworfen sinnlos, weil sie erst in ihrer Funktion für die Gesamtheit des Geschehens historiografisch relevant werden. »Jenes Fechten zwischen einem österreichischen und einem preußischen Grenadier, obwohl ein echter und notwendiger Teil der Schlacht, fällt aus der historischen Interessenreihe heraus, die sich andernfalls in eine Diskontinuität auflöst.«[134] Simmel geht soweit, diese Antinomie für das fundamentale erkenntnistheoretische Problem der Historik zu halten. Er findet schließlich die Lösung für den unhintergehbaren Gegensatz, ganz wie Nietzsche, im Begriff des Lebens:

>»Der Realismus der Geschichte liegt nicht in dem Lebens*inhalt*, den sie, wie er wirklich war nachzeichnete, sondern darin, daß ihr unvermeidliches Anders-Sein-als-das-Leben irgendwie den Triebkräften, dem Gesetz dieses Lebens selbst entspringen muß.«[135]

Drei Dinge springen an diesen Ausführungen Simmels ins Auge und positionieren sie in einem starken Sinn in ihrer Zeit: Zunächst sind das die durchgehenden Bewegtbildmetaphern. Simmel beschreibt Historiografie als beinahe vollständig strukturanalog mit dem bewegten Bild. Ausdrücklich ist die Rede vom Geschichtsbild, vom Momentbild, vom Bild der Geschichte, ganz so als sei diese Metapher selbstverständlich in der Rede von der Geschichte und als habe es die ambulatorischen oder taktilen Geschichtskonzeptionen des Historismus nicht gegeben. Das geschichtliche Ereignis ist ein Bild und Historiografie ein Film: Soviel scheint für Simmel festzustehen. Diese Analogie lässt sich bis ins Detail verfolgen. So besteht er nicht nur auf der Unterscheidung von Momentbild und umfassendem historischen Ereignis, die sich zueinander verhalten wie das Einzelbild zum Film. Auch die Logik, in der sich beide aufeinander beziehen, entspricht jener des Films. Hier wie dort ist eine völlig beliebige Anordnung der Einzelbilder, die dem kontinuierlichen »wirklichen Geschehen« entnommen sind, denkbar aber als solche nicht sinnvoll. Ein Film, in dem alle Einzelbilder zufällig aneinander gereiht wären und der also aus vierundzwanzig Einstellungen pro Sekunde bestünde, würde so wenig zeigen wie eine Schlachtenhistoriografie, die jeden einzelnen Schuss und Soldaten in beliebiger Reihung beschriebe. Der Film ist mehr als die Summe seiner Einzelbilder, so wie die wirkliche Historiografie mehr ist als die Aneinanderreihung kleinster Begebenheiten. Das antinomische aber notwendige Verhältnis von unbewegtem Einzelbild und bewegtem Film überträgt Simmel in seine Theorie der Historiografie.

Er tut das aber, zweitens, keineswegs willkürlich, sondern siedelt damit die so verstandene Historiografie unter dem selben Begriff an, unter dem sich auch der Film verstehen lässt, verstanden wurde und selbst verstanden hat: Das Leben mit

---

134 ebd., S. 302.
135 ebd., S. 304.

seiner dunklen Kraft wird zum Punkt, auf den sowohl Historiografie als auch Film/Kino bezogen sind. Wie schon bei Nietzsche wird die Historiografie mit dem Leben in Verbindung gebracht. Im Gegensatz zu Nietzsche, der als einzig lebensförmiges Artefakt die Kunst denken kann, kennt Simmel dessen technische Implementierung als bewegtes Bild und spezifischer noch: Film.

Schließlich macht Simmel strategisch Gebrauch von einer anachronistischen Zeitform. Anachronismen erscheinen bei ihm weder als korrigierbare Fehler noch als Überschuss historiografischer Imagination und Einfühlung. Stattdessen konstruiert er zuallererst und unter erheblichen theoretischen Bemühungen eine zutiefst anachronistische Zeit, in der alle Ereignisse beliebig mit allen anderen vertauscht werden können. Derselbe Mechanismus, mit dem diese zersplitterte Vorstellung konstruiert werden kann, erlaubt später ihre Resynthese, ganz wie der frühe Kamera-Projektor die Zerteilung kontinuierlicher Bewegung in Einzelbilder *und* ihre resynthetisierende Projektion bewerkstelligt. Simmels umfassende historische Sinngebilde sind nur deshalb sinnvoll, weil sie aus unzähligen voneinander abgeteilten und temporal manipulierbaren Einzelmomenten bestehen, in deren Rekombination (historiografischer) Sinn hergestellt wird. Die Verfügbarmachung der Vergangenheit durch die Historiografie ist hier ganz anders gedacht als im Historismus. Dort ist die Vergangenheit schlicht vorhanden und muss nur durch geeignete Verfahren aufgefunden und (wieder) angeeignet werden. Ihr lässt sich nahe kommen, sie ist sich selbst ähnlich und ein gelungenes historiografisches Verfahren zeichnet sich dadurch aus, dass in ihm die Vergangenheit als Geschichte wiedererkannt werden kann. Bei Simmel jedoch wird eine mechanistische Operation eingefügt, in der die Zeit in Atome gespalten wird, für die mit dem Begriff der Ähnlichkeit nicht das geringste zu gewinnen ist.[136] Die Teile, aus denen die Geschichte besteht, ähneln ihr nicht. Simmel sieht 1916 in den Schlachten, die er beschreibt, weder eine göttliche oder weltliche Providenz noch das Genie großer Staatsmänner, sondern vereinzelte Grenadiere und umherfliegende Kanonenkugeln, die mühsam und gegen alle Wahrscheinlichkeit unter einen Titel wie »Die Schlacht bei Zorndorf 1758« gebracht werden müssen. Der Zugriff auf die Vergangenheit ist eine komplexe maschinelle Operation geworden, in der Zeit manipuliert wird. Sie wird zerhackt, verschoben, wieder zusammengesetzt und als Einheit betrachtet. Anachronismen können hier gar nicht mehr als Fehler oder Fehlleistungen auftauchen, weil die Richtigkeit des Ganzen nur als Resultat technischer Verfahren erscheint, die höchstens funktionieren können oder nicht. Geschichte formiert sich in der Einwirkung von Kräften, die weder richtig noch falsch ist, sondern die als erkenntnistheoretische Umformung vorgestellt wird, in der Zeit konstitutionell anachronistisch ist.[137] Simmel nennt diese Einsicht eine »erkenntnistheoretische, aber keine metaphysische Entscheidung letzter Instanz«.[138] Entsprechend geht es bei ihm nicht um die Suche nach historischer Wahrheit, son-

---
136 vgl. ebd., S. 301.
137 vgl. ebd., S. 303.
138 ebd.

dern um die Freilegung der Konstruktionsprinzipien historiografischen Wissens, die er, ebenso wie das bewegte Bild, in der systematischen und technologischen Manipulation anachronistischer Zeiten findet.

Eine dritte Station im Versuch Funktion und Zuschnitt von Anachronismen in der Moderne des zwanzigsten Jahrhunderts zu beschreiben: Walter Benjamins *Über den Begriff der Geschichte*. Der kleine, letzte Text Benjamins ist vielfältig kommentiert und auf andere Stellen seines Schreibens bezogen worden.[139] Nicht alle seine politischen und geschichtsphilosophischen Bezüge können und müssen deshalb hier erneut kommentiert werden. Ich möchte nur zwei Aspekte aufgreifen und zeigen, inwiefern Benjamin mit diesen in eine Genealogie der Anachronismen gehört. Zunächst und paradox genug, bemüht sich Benjamin im *Begriff der Geschichte* und andernorts darum, die Geschichte aus dem Zuständigkeitsbereich der Vergangenheit zu entfernen.

> »Vergangenes historisch artikulieren heißt nicht, es erkennen ›wie es denn eigentlich gewesen ist‹. Es heißt, sich einer Erinnerung bemächtigen, wie sie im Augenblick einer Gefahr aufblitzt. Dem historischen Materialismus geht es darum, ein Bild der Vergangenheit festzuhalten, wie es sich im Augenblick der Gefahr dem historischen Subjekt unversehens einstellt.«[140]

Gegen Rankes historiografische Selbstbeschreibung bringt Benjamin einen historischen Materialismus in Stellung, dessen Interesse an der Vergangenheit niemals ursächlich mit dieser zu tun hat, sondern immer nur in einem gegenwärtigen momenthaften Aufblitzen historischer Bilder zu suchen ist. Den historischen Materialismus, den sich Benjamin vorstellt, interessieren nicht unterschiedslos alle Dinge der Vergangenheit allein, weil sie vergangen sind, sondern nur jene historischen Ereignisse, in denen die *Gegenwart* ein drängendes politisches Bedürfnis erfüllt sieht. »Nicht die Frage, wie und als was Geschichte *überhaupt* zu begreifen sei, führt auf Benjamins Thema, sondern wie *hier* und *jetzt* ein Begriff von Geschichte beschaffen sein müsse, der sowohl historische Erkenntnis zuläßt, als auch die politische Veränderung auszulösen vermag.«[141] Wo der Historismus versuchte sich in eine monolithisch und kontinuierlich gedachte Geschichte einzufühlen, fragt Benjamin nur nach dem Nutzen der Historie für die Gegenwart und stellt sich damit ausdrücklich in die Nachfolge Nietzsches. Was bei diesem noch pauschal als Leben bezeichnet wurde, wendet Benjamin als Zeitgenosse und Verfolgter des Faschismus ins Politische. Er erkennt, wie wenig die universalgeschichtlichen

---

139 Am ausführlichsten bei Ralf Konersmann, 1991, Erstarrte Unruhe : Walter Benjamins Begriff der Geschichte. Frankfurt am Main, auf das sich zahlreiche der folgenden Überlegungen stützen.
140 Walter Benjamin, 1942/1974, Über den Begriff der Geschichte. In: Ders., Gesammelte Schriften (GS). hg. v. R. Tiedemann u. H. Schweppenhäuser. Bd. I.2. Frankfurt am Main, S. 691–704, hier: 695.
141 Konersmann, 1991, Erstarrte Unruhe, S. 12.

Fortschrittserzählungen des Historismus als Waffe gegen den Faschismus taugen und fordert eine wirklich alternative Geschichtsschreibung. Diese muss, aus der Erkenntnis der gegenwärtigen Katastrophe, in der Lage sein, sich im Interesse der Gegenwart gegen die Vergangenheit zu wenden. Die Objektivität und Neutralität, auf die sich das Einfühlungsprogramm des Historismus bezogen hat, weißt Benjamin als trügerisch zurück. Zwar beruft der Historismus sich auf Dokumente, welche ihm die Einfühlung in die Vergangenheit erlauben. In wen aber fühlt er sich ein? »Die Antwort lautet unweigerlich in den Sieger.«[142] Und da die Dokumente der Überlieferung nur von diesen Siegern berichten, »ist niemals ein Dokument der Kultur, ohne zugleich ein solches der Barbarei zu sein.«[143] Die Überlieferung, die der Historismus zu rekonstruieren versucht und der er sich ganz und gar anvertraut, verschleiert die wahre Geschichte, weil sie nur die Überlieferung der Sieger ist. »Der historische Materialist rückt daher nach Maßgabe des Möglichen von ihr [d. h. der Überlieferung] ab. Er betrachtet es als seine Aufgabe, die Geschichte gegen den Strich zu bürsten.«[144] Die Geschichte muss gegen sich selbst gerichtet werden. Wo der historistische Historiker seine Objektivität ganz auf ihre Neutralität gründen konnte, muss der historische Materialist ganz und gar ein Mann der Gegenwart sein. »Angesichts dieser weitreichenden Schlußfolgerungen wird die Gegenwartsverwiesenheit zum entscheidenden Element von Benjamins Geschichtsphilosophie.«[145] Benjamin fordert nicht nur die Historiografie auf, die Geschichte gegen den Strich zu bürsten – Oder soll man sagen: anachronistisch zu werden? – sondern er tut das selbst mit ihrer Zeitlichkeit. Seine Überlegungen zielen nicht nur auf die zeitlichen Gegenstände der Historiografie, sondern auf ihre inhärenten Zeitformen. Bei Benjamin ist das aber alles andere als ein historiografischer Entwurf oder eine bloße Neubestimmung. So sehr er nämlich auf der Dringlichkeit einer neuen Geschichtsschreibung insistiert, so deutlich markiert er mit dem Faschismus jenen »Augenblick der Gefahr«, der sein eigenes Schreiben voran und ihn nur wenige Monate später in den Tod treibt. Entsprechend muss Benjamin sich auch gegen die Fortschrittsgeschichte wenden. »Die Vorstellung eines Fortschritts des Menschengeschlechts in der Geschichte ist von der Vorstellung ihres eine homogene und leere Zeit durchlaufenden Fortgangs nicht abzulösen. Die Kritik an der Vorstellung dieses Fortgangs muß die Grundlage der Kritik an der Vorstellung des Fortschritts überhaupt bilden.«[146] Benjamin setzt dagegen eine messianische, stehende oder zum Stillstand gekommene Zeit. Er wendet den Lauf der chronologischen historischen Zeit gegen diesen selbst, wenn er ihn mit der Zeit der Naturgeschichte vergleicht.

---

142 Benjamin, 1942/1974, Über den Begriff der Geschichte, S. 696.
143 ebd.
144 ebd., S. 696f.
145 Konersmann, 1991, Erstarrte Unruhe, S. 41.
146 Benjamin, 1942/1974, Über den Begriff der Geschichte, S. 701.

»›Die kümmerlichen fünf Jahrzehntausende des homo sapiens‹, sagt ein neuerer Biologe, ›stellen im Verhältnis zur Geschichte des organischen Lebens auf der Erde etwas wie zwei Sekunden am Schluß eines Tages von vierundzwanzig Stunden dar. [… ‹] Die Jetztzeit, die als Modell der messianischen in einer ungeheueren Abbreviatur die Geschichte der ganzen Menschheit zusammenfaßt, fällt haarscharf mit *der* Figur zusammen, die die Geschichte der Menschheit im Universum macht.«[147]

Noch viel schärfer, ausdrücklicher und zielstrebiger als Simmel fordert Benjamin ein Zeitverständnis ein, dass sich als »anachronistisch« nur noch in Anführungszeichen bezeichnen lässt, weil es die Vorstellung einer geordneten Chronologie absichtsvoll bestreitet, ja sie als die Quelle allen Übels begreift. Nach Benjamins Forderung soll Geschichte sich angesichts dieser Erkenntnisse niemals auf den bequemen Sockel der Rekonstruktion zurückziehen, sondern sie muss »Gegenstand einer Konstruktion« werden, »deren Ort nicht die homogene und leere Zeit sondern die von Jetztzeit erfüllte bildet.«[148] Wenn Geschichte gemacht werden muss, dann muss vor allem ihre Zeitlichkeit, gegen jede natürlich scheinende Chronologie, konstruiert werden. Das führt aber auf die zweite, medienhistorische Beobachtung zu Benjamins Argument.

An anderer Stelle führt er nämlich vor, wie diese Konstruktion der Zeitlichkeit des historischen Materialismus aussehen soll.[149] Benjamin bedient sich dazu längerer Vergleiche seiner Historiografie mit der Fotografie. Geschichte erscheint in der Gegenwart nicht irgendwie, sondern immer als historisches Bild, »das flüchtig aufblitzt«[150], als »Chock« hereinbricht.[151] »Nur als Bild, das auf Nimmerwiedersehen im Augenblick seiner Erkennbarkeit eben aufblitzt, ist die Vergangenheit festzuhalten.«[152] Der Prozess des historischen Erkennens gleicht dem Aufzeichnen und Entwickeln fotografischer Bilder:

»Will man die Geschichte als einen Text betrachten, dann gilt von ihr, was ein neuerer Autor von literarischen sagt: die Vergangenheit habe in ihnen Bilder niedergelegt, die man denen vergleichen könne, die von einer lichtempfindlichen Platte festgehalten werden. ›Nur die Zukunft hat Entwickler zur Verfügung, die stark genug sind, um das Bild mit allen Details zum Vorschein kommen zu lassen. […]‹«[153]

---

147 ebd., S. 703.
148 ebd., S. 701.
149 vgl. dazu Konersmann, 1991, Erstarrte Unruhe, S. 72f.
150 Benjamin, 1942/1974, Über den Begriff der Geschichte, S. 696.
151 ebd., S. 703.
152 ebd., S. 695.
153 Walter Benjamin, 1974, GS, 1.3, S. 1238.

3. Eine kleine Genealogie der Anachronismen

Im Umkreis seiner Arbeiten zu Baudelaire schreibt Benjamin:

> »Ein Bild von Baudelaire liegt hiermit vor, und zwar ist es das überlieferte. Die Überlieferung [...] der bürgerlichen Gesellschaft läßt sich mit einer Kamera vergleichen. Der bürgerliche Gelehrte schaut hinein wie der Laie tut, der sich an den bunten Bildern im Sucher freut. Der materialistische Dialektiker operiert mit ihr. Seine Sache ist, festzustellen. Er mag einen größeren oder kleineren Ausschnitt aufsuchen, eine grellere politische oder eine gedämpftere geschichtliche Belichtung wählen – am Ende läßt er den Schnappverschluß spielen und drückt ab. Hat er die Platte einmal davon getragen – das Bild der Sache, wie sie in die gesellschaftlich[e] Überlieferung einging – so tritt der Begriff in seine Rechte und er entwickelt es. Denn die Platte kann nur ein Negativ bieten. Sie entstammt einer Apparatur, die für Licht Schatten, für Schatten Licht setzt. Dem dergestalt erzielten Bild stünde nichts schlechter an als Endgültigkeit für sich zu beanspruchen.«[154]

Die Behauptung, der »Bildbegriff Benjamins hat dabei nichts mit der Geschichte materieller Bilder zu tun«[155] ist in Anbetracht solcher Ausdrücklichkeit abwegig, ebenso wie der Versuch, seine Ausführungen als ›bloße‹ Metaphern »für einige jener Eigenschaften, die für die Bedingungen und die Arbeitsweise dieser Geschichtsschreibung überhaupt charakteristisch sind«[156] zu deuten. Offensichtlich findet Benjamin in der Zeitstruktur der technischen, und d. h. hier fotografischen Bilder etwas, das ihm bis ins kleinste Detail den Zeitverhältnissen zu entsprechen scheint, die ihm für seine materialistische Geschichtsschreibung nicht nur vorschweben, sondern die er auch ständig benutzte und als ›Instrumente der kritischen Theorie‹ bezeichnete.[157] Der *Begriff der Geschichte* ist ersichtlich mehr als ein Begriff: Er beinhaltet Zeitvorstellungen, die an konkrete technische Medien geknüpft sind, er bemüht Metaphern, die präzise seine Vorstellung einer gegenwärtigen Geschichte beschreiben. Und so ist das fotografisch konzipierte, geschichtliche Bild bei Benjamin zugleich ein Ausweis seiner eigenen Zeitgenossenschaft. Diese medial-historiografische Leseweise seines Bildbegriffs jedenfalls, muss den anderen an die Seite gestellt werden, weil sie einen der Punkte aufweist, in denen die Geschichte Benjamins »emphatisch«[158] auf das heute trifft, ein heute, das fotografische Bilder nicht nur kennt, sondern dessen Konzeptionen von der Geschichte nicht mehr unter Absehung seiner technischen Medien verständlich werden kann. Wie Rankes primärer Anachronismus in der Vorrede zu den *Geschichten der romanischen und germanischen Völker* mit dem Medienwechsel vom

---

154 Walter Benjamin, 1974, GS, 1.3, S. 1165.
155 Sigrid Weigel, 1997, Entstellte Ähnlichkeit : Walter Benjamins theoretische Schreibweise. Frankfurt am Main, S. 52.
156 Konersmann, 1991, Erstarrte Unruhe, S. 73.
157 vgl. Benjamin, 1974, GS, 1.3, S. 1164.
158 vgl. dazu Konersmann, 1991, Erstarrte Unruhe, S. 12.

geschriebenen Manuskript zum gedruckten Buch zusammenhängt, so verweisen Benjamins Reflexionen auf das Zeitalter der technischen Bildmedien.

Zwischen Nietzsche einerseits und Simmel und Benjamin andererseits kristallisiert sich um 1900 ein Medienverbund, der, wie diese Arbeit zu zeigen beabsichtigt, die historischen Vorstellungen und Praktiken mindestens der ersten Hälfte des zwanzigsten Jahrhunderts nicht nur maßgeblich beeinflussen, sondern aktiv mitgestalten sollte: das bewegte Bild, der Film, das Kino.

4. Historiografie und Kino

Materialistische Bilder-Geschichte

Das Verhältnis zwischen den am Anfang des zwanzigsten Jahrhunderts noch relativ neuen Bewegtbildtechnologien und der Historiografie erschöpft sich aber nicht in der Kontingenz, die einen Walter Benjamin ins Zeitalter der technischen Reproduzierbarkeiten gestürzt hat und ihn dort über die Möglichkeiten und Bedingungen von Historiografie nachdenken lässt. Wenn Benjamins Text nicht umsonst zu den meistgelesenen geschichtsphilosophischen Überlegungen des zwanzigsten Jahrhunderts zählt, so vielleicht deshalb, weil er dazu einlädt, einen doppelten historiografischen Materialismus zu bedenken: einerseits den Bezug der Historiografie auf (historisch) spezifische Medientechnologien, wie hier die Fotografie und andererseits ein im doppelten Wortsinn instrumentelles Zeitverständnis, das sich an seinen Anachronismen ausbuchstabieren lässt. Benjamin führt vor, dass sich die beiden Schichten der Anachronismen – inhaltliche und methodische – nur theoretisch und hilfsweise voneinander separieren lassen und spätestens seit Nietzsche die Reflexionen über das Historiografische begleitet haben. Verdammung und Umarmung: Die Anachronismen sind wahlweise alles oder dürfen nichts sein.

Vielleicht bietet Georges Didi-Hubermans *Devant le temps* eine benjaminisch gedachte Alternative, unter deren Anleitung sich schließlich das Verhältnis von Historiografie und Kino in den Analysen dieser Arbeit klarer entwickeln lässt. Didi-Hubermans Überlegungen nehmen ihren Ausgang von einem in vielerlei Hinsicht rätselhaften ›Bild‹. Es handelt sich dabei um einen Teil Fra Angelicos *Sacra Conversazione* von 1438–1450 (Abb. 1.25). Allerdings geht es Didi-Huberman nicht um den figurativen Hauptteil des Freskos aus dem Florentiner Kloster San Marco, sondern um ein 1,50 m hohes, farbiges Panel, welches sich unter dem ›eigentlichen‹ Bild befindet:

> »pan de fresque rouge, criblé de ses taches erratiques, produit comme une déflagration : un feu d'artifice coloré qui porte encore la trace de son jaillissement originaire (le pigment ayant été projeté à distance, en pluie, tout cela en une bribe d'instant) et qui, depuis, s'est perpétué comme une constellation d'étoiles fixes.«[159]

---

[159] »ein Stück rotes Fresko, übersät mit erratischen Klecksen, die von einer Explosion zu stammen scheinen: ein farbiges Feuerwerk das noch die Spur seines ursprünglichen Aufsprühens trägt (die Pigmente wurden aus der Ferne aufgebracht, wie von einem Regen, alles im Bruchstück eines Augenblickes) und das seitdem wie eine Ansammlung von Fixsternen dort prangt.« (Übers. AW) Georges Didi-Huberman, 2000, Devant le temps : histoire de l'art et anachronisme des images. Paris, S. 9.

Abb. 1.25 – Fra Angelico, Sacra Conversazione, genannt
Die Madonna der Schatten. Zwischen 1438 und 1450.
Fresko und Tempera. Kloster San Marco, Ostkorridor,
Florenz. nach Didi-Huberman, 1990/1995, Fra Angelico,
S. 32, Abb. 3.

Er steht vor einer Wand, auf der Fra Angelico etwas hinterlassen hat, das die Kunstgeschichte nie gesehen und wofür es nie einen Namen gegeben hat. Didi-Huberman versteht nicht, wieso nie jemand dieses Ding kommentiert hat, wieso es auf Fotos und Reproduktionen der *Sacra Conversazione* nicht auftaucht, wieso man es offenbar übersehen wollte: »qu'est-ce qui, dans l'histoire de l'art comme discipline, comme ‹ ordre du discours ›, a pu maintenir une telle condition d'aveuglement, une telle ‹ volonté de ne pas voir › et de ne pas savoir?«[160] Vor allem aber ist er von diesem Objekt gefesselt. Für einen kurzen Moment, im Vorübergehen überschlagen sich die Assoziationen und Gedanken in Didi-Hubermans

---

160 »Was konnte in der Kunstgeschichte als Disziplin, als ›Ordnung des Diskurses‹, einen solchen Zustand der Blindheit aufrecht erhalten, einen solchen ›Willen zum Nicht-Sehen‹ und zum Nicht-Wissen?« (Übers. AW) ebd., S. 11.

4. Historiografie und Kino

Kopf.[161] Während er seine Schritte verlangsamt, denkt er an Jackson Pollock und erinnert sich an den Aufsatz eines Freundes über Action Painting. Ganz Kunsthistoriker wird ihm im selben Moment aber klar, dass diese Assoziationen keinem Augenblick weitergehender Überlegung standhalten werden. »Fra Angelico n'est en aucun cas l'ancêtre de l'*action painting*«.[162] Unfähig auf die Schnelle das Rätsel zu lösen, als das ihm diese Wand begegnet, wird ihm jedoch klar, dass ihn hier eine Frage aus der Vergangenheit erreicht, die er lösen, viel dringlicher jedoch, zunächst ausformulieren muss. Es geht um eine Frage, die sich mit den klassischen Werkzeugen der Kunstgeschichte, namentlich der Ikonologie, nicht beantworten lässt. Die farbige Tafel Fra Angelicos geht nämlich nicht auf, in dem was sie zeigt, sondern der an ihr vorübergehende Georges Didi-Huberman wird Zeuge der »l'émergance d'un nouvel objet à voir et, au-delà, la constitution d'un nouveau problème pour l'histoire de l'art.«[163]

Didi-Huberman rekonstruiert dann einige kanonische Begegnungen der Kunstgeschichte mit den Florentiner Fresken Angelicos, Versuche, diese mit Hilfe »zeitgenössicher« Quellen zu erschließen, wie etwa jene Michael Baxandalls, der sich eines Textes Cristoforo Landinos von 1481 bedient: »grâce à cela, on parvient à interpréter le passé avec les catégories du passé.«[164] Letztlich, so Didi-Huberman, sind diese Versuche jedoch nichts als Idealisierungen, Vereinfachungen, die in bloßer (und zudem schwammig definierter) Zeitgenossenschaft, die Letztbegründung für ihr historisches Argument sehen wollen. Bei genauerer Betrachtung zerfließen diese Begründungen nicht nur von selbst – Landino schreibt dreißig Jahre nach dem Tod Fra Angelicos; es ist unsicher, ob er das Kloster jemals betreten, die dortigen Fresken jemals gesehen hat –, sie spülen auch genau das mit sich fort, was Didi-Huberman in dem Panel begegnet und das seine ganze Aufmerksamkeit erfordert: »la chair des choses«.[165] Dieses Fleisch der Dinge insistiert in seiner irreduziblen Zeitlichkeit, die sich nicht nahtlos in Vorstellungen von Synchronie und Chronologie eingemeinden lässt, es fordert eine ganz und gar materialistische Historiografie. Es sind die Dinge selbst, die von der Kunstgeschichte »nur« als ihre Objekte betrachtet werden, denen spezielle Zeitformen abgelauscht werden müssen, welche die historiografischen Narrative der Kunstgeschichtsschreibung, wie sie Didi-Huberman vorschwebt, inspirieren sollen. Auch er kann das Rätsel der Panele nicht lösen, sondern ›nur‹ beschreiben: »Wir werden das pikturale *Rätsel* – das Rätsel der farbigen Materien – folglich nur analysieren, um es auf das *Mysterium* zurückzubeziehen, aus dem es seine tiefste und völlig einzigartige

---

161 vgl. ebd., S. 20.
162 »Fra Angelico ist auf keinen Fall der Ahnherr des Action Paintings.« (Übers. AW) ebd., S. 21.
163 »des Auftauchens eines neuen Gegenstands des Sehens und darüber hinaus der Konstitution eines neuen Problems für die Kunstgeschichte.« (Übers. AW) ebd.
164 »dank derer es einem gelingt, die Vergangenheit in den Kategorien der Vergangenheit zu interpretieren.« (Übers. AW) ebd., S. 14.
165 »das Fleisch der Dinge« (Übers. AW) ebd.

Notwendigkeit schöpfte.«[166] Neben der spezifischen Frage, die Didi-Huberman an die Farbflächen richtet (das Verhältnis von Figuration und Mysterium der Inkarnation in der religiösen Malerei der Renaissance), blitzt mit ihnen eine Frage der Gegenwart auf: »alors il n'est pas satisfaisant de considérer l'histoire de l'art comme une branche particulière de l'histoire. La question à poser serait plutôt celle-ci : *faire de l'histoire de l'art, est-ce bien faire de l'histoire*, au sens où on l'entend, au sens où on la pratique habituellement?«[167]

Diese Frage beantwortet Didi-Huberman nach zwei Richtungen: Einerseits suggeriert ihre Rhetorik ein klares Nein. Die Geschichte der Kunst ist etwas anderes als *die Geschichte* mit dem ganz großen G, jene Geschichte also, die keiner weiteren Erklärung oder Einschränkung bedarf, weil sie jeder Vorstellung von Vergangenheit schon zur zweiten Natur geworden ist. Bei Didi-Huberman folgt diese Zurückweisung zunächst aus dem besonderen Stoff, dem sich die Kunstgeschichte gegenüber sieht. Denn Bilder konfrontieren uns mit einer Zeitform, die sich stark von unserer menschlichen Zeiterfahrung unterscheiden kann.[168] Wer vor einem Renaissance-Gemälde steht, weiß nicht nur, dass dieses Bild Jahrhunderte alt ist, sondern er oder sie muss damit rechnen, dass es noch lange nach dem Verschwinden der Betrachter_innen existieren wird. »L'image a souvent plus de mémoire et plus d'avenir que l'étant qui la regarde.«[169] Bilder formatieren Zeit anders, erzwingen ein anderes Nachdenken über ›ihre‹ Zeit und regen deshalb eine andere, nicht-anthropozentristische Geschichte an. Didi-Huberman denkt aber noch in eine zweite Richtung: Könnte es, so fragt er, sein, dass die deutliche Neuformatierung, die eine Kunstgeschichte, wie sie ihm vorschwebt, historiografische Paradigmen installiert, denen sich in letzter Konsequenz auch *die* Geschichte nicht verschließen kann?[170] Was nämlich mit der (Kunst-)Geschichte zur Debatte steht, sei nichts anderes als eine der Grundfragen der Geschichtsphilosophie: »*la pliure exacte du rapport entre temps et histoire.*«[171] Das Verhältnis von Zeit und Geschichte selbst steht, Didi-Huberman zufolge, auf dem Spiel, sobald es im Bezirk der Bilder wiederbegegnet. Es kann und muss in Anbetracht von Objekten wie den Panelen Fra Angelicos neu und anders zur Deckung gebracht werden.

---

166 Georges Didi-Huberman, 1990/1995, Fra Angelico : Unähnlichkeit und Figuration. München, S. 11.

167 »Es genügt also nicht die Kunstgeschichte als besonderen Bereich der Geschichte zu betrachten. Man muss vielmehr folgende Frage stellen: Kunstgeschichte betreiben, heißt das überhaupt Geschichte machen im landläufigen Sinn so wie man sie für gewöhnlich betreibt?« (Übers. AW) Didi-Huberman, 2000, Devant le temps, S.27.

168 vgl. ebd., S. 10.

169 »Das Bild hat oftmals mehr Gedächtnis und mehr Zukunft als das Wesen, das es betrachtet.« (Übers. AW) ebd.

170 vgl. ebd., S. 27.

171 »das exakte Aufeinanderfalten des Verhältnisses von Zeit und Geschichte.« (Übers. AW) ebd., S. 28.

4. Historiografie und Kino

Kino und Historiografie

Ich sehe Didi-Hubermans Überlegungen aus zwei Gründen als ernstzunehmenden Aufruf an alle, die sich mit bewegten Bildern und Geschichte befassen. Zum einen nehme ich sie als Aufforderung an, über die Medienspezifik bewegter Bilder nachzudenken, bei denen alles »im höchsten Grad *materiell*«[172] ist und in dieser ihrer materiellen Verfasstheit nach ihrer historiografischen Ratio zu suchen, so wie Didi-Huberman für den Fall Fra Angelicos aus der Materialität der Panele ihr Bildprogramm abliest. Zum zweiten folge ich Didi-Hubermans Beobachtung, derzufolge Bilder ein spezifisches Verhältnis zu Anachronismen haben und will untersuchen, ob und inwiefern das auch für bewegte Bilder zutrifft. Zunächst soll dafür rekonstruiert werden, wie das Verhältnis von Film und Geschichte in der Literatur gesehen wurde und wird. Ich verfolge hier keine bibliografischen Intentionen und möchte daher im Folgenden lediglich einige ausgewählte Trends der Literatur zu Geschichtsfilmen zusammenfassen, um von dort aus klarer umreißen zu können, in welche spezifische Richtung mein Interesse am Gegenstand Geschichtsfilm zeigt.

Zunächst scheint mir interessant zu sein, wie die *Geschichtswissenschaft* als autorisierte Instanz zur Transformation von Vergangenheit in Geschichte sich zu jenen bewegten Bildern verhält, die unter völlig anderen ökonomischen, ästhetischen und diskursiven Voraussetzungen in Konkurrenz zu ihr treten. Für sie ist die Begegnung mit Bildern, um von bewegten noch gar nicht zu sprechen, ein Problem. Bildern ist offenbar mit Vorsicht zu begegnen: Es gilt »der Frage nachzugehen, warum ein begrenzter Umgang mit Bildquellen in historischen Studien (besonders in der mittelalterlichen und frühneuzeitlichen Forschung) bereits seit Langem etabliert ist, ohne jedoch besondere Strahlkraft auf die Gesamtheit des Faches entfalten zu können.«[173] Die historiografische Angst oder Reserviertheit gegenüber den Bildern und ihre Konzentration auf textliche Quellen, vor allem Akten, hat historische Gründe, die mit der Entwicklung der Geschichtswissenschaft im neunzehnten Jahrhundert zusammen hängen und deren vorsichtige und durchaus langwierige ›Überwindung‹ sie selbst schon zu einem ihrer Gegenstände gemacht hat.[174] Die Probleme der Historiografie mit den Bildern kreisen dabei immer wieder um zwei Bereiche: Einerseits geht es um die Frage ob und inwiefern Bilder als Quellen und Dokumente fungieren können und zweitens,[175] welche Erkenntnisse und welches historiografische Wissen in Bildern aufgefunden werden können und mit welchen Methoden dieses Wissen entsprechend freigesetzt oder

---

172 Didi-Huberman, 1990/1995, Fra Angelico, S. 11.
173 Jens Jäger; Martin Knauer (Hg.), 2009, Bilder als historische Quellen? München, S. 8.
174 vgl. Jäger; Knauer, 2009, Bilder als historische Quellen? Ein Problemaufriss. In: Dies. (Hg.), 2009, Bilder als historische Quellen? Dimension der Debatten um historische Bildforschung. München, S. 7–26, hier: 8
175 vgl. Peter Burke, 2001, Eyewitnessing. London. (dt: Ders., 2003, Augenzeugenschaft. Bilder als historische Quellen. Berlin).

erkannt werden muss.¹⁷⁶ Es bleibt hier aber zumeist bei der Vorstellung, »die Geschichte« existiere unabhängig von den Bildern, die sich auf die Vergangenheit beziehen, und übermittle sie lediglich im Ganzen oder in Teilen. Die Frage für die Historiker_innen wäre dann nur, ob sie diese Botschaften aus der Vergangenheit aufnehmen wollen und können oder nicht. Erst seit Ende der 1990er Jahre wurden diese beiden Problemkomplexe um einen dritten ergänzt, der sich in der Einsicht formuliert, dass »Bilder ob als Film, Fotografie oder Plakat einen spezifischen Bedeutungsrahmen konstituieren, innerhalb dessen Menschen Geschichte wahrnehmen und sozialen Sinn konstruieren.«¹⁷⁷ Die für die Geschichtswissenschaft offenbar neue Vorstellung, Historiografie und Medien seien nicht zwei getrennte Entitäten, die sich nach Belieben gegenseitig beobachten können, sondern im Grunde zwei Seiten derselben Sache, nämlich Historio-Grafie, findet ihre bündige Formulierung in methodischen Selbstbeschreibungen wie *Visual History* oder *Erinnerungskultur*.¹⁷⁸ Hier werden visuelle Phänomene und Artefakte nicht isoliert wahrgenommen, sondern in der vielfältigen Interaktion mit anderen kulturellen Selbstbeschreibungen und Artefakten oder Medien. Die Geschichtswissenschaft, glaubt man neueren Publikationen, gibt wenigstens teilweise langsam den Widerstand auf gegen die erheblichen Komplikationen, die sich einstellen, wenn visuelle Medien gleichermaßen als Gegenstände und Agenten historischen Wissens begriffen werden.

Die Probleme der Geschichtswissenschaft mit den Bildern verkomplizieren sich noch einmal erheblich, sobald sie auf *bewegte Bilder* trifft.¹⁷⁹ Zunächst war es eine Selbstverständlichkeit, die nicht weiter begründet zu werden brauchte, dass Filme für Historiker_innen keine Rolle spielen: »Der gesamte Bereich des Spielfilms, des Rekonstruktionsfilms und zu einem großen Teil auch der des sogenannten ›Dokumentarfilms‹ scheidet daher grundsätzlich bei unserer Betrachtung des historischen Films aus.«¹⁸⁰ In Deutschland war es ab den 1970er Jahren der spätere Leiter des Bundesfilmarchivs Friedrich Kahlenberg, in Frankreich Marc Ferro, die der Geschichtswissenschaft verschiedene methodische Angebote zur Einbeziehung von Filmen in ihre Arbeit unterbreiteten.¹⁸¹ Die Erfolge dieser Einlassungen waren allerdings überschaubar: »Die Abstinenz gegenüber der Analyse von Filmen

---

176 Die bei weitem vollständigste Übersicht über diese Entwicklung gibt Gerhard Paul, 2006, Von der Historischen Bildkunde zur Visual History. Eine Einführung. In: Ders. (Hg.), 2006, Visual History : Ein Studienbuch. Göttingen, S. 7–36.
177 Paul, 2006, Von der Historischen Bildkunde zur Visual History, S. 19.
178 vgl. ebd., S. 25ff.
179 Eine ausführliche Darstellung der verschiedenen Zugriffe der Geschichtswissenschaft auf den Film in Günter Riederer, 2006, Film und Geschichtswissenschaft : Zum aktuellen Verhältnis einer schwierigen Beziehung. In: Paul (Hg.), 2006, Visual History, S. 96–113.
180 Fritz Terveen, 1955, Der Film als historisches Dokument. Grenzen und Möglichkeiten. In: Vierteljahrshefte für Zeitgeschichte 3 (1955), S. 61.
181 vgl. Friedrich P. Kahlenberg, 1975, Zur Methodologie der Kritik und Auswertung audiovisuellen Archivguts als Geschichtsquelle. In: Der Archivar. Mitteilungsblatt für das deutsche Archivwesen 28, Sp. 50–52; Marc Ferro, 1977, Cinéma et histoire. Paris.

4. Historiografie und Kino

hat dazu geführt, dass Filmgeschichte innerhalb der Geschichtswissenschaft ein Nischendasein fristet, das nach wie vor ein Hauch von Luxus umgibt.«[182] Zwei Bereiche jedoch ragen aus dem »Lamento über die versäumten Möglichkeiten der Forschung«[183] etwas heraus. Einerseits hat die Geschichtswissenschaft den dokumentarischen Film – in aller Gebrochenheit und mit allen Komplikationen – als Möglichkeit anerkannt, »Wirklichkeit exakt abzubilden«.[184] Zweitens lässt die Geschichtswissenschaft »insbesondere Spielfilme [...] aber auch als Quelle einer Geschichte der Mentalitäten« zu.[185] Dieser Gebrauch des Films durch die Zeitgeschichtsschreibung des zwanzigsten Jahrhunderts geht einerseits auf die Mentalitätsgeschichte zurück, wie sie im Umkreis der französischen Annales-Schule entstand (Marc Bloch, Lucien Febvre, Philippe Ariès u. a.) und bezieht sich andererseits auf Siegfried Kracauers *From Caligari to Hitler*, der vermutlich erstmals ein mentalitätsgeschichtliches Argument zur Deutschen Gesellschaft des ersten Drittels des zwanzigsten Jahrhunderts aus einer Reihe von Filmanalysen entwickelt. Für die ideologiekritischen Arbeiten zum Film, insbesondere der Cultural Studies, ist dieser Ansatz ebenso wichtig gewesen.

Noch stärker als für die Beschäftigung der wissenschaftlichen Historiografie mit dem Bild allgemein gilt für das bewegte Bild, dass sein Wert, seine Nutzbarkeit und Anerkennung im wesentlichen auf den Bereich der Zeitgeschichte, d. h. also das zwanzigste und einundzwanzigste Jahrhundert begrenzt bleiben. Das hat wohl damit zu tun, »dass die im Verlauf des 19. Jahrhunderts entwickelten Instrumentarien und Methoden der »Zunft« bereits voll ausgebildet waren, als der Film am Ende jenes Jahrhunderts, als neues Medium auf den Plan trat. Filme fügten – und fügen sich bis heute nicht – in das Raster der klassischen historischen Quellenkritik.«[186] Erst wo in der Geschichtswissenschaft Gegenstände auftauchen, die nicht zu den kanonischen aus ihrer Gründungsphase zählen, wird sie durchlässiger für erweiterte Quellenlagen, zu denen dann irgendwann auch Filme zählen mögen. »[D]ie Geschichte des 20. und 21. Jahrhunderts [lässt sich] ohne eine Analyse seiner Filme nicht schreiben«.[187] Alle weitere, über diesen recht engen Bereich hinausgehende Beschäftigung, wird innerhalb der Geschichtswissenschaften in engsten Grenzen konzipiert. Günter Riederer weist ihr dann gewissermaßen eine Hilfstätigkeit für die Filmgeschichte zu, die klassischerweise in der Hand von Filmwissenschaftler_innen liegt. Die klassische Geschichte soll ihre Kräfte im Bezug auf den Film auf folgende Bereiche begrenzen: »in der Untersuchung der schriftlichen Hinterlassenschaften der Filmgeschichte, in der Durchführung eines Vergleichs und der Anwendung der Methode des Kulturtransfers sowie in der Analyse des gesellschaftspolitischen Kontextes.«[188] Eine Antwort auf

---

182 Riederer, 2006, Film und Geschichtswissenschaft, S. 97.
183 ebd., S. 98.
184 ebd., S. 99.
185 ebd.
186 ebd., S. 101.
187 ebd., S. 103.
188 ebd.

die Frage, was mit Filmen anzufangen sei, die sich Epochen widmen, die sich nicht der Zeitgenossenschaft des Kinematografen erfreuen oder die sich vielleicht sogar auf (teilweise) fiktionale Ereignisse beziehen, sucht man in der Geschichtswissenschaft vergebens, so dass am Ende nur die Delegation der Fragen, die bei der Begegnung mit dem bewegten Bild freigesetzt werden, in andere Zuständigkeitsbereiche bleibt:

> »An einem bestimmten Punkt endet in gewisser Weise die ›natürliche‹, disziplinär verankerte Kompetenz der Geschichtswissenschaft. Historikerinnen und Historiker sollten sich dann nicht scheuen, die Methoden anderer Wissenschaftsdisziplinen zu adaptieren, die der Eigenart der kinematographischen Quellen besser gerecht werden. ›Verstehen‹ von Film heißt, die Bilder des Films zu verstehen, die Fotografie zu analysieren, die Szenerie, den Schnitt, die Montage. Von diesen filmischen Mitteln weiß die Geschichtswissenschaft wenig. Hier besteht ein enorm großer Nachholbedarf.«[189]

Ein Blick auf Geschichtsfilme aus dieser Perspektive stellt in den meisten Fällen früher oder später die Frage, ob und inwiefern ein gegebener Film, den »historischen Fakten« entspricht. Nicht selten treffen Filme selbst Aussagen über ihren Grad an historischer Wahrhaftigkeit mit Formeln wie: »Die in diesem Film dargestellten Ereignisse oder Personen sind frei erfunden. Jede Ähnlichkeit mit wirklichen Personen, lebenden oder toten, ist rein zufällig.« Oder sie behaupten ganz im Gegenteil, sie seien »based on a true story«.[190] Bewertet werden Geschichtsfilme in den meisten Fällen nach der Richtigkeit ihrer Kostüme, der Authentizität der dargestellten Orte sowie ihrer Fähigkeit, Ereignisse in der korrekten Chronologie darzustellen. Was bei diesen Vergleichen der Filme mit den Ergebnissen der Geschichtswissenschaft oft vergessen wird, »is the extent to which written history, and especially narrative history, is also shaped by conventions of genre and language.«[191] Der bloße Faktenvergleich unterschlägt die Gemachtheit der geschichtswissenschaftlichen Fakten, um im Gegenzug die geschichtsfilmischen Fakten als bloße Machwerke auszuweisen. Wer in diesem ungleichen Wettstreit den Sieg davon trägt, dürfte keine große Überraschung sein. Die elaboriertere Version dieser Kritik richtet sich gegen die historische Haltung eines Filmes, etwa gegen die einseitige Darstellung des amerikanischen Bürgerkrieges aus Sicht der Südstaaten in Griffith' BIRTH OF A NATION, ganz so, als habe es nie einseitige, politisch motivierte oder verkürzende historiografische Darstellungen gegeben und

---

[189] ebd., S. 104f.
[190] vgl. Natalie Zemon Davis, 1987/1991, Gibt es eine filmische Sicht der Geschichte? In: Rainer Rother (Hg.), 1991, Bilder schreiben Geschichte : Der Historiker im Kino. Berlin, S. 37–63, hier: 37f.
[191] Robert A. Rosenstone, 1988, History in Images/History in Words: Reflections on the Possibility of Really Putting History onto Film. In: The American Historical Review 93 (1988), Nr. 5, S. 1173–1185, hier: 1180.

es gibt sie noch immer. »Such an approach ensures that history on film will come off as a largely debased and trivial way of representing the past.«[192] Autoren wie Robert Rosenstone oder Robert Brent Toplin haben daraus die Schlussfolgerung gezogen, es sei an der Zeit »to stop expecting films to do what (we imagine) books do.«[193] Während Rosenstones Argumentation vor allem darauf zielt, die Fähigkeit des Films anzuerkennen, ein größeres Publikum zu erreichen und damit Diskussionen über die Vergangenheit in Gang zu setzen, auch wenn eine völlige Übereinstimmung mit den Anforderungen an wissenschaftliche Historiografie nicht gegeben sei, nimmt Toplin den Film vor Angriffen aus der Geschichtswissenschaft in Schutz, indem er seine scheinbaren Defizite aus generischen und industriellen Zwängen erklärt und verteidigt. Ein ähnlicher Versuch professionelle Historiografie und Geschichtsfilm sauber voneinander zu trennen und ihre Zuständigkeiten an zwei mehr oder weniger gegenüberliegenden Enden eines Spektrums anzusiedeln, lässt sich im Ausschluss von Filmkritiken aus der Zeitschrift der American Historical Association 2006 erkennen. Einer ihrer Herausgeber erklärte damals: »[Movies] although undoubtedly useful as teaching devices, do not always contribute to an analytical, sophisticated understanding of history«.[194] Die Zeitschrift wollte Geschichtsfilme und historiografische Bücher nicht mehr nebeneinander besprechen, sondern die Filme zum *Gegenstand* historiografischer Überlegungen machen und lud deshalb zum Einsenden von Beiträgen zu Geschichtsfilmen für den Aufsatzteil der Zeitschrift ein. Mögen einiger dieser Versuche auch eher forschungsstrategisch motiviert sein, so bleibt doch die Frage, ob sie nicht zugleich die Sache verkennen. Wäre nicht vor jeder Zurückweisung und Trennung der beiden Bereiche sorgfältig nach ihrer Überschneidung zu suchen? Und wäre diese Überschneidung nicht zuallererst als historische Frage zu konturieren?

Ein zweiter Bereich, in dem sich, neben Geschichtsfilmen als so oder so verstandenen historiografischen Agenten, Film und Geschichte begegnen, ist jener der Film- bzw. Kinogeschichte. Man kann hier drei Typen unterscheiden, die sich zwar in unterschiedlicher Häufigkeit über das zwanzigste Jahrhundert verteilen, jedoch immer auch parallel existieren. Die klassischen Werke der Filmgeschichte entwerfen ihr Narrativ und die Einteilung ihres Stoffes ähnlich den hergebrachten Verfahren der Literatur- und Kunstgeschichte. Eine repräsentative Auswahl von Filmen (der Kanon) wird nach historischen Epochen gruppiert, deren Erscheinen und Verschwinden als Entwicklung interpretiert wird. Das Ganze wird um eine Vorgeschichte ergänzt, in der jene Technologien, Erfinder und Ideen erwähnt

---

192 Robert A. Rosenstone, 2006, History on film / film on history. Harlow, S. 36f.
193 Rosenstone, 2006, History on film, S. 37; vgl. auch Robert Brent Toplin, 2002, Reel history : in defense of Hollywood. Lawrence, Kan.
194 Robert A. Schneider, 2006, On Film Reviews in the AHR. In: Perspectives on History, May 2006. URL: http://www.historians.org/perspectives/issues/2006/0605/0605aha2.cfm (Zugriff: 22.04.11).

werden, die das Kino bzw. den Film möglich gemacht haben.[195] Eine zweite Gruppe von Arbeiten versteht sich als Kinogeschichte und öffnet den Blick weit über die unmittelbaren technischen Bedingungen der Filmproduktion auf sozialhistorische Fragen nach den Zuschauer_innen und ihrer Seherfahrung, auf die Ökonomie der Filmzirkulation, die soziologische Konstitution des Kinopublikums usw.[196] Während die erste Gruppe vor allem in der Form des historiografischen Großentwurfs schreibt, der die Geschichte des Films möglichst umfassend abdecken soll, arbeitet die Sozialgeschichte des Kinos eher mikrohistorisch in Einzelanalysen und Fallstudien. Eine dritte Gruppe, die gern unter dem Titel *The New Film History* firmiert, umfasst die Arbeiten von Autor_innen wie Thomas Elsaesser, Tom Gunning, Kristin Thompson, Miriam Hansen, Noël Burch, Barry Salt und anderen.[197] Diese hat nicht nur den Bereich der engeren Kino- und Filmwissenschaft verlassen und in jüngster Zeit ihre Zugehörigkeit zur Medienwissenschaft erklärt.[198] Sie hat darüber hinaus entscheidende Anstöße zur Überprüfung der Entwicklungsnarrative der Filmgeschichte gegeben und eine Reihe alternativer Denk- und Erzählformen erprobt, die es erlauben, Film und Kino als prominente, aber bei weitem nicht einzige Akteure der visuellen Medienkultur des zwanzigsten Jahrhunderts zu denken. Von hier aus drängt sich die Frage auf, in welchem Verhältnis die Geschichte – im doppelten Wortsinn – dieser Medien zu jener »Textgeschichte« steht, die, aus dem neunzehnten Jahrhundert herkommend, die gleichnamigen Fachdisziplinen geprägt hat.

Ich habe in diesem Kapitel versucht zu zeigen, dass spätestens ein Film wie SHUTTER ISLAND nicht mehr die Frage stellt, was Geschichte ist oder sein soll, sondern dass dort ausbuchstabiert wird, wie unter den medialen und historischen Bedingungen der Gegenwart aus Erinnerungen, Überbleibseln, Berichten und Resten der Vergangenheit Geschichte gemacht wird, welche Aussage- und Zeigeakte dafür notwendig sind, wie Geschichte von Nicht-Geschichte unterschieden werden kann. Historiografie wird hier als eine Praktik verstanden, an der eine Vielzahl menschlicher und nicht-menschlicher Akteure beteiligt sind, in der Vorstellungen der Vergangenheiten mit solchen verschiedener Gegenwarten interagieren, um unter dem Namen »Geschichte« etwas zu produzieren, das sich als historisch spezifisches Medienensemble beschreiben lässt. Entsprechend fällt der Blick nicht so stark auf Begriffe und Konzepte, sondern auf die Konstellationen historiografischen Medien-Werdens zwischen Text und Philologie, Bild und Historismus, Film und Moderne.

---

195 Ich denke hier an Klassiker wie Jerzy Toeplitz, 1955–70/1972–91, Geschichte des Films. 5 Bde. Berlin; Ulrich Gregor; Enno Patalas, 1962, Geschichte des Films. Gütersloh; Jean Mitry, 1968–73, Histoire du cinéma. Paris; Friedrich von Zglinicki, 1979, Der Weg des Films. Hildesheim.
196 vgl. Richard Maltby, 2011, New Cinema Histories. In: Ders. u. a. (Hg.), 2011, Explorations in New Cinema History : Approaches and Case Studies. London, S. 3–40.
197 Thomas Elsaesser, 1986, The New Film History. In: Sight and Sound, Vol. 55, Nr. 4, S. 246–251.
198 Thomas Elsaesser, 2004, The New Film History as Media Archeology. In: CiNéMAS, Vol. 14 (2004), Nr. 2–3, S. 75–117.

4. Historiografie und Kino

Es verbinden sich damit einige Fragen: Was können wir in Geschichtsfilmen *anderes* sehen, als den Abklatsch akademischer Historie? Woraus ist dieses andere verfertigt? Wie setzt es sich zusammen? Wie kann, vielleicht muss es gesehen und gehört werden? Wo berührt es sich mit im engeren Sinn diskursiven Formationen? Welche akustischen und optischen Rationalitäten bildet das Kino im Umgang mit Vergangenheit aus? Welcher Art und Reichweite, welchen Zuschnitts und welcher Dringlichkeit sind die Aussagen, zu denen das Geschichtskino über die Vergangenheit fähig ist? Wie verhalten sich diese Aussagen zu der Epoche, in der sie gefilmt, geschnitten oder projiziert wurden und werden?

Anachronismen, soviel lässt sich hier zusammenfassend sagen, spielen bei der Beantwortung dieser Fragen eine besondere Rolle. Denn, das konnte bereits gezeigt werden, sie sind sowohl für die klassische Historiografie als auch für Geschichtsfilme der Prüfstein historiografischer Rationalität. Am unterschiedlichen Umgang mit dem »Problem« des Anachronismus lassen sich unterschiedlichste Konzeptionen von Geschichte ausbuchstabieren. Gleich ob sie billigend in Kauf genommen werden, ob ihr Ausschluss als historiografisches Glaubensbekenntnis zelebriert wird oder ob sie zum Modell historiografischer Erkenntnis werden: Wo aus Vergangenheit Geschichte wird, tauchen unweigerlich Anachronismen auf. Zweitens erscheinen diese Anachronismen nicht als Begriffe oder Konzepte, sondern als Maschinen, die sowohl Aussagen als auch Objekte produzieren, die in unterschiedlichen Graden als geschichtliche verstanden werden können. Die Funktionsweise dieser Maschinen unter den Bedingungen und im Medium des bewegten Bildes, hier genauer: des Films zu beschreiben, ist der Plan dieser Arbeit. Dabei werde ich keine so oder so vordefinierte Konzeption von Anachronismen an einzelne Filme herantragen, sondern will in Einzelanalysen zeigen, wie eine Vielzahl unterschiedlicher anachronistischer Zeittechnologien zum Motor filmischer Historiografie wird, deren Verfahren, Reichweite und Bedeutung jeweils vor Ort in Augenschein genommen werden muss.

Kapitel II
Referenz: Chronik der Anna Magdalena Bach

»Das Modell für die geschichtlichen Ereignisse ist
nicht länger die Erzählung, sondern der Film.
Nunmehr kann man die Ereignisse beschleunigen,
in Zeitlupe betrachten und Flashbacks vornehmen.«[1]

---

[1] Vilém Flusser, 1993, Eine korrigierte Geschichtsschreibung. In: Ders., 1993, Nachgeschichte: Eine korrigierte Geschichtsschreibung. Bensheim, Düsseldorf, S. 263–269, hier: 263.

1. Sequenzanalyse

Inmitten Jean-Marie Straub und Danièle Huillets Film CHRONIK DER ANNA MAGDALENA BACH prangt ein Anachronismus, der nicht zu übersehen ist: Während der Film sich mit Leben und Musik Johann Sebastian Bachs in der Zeit seiner zweiten Ehe mit Anna Magdalena Bach zwischen 1721 und seinem Tod 1750 befasst, sehen wir in Einstellung 86 für etwas mehr als drei Sekunden in einer bewegten Einstellung eine Grafik Georges Rouaults aus dem Jahr 1948.[2] Von der Druckgrafik mit dem Titel *Chantez Mâtines, le jour renaît* aus dem Zyklus *Miserere* wird zunächst der untere Teil gezeigt, (Abb. 2.1) langsam, in einer Art Schwenk von unten nach oben verändert sich der Bildausschnitt so lang, bis der obere Teil des Bildes zu sehen ist (Abb. 2.2). Mit dem Beginn der Einstellung befindet sich das Bild bereits in Bewegung. An seinem oberen Ende angekommen verlangsamt sich die Bewegung und kommt kurz zum Stillstand bevor der Schnitt zur nächsten Einstellung erfolgt. Am Anfang der Einstellung ist auf dem unteren Teil des Bildes nichts anderes als, wie es in der knappen Beschreibung des Drehbuchs heißt, »Erde« zu sehen. Der Schwenk nach oben endet auf einem dick umrandeten Kreis, der unschwer als »Sonne« zu identifizieren ist. Der vom Titel der Grafik evozierte Sonnenaufgang ist im Bild selbst nicht zu sehen. Der grobe Strich der Grafik, das Fehlen von Farben und die damit einhergehende äußerste Reduktion jeden Naturalismus', macht Spekulationen über Tageszeit oder Zustand dieser »Sonne« überflüssig. Der Film erwähnt den Titel der Grafik nicht, sondern ersetzt ihn durch eine Bewegung von unten nach oben, die an einen Sonnenaufgang denken lassen kann. Die Grafik, die ihre Zeitlichkeit vor allem durch ihren Titel erhalten hatte, wird vom Film mit Bewegung und einer Dauer ausgestattet, und zwar der Bewegung von 1,54 Metern Filmstreifen während einer Dauer von 3,4 Sekunden. Weder wird an einer anderen Stelle des Films in irgendeiner Form Bezug auf dieses Bild genommen, noch erscheinen derart prominent weitere Dinge, die auf das zwanzigste Jahrhundert datiert werden müssen. Da der Film, und darüber lassen Titel, Ausstattung und Erzählung keinen Zweifel, von der ersten Hälfte des achtzehnten Jahrhunderts erzählt und sich auf diese bezieht, handelt es sich bei diesem Bild um einen Anachronismus. Um zu verstehen, wie sich dieser Anachronismus auf die Referenzstruktur dieses Filmes auswirkt, muss sein filmischer Kontext betrachtet werden. Ich gehe deshalb im Folgenden auf die Einstellungen 78 bis 89 ein, mit denen der Film sich etwa auf die Zeit von 1737 bis 1742 bezieht.[3]

An der hier besprochenen Sequenz lässt sich paradigmatisch die Struktur des Filmes erkennen, der sich durch eine Schichtung unterschiedlicher (historischer) Materialien auszeichnet. Der Film zeigt einerseits Einstellungen von Dokumen-

---

2   Die Nummerierung der Einstellungen, die Orthografie aller Textzitate aus dem Film sowie die Angabe der Länge einzelner Einstellungen folgen dem publizierten Drehbuch: Jean-Marie Straub, 1969, Chronik der Anna Magdalena Bach. Frankfurt am Main.
3   vgl. auch das Sequenzprotokoll im Anhang.

1. Sequenzanalyse

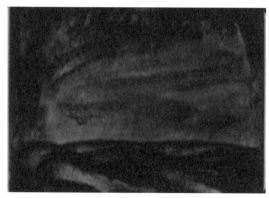

Abb. 2.1 – Anfang von Einst. 86,
Chronik der Anna Magdalena Bach

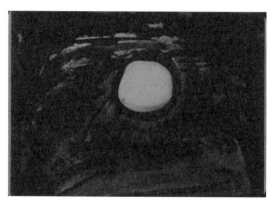

Abb. 2.2 – Ende von Einst. 86,
Chronik der Anna Magdalena Bach

ten, die mit dem Leben Johann Sebastian und Anna Magdalena Bachs in Zusammenhang stehen, wie Briefe, Musikmanuskripte, Drucke und Stiche. Zweitens werden Einstellungen gezeigt, in denen Schauspieler_innen als historische Figuren agieren. Eine Variante davon zeigt Einstellungen, in denen diese Personen die Musik Bachs in dem Moment vor der Kamera aufführen, in der sie gefilmt werden. Schließlich kommen in dem Film Einstellungen vor, die keinen unmittelbaren erzählerisch-funktionalen Zusammenhang zur Diegese des Films haben, wie etwa Einstellungen eines Meeresufers (43, 61), eine Einstellung, in der die Wipfel von Bäumen sowie der Himmel zu sehen sind (83), das Rouault-Bild (86) sowie Schwarzfilm (91, 114). Auf seiner Tonspur präsentiert der Film den Kommentar Anna Magdalena Bachs als Erzählung einer Frauenstimme aus dem Off, Musik aus In, Off und Hors-champ sowie Dialog und Geräusche aus In und Hors-champ.

Der Film beschreibt in der Erzählung der Anna Magdalena Bach im Großen und Ganzen eine von Rückblenden unterbrochene chronologische Bewegung von etwa 1721 bis 1750, der Zeit Bachs als Kapellmeister am Hof von Köthen bis zu seinem Tod. Dabei verbindet er überlieferte Begebenheiten aus dem Leben der Familie Bach mit den Kompositionen Bachs und bezieht diese auf einander. In der hier besprochenen ›Rouault-Sequenz‹ fällt zunächst auf, dass die im Film aufgeführten Werke auf zwei Weisen zu den erzählten Ereignissen in Beziehung gesetzt werden. Einerseits werden die Werke gespielt, von deren Komposition oder Druck der Off-Kommentar der Anna Magdalena Bach berichtet. Das betrifft die Klavierübung II in den Einst. 78–80 sowie die Goldberg-Variationen in Einst. 84/85. Diese Werke werden in die Chronologie der erzählten Ereignisse eingegliedert. Zum anderen werden Werke wiedergegeben, die aus früheren Perioden Bachs stammen und vom Kommentar Anna Magdalena Bachs nicht erwähnt werden, jedoch eine lose thematische Kopplung zu den erzählten Ereignissen eingehen. So berichtet der Kommentar in Einst. 82 von einer schweren Krankheit Anna Magdalena Bachs während sich ihr Mann 1740 auf einer Reise nach Berlin befindet, von der er durch mehrere Briefe Johann Elias Bachs zurückgerufen werden muss. In der daran anschließenden Kantate BWV 140 heißt es in einem Duett: »Seele: Wann kommst du, mein Heil? – Jesus: Ich komme, dein Teil. Seele: Ich warte mit brennendem Öle«, was sich ohne Schwierigkeit auf die getrennten Ehepartner und die wartende und schwer kranke Anna Magdalena Bach beziehen lässt. Bach hatte diese Kantate für den 27. Sonntag nach Trinitatis 1731 komponiert und sie wurde an diesem, d.h. dem 25. November des Jahres auch aufgeführt. Es gibt keinen Beleg, dass Bach diese Kantate später noch einmal aufgeführt hätte.[4] Die Komposition, welche die hier besprochene Sequenz abschließt, nimmt eine Zwischenstellung ein: Nachdem Johann Elias Bach die Nachricht vom Tod des Konrektors der Thomasschule, Siegmund Friedrich Dresig 1742 überbracht hat, erklingt das letzte Rezitativ und die letzte Arie der Kantate BWV 82, die Bach für Mariae Reinigung (= 2. Februar) 1727 komponiert hatte. Der Text dieser Kantate geht auf die Geschichte über Simeon aus Lukas 2,25–35 zurück, der nach dem Anblick Marias mit dem Jesuskind sein Leben erfüllt sieht und den baldigen Tod nicht nur herbeiwünscht, sondern sich sogar auf ihn freut, was auf den Tod des Konrektors bezogen werden kann. Gleichzeitig sagt der Kommentar richtig: »In den letzten Jahren führte er einige frühere Kirchenstücke wieder auf.« Von der Kantate existieren Umarbeitungen Bachs aus späteren Jahren, die Wiederaufführungen bestätigen.[5] Hieran wird ein erstes Referenzproblem ablesbar, das zumindest für die Bach-Historiografie besteht und dem der Film deshalb begegnet: Wo immer eine Komposition Bachs benannt wird, verweist diese auf eine Vielzahl von Daten: Komposition, Erstaufführung, Bearbeitung, Wiederaufführung. Soll das Leben Bachs chronologisch erzählt werden, müssen zahlreiche seiner Kompositionen

---

4   vgl. Alfred Dürr, 1957, Zur Chronologie der Leipziger Vokalwerke J. S. Bachs. In: Bach-Jahrbuch 44 (1957), S. 5–162, hier: 159.
5   vgl. Dürr, 1957, Zur Chronologie der Leipziger Vokalwerke J. S. Bachs, S. 157.

an mehreren Stellen auftauchen, soll das Leben am Leitfaden der Werke erzählt werden, kann es nicht mehr streng chronologisch wiedergegeben werden. Auf dieses Darstellungsproblem hat die Bach-Historiografie unterschiedlich reagiert, zumeist jedoch, indem die Betrachtung von Leben und Werk getrennt wurde, so dass einerseits eine Chronologie der maßgeblichen Ereignisse entwickelt und andererseits eine systematische, gattungsorientierte Analyse der Bachschen Kompositionen unternommen werden konnte, die noch in der systematischen – und eben nicht chronologischen – Nummerierung des Bach-Werke-Verzeichnisses ihre Spuren hinterlassen hat. Beide Probleme lassen sich bei Bach aber nur bis zu einem gewissen Grad trennen und sind weit mehr als ›bloße Darstellungsprobleme‹. Die großen Fragen der Bach-Forschung sind seit jeher Fragen der Chronologie gewesen und ließen sich letztlich nur als solche beantworten.

> »Die chronologische Ordnung der Werke Johann Sebastian Bachs ist ein Kernproblem der musikwissenschaftlichen Forschung. Von ihrer Lösung hängen nicht allein wichtige biografische Erkenntnisse ab, erfahren wir doch durch sie z. B., welchen Einfluß Bachs Dienststellung – als Kapellmeister oder als Kantor – auf die Art seiner Kompositionen ausgeübt hat, und können so unsere Erkenntnisse zum Problem »geistlich-weltlich« bei Bach entscheidend erweitern; sehr viel wichtiger ist noch, daß uns die Kenntnis der Entstehungsfolge seiner Werke allein den Einblick in die Entwicklung des Bachschen Stils vermittelt und uns so einen Höhepunkt abendländischer Musikgeschichte erst recht verstehen lehrt.«[6]

Entsprechend weitreichende Konsequenzen hat dann auch die Korrektur der Chronologie der Bachschen Werke, wie sie Alfred Dürr mit dem zitierten Aufsatz 1957 und Georg von Dadelsens ein Jahr später publizierte *Beiträge zur Chronologie der Werke Johann Sebastian Bachs* unternahmen. Diese heute allgemein anerkannte und als *Neue Chronologie* bezeichnete Neuordnung der Bachschen Werke löste in der Folge heftige Diskussionen innerhalb der Musikwissenschaft aus.[7] Friedrich Blumes Rede von einem »Erdrutsch« in der Bachforschung ist in diesem Zusammenhang bekannt geworden.[8] Straub-Huillet dürften über diese Fragen auf dem Laufenden gewesen sein, zumal sie mit Werner Neumann, einem der Herausgeber der Neuen Bach Ausgabe, die auf den chronologischen Untersuchungen Dürrs

---

6 ebd., S. 6.
7 vgl. die Kontroverse zwischen Friedrich Blume und Friedrich Smend: Friedrich Smend, 1962, Was bleibt? Zu Friedrich Blumes Bach-Bild. In: Der Kirchenmusiker 13 (1962), Nr. 5, S. 1–13.
8 vgl. Hans-Joachim Schulze, 2001, Probleme der Werkchronologie bei Johann Sebastian Bach. In: Martin Staehelin (Hg.), 2001, »Die Zeit, die Tag und Jahre macht« Zur Chronologie des Schaffens von Johann Sebastian Bach. Bericht über das wissenschaftliche Colloquium aus Anlaß des 80. Geburtstages von Alfred Dürr. Göttingen, S. 11–20, hier: 12.

und von Dadelsen beruhte, in Kontakt standen.⁹ Wenn also in CHRONIK DER ANNA MAGDALENA BACH Anachronismen auftauchen, dann berührt das ein maßgebliches methodisches und inhaltliches Problem der Bach-Forschung. Das Bach-Bild der Musikwissenschaft beruht auf einer so oder so entworfenen Bach-Chronologie. Jede Abweichung davon legt Hand an dieses Bild und verändert es. In der Konsequenz heißt das: eine andere Bach-Chronologie referenziert einen anderen Bach: wo die eine Chronologie den frommen Kirchenmann adressiert, sieht eine andere Chronologie den nur widerwillig überhaupt für die Kirche komponierenden Bach, der seine Kräfte viel lieber auf weltliche Instrumentalmusik konzentrieren würde.¹⁰ Die Chronologie und die in ihr verorteten Ereignisse lassen sich nicht voneinander trennen, womit jeder Anachronismus zum Kaleidoskop wird, das unterschiedlichste Bach-Bilder produzieren kann.

Dieser Zusammenhang besteht allerdings nicht nur für die Referenz auf bestimmte historische Objekte an dieser oder jener Zeitstelle, sondern er gilt auch für die Chronologie der historiografischen Darstellung selbst. In Einstellung 78 bezieht sich der Kommentar Anna Magadalena Bachs auf einen Druck, dessen Titelseite zur gleichen Zeit im Bild zu sehen ist. Dort heißt es: »Jenes Jahr veröffentlichte Sebastian den dritten Teil der Clavier-Uebung, bestehend in verschiedenen Vorspielen über die Catechismus- und andere Gesænge vor die Orgel.« Die Formulierung »jenes Jahr« bezieht sich auf das Jahr 1739 und damit auf die unmittelbar vorangehende Einstellung des Films, in der die Rede vom Tod des Bach-Sohnes Johann Gottfried Bernhard war. Während vom Druck der dritten Klavierübung (BWV 802–805) die Rede ist und dieser auch gezeigt wird, ist auf der Tonspur bereits das Andante des italienischen Konzerts der zweiten Klavierübung (BWV 971) zu hören. In Einst. 79 heißt es dann, während das Konzert noch immer zu hören ist: »Den zweyten Theil, bestehend in einem Concerto nach Italiænischem Gusto und einer Overture nach Französischer Art vor ein Clavicymbel mit zweyen Manualen hatte er vier Jahre zuvor drucken lassen.« Das ist eine zutreffende Feststellung, denn der Erstdruck dieses Stückes, der im Bild zu sehen ist, stammt von 1735. In Einst. 80 ist Bob van Asperen als Johann Elias Bach in einer halbnahen Einstellung schräg von hinten und in einer leichten Vogelperspektive am zweimanualigen Cembalo zu sehen, wie er das Andante dieser Klavierübung, besser bekannt als Italienisches Concerto, spielt. Jetzt wird klar, dass es sich bei der Musik, die bereits in den letzten beiden Einstellungen zu hören war, nicht nur um dasselbe Stück, sondern auch um dieselbe Aufnahme handelt, deren Einspielung hier nun abgefilmt wird. Im etwas später einsetzenden Kommentar heißt es: »Unser lieber guter Herr Vetter Johann Elias Bach, wohlbestallter Kantor in Schweinfurt, wohnte in jenen Jahren bei uns.« Genau genommen wohnte Johann Elias Bach von Oktober 1737 bis Oktober 1742 bei der

---

9 vgl. Andi Engel, 1975, Andi Engel talks to Jean-Marie Straub, and Danièle Huillet is there too. In: Enthusiasm, 1975, Nr. 1, S. 1–25, hier: 1.
10 vgl. zu dieser zentralen Frage der Bach-Forschung etwa Smend, 1962, Was bleibt?, S. 4f.

Familie Bach in Leipzig und arbeitete dort als Hauslehrer und Sekretär.[11] Auf drei Einstellungen werden in nicht chronologischer und damit anachronistischer Weise drei Ereignisse miteinander in Beziehung gesetzt: zunächst der Druck der dritten Klavierübung 1739, dann der Druck der zweiten Klavierübung 1735 und der Einzug Johann Elias Bachs in Leipzig 1737. So wie im Kommentar der Anna Magdalena Bach im ganzen Film keine Jahreszahl vorkommt, fehlen diese auch hier. Gleichzeitig werden wie hier aber Formulierungen verwendet wie »ungefähr um die Zeit«, »alsdann« (Einst. 90), »zu Weihnachten des selben Jahres« (Einst. 58), »am Tage, an welchem Ihre Majestät ein Jahr zuvor zum König in Polen und Großherzog von Litauen gewählet worden« (Einst. 56), »Jenes Jahr war der Landesherr in Dresden gestorben« (Einst. 51) usw.

Der Film hält sich grosso modo an die Bach-Chronologie, wie sie in der Musikwissenschaft der 1950er und 60er Jahre zunehmend verbindlich wurde, versieht diese aber mit einer eigenen Zeitlichkeit, die weder eine strenge Sammlung von Daten und Fakten ist, noch auf den gleichförmigen Ablauf der Zeit vom früheren zum späteren setzt. Er führt kleine Zeitwirbel ein, wie den soeben beschriebenen und bindet das Vergehen der Zeit ganz an die Präsenz der Erzählung und Erfahrung der Anna Magdalena Bach. Die Zeit der Chronologie der Bach-Historiografie scheint nur bedingt die Zeit des Films zu sein. Er weiß um sie, nimmt sie zur Kenntnis, begnügt sich aber nicht mit ihr. Der Film hat seine eigene Zeit und zwar in einem fundamental anderen Sinn, als sich dies von geschriebener Historiografie sagen lässt. Bei einer Länge von 2558 Metern und einer Projektionsgeschwindigkeit von 24 Bildern pro Sekunde hat der Film eine Projektionsdauer von 93 Minuten und 48 Sekunden. Welche Dauer hätte Johann Nikolaus Forkels Bach-Monografie von 1802, welche Zeit müsste für Philipp Spittas *Johann Sebastian Bach* von 1873/80 veranschlagt werden? Während die Text-Historiografien Zeit und Dauern vor allem mit Hilfe von Datumsangaben, im Fall vieler Kompositionen Bachs auf den Tag genau, referenzieren, hat der Film selbst eine Zeit. Dauer ist für ihn nichts, das er repräsentieren müsste, sondern er dauert selbst und das gleiche gilt für alle in ihm vorkommenden Ereignisse als kinematografische Ereignisse. Chronik der Anna Magdalena Bach macht diesen ohnehin nicht hintergehbaren Umstand durch zwei Verfahren für seine Zuschauer_innen erlebbar, was sich an der hier besprochenen Sequenz leicht zeigen lässt. Vier Musikstücke werden präsentiert und zwar in den Einstellungen 80, 83, 85 und 89. Während alle anderen Einstellungen Dauern zwischen etwa dreieinhalb Sekunden (86) und siebenundzwanzig Sekunden (81) haben, sind die Einstellungen, in denen die Musikstücke präsentiert werden um ein Vielfaches länger: Sie dauern zwischen etwas mehr als zweieinhalb (83) und knapp fünf Minuten (89). Die längste Einstellung der ganzen Sequenz (89) ist gut fünfundachtzig mal länger, als die kürzeste (86).

---

11   vgl. Peter Wollny, 1999, Bach (Familie). In: Ludwig Finscher (Hg.), 1999, Die Musik in Geschichte und Gegenwart. Allgemeine Enzyklopädie der Musik. Zweite, neubearbeitete Ausgabe (MGG2). Personenteil 1 Aa–Bae. Kassel u. a., Sp. 1273–1311, hier: 1299.

Neben dieser Gegenüberstellung kurzer und langer Dauer installiert der Film ein zweites Zeitregime, in dem die Referenzialität unterschiedlicher Zeiten problematisiert wird. Am deutlichsten ist das an den ersten beiden Einstellungen 78 und 79 zu sehen. Eine Vielzahl von Materialien werden hier parallel installiert: bewegte und unbewegte Bilder von Bach-Dokumenten, ein gesprochener Kommentar, der sich auf diese bezieht, sowie Musik. Dabei bezieht sich der Kommentar nicht zwangsläufig auf das sichtbare Bild, sondern auf die vorhergehende oder folgende Einstellung. Während jeder Text über Bach immer nur in strenger Sequenzialität Ereignisse, Daten und Überlegungen aneinanderreihen kann, lässt der Film diese gleichzeitig auftreten und drängt so die Referenzen auf unterschiedliche Zeiten in *eine* Zeit, und zwar *seine* Zeit, zusammen. Auf diese Weise werden unterschiedlichste Zeitformen und Zeitkonzepte miteinander verschaltet. Die Dauer eines Musikstückes ist etwas anderes als ein historisches Datum, das Zeitregime eines Films, der aus vielen unterschiedlich dauernden Einstellungen montiert ist, unterscheidet sich von der Zeiterfahrung, die bei einem Live-Konzert gemacht werden kann. Gemeinsam ist diesen unterschiedlichen Operationen, dass sie letztlich einen unterschiedlich medialisierten und damit von unterschiedlichen Technologien abhängigen Zugriff auf Zeit vorführen.

Das Auftauchen eines bewegten Bildes der Rouault-Grafik in Einstellung 86 kann als ein doppelter Anachronismus gelesen werden, an dem sich unterschiedliche Vorstellung davon ausbuchstabieren lassen, was mit Referenz auf Zeit und Zeiten gemeint sein könnte. Einerseits durchbricht es die sonst recht homogene Referenzkette auf die Lebenszeit Johann Sebastian und Anna Magdalena Bachs. Andererseits verdeutlicht das bewegte Bild eines unbewegten Bildes, das dauernde Bild eines zeitlosen Bildes nicht nur die Konfrontation unterschiedlicher Zeiten, sondern problematisiert darin die Mediendifferenz, in der allein unterschiedliche Zeiten produziert werden können, die dann, etwa in historiografischer Absicht, einander referenzieren können. Darüber hinaus verweist diese Begegnung von bewegtem und unbewegtem Bild auf die paradoxe Zeitproduktion des Kinematografen: Am Grund des bewegten Bildes liegen unbewegte und auf einen Filmstreifen aufgereihte Fotogramme. Der Dauer des bewegten Bildes entspricht die Ausdehnung des Filmstreifens im Raum. Der Anachronismus des Rouault-Bildes führt vor, wie unmittelbar die historisch intelligible Zeit mit den Medientechnologien ihrer Produktion verbunden ist. Diesem Zusammenhang von Anachronismen und historiografischer Referenz wird das folgende Kapitel über CHRONIK DER ANNA MAGDALENA BACH nachgehen.

2. Referenzfiguren

Ich will zunächst einige Verfahren näher beleuchten, mit denen der Film den zeitlichen und medialen Abstand überbrückt zwischen den Ereignissen aus dem Leben von Personen des achtzehnten Jahrhunderts und Personen, die diese in der Mitte des zwanzigsten Jahrhunderts verkörpern, sowie zwischen überlieferten Kompositionen dieser Zeit und ihrer filmischen Realisierung beim Dreh von CHRONIK DER ANNA MAGDALENA BACH unter der Leitung von Jean-Marie Straub und Danièle Huillet in den späten 1960er Jahren. Dazu werde ich die filmischen Referenzierungen zu den Referenzoperationen der traditionellen Bach-Historiografie ins Verhältnis setzen. Ich werde dabei von den bereits unterschiedenen Materialien des Films ausgehen: einerseits die Präsentation von Bildern der Dokumente aus dem Umkreis der Familie Bach sowie zweitens die chronikale Rede der Anna Magdalena Bach. Der Bach-Musik im Film widmet sich der Abschnitt 3 dieses Kapitels weiter unten.

Dokumente

Zunächst lässt sich der Gebrauch der Dokumente durch den Film von jenem der Biografien in Buchform unterscheiden. In der ersten Hälfte des neunzehnten Jahrhunderts spielten zitierte Dokumente in den Texten der Bach-Biografik kaum eine Rolle. Hier genügt zumeist der Verweis auf die erste Bach-Biografie von Johann Nikolaus Forkel und 1802. Das ändert sich 1865 mit Carl Hermann Bitters Biografie und 1873/80 mit den beiden Bänden Philipp Spittas. »Für die Bach-Biographie haben schon C. H. Bitter und Ph. Spitta die erhaltenen Schriftstücke weitgehend herangezogen und ausgewertet. Fast alle folgenden Bach-Bücher haben aus diesen Quellen geschöpft.«[12] In den 1930er Jahren erschienen dann die ersten philologisch edierten Ausgaben der Dokumente zu Bach.[13] Erst mit den Supplement-Bänden I–IV zur Neuen Bach-Ausgabe (den »Bach-Dokumenten«) zwischen 1963 und 1979 waren alle bis zum jeweiligen Erscheinen der Bände bekannten Dokumente ›historisch-kritisch‹ ediert und damit allgemein zugänglich. Im ersten Band sind von 184 Dokumenten 9 auf insgesamt 8 Bildseiten als Faksimile wiedergegeben, die beiden anderen Textbände verfahren nicht großzügiger. Der Unterschied zwischen dem überlieferten Dokument, seiner faksimilierten Wiedergabe und der Transkription in den Bach-Dokumenten macht die Unhintergehbarkeit und historiografische Produktivität der Anachronismen anschaulich (Abb. 2.3). Ein

---

12 Werner Neumann, 1963, Vorwort. In: Johann Sebastian Bach, 1963, NBA, Suppl. Bd. I: Bach-Dokumente. Schriftstücke von der Hand Johann Sebastian Bachs. Leipzig, S. 7.

13 vgl. Conrad Freyse, 1933, Eisenacher Dokumente um Sebastian Bach. Leipzig; Erich H. Müller von Asow, 1938, Johann Sebastian Bach. Gesammelte Briefe. Regensburg (zweite verm. Aufl. 1950).

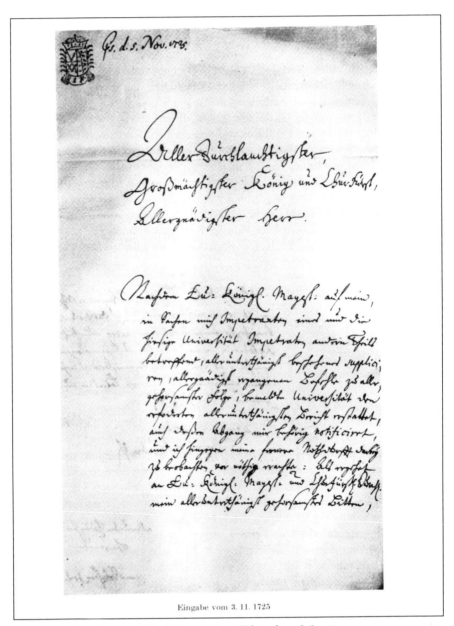

Abb. 2.3 – Bach-Dokumente I, Buchseite mit einem Faksimile nach S. 176

2. Referenzfiguren

34   Schriftstücke in Briefform

25 vien, Samogitien, Kiovien, Volhinien, Podolien, Podlachien,
Lieffland, Smolenskien, Severien und Zschernicovien etc. etc. Hertzog
zu Sachsen, Jülich, Cleve und Berg, auch Engern und Westphalen;
Des Heiligen Röm: Reichs Ertz-Marschalln und ChurFürsten, Land-
Graffen in Thüringen, MargGrafen zu Meisen, auch Ober- und Nieder-
30 Lausitz, Burg-Grafen zu Magdeburg, Gefürsteten Grafen zu Henneberg,
Grafen zu der Marck, Ravensberg und Barby, Herrn zu Ravenstein etc.
Meinem allergnädigsten König, ChurFürsten und Herrn etc.

A. Autograph. 1 Bogen, S. 1, 2 und 4 von Bach beschrieben (S. 3 Aktennotiz), Blatt-
format 33,5×20,5 cm; WZ: SW. Bl. 1 R. r. o.: Stempel („Stempelpapier"), daneben:
ps. d. 5. Nov. 1725. Bl. 2 V. m. l. und r. je ein Siegelrest. – Universitätsarchiv Leipzig,
Rep. II Kap. III Litt. B. Sect. I No. 22 (ACTA Das von dem Cantore zu St. Thomas Johann
Sebastian Bachen gesuchte Salarium vom Neuen Gottesdienste in der Pauliner Kirche
betr. de Anno 1725).
Textdr.: Spitta A II, S. 41; engl.: Spitta B II, S. 217f.; Terry, S. 183; Bach Reader,
S. 99f.; franz.: Prod'homme, S. 265f.; span.: Spitta C, S. 199.
B. 4, 10, 16) Königl~. 10, 17) ChurFürstl~.; Durchl~. 27) Heil~. 29) Heñeberg.
C. Laut einer Aktennotiz vom 30. 10. 1725 hatte der Pedell Johann Ackermann Bach
mitgeteilt, daß am folgenden Tage ein Bericht ins Oberkonsistorium abgehen werde.
Anscheinend wurde der Streitfall (über die Vorgeschichte vgl. Dok. 10, über den Fort-
gang Dok. 12) dem Landesherrn und der Kirchenbehörde gleichzeitig unterbreitet. Bei
dieser Gelegenheit dürfte Bach auch von dem an Friedrich August I. gerichteten Schreiben
der Universität vom 29. 10. 1725 (abgedruckt unter Dok. 12) erfahren haben, um dessen
abschriftliche Mitteilung er im vorliegenden Briefe bittet.
Lit.: Spitta A II, S. 41f.

12.

Eingabe an Kurfürst Friedrich August I. von Sachsen

Leipzig, 31. 12. 1725

[1ʳ]   AllerDurchlauchtigster, Großmächtigster
                   König und ChurFürst
                   Allergnädigster Herr.

Daß Ew: Königliche *Majestät* und Churfürstliche Durchlaucht mir von dem-
5 jenigen was die *Universitæt* alhier auf meine wegen des *Directorii Musices* bey
dem alten und neuen Gottesdienst in der Pauliner Kirche und des zu dem
erstern gehörigen, bißher verweigerten *Salarii* wieder sie geführte Beschwerde
darwieder eingewendet Abschriefft ertheilen zu laßen allergnädigst geruhen

Abb. 2.4 – Bach-Dokumente I, S. 34 (Ausschnitt)

Brief wie Bachs Schreiben an den Kurfürst Friedrich August I. von Sachsen vom 3. November 1725 dürfte im Original und erst recht im verkleinerten Faksimile für die meisten Leser_innen kaum und nur mit Schwierigkeiten und Übung lesbar sein, was durch »Bachs Eigenart, bisweilen lateinische Einzelbuchstaben in die deutsche Grundschrift zu mischen«[14] nicht erleichtert wird. Zugänglich kann dieses Dokument erst gemacht werden, indem es in ein anderes Medium übersetzt wird. Im Vorwort der Bach-Dokumente heißt es zu den Modalitäten dieser Übersetzung:

> »Es war vielmehr in jedem Falle eine glatte und verständliche Textform zu schaffen, die den Intentionen des Schreibers gewissenhaft folgt und so als typographisches Korrelat des mehr oder weniger flüchtigen Manuskripts Gültigkeit beanspruchen kann. So wurden die der Handschrift jener Zeit eigenen Abkürzungsschleifen und -schnörkel zur vollen Wortform, unter Angleichung an vorfindbare Analogiefälle, ergänzt und die flüchtig ausgezogenen Kasus- und Verbalendungen durch die gemeinte Buchstabengruppe ersetzt.«[15]

Nach dieser Übersetzung vom Manuskript in die Buchform sind die Bachschen Sätze mit den Mitteln des Buchdrucks mit beweglichen Lettern ebenso reproduzierbar wie, im Fall dieser Arbeit, mit den Mitteln elektronischer Textverarbeitung.

> »Nachdem Eu: Königliche *Mayest:* auf mein, in Sachen mich *Impetrant*en eines und die hiesige *Universität Impetrat*en andern Theils betreffend, allerunterthänigst beschehenes *supplicir*en, allergnädigst ergangenen Befehle zu allergehorsamster Folge, bemeldte *Universität* den erforderten allerunterthänigsten Bericht erstattet, auch deßen Abgang mit behörig *notificir*et, und ich hingegen meine fernere Nothdurfft darbey zu beobachten vor nöthig erachte :«[16]

Das Textverarbeitungsprogramm, mit dem ich diesen Text reproduziere, deutet mir durch das rote Unterstreichen fast jeden Wortes dieser Brieftranskription an, dass die Buchstaben zwar ohne große Not wiedergegeben werden können, eine erste Sinnprüfung aber zu problematischen Ergebnissen geführt hat. Entsprechend muss das Dokument nach Übersetzungen über die Zeit und (mindestens) eine Mediengrenze hinweg mit einem ausführlichen und nach einheitlichen Kriterien verfassten kritischen Bericht und Kommentar versehen werden, um neben seiner bloßen grafischen Erfassung auch historio-grafisches Verständnis ermöglichen zu können (Abb. 2.4). Der editorische Bericht seinerseits muss mit Hilfe von Abkürzungs- und Literaturverzeichnis decodiert werden, wobei die Leser_innen des Jahres 2011 wiederum mit Anachronismen konfrontiert sein können, wie etwa seit 1963 veränderten Archivbezeichnungen und dergleichen.

---

14 Neumann, 1963, Vorwort, S. 9.
15 ebd., S. 8.
16 Bach-Dokumente I, S. 33.

Abb. 2.5 – Anfang von Einst. 40,
Chronik der Anna Magdalena Bach

Abb. 2.6 – Anfang von Einst. 97,
Chronik der Anna Magdalena Bach

Abb. 2.7 – Ende von Einst. 97,
Chronik der Anna Magdalena Bach

Der Film unterzieht die Bach-Dokumente einer anderen Behandlung. In Vorbereitung des Films sind Jean-Marie Straub und Danièle Huillet offenbar durch die einschlägigen Bibliotheken gefahren und haben dort Mikrofilmabzüge der Dokumente hergestellt.[17] In den Einstellungen 94–98 werden Teile aus dem Widmungsexemplar des Erstdruckes des *Musikalischen Opfers* für Friedrich II. von 1747 gezeigt. Zunächst sind diese Bilder mit einer anderen Rahmung als die Musik- und Spielszenen des Film versehen. Während diese das gesamte Bildfeld ausfüllen, sind die Einstellungen, in denen Dokumente auftauchen mit einem etwas enger gefassten Rahmen mit abgerundeten Ecken versehen (Abb. 2.5). Die Rahmung der Dokumente unterscheidet sie nicht nur vom Rest des Films, sie gibt auch zu verstehen, dass diese hier zu etwas anderen, nämlich zu Kinobildern geworden sind. In Einstellung 97 wird das dem *Musikalischen Opfer* vorangestellte Akrostichon »Regis Jussu Cantio Et Reliquia Canonica Arte Resoluta« gezeigt (Abb. 2.6 und 2.7). Im Drehbuch lautet die Einstellungsbeschreibung dazu: »97. (2,29 m) SCHWENK *von links nach rechts über einen Zwischentitel des Originaldrucks von 1747:*« Zunächst fällt die Verwendung des filmischen Terminus »Zwischentitel« auf. Die Bezeichnung dieser Einstellung als Schwenk hingegen scheint mir den besonderen Status dieses bewegten Bildes nur ungenau zu erfassen. Bei einem Schwenk würde die Kamera auf einem Stativ gedreht werden, so dass sich der Bildausschnitt in einem bestimmten Kreissegment veränderte. Das hätte insbesondere zur Folge, dass sich die perspektivische Verzerrung des Bildes entsprechend der Kameradrehung verändern würde. Davon ist in den zahlreichen Einstellungen ähnlich der Einstellung 97 aber nichts zu sehen. Wenn man die Bezeichnung der Bewegung dieses Bildes überhaupt als eine Bewegung der Kamera bezeichnen wollte, dann müsste sie als Parallelfahrt zur Oberfläche des Dokumentes beschrieben werden. Wenn Straub-Huillet die Dokumente aber tatsächlich als Mikrofilmvorlagen zur Verfügung hatten, dann muss hier ohne Zweifel ein anderes Verfahren zum Einsatz gekommen sein. Die schon als Filmbilder (und zwar Mikrofilm) vorliegenden Dokumente mussten also nicht mehr wie die anderen Sets und Drehorte mit einer sich bewegenden Kamera abgefilmt werden, sondern die schon vorliegenden Bilder konnten über filmische Animationsverfahren in Bewegung versetzt werden. Dies erklärt zum einen den besonderen Rahmen um die Bilder und zum anderen die Flächigkeit des Bildes, bei der die Bewegung nicht mit einer Perspektivveränderung verbunden ist. Die wohl mit analogen Tricktechniken als Einzelbildanimation hergestellte Bewegung der Dokumente unterwirft sie einem spezifisch kinematografischen Regime.

So wie im Prozess der philologischen Texterschließung aus den überlieferten Manuskripten des Komponisten *Bach-Dokumente* mit spezifischen medialen Eigenschaften und klar definiertem Verwendungszweck werden, präsentiert der Film die Manuskripte in einer anderen medialen Form, unterwirft sie anderen Bearbeitungen und führt sie teilweise auch anderen Zwecken zu. Auf die Frage,

---

17   vgl. Andi Engel, 1975, Andi Engel talks to Jean-Marie Straub, and Danièle Huillet is there too. In: Enthusiasm, 1975, Nr. 1, S. 1–25, hier: 1.

warum diese Dokumente teilweise so schnell gezeigt werden, dass man gar keine Gelegenheit hat, sie zu lesen, antwortete Straub einmal: »Eben weil die Formen wichtiger sind als der Inhalt. Und über die Formen hinaus gibt es einen kinematografischen Rhythmus innerhalb der Sequenz. Ich glaube, man sieht mehr, wenn man weniger zeigt, es wird mehr suggeriert.«[18] Beide Verfahren der Prozessierung der Bach-Dokumente, das philologische und das kinematografische, verlieren auf dem Weg der Übersetzung Eigenschaften der Manuskripte und gewinnen neue hinzu. Während die haptische Qualität des Papiers, die Farbe der auf den Dokumenten zurückgelassenen Siegellacke und Tinten, von denen die philologischen Kommentare berichten, in beiden Fällen verschwinden, ermöglicht die philologische Edition die Rekonstruktion von Chronologien der Ereignisse aus dem Leben Bachs. Sie gibt aber keinen Eindruck davon, was es heißt, in einer Welt zu leben, in der Lesen und Schreiben nicht nur die ständige Konfrontation mit unterschiedlichen Handschriften, sondern auch verschiedenen Schreibschriften bedeutet, in der Musiker_innen nur dann und wann einmal aus gedruckten Noten spielen und stattdessen in den meisten Fällen mit den Handschriften verschiedener Kopisten konfrontiert sind. Während die eine Methode das Grafische von den Texten abzieht, um ihre Bedeutung hervortreten zu lassen, entzieht die andere den Graphemen ihre Bedeutungen, um das Sichtbare oder Bildhafte an ihnen zu betonen. Der Film scheint sich damit in deutliche Opposition zur etablierten Bach-Historiografie zu begeben. Während dort die »glatte und verständliche Textform« der Goldstandard ist, wird diese hier so weit in Bewegung versetzt, bis sie alle Glätte und alles Verständliche verliert. Der Film sucht in diesen Dokument-Bildern etwas anderes als die Bach-Historiografie dort gefunden hat. In beiden Fällen jedoch werden damit höchst produktive Anachronismen produziert, die auf die Spezifik der Übersetzungsmedien verweisen: hier der Buchdruck, dort das technisch-bewegte Bild.

Notenhandschriften und Drucke, die per se keine Bewegung an oder in sich haben, werden in bewegte Bilder übersetzt und bekommen damit eine spezifische Dauer und Bewegung. Zeit erscheint in dieser kinematografischen Bearbeitung aber noch auf eine andere Art und Weise. In den Einstellungen 15–32 berichtet der Kommentar der Anna Magdalena Bach über Bachs Aufgaben als Thomaskantor in Leipzig ab 1723:

(15) Als ——
(16) Cantor hatte er keinen Organistendienst. Er war der erste ——
(17) obere Lehrer an der Thomasschule nach dem Rector und dem Corrector ——
(18) und demnach aus dieser Schule die Music in vier Kirchen der Stadt, wie auch auf Hochzeiten und Begräbnissen bestellt wurde, so sollte er allen möglichen Fleiß anwenden, damit die Knaben ——

---

18 Danièle Huillet; Jean-Marie Straub, 1968, Gespräch mit Danièle Huillet und Jean-Marie Straub. In: Filmkritik 10/1968, 12. Jg, H. 142, S. 688–694, hier: 690.

Abb. 2.8 – Einst. 17,
Chronik der Anna Magdalena Bach

Abb. 2.9 – Einst. 22,
Chronik der Anna Magdalena Bach

Abb. 2.10 – Einst. 28,
CHRONIK DER ANNA MAGDALENA BACH

Abb. 2.11 – Einst. 30,
CHRONIK DER ANNA MAGDALENA BACH

(19) welche zum Singen geschickt, und in der Music etwas præstiren konnten, darinne wohl abgerichtet wurden: in die Neue-Kirche und in die Petrikirche --
(20) kamen die Knaben, die weiter nichts als Motetten und Choralen zu singen hatten --
(21) und in die zwei Hauptkirchen, S. Thomae und S. Nicolai --
(22) diejenigen, die mit anderer Konzert-Music zu tun hatten.
(23) Er hatte die Inspection über die Organisten, und über die Stadtpfeifer und Kunstgeiger die hier mit den Knaben mitwircken mussten --
(24) und hatte Konzert-Music für den Hauptgottesdienst jedes Sonntags zu besorgen, --
(25) die drei letzten Adventssonntage und die Fastensonntage ausgenommen.
(26) Weyhnachten, Ostern und --
(27) Pfingsten wurden dreitägig mit Konzert-Music gefeiert, und an diesen Hohefesten wurde die Music, welche frühe im Gottesdienst der einen Kirche aufgeführt --
(28) nachmittage im Vespergottesdienst der anderen Kirche wieder aufgeführt. Ebenso am Neujahrs-,
(29) Epiphanias=, Himmelfahrts=, Trinitatis=, Johannis=, Michaelis= --
(30) und Reformationsfeste, so wie an den drei Marienfesten und am Ratswechsel.
(31) Dazu hatte er die Passionsmusic für die Charfreytagsvesper zu besorgen und noch wurden Kyrie und Gloria, und Sanctus zu weilen konzertiert, und das lateinische Magnificat --
(32) zu Weyhnachten.

In den Einstellungen 16–32 sind im Bild Stellen aus Bachs autografen Partituren oder Stimmen zu sehen (Abb. 2.8–11). Die Einstellungen haben unterschiedliche Längen zwischen etwa dreieinhalb (21) und elf Sekunden (18). Acht der siebzehn Einstellungen zeigen die Bilder der Dokumente in Bewegung, die anderen neun sind unbewegt. Mit Hilfe des publizierten Drehbuchs lassen sich die Bilder einzelnen Kompositionen zuordnen.[19] In der Sequenz sind Bilder ausgewählter Kirchenkantaten zu sehen, die Bach zwischen dem ersten Sonntag nach Trinitatis (= 30. Mai) 1723 und Weihnachten zu den sonntäglichen Gottesdiensten, aber auch Feiertagen wie Mariae Heimsuchung am 2. Juli oder dem Ratswechsel am 30. August in seinem ersten Leipziger Amtsjahr aufführen ließ. Darunter befinden sich Originalkompositionen, jedoch auch Kantaten aus seiner Weimarer Zeit, die für die Aufführung in Leipzig umgearbeitet wurden. Die Partituren und Stimmen werden im Film in der Chronologie ihrer Aufführung 1723 gezeigt, wie sie Alfred Dürr 1957 im Bach-Jahrbuch erstmals publizierte.[20] Wäre das Drehbuch einige Jahre früher entstanden, hätte die Anordnung der Kantaten nicht dieser Chronologie folgen können, da erst Georg von Dadelsen und Alfred Dürr durch

---

19 vgl. Sequenzprotokoll 2 im Anhang.
20 vgl. Dürr, 1957, Zur Chronologie der Leipziger Vokalwerke J. S. Bachs, S. 5–162.

2. Referenzfiguren

systematische Schrift- und Papiervergleiche die Neuordnung der Chronologie der Leipziger Kantaten vornahmen, auf die sich der Film hier zweifelsfrei bezieht. Die Erstpublikation 1957, die vom Verfasser ausdrücklich als unerlässliche Vorarbeit für die eben begonnene Neue Bach-Ausgabe verstanden wurde, ist unterdessen noch mit Aufrufen zur Vorsicht versehen:

> »Wenngleich die dargelegte Chronologie im ganzen einwandfrei gesichert scheint, so trägt die Darstellung doch im einzelnen noch weitgehend den Charakter des Vorläufigen und bedarf in jedem Einzelfalle der Nachprüfung im Rahmen der Kritischen Berichte der Neuen Bach-Ausgabe. Die folgenden Ausführungen mögen daher mehr als Diskussionsgrundlage denn als fertiges Schema verstanden werden;«[21]

Wiewohl also im Präsentieren der authentischen Bach-Handschriften der Film den Bogen ins Jahr 1723 spannt, präsentiert er zugleich zwei weitere Zeitformen: die Neue Chronologie der Leipziger Kantaten nach Dadelsen und Dürr von 1957 sowie den Rhythmus der Montage von Straub-Huillet und 1968. Der Anachronismus, der sich damit präsentiert, ist alles andere als ein Fehler: In ihm begegnen sich die Zeiten der *res gestae* und *historia rerum gestarum* als tatsächliche Zeiten. Der Film muss sich nicht zwischen der musikwissenschaftlichen Chronologie, die um den Ausschluss jeder Fehldatierung ringt, und einer filmischen Zeitordnung, die rhythmischen Gesichtspunkten gehorcht, entscheiden. Er präsentiert sie stattdessen gleichzeitig und entwirft damit ein historiografisches Programm, für das Anachronismen programmatisch geworden sind und das gerade in dieser Spannung existiert.

Rede der Anna Magdalena Bach

Der zweite bereits im Titel benannte Referenzmechanismus des Films ist die Chronik der Anna Magdalena Bach, die als Rede aus dem Off umgesetzt ist. In den Wortlaut der Anna Magdalena Bach sind unmarkiert zahllose Dokumente eingegangen: Er lässt sich als Substrat aus den Bach-Dokumenten begreifen. Formulierungen aus dem Nekrolog stehen neben Briefstellen, Wendungen aus zeitgenössischen Publikationen werden um Phrasen von Titelblättern oder Konzertprogrammen ergänzt. Drei Beispiele aus dem Film sollen das zeigen: In Einst. 90 sagt Anna Magdalena Bach: »Emanuel hatte nun schon einen männlichen Erben, der ungefähr um die Zeit geboren war, da wir leider! die Preußische Invasion hatten.« Diese Formulierung geht zurück auf einen Brief Bachs an seinen Vetter Johann Elias Bach vom 6.10.1748. Dort heißt es: »P. S. Mein Sohn in Berlin hat nun schon 2 männliche Erben, der erste ist ohngefehr üm die Zeit gebohren, da wir leider!

---

21 ebd., S. 8.

die Preußische Invasion hatten; der andere ist etwa 14 Tage alt.«[22] Im Bericht über den Besuch im Berliner Opernhaus sagt Anna Magdalena in Einst. 92: »Und er fand, daß der Baumeister hier ein Kunststück angebracht habe«. Im Bericht über das gleiche Ereignis formuliert Johann Nikolaus Forkel 1802: »er ging auf die oben herum laufende Gallerie, besah die Decke, und sagte, ohne fürs erste weiter nachzuforschen, der Baumeister habe hier ein Kunststück angebracht [...]«[23] In Einstellung 15 sagt Anna Magdalena Bach: »Er kannte auch den Bau der Orgeln aus dem Grunde«, eine Formulierung, die wörtlich aus dem Bach-Nekrolog von 1754 stammt.[24]

Diese vielstimmige Rede wird in CHRONIK DER ANNA MAGDALENA BACH ausgerechnet der ›stummsten‹ aller Figuren aus Bachs Leben in den Mund gelegt. Lange war über Anna Magdalena Bach kaum mehr bekannt, als das Klavierbüchlein, das Bitter erstmals ausführlich beschreibt und das 1903 unter diesem Titel als Komposition Bachs veröffentlich wurde.[25] »Berühmtheit erlangt sie genaugenommen erst im 20. Jahrhundert«,[26] was allerdings wenig daran ändert, das noch immer kaum etwas über sie bekannt ist, von ihrer eigenen Hand praktisch keine Dokumente überliefert sind. Die meisten Details, die über sie den Bach-Dokumenten zu entnehmen sind, flossen in den Film ein: die Anekdote von dem Hänfling, um den Bach für sie bei einem Bekannten bat; ihre Liebe zu gelben Nelken (beide Einst. 81); ihre gefährliche Erkrankung, während sich Bach auf einer Reise nach Berlin befand (Einst. 82) usw. Während Straub-Huillet die Idee von Esther Meynells *Little Chronicle of Magdalena Bach* von 1925 aufnehmen, Bachs Leben aus der Perspektive seiner zweiten Frau zu erzählen, legen sie ihr nicht, wie Meynell, frei erfundene Worte in den Mund, sondern (Halb-)Zitate aus den Bach-Dokumenten. Gleichzeitig werden diese Referenzen aber abgeschnitten: Das unter der Mitarbeit Danièle Huillets publizierte Drehbuch enthält zwar (unkommentierte) Transkriptionen der im Film gezeigten Dokumente, führt aber den Wortlaut Anna Magdalena Bachs ohne Kommentar und ohne jede Quelle an. Während der Bezug zur Vergangenheit so im Unbestimmten belassen wird, erfährt ihre Wiederaufnahme in der Gegenwart eine umso stärkere Konkretion. Anders als bei Meynell treffen wir nämlich nicht auf einen Text, der die Behauptung mitführt, er sei von Anna Magdalena Bach selbst verfasst, sondern wir hören eine weibliche Stimme aus dem Off, die immer wieder »Ich« sagt. Dazu sehen wir im Film eine weibliche Figur, verkörpert von Christiane Lang-Drewanz.

---

22 Bach-Dokumente I, S. 118.
23 Johann Nikolaus Forkel, 1802, Ueber Johann Sebastian Bachs Leben, Kunst und Kunstwerke. Leipzig, S. 21.
24 vgl. Carl Philipp Emanuel Bach u.a., 1754/1972, Nekrolog auf Johann Sebastian Bach. In: Hans-Joachim Schulze, 1972, Bach-Dokumente III. Dokumente zum Nachwirken Johann Sebastian Bachs 1750–1800. Kassel u.a., S. 88.
25 vgl. Bitter, 1865, Johann Sebastian Bach, Bd. 1, S. 122ff.
26 Hans-Joachim Schulze, 2004, »Zumahln da meine itzige Frau gar einen sauberen Soprano singet ...«. In: Maria Hübner, 2004, Anna Magdalena Bach. Ein Leben in Dokumenten und Bildern. Leipzig, S. 11–24.

Niemals jedoch ist zu sehen, dass die Off-Stimme zu dem Körper gehört, der offenbar Anna Magdalena Bach vorstellen soll. In Einstellung 41 ist diese Figur als Sängerin an der Aufführung der Arie *Mit Freuden sey die Welt verlassen* aus der Trauermusik BWV 244a beteiligt. Wenn auch von hinten, sehen und hören wir in dieser Einstellung Christiane Lang-Drewanz als Anna Magdalena Bach, jedoch nicht mit der Sprechstimme, die sonst aus dem Off zu hören ist, sondern mit ihrer Singstimme, die zwar klanglich eine Nähe zu dieser hat, sich aber nicht mit ihr zur Deckung bringen lässt. Nur durch verschiedene Assoziationen und Schlüsse lassen sich der im Bild sichtbare Körper und die hörbare Stimme ein und derselben Figur zuordnen. Es bleibt ein Unbestimmtes in der Wahrnehmung, das diese Assoziation zwar wahrscheinlich und plausibel erscheinen lässt, nicht aber zwingend macht. An die Stelle unbestreitbarer und zweifelsfreier Referenz auf ein vergangenes Geschehen, setzt der Film die Präsenz einer Stimme und verlagert damit sein Interesse deutlich von der Vergangenheit in jene Gegenwart, in der eine Stimme als die der Anna Magdalena Bach spricht und in jene andere, in der die technische Reproduktion dieser Stimme von den Zuschauer_innen des Films gehört wird. Straub hat einmal in einem Interview auf die Frage, ob der Film nicht zur historischen Versenkung einlade, gesagt:

»Das ist die Gefahr eines jeden sogenannten historischen Films! Das ist auch der Grund, weshalb alle sogenannten historischen Filme schlecht sind, egal, über welche Zeit; denn sie bleiben nur historische Filme. Film ist die Kunst der Gegenwart, Film ist die Kunst des Augenblicks, des »Verweile doch, du bist so schön!«, mehr nicht! Der Kinematograf kann nur im Augenblick arbeiten, in der Gegenwart, und alles, was man aufnimmt, ist Gegenwart. Also kann kein Film ein historischer Film sein. Die Filme, die über die Vergangenheit gedreht worden sind und die als Film existieren, sind alles andere als historische Filme.«[27]

Vergangenes Geschehen und historisches Ereignis

Indem der Film den Anachronismus zwischen den berichteten Ereignissen des achtzehnten Jahrhunderts und der Gegenwart technisch reproduzierter Stimmen derart ausstellt, verweist er auf jenen anderen grundlegenden Anachronismus zwischen Geschehen und Ereignis. Wo die klassische Bach-Historiografie ein gegenwärtiges Interesse an der Vergangenheit formuliert und diese mit jener in ein notwendiges Verhältnis bringt, das dann Geschichte heißt, durchkreuzt der Film dieses Begehren und entwirft die Vergangenheit als nie zu lösendes Problem der Gegenwart. Wenn es in der Geschichtsschreibung so etwas wie einen Realismus gibt, dann kann es sich dabei nur um einen Realismus der Medien handeln. Das Schreiben der Geschichte wird vorstrukturiert: allerdings nicht von der Ordnung

---

27 Joachim Wolf, 1968, Chronik der Anna Magdalena Bach. Gespräch mit dem Regisseur Jean-Marie Straub. In: Film 4/1968, o. S.

des Geschehen, sondern von der Ordnung jener Medien, die es zu Ereignissen werden ließen. Historische Ereignisse sind in keinem Fall erste Dinge welcher Art auch immer, sondern immer schon die mediatisierten Fassungen von Vergangenheit oder, um mit Derrida zu sprechen: Spuren, die besagen, »daß der Ursprung [das Geschehene] nicht einmal verschwunden ist, daß er immer nur im Rückgang auf einen Nicht-Ursprung sich konstituiert hat und damit zum Ursprung des Ursprungs gerät.«[28] Gegenstand der Geschichtsschreibung scheinen also Objekte zu sein, die nie bei sich selbst sind.

Aus diesen Überlegungen zu CHRONIK DER ANNA MAGDALENA BACH lässt sich sehen, dass der Film 1968 keineswegs umstandslos Johann Sebastian Bach entgegen treten kann. Als historiografisches Artefakt trifft der Film nicht auf ›die Vergangenheit‹, sondern zunächst auf andere historiografische Artefakte. Angestoßen durch eine Reihe von Versuchen innerhalb der Geschichtswissenschaft seit dem frühen zwanzigsten Jahrhundert, die eigenen Methoden und Erkenntnisweisen zu objektivieren und in den Status quasi naturwissenschaftlicher Forschung zu heben, setzte zunächst insbesondere in Frankreich eine intensive erkenntnistheoretische Debatte über die darin liegende Frage nach historiografischen Referenzen ein. Prominent und systematisch wurde diese Frage etwa von Raymond Aron adressiert, der bereits im Untertitel seines Buches die Frage nach den *limites de l'ojectivité historique* aufwarf.[29] Arons vielleicht wichtigste Überlegung geht von dem vergangenen Geschehen aus und fragt nach dem Status dieses seltsamen Objektes, das als Gegenstand der Historiografie auftritt. Dieses Objekt, so Aron, ist ein Objekt, das sich um so mehr auflöst, je mehr man darüber nachdenkt.[30] Eine verlässliche historische Realität lässt sich unterstellen, aber nicht logisch einwandfrei begründen. Sie lässt sich mit den Methoden der Historiografie lediglich rekonstruieren, verschwindet ohne diese aber noch bevor sie jemals erschienen ist. »Il n'existe pas une réalité historique, toute faite avant la science, qu'il conviendrait simplement de reproduire avec fidélité.«[31] Und noch viel mehr: Weil Historiografie in der Wahrnehmung Arons nicht ohne Historiker zu haben ist, entspricht die historische Realität, wie sie uns zugänglich ist, eher dem Umfang menschlicher Fähigkeiten als der Wirklichkeit vergangenen Geschehens und wird damit mehrdeutig und unerschöpflich.[32]

Nach Raymond Aron war es Henri-Irénée Marrou, der diese Thesen weiter ausbaute und auf die bündige »Vorfrage« zuspitzte: »Was wißt ihr und wie wißt ihr etwas von dieser Geschichte, auf die ihr euch so gern beruft?«[33] Wie Aron beharrte Marrou auf der Erkenntisförmigkeit der Historiografie, die sich ohne spezifische Erkenntnissubjekte, also Historiker, nicht einzustellen vermag und stellte sich

---

28 Derrida, 1967/1998, Grammatologie. Frankfurt am Main, S. 107f.
29 Raymond Aron, 1938/1981, Introduction à la philosophie de l'histoire. Essai sur les limites de l'objectivité historique. Paris.
30 vgl. ebd., S. 147.
31 ebd.,
32 vgl. ebd.: »La réalité historique, parce qu'elle est humaine, est *équivoque* et *inépuisable*.«
33 Henri-Irénée Marrou, 1954/1973, Über die historische Erkenntnis. Freiburg, München, S. 24.

damit in die Tradition der kritischen Geschichtsphilosophie. Wenn es bei Aron zunächst darum geht, zu begründen, warum historische Ereignisse an sich nicht greifbar sind, so bemüht sich Marrou darum, zu erklären, warum diese Ereignisse in sich auch vollständig irrelevant und bedeutungslos wären: Die Vergangenheit bezieht ihren Stellenwert lediglich aus den Fragen, die aus der Gegenwart an sie gerichtet werden, was sich leicht an den teilweise völlig konträren Interpretationen ein und desselben vergangenen Geschehens ablesen lässt. Die nicht nur nicht rekonstruierbare Fülle der Vergangenheit und ihre Unzugänglichkeit stehen somit in krassem Gegensatz zum Willen der Historiker nach geordnetem und relevantem Wissen.[34]

Schließlich ist diese Skepsis gegenüber einem einfachen oder positivistischen Ereignis-Begriff bei Hayden White überall zu sehen. Seine Skepsis gegenüber einem essentialistischen Verständnis des historischen Ereignisses oder ›Faktums‹ deutet er an, wenn er es immer wieder ironisch in Anführungszeichen setzt.[35] Das historische Ereignis wird bei White unter dem Namen eines ›Feldes der Geschichte‹ so konturlos im Hintergrund gehalten, dass seine relative Bedeutungslosigkeit für den Prozess der Historiografie fast ironische Züge annimmt. Kaum ein Begriff ist in der Geschichtswissenschaft der zweiten Hälfte des zwanzigsten Jahrhunderts so umfassend und leidenschaftlich verteidigt, dekonstruiert, verabsolutiert und verabschiedet worden, wie der Ereignis-Begriff. Symptomatisch dafür ist die Auseinandersetzung bundesdeutscher Historiker, die sich aus dem von Reinhart Koselleck und Wolf-Dieter Stempel herausgegebenen Band *Geschichte – Ereignis und Erzählung* rekonstruieren lässt.[36] In teilweise scharfer Form wird hier um eine grundlegende und offenbar unüberbrückbare Differenz gestritten: Auf der einen Seite ist das Ereignis »eine objektive, für das historische Geschehen selbst konstitutive Kategorie. Das Ereignis liegt dem Zugriff des Historikers immer schon voraus; es ist nicht ein subjektives Schema narrativer Aneignung, sondern dessen äußere Bedingung.«[37] Die Gegenseite mobilisiert gegen diesen ontologischen Ereignisbegriff einen ästhetischen: »*Ereignis* bezeichnet ja von vornherein [...] ein theatralisches Spectaculum«.[38] Das geschieht jedoch mit dem erklärten Ziel, den Ereignisbegriff als Mittelpunkt historischer Darstellung zu diskreditieren. Weil, so Borsts Argumentation, das Ereignis keine primäre Bedeutung hat, sondern in einem Überlieferungszusammenhang produziert wird, verdeckt es die eigentliche historische Bewegung. »Damit ›Ereignisse‹ überhaupt einen Horizont möglicher Bedeutung erhalten und später immer neu beleuchtet werden können, muß zuvor ein Zusammenwirken der Zeitgenossen stattgefunden haben, zwischen denen,

---

34 vgl. ebd., Kapitel II, S. 63ff.
35 vgl. etwa White, 1973/1994, Metahistory. Frankfurt am Main, S. 17.
36 Reinhart Koselleck (Hg.); Wolf-Dieter Stempel (Hg.), 1973, Geschichte – Ereignis und Erzählung. München.
37 Hans Robert Jauß, 1973, Versuch einer Ehrenrettung des Ereignisbegriffs. In: Koselleck (Hg.), 1973, Geschichte, S. 554–560, hier: 554.
38 Arno Borst, 1973, Das historische Ereignis. In: Koselleck (Hg.), 1973, Geschichte, S. 536–540, hier: 536.

die ein (potentielles) Ereignis vollbringen, und denen, die es erleben und nachher vielleicht aufschreiben.«[39] Dies hat aber moralische Konsequenzen für das Wissen, welches Historiker_innen diesseits der Überlieferung vom und aus dem Ereignis gewinnen können: »Napoleons Soldaten haben bei Waterloo nicht mit dem Ziel gekämpft, daß Stendhal sie unsterblich mache.«[40] Letztlich fürchtet Borst um das Verschwinden »der schweigenden Mehrheit der Sklaven und der Verbündeten« samt ihres Leidens und ihrer Erfahrungen hinter einem ontologisch oder ästhetisch aufgeblasenen Ereignisbegriff.[41] Jauß seinerseits glaubt jedoch, dass »mit den geschichtlichen Individuen nicht sogleich der Ereignisbegriff über Bord geworfen werden darf, wenn man der von einer säkularen historiographischen Tradition unterdrückten großen Mehrzahl leidender Subjekte endlich Gerechtigkeit widerfahren lassen will.«[42] Wer einen starken Ereignisbegriff fallen lässt, läuft Gefahr die Subjekte nur noch in ihrer »numerischen oder symbolischen Funktion in ökonomischen Prozessen, Wachstumsquoten und Kriegs- oder Naturkatastrophen« wahrzunehmen.[43]

Die Rhetorik dieser Auseinandersetzung ist zu aufgeheizt, zeigt aber, wie grundsätzlich die Diskussion des Ereignisbegriffes geführt wurde. Es hat verschiedenste Lösungen gegeben, die zum Teil in den Diskussionen schon anklingen: Die Mehrzahl der betreffenden Historiker ist in die Sozial- und Alltagsgeschichte gegangen. Ich will diesen Streit nicht weiter verfolgen. Zwei Punkte sollen allerdings festgehalten werden: Wenn, erstens, Ereignis etymologisch vom althochdeutschen *irougen* stammt und in dieser Bedeutung und bis ins achtzehnte Jahrhundert hinein »*vor Augen stellen*« meint,[44] dann ist damit die Frage nach eben den Techniken, Symboliken, Institutionen und Personen, kurz: nach den Medien aufgerufen, die dieses Vor-Augen-Stellen bewerkstelligen. Kein Geschehen taucht von selbst im Rampenlicht der Geschichte auf. Das Ereignis ist in dieser Fassung ein Geschehen, das bearbeitet wurde und nicht mehr in Rohfassung durch die Zeit treibt. Vom Ereignis lässt sich deshalb selbst nur in historischer Perspektive sprechen. Zu Ereignissen werden in vernetzten Kommunikationsgesellschaften andere Geschehnisse als in Gesellschaften, die keine Schrift besitzen und wiederum führt der Weg vom Ereignis zum Geschehen über andere Pfade in einer Gesellschaft, die neben Übertragungs- auch Speichermedien besitzt.

Historiker_innen, die sich auf die Suche nach dem begeben, was gewesen ist, werden zwangsläufig ›nur‹ auf Ereignisse stoßen, da das Geschehen immer als

---

39 ebd., S. 538f.
40 ebd., S. 539.
41 ebd., S. 540.
42 Jauß, 1973, Versuch einer Ehrenrettung, S. 559.
43 ebd., S. 560.
44 vgl. Friedrich Kluge; Elmar Seebold, 2002, Etymologisches Wörterbuch der deutschen Sprache. 24., durchges. u. erw. Aufl, Berlin, S. 253.

unhintergehbares Partizip Perfekt existiert oder besser: existiert hat.[45] Wenn der Fußtritt irgendeiner Heldin irgendwo im Schlamm zurückgeblieben ist und dort ausgehärtet von der Historikerin aufgefunden wird, dann hat sie es nicht mit dem Fußtritt, sondern immer nur mit vertrocknetem Schlamm zu tun. Die Spur des Fußes zeigt sich eben erst dann, wenn der Fuß verschwunden oder vergangen, weggegangen ist.[46] An dieser Stelle ist vielleicht der grundlegendste Anachronismus angesiedelt, mit dem jede Historiografie zu kämpfen hat: Historische Ereignisse werden von Differenzen in der Zeit produziert, die sie unhintergehbar vom vergangenen Geschehen scheiden. Anders gesagt: Damit vergangenes Geschehen eine Form bekommt, die als Ereignis wahrgenommen werden kann, muss es eine erste Übersetzung zwischen unterschiedlichen Medien durchlaufen, die es substanziell verändern und die eine grundlegende Zeitdifferenz einführen: Aus einem flüchtig dahin eilenden sterblichen Fuß wird ein dauerhafter Abdruck in ausgehärteter Erde.

Wenn CHRONIK DER ANNA MAGDALENA BACH immer wieder mutwillig Transformationen an Dokumenten, Reden und Ereignissen vornimmt, bei denen diese sich stark verändern und mit anachronistischen Zeitlichkeiten ausstattet, dann mag das neu sein, weil Einzelbildanimationen von Partituren mit Bach scheinbar wenig zu tun haben. Es unterscheidet sich strukturell aber nicht von jener primären Transformation, welche aus vergangenem Geschehen historische Ereignisse macht.

Zirkulierende Referenz

»Glaubst du an die Geschichte?«, könnte man an dieser Stelle vielleicht versucht sein zu fragen und damit eine Frage nur leicht ändern, die Bruno Latour im Vorwort zu *Die Hoffnung der Pandora* einmal versuchsweise diskutiert. Wie viel Wirklichkeit hat die Geschichte, wenn jeder Name auf eine Fülle von Daten verweist, wenn hinter jedem Dokument eben so viel Dokumentiertes auftaucht, wie im Dunkeln bleibt? Michel de Certeau hat in diesem Sinne die Historiografie einmal als Heterologie, als Diskurs über das andere bezeichnet; ein anderes (die Vergangenheit), das radikal ausgeschlossen ist und zu dem die Historiografie eine kategoriale und unüberbrückbare Schranke konstruiert.[47] Ein Blick auf das his-

---

45 Die Etymologie erklärt auch hier einiges: »geschehen« und »Geschehen« sind Bedeutungsübertragungen aus einem Verb für »laufen, eilen, dahinjagen, flüchten«. Jedes Geschehen befindet sich also auf einer konstitutiven Flucht und ist nicht aus Versehen oder ausnahmsweise entronnen, bevor der Historiker verspätet eintrifft, sondern per definitionem. vgl. Kluge, 2002, Etymologisches Wörterbuch, S. 350.

46 vgl. zum etymologischen Zusammenhang von Spur und Fußabdruck auch Sibylle Krämer, 2007, Was also ist eine Spur? In: Dies.; Gernot Grube; Werner Kogge (Hg.), 2007, Spur : Spurensuche als Orientierungstechnik und Wissenskunst. Frankfurt am Main, S. 11–33, hier: 13.

47 vgl. Michel de Certeau, 1975/1991, Das Schreiben der Geschichte. Frankfurt am Main u.a., S. 14.

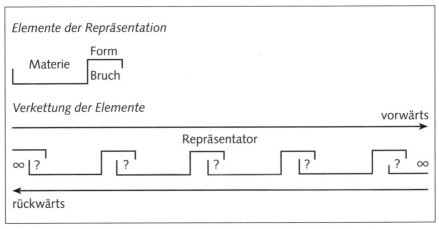

Abb. 2.12 – Zirkulierende Referenz nach Bruno Latour, 1999/2000, *Die Hoffnung der Pandora*. Frankfurt am Main, S. 85, Abb. 2.21

toriografische Verfahren von CHRONIK DER ANNA MAGDALENA BACH zeigt unterdessen, dass sich Referenznahme und das Anerkennen dieser Unhintergehbarkeit keineswegs ausschließen. Der gesprochene Kommentar der Anna Magdalena Bach führt genau das vor: Einerseits ist ihre Rede gesättigt mit historischen Dokumenten, barocker Diktion, Fakten, Ereignissen, Personen und Zeitverläufen. Andererseits verweigert der Film die bruchlose Identifikation der Off-Stimme mit der Schauspielerin Christiane Lang-Drewanz und der von ihr dargestellten Figur Anna Magdalena Bach. Die vielfältigen historischen und zeitgenössischen Dinge, die hier aneinander und aufeinander verwiesen werden, konstituieren *gemeinsam* einen Zusammenhang, der historiografisch genannt werden muss. Wie lässt sich dieser Zusammenhang beschreiben?[48]

Bruno Latour beschäftigt im zweiten Kapitel aus *Die Hoffnung der Pandora* eine ganz ähnliche Frage. Er erklärt am Beginn seiner »foto-philosophischen Montage«[49] über eine Expedition einiger Wissenschaftler_innen in den brasilianischen Urwald, dass es ihm darum geht, »die epistemologische Frage der Referenz in den Wissenschaften empirisch zu erforschen.«[50] Im Laufe seiner Untersuchung zeigt sich dann, dass eine andere als eine empirische Methode für die Lösung dieser epistemologischen Frage gar nicht in Betracht kommt. Das Wissen, das hier zur Debatte steht, ist selbst durch und durch als eine praktische Verkettung von Dingen verfasst, die sich als gebaute Theorien erweisen. Gleichzeitig sind die

---

48 vgl. hierzu und zum Folgenden auch André Wendler, 2008, Bach im Kino. Wer und was Geschichte machen. In: Archiv für Mediengeschichte 8 (2008): Agenten und Agenturen, S. 93–100.
49 Bruno Latour, 1999/2000, Die Hoffnung der Pandora. Frankfurt am Main, S. 39.
50 ebd., S. 38.

Theorien losgelöst von ihrer Verkettung mit einer Reihe von wissenschaftlichen Dingen nicht mehr lesbar und damit nicht mehr theoriefähig. Latour begleitet eine Botanikerin, einen Pedologen und eine Geomorphologin an den Rand des brasilianischen Urwaldes bei Boa Vista. Sie wollen dort der Frage nachgehen, ob an dieser Grenze der Urwald in die Savanne vordringt oder ob umgekehrt der Wald vor der Graslandschaft zurückweicht.[51] Latour zeichnet, »[m]it Hilfe meiner Kamera«[52], die verschiedenen wissenschaftlichen Operationen nach, die von einem Stück Urwald in Brasilien mit Bäumen, Gräsern, Ameisen, verschiedenen Erdsorten usw. zu einem wissenschaftlichen Bericht führen, der Autoren hat, Abbildungen und Diagramme enthält und eine bodenkundlich-botanische Fragestellung beantwortet. »Was mich interessiert, ist der Übergang vom Boden zu den Worten.«[53]

Diesen Übergang beschreibt Latour in Abgrenzung von der klassischen Sprachphilosophie, die so tut »als gäbe es zwei Ensembles, die nichts miteinander zu tun haben und durch einen einzigen, radikalen Schnitt getrennt sind. Sie tut so, als müßte man sich darum bemühen, ihn zu reduzieren, indem man nach einer Korrespondenz, einer Referenz zwischen der Welt und den Worten sucht.«[54] Die Aufgabe der Wissenschaft wäre es dann, die Unmöglichkeit zu vollbringen, diesen Einschnitt zwischen der Welt und der Sprache so gut es eben geht zu überbrücken. Die Referenz, die diesen Einschnitt zwischen den geschlossenen Ensembles der »Welt« und der »Sprache« überbrücken könnte, bestünde dann darin, eine Sache durch einen Satz zu bezeichnen, »der sich durch die Sache verifizieren ließe.«[55] Latour entwirft dagegen die Referenz als eine »Art von Transport«,[56] für den eine vielgliedrige materielle Übersetzungsarbeit notwendig ist. An jedem Glied dieser Kette wird ein materieller Gegenstand eingesetzt, der die Übersetzung von Materie in eine spezifische Form vornimmt. Latour beschreibt eine Reihe dieser Übersetzungs-Dinge, die auf seiner Exkursion verwendet werden: den Pedokomparator, den Munsell-Farbcode, den Pedologenfaden usw. Mit diesen Gerätschaften wird beispielsweise ein Erdklumpen in einen numerischen Farbcode übersetzt, ein beliebiges Stück Urwald wird zu einem parzellierten Untersuchungsgrund, Erdproben werden zu einem diagrammartigen Bodenquerschnitt usw. Die jeweils so gewonnenen Dinge werden wiederum einer Übersetzung unterworfen. »Die Erde wird zu einer Pappschachtel, die Worte werden zu Papier, die Farben werden zu Chiffren und so weiter.«[57] Nur in ihrer Gesamtheit ergibt die Kette die Referenz, die es dann erlaubt, von einem materiellen Ding, etwa einer Erdprobe, zu einem im engeren Sinn diskursiven Ding wie einem Forschungsbericht zu gelangen. Der ganze Prozess der wissenschaftlichen Arbeit, den Latour beschreibt, besteht darin,

---

51 vgl. ebd., S. 39.
52 ebd., S. 36.
53 ebd., S. 84.
54 ebd.
55 ebd., S. 84f.
56 ebd., S. 38.
57 ebd., S. 85.

diese Form der Referenz zu stabilisieren, so dass es theoretisch möglich bleibt, die Kette der Übersetzungen immer wieder in beide Richtungen vor und zurückzugehen (Abb. 2.12). »*Die Referenz ist eine Eigenschaft der Kette in ihrer Gesamtheit* und nicht der *adaequatio rei et intellectus*. Die Wahrheit *zirkuliert* in ihr wie die Elektrizität entlang eines Drahtes, und zwar so lange, wie er nicht zerschnitten wird.«[58] Während die Kette der Referenz, die Latour beschreibt, vor allem auf räumlichen Übersetzungen beruht (vom Urwald ins Camp der Wissenschafler_innen, von Brasilien nach Frankreich, von Latours Schreibtisch an meinen in Weimar), müsste die zirkulierenden Referenz auch zeitliche Übersetzungen umfassen, um die Referenzprozesse, die mit CHRONIK DER ANNA MAGDALENA BACH zu tun haben, beschreiben zu können. Genau diese Übertragung ist schon bei William James geleistet, auf den Latour sich für seine Konzeption der Referenz ausdrücklich beruft. In James' pragmatistischen Überlegungen zu *The Meaning of Truth* fragt er in Kapitel 10 nach der Existenz Julius Caesars.

> »Assume, to fix our ideas, a universe composed of two things only: imperial Caesar dead and turned to clay, and me, saying "Caesar really existed." […] In the ultra-simple universe imagined the reference is uncertified. […] The conditions of truth thus seem incomplete in this universe of discourse so that it must be enlarged. […] I […] enlarge the universe by admitting finite intermediaries between the two original facts. Caesar *had*, and my statement *has*, effects; and if these effects in any way run together, a concrete medium and bottom is provided for the determinate cognitive relation, which, as a pure *actio in distans*, seemed to float too vaguely and unintelligibly.«[59]

Als Medien, die sich zwischen den Fakt des toten Caesars und der Wahrheit der Aussage über seine Existenz einschalten, nennt James etwa ein Schriftstück von der Hand Caesars sowie ein Faksimile dieses Schriftstückes, das der Sprecher sieht, um in Referenz darauf zu einer wahren Aussage zu kommen. Wichtiger, und bei Latour eher in den Hintergrund gerückt, scheint mir aber eine zweite Überlegung James' in diesem Zusammenhang. Er hält nämlich fest, dass logische Bedingungen für die Wahrheit der Aussage über Caesar zeitlich nach dem Fakt seiner Existenz liegen können. Die Frage der Wahrheit einer Aussage über einen Fakt lässt sich nur in zeitlicher Differenz zu diesem Fakt beantworten. »What pragmatism contends for is that you cannot adequately *define* the something if you leave the notion of the statement's functional workings out of your account.«[60] Diese *functional workings* sind Prozesse, die notwendigerweise in der Zeit verlaufen. In dieser Perspektive auf die zirkulierende Referenz mit Latour und James *lässt* sich diese nicht nur auch zeitlich denken, sondern sie *muss* zeitlich gedacht werden und gilt

---

58   ebd.
59   William James, 1909/1975, The Meaning of Truth. ed. F. Bowers & I. K. Skrupskelis, Cambridge, Mass., London, S. 120f.
60   ebd., S. 122.

nicht auch, sondern in besonderer Weise für die Aussagen der Historiografie und also auch für CHRONIK DER ANNA MAGDALENA BACH. Für den Film kann dann gelten, was Latour für ein Diagramm des Urwaldes festgehalten hat: »E[r] ist nicht realistisch, und e[r] ist nicht ähnlich. E[r] vollbringt etwas anderes, *Besseres*. E[r] *vertritt die Ausgangssituation*, mit der e[r] durch eine Serie von Transformationen verbunden bleibt und deren Spur wir zurückverfolgen können«.[61] Während in jeder Übersetzung etwas verloren geht, jede Übersetzung Material zurück lassen muss, wird in diesem Prozess immer auch etwas hinzu gewonnen: Wissen bzw. Erkenntnis.

Abschließend soll hier noch einmal die Frage aufgeworfen werden, was eigentlich die »Ausgangssituation« des Filmes ist. Worum geht es? Geht es um Johann Sebastian Bach, um Anna Magdalena Bach, um ihre Ehe, um Bachs Musik, um das Barock, um die Chronik der Anna Magdalena Bach? Für Latour und sein Beispiel war diese Frage leicht zu beantworten, weil die Ausgangssituation von einer wohldefinierten Forschungsfrage deutlich umrissen war. Die wissenschaftlichen Übersetzungen der Expedition zeigen jedoch, wie schwierig es tatsächlich ist, diese klare Ausgangssituation aus dem unendlichen Gewimmel des Dschungels heraus zu präparieren. Ständig verschwimmen die Grenzen der Gegenstände, die den Wissenschaftler_innen begegnen: die Grenze zwischen den unterschiedlichen Bodenhorizonten, zwischen Savanne und Wald, zwischen Feld und Umgebung, letztlich zwischen den wissenschaftlichen Disziplinen. Nur in der Übersetzung können die Grenzen gesetzt und plausibilisiert werden, mit scharfen Begriffen versehen werden.

Der Film scheint mir ein gegenläufiges Projekt zu verfolgen, das sich bereits im Titel ankündigt. Er heißt nicht *Die* Chronik der Anna Magdalena Bach und auch nicht *Eine* Chronik der Anna Magdalena Bach, sondern einfach nur CHRONIK DER ANNA MAGDALENA BACH, ganz so als bringe noch der unbestimmte Artikel ein Zuviel an Bestimmung mit sich. Geradezu systematisch werden die Bestimmungen, die sich an den Namen Johann Sebastian Bach angelagert haben, in Bewegung versetzt. Paradigmatisch gilt das für seine Indienstnahme als deutsche »National-Angelegenheit« und die Titulierung seiner Werke als »unschätzbares National-Erbgut, dem kein anderes Volk etwas ähnliches entgegen setzen kann«, die seit Johann Nikolaus Forkel und dann sehr lang nicht von Bachs Name zu trennen gewesen sind.[62] Der Film transformiert diese Konstruktion Bachs als Nationaldenkmal, indem Bach von dem niederländischen Musiker Gustav Leonhardt gespielt wird, der mit seinem starken niederländischen Akzent alle deutsch-nationalistischen Wunschvorstellungen, die seit dem neunzehnten Jahrhundert auf Bach projiziert werden, durchstreicht. Vom Film aus geht nicht *eine* Referenzkette zu dem einen Bach, sondern eine Vielzahl von Pfaden trägt ebenso viele Dinge oder Ausgangssituationen zusammen.

---

61 Latour, 1999/2000, Die Hoffnung der Pandora, S. 82.
62 Forkel, 1802, Ueber Johann Sebastian Bachs Leben, S. V f.

3. Musik-Geschichte

Die Analyse des filmischen Umgangs mit den Bach-Dokumenten sowie des Einsatzes der Erzählung der Anna Magdalena Bach erlaubte es, die Frage nach der Referenzialität des Films näher zu beleuchten. Dabei blieb eine entscheidende Differenz zu den klassischen Bach-Historiografien noch unberücksichtigt: die Musik. Während die Musik in den Büchern zu Bach über die Nennung von Werktiteln, später den Verweis auf die entsprechende Nummer aus dem Bach-Werke-Verzeichnis (BWV) oder das Abdrucken von Notenbeispielen aufgerufen wird, *erklingt* sie im Film. Was in den Büchern symbolisch und damit in seiner Abwesenheit anwesend gemacht wird, handhabt der Film als konkretes ästhetisches Material. Zum größten Teil sogar besteht er aus Szenen, in denen Musiker_innen in den Rollen der historischen Figuren Bachs Musik aufführen und dabei gefilmt werden. Entsprechend der Chronologie des Films, der vorwiegend die Zeit nach Bachs Eheschließung mit Anna Magdalena wiedergibt, werden im Film hauptsächlich Kompositionen Bachs aus der Zeit nach 1717, also seiner Zeit als Kapellmeister am Hof von Köthen, aufgeführt. In der Aufführung der Bachschen Musik konfrontiert sich der Film mit allen Problemen der Aufführungspraxis. Die Frage nämlich, auf welchem Instrument etwa das *Ricercar a 6* der Einstellungen 91–93 zu spielen ist, beantwortet sich keineswegs von selbst. Noch viel weniger gilt das für Fragen der Spielweise, des Tempos, der Stimmung der Instrumente, des zu Grunde zu legenden Notentextes usw. Je nachdem, wie all diese Fragen beantwortet oder entschieden werden, ergeben sich völlig verschiedene Perspektiven auf die Musik Bachs. Der Film wiederum gibt aus der Sicht der 1950er und 60er Jahre eine sehr zeitgenössische Antwort. In Einstellung 93 sehen und hören wir den niederländischen Cembalisten und Dirigenten Gustav Leonhardt, der einer der ersten und wichtigsten Protagonisten der sogenannten historischen Aufführungspraxis gewesen ist. In anderen Teilen des Films treten mit Nikolaus Harnoncourt, dem Wiener Concentus Musicus und dem Chor der Schola Cantorum Basiliensis weitere Vertreter dieser zur Entstehungszeit des Films durchaus Aufsehen erregenden Art zu musizieren auf. Der Film sieht sich damit nicht nur in ein Verhältnis zur Barockmusik Bachs gesetzt, sondern auch zu den Arten ihrer Aufführung in den 1960er Jahren. Die Musik Bachs ist ein anachronistisches Problem geworden, das zwischen der ersten Hälfte des achtzehnten und der zweiten des zwanzigsten Jahrhunderts aufgespannt ist. Auch über diesen Aspekt waren sich Straub-Huillet sehr bewusst: »Der Film ist noch mehr ein Dokumentarfilm über Herrn Leonhardt geworden. […] Wir haben ja versucht, klarzustellen, daß der Film Dokumentarfilm bleiben kann und bleiben muß über die Menschen, die vor der Kamera sind.«[63] Das hat erhebliche Konsequenzen für die Frage, was für eine Historiografie hier eigentlich zu sehen und zu hören ist und was es überhaupt heißt, wenn Historiografie zu sehen und zu hören und nicht »nur« zu lesen ist.

---

63 Wolf, 1968, Chronik der Anna Magdalena Bach, o. S.

3. Musikgeschichte   123

Abb. 2.13 – Einst. 41,
Chronik der Anna Magdalena Bach

Abb. 2.14 – Anfang von Einst. 37,
Chronik der Anna Magdalena Bach

Abb. 2.15 – Ende von Einst. 37,
Chronik der Anna Magdalena Bach

Die technologische Bedingung der Musik

Was es für Musik heißt, als historische Musik (wieder) aufgeführt zu werden, lässt sich leichter hören als verstehen. In Einstellung 41 hören wir einen Teil der Arie Nr. 12 aus der Trauermusik BWV 244a für den 1729 verstorbenen Fürsten Leopold von Anhalt-Köthen, die Bach am 24. März 1729 in Köthen aufführte. In einer halbnahen Einstellung sehen wir auf einer kleinen Orgelempore links Christiane Lang-Drewanz als Anna Magdalena Bach mit dem Rücken zur Kamera, rechts neben ihr in Richtung Kamera blickend Gustav Leonhardt als J. S. Bach und neben diesem drei Instrumentalisten, von denen einer eine Traversflöte spielt und zwei weitere je eine Barockoboe (Abb. 2.13). Die Enge der überdeckten Orgelempore gibt dem Klang etwas sehr Kammermusikalisches, fast Intimes. Der Klang der Instrumente kann sich nicht in einem großen Raum mischen und homogenisieren, sondern alle drei sind sehr deutlich voneinander zu unterscheiden. Ich erinnere mich noch deutlich daran, welche Wirkung dieses Stück auf mich hatte, als ich den Film das erste Mal sah. Ich fragte mich, wieso man sich dafür entschieden hatte, diese offenbar nicht besonders sauber gespielte Aufnahme des Stücks im Film zu belassen. Deutlich sind zahlreiche Dissonanzen zu hören, der Klang ist rau und voller Schwebungen. Meine Vorstellungen von sauberer Intonation waren hier jedenfalls in keiner Weise befriedigt. Je länger ich allerdings mit dem Film arbeitete und je öfter ich den Abschnitt hörte, desto vertrauter wurde das Klangbild dieser Arie und desto weniger ›falsch‹ klang sie für mich. Der Grund für den ungewöhnlichen Klang dieser Aufnahme dürfte in den verwendeten Instrumenten und den damit verbundenen Stimmungen liegen. In einem Interview zum Film sagte Jean-Marie Straub einmal: »There are some original instruments among the ones we used, the oboes are all original.«[64] Wenn das stimmt, und das wenige, was man im Film von den beiden Oboen sehen kann, gibt zumindest keinen Anlass, an ihrer Herkunft aus dem achtzehnten Jahrhundert zu zweifeln, dann handelt es sich bei den verwendeten Instrumenten um Tenor-Oboen in F. Zu Zeiten Bachs waren gleichstufige Stimmungen, die die Oktave in zwölf identische Halbtonschritte teilen, wie sie heute üblich sind, nicht in Verwendung. Stattdessen wurde eine Vielzahl unterschiedlich temperierter Stimmungen benutzt, bei denen, je nach Grundton, einige Halbtöne geringfügig höher oder tiefer gestimmt wurden, um bestimmte Terzen oder Quinten besonders rein klingen zu lassen. Bei Streichinstrumenten war das unproblematisch, da die Stimmung während des Spiels durch die Fingerstellung der Musiker_innen bestimmt werden konnte. Tasteninstrumente konnten zumindest für verschiedene Besetzungen umgestimmt werden. Holzblasinstrumente waren jedoch je nach Fertigung viel stärker auf einen Grundton und eine Stimmung festgelegt. Das bedeutet, dass auf diesen Instrumenten aus harmonischen und spieltechnischen Gründen nicht alle Tonarten gleich gut gespielt werden können bzw. dass diese ganz unterschiedliche Klang-

---

64 Andi Engel, 1975, Andi Engel talks to Jean-Marie Straub, and Danièle Huillet is there too. In: Enthusiasm, 1975, Nr. 1, S. 1–25, hier: 9.

charakteristika haben. Je weiter man sich harmonisch von der Grundstimmung dieser Instrumente weg bewegt, desto ›unreiner‹ klingen sie. Aus diesem Umstand resultieren die unterschiedlichen Tonartencharaktere, die bei heutiger gleichstufiger Stimmung keine Relevanz für den Toneindruck mehr haben. Je weiter man sich in temperierten Stimmungen im Quintenzirkel von C wegbewegt, desto rauer wird der Charakter der entsprechenden Tonarten. Hörer_innen des achtzehnten Jahrhunderts mussten also an Stücke gewohnt sein, die reiner klangen und andere, die stärkere Dissonanzen aufwiesen, und konnten das oft auch semantisch auflösen. Wenn also die Aufführung der Arie in Einst. 41 für heutige Ohren fremd klingt, so ist dies einem historisch gewandelten Hörverständnis geschuldet. Es kommt ein weiterer Punkt hinzu. Nikolaus Harnoncourt hat berichtet, wie er die von Bach so genannte *Oboe da Caccia* wiederentdeckte, die in der Partitur auch als Instrument für das hier gespielte Stück angegeben ist.[65] Es handelt sich, Harnoncourts Rekonstruktion zufolge, dabei um eine besondere Variante der gewöhnlichen Tenor-Oboe, wie sie vom Leipziger Instrumentenbauer und Zeitgenosse Bachs Johann Heinrich Eichentopf entwickelt und hergestellt wurde. Die bis dahin unübliche Bezeichnung bei Bach verweist auf dieses konkrete Instrument, das Bach erst in Leipzig kennenlernte. Aus Harnoncourts Bericht geht hervor, dass keine spielfähigen Originalinstrumente mehr auffindbar waren und man so zur Aufnahme des Weihnachtsoratoriums 1973 für Teldec erstmals diese Instrumente als Nachbauten verwenden konnte.[66] Das bedeutet aber, dass diese während der Aufnahmen für den Film nicht zur Verfügung gestanden haben können und die Originalinstrumente, von denen Straub spricht, zwar zeitgenössische Instrumente gewesen sind, nicht aber jene speziellen Oboen mit Metallschalltrichter, für die Bach aller Wahrscheinlichkeit nach komponiert hat. Man kann also davon ausgehen, dass hier eine weitere Quelle für eine charakteristische Klangveränderung gegenüber Bachs Aufführung der Arie 1729 liegt. Die Musik, die in Einstellung 41 erklingt, ist auf doppelte Weise geschichtlich zugerichtet: einerseits durch den bloßen zeitlichen Abstand und die unterschiedlichen Aufführungsbedingungen zwischen 1729 und 1967 und andererseits durch die Rekonstruktionsarbeit an den Instrumenten durch Harnoncourt und den Concentus Musicus.

Es kommt eine weitere Ebene hinzu. Die spezifische Bearbeitung der Musik endet nicht bei ihrer Aufführung durch die Musiker_innen, die im Film zu sehen sind, sondern sie erfährt eine weitere Übersetzung bei und durch die Aufnahme auf Filmmaterial und Tonband in den Dreharbeiten. So ist der im Film hörbare Klang nicht nur von den verwendeten Instrumenten, den Sänger_innen und dem Raum der Aufführung abhängig, sondern auch von den technischen Aufnahmeapparaten. Das gilt nicht zuletzt für den Standort des Mikrofons. In Einstellung

---

65 vgl. dazu und zum folgenden Nikolaus Harnoncourt, 1984/1987, Bachs »Oboe da Caccia« und ihre Rekonstruktion. In: Ders.: 1984/1987, Der musikalische Dialog. München, Kassel u. a., S. 83–87.
66 vgl. auch Michael Finkelman; Hans-Otto Korth, 1997, Oboe. In: Die Musik in Geschichte und Gegenwart. Zweite, neubearbeitete Ausgabe (MGG2), Sachteil, Bd. 7, Sp. 553.

37, in der ein Rezitativ und eine Arie aus der Kantate BWV 205 *Der zufriedengestellte Aeolus* zu hören sind, verändern Kamera und Mikrofon ihren Standort. Während die Einstellung in einer Totale auf das gesamte Orchester beginnt, (Abb. 2.14) fährt diese nach dem Rezitativ und während des Vorspiels zur Arie näher an Gustav Leonhardt am Cembalo und den Bassisten Bernd Weikl und kadriert diese und die unmittelbar dabei stehenden Orchestermusiker in einer halbnahen Einstellung. (Abb. 2.15) Der Ton vollzieht diese Perspektivänderung mit. Während der Arie sind das Cembalo, die Oboe und der Sänger viel näher zu hören als während des Rezitativs, in dem das gesamte Orchester begleitet. Diese akustische Kadrierung entspricht im übrigen auch der Bachschen Besetzung. Im Gegensatz zu dieser Herstellung von Kongruenz zwischen Bachscher Besetzung, Kadrierung des Bildes und Perspektive des Tons ist dessen Klangqualität zu sehen. In dieser, wie in praktisch allen anderen Musikszenen auch, ist der Ton nämlich immer wieder leicht übersteuert. Während das Sicht- und Hörbare in fast allen Details als historisch korrekte Rekonstruktion daher kommt, macht sich das Unsichtbare, die Aufnahmeapparatur in der Übersteuerung wahrnehmbar, wie um jederzeit die Erinnerung daran wachzuhalten, dass wir uns nicht etwa bei der Aufführung der Festkantate auf den Namenstag des Leipziger Professors Friedrich August Müller am 3. August 1725 befinden, sondern bei der Projektion einer Aufnahme für das Kino von 1967. Der minutiösen Rekonstruktion historischer Personen, Gegenstände, Kompositionen und Dokumente stehen immer auch ihre anachronistischen und deutlich wahrnehmbaren historiografischen Medien an der Seite, ohne deren Übersetzungsleistung diese historischen Gegenstände in der Vergangenheit verschwunden wären.

Im Verhalten einer weiteren spezifisch kinematografischen Technik gegenüber, zeigt der Film darüber hinaus, dass diese Übersetzungsprozesse niemals konfliktfrei verlaufen und jederzeit (repräsentations)politische Entscheidungen erfordern. Straub erklärte in einem Interview seinen Unwillen gegen zeitgenössische Aufnahmeverfahren, bei denen Musikstücke nicht im Ganzen, quasi als Dokument einer konzertförmigen Darbietung, aufgezeichnet sondern aus einer Vielzahl einzelner Takes zusammengeschnitten werden.

> »Die Musik wird mißhandelt. Sie existiert nicht mehr als Musik. [...] Musik besteht immer darin, daß man einem Gedanken folgt bis ans Ende, und das betrifft auch die Wiedergabe. Also mußte gegen diese große und gewalttätige Gewohnheit der heutigen Aufnahmetechnik etwas unternommen werden.«[67]

Etwas unternehmen, das heißt in Straubs Fall das Gegenprogramm zu dieser Aufnahmetechnik zu installieren: Musikstücke werden im Film nicht aus einzelnen Takes zusammengesetzt, sondern immer in einer Einstellung gedreht und erhalten damit den dokumentarischen Charakter über diese eine Aufführung zurück, ungeachtet der Tatsache, dass diese Aufführungen hier ausdrücklich für den Film

---

67 Wolf, 1968, Chronik der Anna Magdalena Bach, o. S.

stattfanden. Das hat zur Folge, dass selbst sehr lange Einstellungen wie der etwa siebeneinhalbminütige Eingangschor der Matthäuspassion in Einstellung 42 nur um den Preis verwendet werden können, dass alle in ihnen enthaltenen »Fehler« übernommen werden oder eine erneute Aufnahme notwendig wird. So verspielt sich Christiane Lang-Drewanz etwa in Einstellung 34 bei einer Partita am Spinett: Ein Fehler, der nicht getilgt, sondern beibehalten wurde. In dieser dokumentarischen Strenge entwickelt der Film fast antikinematografische Züge, denn welche Technik wäre kinematografischer als die Montage, die hier als unmusikalisch verworfen wird? In der neueren Musikgeschichte haben sich zahlreiche Formen und Praktiken entwickelt, welche akustische Aufzeichnungs- und Übertragungstechniken nicht nur im Sinne quasi neutraler ›Tonträger‹ begriffen, sondern diese als im engeren Sinne musikalische Techniken verwendeten. Man denke etwa an die vielfältige Verwendung von Radios und Tonbändern bei John Cage und alle Kompositionstechniken, die mit der Aufnahme und Rekombination von Loops arbeiten. Kaum ein Interpret hat sich jedoch mit den Implikationen der Tonaufzeichnung historischer Musik so intensiv beschäftigt wie Glenn Gould. Bei ihm heißt es: »Wir müssen bereit sein anzuerkennen, daß, so oder so, die Tonaufzeichnung für immer unsere Vorstellung davon verändern wird, was für die Aufführung von Musik angemessen ist.«[68] Gould gab ab 1964 keine Konzerte mehr und widmete sich statt dessen der Erprobung all jener Möglichkeiten, die allein das Tonstudio bietet und gegen die Straub sich mit dem Film wenden wollte. Er begann systematisch Aufnahmen zusammenzuschneiden, die aus mehreren Takes gebaut waren und mit denen er Interpretationen erreichen konnte, die unter den Bedingungen des Live-Konzerts nicht möglich gewesen wären. Er berichtet etwa von einer Aufnahme des *Wohltemperierten Klaviers*, bei der für eine der letzten Fugen zwei Takes abwechselnd aneinander geschnitten wurden, wovon einer »feierlich, mit Legato« gespielt war, während der andere »vorwiegend durch Staccato gestaltet war«.[69] Gould betont, dass die Idee zu diesem Verfahren sich erst beim Tonschnitt einstellte und damit an einem Punkt der musikalischen Interpretation, den es weder bei der dokumentarischen Aufzeichnung noch beim Live-Konzert gibt.

»Erzielt worden war eine Aufführung dieser besonderen Fuge, die bei weitem allem überlegen war, was wir zu der Zeit im Studio hätten tun können. [...] Indem man sich das nachträgliche Überdenken beim Abhören einer Bandaufnahme zunutze macht, kann man jedoch sehr oft die Grenzen überschreiten, die die Aufführung der Imagination auferlegt.«[70]

Ganz gleich, welche Haltung man zu Problemen dieser Art einnehmen mag, die Gegenüberstellung der Straubschen Vorstellung über den Tonschnitt und der

---

68 Glenn Gould, 1966/1992, Die Zukunftsaussichten der Tonaufzeichnung. In: Ders., 1984/1992, Vom Konzertsaal zum Tonstudio. Schriften zur Musik 2. München, S. 129–160, hier: 137.
69 ebd., S. 139.
70 ebd., S. 140.

Gouldschen zeigt, wie der Film sich in eine zeitgenössische Mediendebatte einträgt und in ihr Stellung bezieht und zwar, ganz in Übereinstimmung mit Gould, in der Form verbaler Thesen *und* technisch so oder so verwirklichter Musikaufnahmen.

(Gegen) Musik-Historismus

Historische Referenz auf Musik oder Referenz auf historische Musik heißt also immer Musik unter technologische Bedingungen zu setzen, sie auf spezifische Weise zu verändern und in sie eine Spur historischen Wandels einzutragen, die als spezifischer Klang hörbar ist. Unter dem Schlagwort der historischen Aufführungspraxis haben besonders seit dem frühen zwanzigsten Jahrhundert zahlreiche Kontroversen und praktische Versuche darüber stattgefunden, wie genau dieses Verhältnis zeitgenössischer Aufführungen zu historischen Kompositionen zu gestalten sei und das heißt: Wie stark oder schwach sich die klangliche Realisierung einer Komposition in die Kette der historischen Referenz einschreiben kann, muss oder darf. In verschiedenen Ländern sind diese Debatten schwerpunktmäßig an verschiedenen Komponisten geführt worden: in England etwa an Georg Friedrich Händel, in Deutschland immer wieder an Johann Sebastian Bach. Der Stand der Diskussion in Deutschland um die Mitte des zwanzigsten Jahrhunderts, auf den CHRONIK DER ANNA MAGDALENA BACH trifft und reagiert, lässt sich an zwei Texten Paul Hindemiths und Theodor Adornos festmachen.[71] Hindemith spricht sich in einer Gedenkrede auf Bachs 200. Todestag für eine Freilegung des wahren Bach aus und zwar sowohl im Hinblick auf sein Leben wie sein Werk: »Das Denkmalhafte, der bilderbuchhafte Märchenglanz, den wir mit ihm nicht nur als Person, sondern auch als ausübendem Musiker verbinden, wird nach dem Geschilderten vielleicht auch etwas revidiert werden müssen.«[72] Hindemith wendet sich gegen alle möglichen Klischeevorstellungen über den Klang der Bachschen Instrumente und Ensembles: Die Orgeln, die er gespielt hat, seien alles andere als »das volle Orchester nachahmende[] Rausch-Orgeln« gewesen,[73] seine Chöre in Leipzig seien klein, »nur mit 16 Knaben- und Jünglingsstimmen« besetzt gewesen.[74] Dies, so Hindemith weiter, sei von Bach aber keineswegs als Einschränkung begriffen worden. Man braucht »nur sorgfältig seine reinen Orchesterpartituren zu studieren […], um zu sehen, wie er die minutiösen Feinheiten der klanglichen Gewichtsverteilung in diesen kleinen Instrumentalgruppen genießt«.[75] Nur eine

---

71 vgl. auch John Butt, 2005, Bach in the twenty-first century: re-evaluating him from the perspective of performance. In: Joachim Lüdtke (Hg.), 2005, Bach und die Nachwelt. Bd. 4: 1950–2000. Laaber, S. 169–181.
72 Paul Hindemith, 1953/2000, Johann Sebastian Bach. Ein verpflichtendes Erbe. Frankfurt am Main, S. 17.
73 ebd.
74 ebd., S. 18.
75 ebd., S. 20.

vollständige Wiederherstellung der Bachschen Aufführungsbedingungen erlaube es, »seine Musik so darzustellen, wie er sie sich vorstellte«.[76]

Adorno sucht in *Bach gegen seine Liebhaber verteidigt* ebenfalls den wahren Bach, nimmt jedoch einen ganz anderen Weg dahin. Sein überaus polemischer Text versucht zuerst zu zeigen, in welchem historischen Verhältnis Bach zu seinen Vorgängern und Nachfolgern steht. Zunächst wendet sich Adorno gegen alle Kommentatoren – darunter namentlich Hindemith –, die aus Bach den Vollender des Mittelalters machen und seine Kontrapunktik als den Höhepunkt der alten, vorklassischen Musik begreifen wollen. Stattdessen hebt er Bachs Modernität hervor, verweist nicht nur auf musikalische Formen,

> »in denen zuweilen die mächtige Hand genrehafte Typen des neunzehnten Jahrhunderts vorweg ein für alle Mal zu prägen scheint, sondern auch in großen durchkonstruierten Gebilden wie der Französischen Ouvertüre, wo auf Bachische Weise das Gefällige und Organisierte nicht weniger vollkommen sich durchdringt als dann im Wiener Klassizismus.«[77]

Im Bezug auf eine Fuge aus dem *Wohltemperierten Klavier* ist die Rede von einer »schwebenden, gewählt vagen Harmonisierung […], die beim Sechsachtelcharakter des Stücks unabweislich den reifsten Chopin heraufruft;«[78] Bach komponiert also bereits für die Zukunft oder doch aber zumindest so, dass, »wer nach andauernder intensiver Beschäftigung mit Bach, zu Beethoven zurückkehrt, dem kommt es selbst dort zuweilen vor, als stünde er einer Art von dekorativer Unterhaltungsmusik gegenüber«.[79] Gleichzeitig findet Adorno an Bach aber auch archaische Züge, »die man zu seiner Zeit bereits als anachronistisch empfand.«[80] Sosehr Adorno Bach auf der einen Seite als Neuerer und musikalischen Wegweiser sieht, so sehr entdeckt er hier an ihm »ein Genius des Eingedenkens«.[81] Die Kraft musikalisch in die Zukunft zu gehen, habe Bach nur aufbringen können, indem die Erinnerung an die Vergangenheit, die er zugleich beschließt und zur Zukunft umformt, jederzeit präsent hält. Adorno sieht in Bach den anachronistischen Künstler par excellence und leitet gerade daraus seine Konsequenzen für dessen Behandlung in seiner – Adornos – Gegenwart ab, so dass nicht ganz klar ist, ob er den Schluss des vierten Abschnitts seines Textes auf Bachs achtzehntes oder sein zwanzigstes Jahrhundert bezieht: »Das längst Vergangene wird zum Träger der Utopie des musikalischen Subjekt-Objekts, der Anachronismus zum Boten der Zukunft.«[82]

---

76 ebd.
77 Theodor W. Adorno, 1951/2003, Bach gegen seine Liebhaber verteidigt. In: Ders., Rolf Tiedemann (Hg.), 2003, Gesammelte Schriften. Bd. 10/I : Kulturkritik und Gesellschaft. Frankfurt am Main, S. 138–151, hier: 140.
78 ebd., S. 141.
79 ebd., S. 146.
80 ebd., S. 141.
81 ebd., S. 143.
82 ebd., S. 147.

Für die Aufführungspraxis seiner Zeit kann Adorno nur einen Schluss ziehen. Nicht die bloße antiquarische Rekonstruktion der äußeren Umstände der Musik sei ihre angemessene Behandlung, sondern es gelte zu einer »Darstellung von Musik, die dem Wesen ihrer Sache angemessen sich zeigt«, zu finden.[83] Wenn es also in Bachs Musik qua Komposition etwas Koloristisches gäbe, dann müsse dies am heutigen Verständnis klangfarbenreicher Musik gemessen werden und keineswegs an »den dünnen Chören und Orchestern seiner Epoche«.[84] Während Hindemith als ideale Aufführung nur eine vollkommene Kopie der Erstaufführung gelten lässt, verlangt Adorno die Abstraktion vom realen Klang Bachs zu dessen Kompositionsprinzipien und deren Übersetzung in die Gegenwart. »Gleichgültig wie in der Thomaskirche verfahren wurde, eine Aufführung etwa der Matthäuspassion mit kargen Mitteln wirkt fürs gegenwärtige Ohr blaß und unverbindlich wie eine Probe, zu der nur zufällig einige Teilnehmer sich eingefunden haben.«[85] Adorno geht soweit sich vorzustellen, Bach habe Musik hinterlassen, ohne dass der ihr eigentlich zukommende Klang jemals ertönt sei.[86] Er legt diese Realisierung in die Hände fähiger Komponisten, die einen sich selbst unähnlichen Bach zu gespenstischem aber realem Leben erwecken sollen: »Vielleicht ist der überlieferte Bach in der Tat uninterpretierbar geworden. Dann fällt sein Erbe dem Komponieren zu, das ihm die Treue hält, indem es sie bricht, und seinen Gehalt beim Namen ruft, indem es ihn aus sich heraus nochmals erzeugt.«[87] Aus den Anwürfen gegen Bachs Verehrer gewinnt Adorno ein Bild von ihm, das anachronistisch in der Zeit verstreut ist und nur als Zeit-Bild wiedergewonnen werden kann.

Dass Adorno hier keineswegs gegen historiografische Windmühlen kämpft, mag ein Seitenblick auf Carl Hermann Bitters Bach-Biografie von 1865 zeigen. Seine Reflexionen am Anfang des Buches lassen sich als Versuch begreifen, seine Historiografie mit einer Referenzbewegung auszustatten, welche den von Adorno verfochtenen anachronistischen Bach historiografisch glätten soll:

> »Hervorragende Größen in dem Gebiete der Künstlerwelt stellen sich unserm betrachtenden Blicke nicht selten als Erscheinungen dar, welche, wenn man sie abgelöst von den ihr Vorhandensein bedingenden Verhältnissen ins Auge fassen wollte, kaum erklärbar sein, als Phänomenen der wunderbarsten Art vor uns stehen würden. Und doch sind sie vorzugsweise nur das geläuterte und vervollkommnete Product ihrer Zeit. [...] So darf man auch die Erscheinung J. S. Bachs, des großen deutschen Tonsetzers, dem dieses Werk gewidmet ist, nicht in Betrachtung ziehen, ohne einen begleitenden Blick auf die Umstände zu werfen, welche außerhalb seiner eigenen gewaltigen Natur ihm die Bahn, die er beschritten hat, vorgezeichnet, geebnet, überhaupt möglich gemacht ha-

---

83 ebd., S. 148.
84 ebd.
85 ebd., S. 149.
86 vgl. ebd., S. 151.
87 ebd.

ben. Wie sehr seine Kunstrichtung von unserm heutigen Standpunkte aus als vereinsamt angesehen werden möge, in seiner Zeit war sie dies nicht. Sebastian Bach war eben, wie alle großen Männer, ein Ergebniß seines Jahrhunderts. [...] Es war fast eine innere Nothwendigkeit, daß diese besondere Kunstrichtung sich in einem vorzugsweise begabten, von der Natur begünstigten Gliede der Familie in ausgeprägter Vollkommenheit darstellen mußte. Ebenso erscheint es aber auch naturgemäß, daß von hier ab die übermäßig entwickelte Kraft zu erlöschen beginnt. Wie Vortreffliches die Söhne Bachs geleistet haben mögen, es war in ihnen doch schon die Verflachung jener gewaltigen Kunststellung erkennbar, welche ihren Vater so sehr ausgezeichnet hatte. Der zu seiner Zeit Alles beherrschende polyphone Charakter der Musik begann von ihm ab nach und nach sich der heut vorherrschenden Monophonie zu nähern, allmählig in diese überzugehen. Bei dem Verlöschen der Richtung, in der J. S. Bach so groß gewesen war, und bei der schnell eintretenden Aenderung aller anderen, seine Zeit bedingenden Verhältnisse war es nur zu natürlich, daß das ganze System kurz nach dem Absterben des großen Tonmeisters fast vergessen zu werden anfing.«[88]

Bitter setzt sich selbst an das unrühmliche Ende einer Entwicklung, deren Höhepunkt Bach gewesen war und deren schlimmste Defizite nun auf dem Weg der historischen Rekonstruktion von ihm beseitigt werden sollen, um dadurch eine historische Schuld abzutragen, »mit welcher das deutsche Vaterland einem seiner edelsten Söhne bisher in Rückstand geblieben ist.«[89] »[E]iner der größten Klavierspieler, die je gelebt haben, [...] der größeste Orgelspieler aller Zeiten«[90], vergessen und verloren, wartet auf nichts sehnlicher als von einem Historiker wieder zum Leben erweckt zu werden. In der verblichenen Größe Bachs von gestern leuchtet der heutige Auftrag Bitters um so ruhmreicher, der Anachronismus zwischen beiden ist erzählerisch gelöscht. Bitter lässt sich damit als Historist von genau jenem Schlag erkennen, wie ich ihn in Kapitel 1 in der Auseinandersetzung mit Ranke und Meinecke entwickelt habe. Adornos Insistenz auf dem anachronistischen Bach richtet sich gleichermaßen gegen den historistischen Bach Bitters wie gegen den objektiv-rekonstruierten Hindemiths.

Auf welcher Seite dieses Streits zwischen Adorno und Hindemith, der symptomatisch ist für die Bach-Diskussion der 1950er Jahre und ihre entscheidenden Aspekte berührt, ließe sich CHRONIK DER ANNA MAGDALENA BACH einordnen? Zunächst scheint der Film recht eindeutig das Hindemithsche Programm zu verfolgen: Wie dieser es fordert, sind hier die historischen Instrumente verwendet oder rekonstruiert, werden Barockorgeln statt solche aus dem neunzehnten Jahrhundert gespielt, sind Knabenchöre in kleiner Besetzung mit ebenso kleinen Instrumentalensembles gemischt. Jean-Marie Straub:

---

88 Bitter, 1865, Johann Sebastian Bach, Bd. 1, S. 1ff.
89 ebd., S. VIII.
90 ebd., S. 2.

»die Musiker, die wir zeigen, werden auf Barockinstrumenten spielen. Und mit den Drehorten werden wir versuchen, nicht unbedingt anachronistisch zu sein, auch mit den wenigen Möbeln, die wir gezwungen sein werden zu zeigen, auch mit den Orgeln. Wir haben genau die Schauplätze ausgesucht, zum Beispiel für Kantatenaufführungen, die etwa der Orgelempore der Thomaskirche entsprechen – kleine Entfernung zwischen Hauptwerk und Rückpositiv. Und wir werden Bachs Musik natürlich nicht auf romantischen Orgeln aufnehmen. Die Empore der Thomaskirche ist nicht mehr zu gebrauchen, weil sie im 19. Jahrhundert umgebaut wurde, aber ähnliches haben wir zum Beispiel im Alten Lande gefunden.«[91]

Mit dem gleichen Recht könnte man den Film aber auch der Bach-Poetik Adornos zuordnen. Denn die von Adorno ins Spiel gebrachten Bach-Instrumentierungen Anton von Weberns und Arnold Schönbergs gleichen dem Blick auf Bach aus der Perspektive eines Georges Rouault. Der anachronistische Bach, der Adorno vorschwebt, hätte dann sein Äquivalent in jenem Gustav Leonhardtschen Bach, der, obgleich im Film eine Zeitspanne von dreißig Jahren dargestellt wird, kein bisschen altert und um 1720 genau so aussieht, wie unmittelbar vor seinem Tod 1750. Und so sehr sich der Bach Adornos eignet, um über Chopin oder Beethoven nachzudenken, so sehr eignet sich der Straubsche, um ihn dem Vietcong zu widmen – wie Straub das getan hat – und ihn als umfassenden politischen Widerstandsakt zu verstehen, wie der Großteil der Literatur das getan hat.[92] Ich möchte unterdessen vorschlagen, den Film aus diesen Indienstnahmen zu entlassen und Straub gegen seine Liebhaber und ihn selbst zu verteidigen. »Nirgends steht geschrieben, daß die Vorstellung eines Komponisten von seiner Musik mit deren immanentem Wesen, ihrem objektiv eigenen Gesetz, zusammenfallen müsse.«[93] Was für Bachs Musik gilt, scheint mir, vielleicht in etwas weniger apodiktischer Sprache, auch für Straubs Film zu gelten. Und deshalb will ich in einem letzten Schritt versuchen, eine Beschreibung des historiografischen Programms des Films zu geben, »die dem Wesen ihrer Sache angemessen sich zeigt«[94] und dieses jenseits der Klassenkampf-Propaganda der 60er Jahre suchen, wie sie von Straub-Huillet selbst und insbesondere der Zeitschrift Filmkritik seit jeher lanciert wurde.[95]

---

91   Jean-Marie Straub über sich selbst und über die »Chronik«. In: Filmkritik 11/1966, o. S.
92   vgl. Barton Byg, 1995, Landscapes of Resistance. The German Films of Danièle Huillet and Jean-Marie Straub. Berkeley, Calif u. a., S. 54.
93   Adorno, 1951/2003, Bach gegen seine Liebhaber verteidigt, S. 145.
94   ebd., S. 148.
95   vgl. neben Byg, 1995, Landscapes of Resistance vor allem auch Louis Seguin; Freddy Buache, 1991/2007, Jean-Marie Straub. Danièle Huillet. « Aux distraitement désespérés que nous sommes…», Paris; sowie die Artikel und Interviews von Helmut Färber und Herbert Linder in der Zeitschrift Filmkritik 10/1968.

4. Geschichte über Geschichte

Metahistorische Methode

Die Literatur zu Straub/Huillet hat zahlreiche ihrer Überlegungen zur Struktur des Filmes in Thermen von Ähnlichkeit und Äquivalenz entwickelt. Die Begriffe, die zur Beschreibung des Stoffes des Films, hier also in erster Linie der Musik, verwendet werden, sollen auch dessen eigene Form beschreiben.[96] So hat es sich regelrecht eingebürgert, im Zusammenhang mit CHRONIK DER ANNA MAGDALENA BACH von einer *kontrapunktischen* Anordnung von Bild, Ton, Text, und Sprache zu sprechen und Schnitt und Mise-en-Scène als *Variation* zu beschreiben, an anderer Stelle wird die Stimme der Erzählerin Anna Magdalena Bach sogar als *basso continuo* des Films bezeichnet.[97] Die Inkompatibilität derartiger Begriffsübertragungen, die wohl bei Eisenstein beginnt, lässt sich sachlich begründen. Musikalischer Kontrapunkt ist per definitionem ein Kompositionsverfahren, bei dem voneinander unabhängige Stimmen so gegeneinander geführt werden, dass sich ein Gesamtzusammenhang ergibt, innerhalb dessen die einzelnen Stimmen deutlich voneinander unterschieden werden können. Es geht letztlich also um die gleichzeitige Anordnung von musikalischen Elementen derselben Kategorie (Stimmen), während Kontrapunkt im Film Elemente unterschiedlicher Kategorien, wie Ton und Bild, anordnen würde.

Beim Begriff der musikalischen Variation handelt es sich seit dem sechzehnten Jahrhundert um einen spezifisch gefassten Begriff, der eine musikalische Form bezeichnet, die zum Teil Stücke von erheblichem Umfang organisiert (etwa Beethovens *Diabelli-Variationen*).[98] In der klassischen Variante wird dabei ein Thema vorgestellt, welches dann auf verschiedene Weisen variiert wird, etwa als Figuralvariation, polyphone Variation, Ostinato-Variation usw. Es ist unklar, was ein filmisches Thema sein sollte, das dann variiert werden könnte, außerdem bleiben die Kriterien für die Variation unklar. Es ließe sich allenfalls von formalen Parodien sprechen, da man bei den Straubs tatsächlich beobachten kann, dass sie klassische Schnittfolgen wie Schuss-Gegenschuss systematisch aufnehmen und im Hinblick auf Einstellungswinkel, Rhythmik, Einstellungsgröße leicht verändern. Musikalische Variation meint aber keine Formvariation, sondern ist selbst eine Form, die sich aus der inhaltlichen Variation eines konkreten musikalischen Themas entwi-

---

96 vgl. Byg, 1995, Landscapes of Resistance, S. 58ff.; Maureen Turim, 1976, Ecriture Blanche : The Ordering of the Filmic Text in The Chronicle of Anna Magdalena Bach. In: Purdue Film Studies Annual (1976), S. 177–192, hier: 177 und zuletzt Ursula Böser, 2004, The Art of Seeing, the Art of Listening. The Politics of Representation in the Work of Jean-Marie Straub and Danièle Huillet. Frankfurt am Main, S. 29ff.
97 vgl. Byg, 1995, Landscapes of Resistance, S. 59.
98 vgl. Stefan Drees; Kurt von Fischer, 1998, Variation. In: Die Musik in Geschichte und Gegenwart. Zweite, neubearbeitete Ausgabe (MGG2), Sachteil, Bd. 9, Sp. 1238.

ckelt. Unabhängig von all dem scheint mir mit der Begriffsübertragung weder für den Film noch für die Musik Bachs irgendetwas gewonnen.

So verlockend das in Anbetracht eines Filmes über einen Komponisten sein mag, der mit Kompositionen wie der *Kunst der Fuge* Maßstäbe für kontrapunktische Satzweise geliefert hat und in dessen Kompositionen der Begriff der Variation eine zentrale Rolle spielt, so sehr wird damit eine Identität von musikalischer und filmischer Form suggeriert, die mir besonders in Anbetracht der Überlegungen zur Struktur des Historischen unangemessen zu sein scheint. Ich möchte daher an dieser Stelle einen anderen Begriff erproben, der nicht versucht, die Besonderheiten Bachs mit denen von Straub/Huillet zu verrechnen, sondern der gerade in der Inkommensurabilität beider ästhetischer Verfahren die Pointe des Films sieht. In einem Interview von 1976 sagen Straub/Huillet:

> »STRAUB: Ich glaub, was uns interessiert, ist: Schichten zu zeigen ...
> HUILLET: ... Spuren nicht zu verwischen, sondern darauf zu bauen.
> STRAUB: Die sogenannte abendländische Kultur, wenigstens seit einiger Zeit, was jetzt noch davon übrig ist, und auch vielleicht vorher, bestand immer darin, daß man versucht hat, die Spuren zu verstecken. Und schon bei der Bibel ist das so.«[99]

Die Spuren verwischen, das wäre das Projekt idealistischer Geschichtsschreibungen, die das Ereignis für das Geschehen nehmen. Eine Methodik, die unterschiedliche Spuren in verschiedenen historischen Schichten wahrnimmt, sie dort belässt und diese Stratifizierung in eine historiografische Form übersetzt, kann mit Hayden White *metahistorisch* genannt werden. Und zwar in dem Sinne, als es nicht bloß darum geht, die historischen Ereignisse, die sich unter dem Namen Johann Sebastian Bach angesammelt haben, erneut zu transformieren und in völlig neuer Form als Film zu präsentieren. Stattdessen werden die Transformationen als Transformationen gezeigt: Von den Noten auf dem Papier zur Bewegung von Körper und Instrument; von den Kompositionen des achtzehnten Jahrhunderts zu ihrer Interpretation in den 1960er-Jahren; von den historischen Ereignissen aus Bachs Leben zur Chronik von Esther Meynell; und schließlich von Straubs Film zum zeitgleich publizierten Drehbuch, das auf der Rückseite noch einen Kommentar Karl Marx' beifügt.

Die metahistorische Wendung des Films liegt darin, die Kette dieser Transformationen nicht teleologisch zu begreifen, die nur darauf wartet, Bach im Kino ankommen zu lassen, sondern jedes historisches Ereignis in der ihm eigenen Schicht zu belassen. Reinhart Koselleck hat den Vorschlag gemacht, mit dem Begriff der Zeitschichten jene historischen Konstellationen zu bezeichnen, die

> »wie ihr geologisches Vorbild, auf mehrere Zeitebenen verschiedener Dauer und unterschiedlicher Herkunft [verweisen], die dennoch gleichzeitig vorhanden

---

99 Peter W. Jansen; Wolfram Schütte (Hg.), 1976, Herzog Kluge Straub. München, S. 210.

4. Geschichte über Geschichte 135

und wirksam sind. Auch die Gleichzeitigkeit des Ungleichzeitigen, eines der aufschlußreichsten historischen Phänomene, wird mit ›Zeitschichten‹ auf einen gemeinsamen Begriff gebracht.«[100]

In diesem Sinne ist der Film spätestens seit der Einführung des Tonfilms ein Medium der Schichten. Hier sind diese Schichten aufgebaut aus einer Stimme als die der Anna Magdalena Bach, aus den Filmbildern von Briefen, Dokumenten, Kompositionshandschriften und aus der akustischen Aufzeichnung von Aufführungen Bachscher Kompositionen. Der Film ist in diesem Sinn ein metahistorischer Geschichtsfilm über die Geschichte Johann Sebastian und Anna Magdalena Bachs und deren Musik. Ich möchte an zwei Sequenzen von CHRONIK DER ANNA MAGDALENA BACH zeigen, wie eine solche metahistorische Historiografie aussieht, die weder politische Parole noch pseudomusikalische Form ist.

Dazu möchte ich noch einmal zur am Ende des vorigen Abschnitts besprochenen Sequenz, Einst. 39–42 zurückkommen. Die Sequenz beginnt in Einst. 39 mit dem Schlusschor aus der Trauerode BWV 198. Einst. 40 zeigt das Titelblatt des Textdrucks der Trauermusik BWV 244a für Fürst Leopold von Anhalt-Köthen, woraus in Einst. 41 die bereits besprochene Arie erklingt. In Einst. 42 wird dann eine Aufführung des Anfangschores der Matthäuspassion BWV 244 gezeigt – die mit mehr als siebeneinhalb Minuten längste Einstellung des Films. Die Beziehung dieser drei Werke untereinander ist historiografisch komplex, weil Bachs Parodieverfahren zu den Großproblemen der Bachgeschichte gehören.[101] Er hat offenbar Kompositionen für unterschiedliche Anlässe genutzt, indem er ihnen unterschiedliche Texte unterlegte, die Musik aber weitgehend unverändert ließ. Über derartige Parodien sind die drei Werke miteinander verknüpft. Den Chor aus Einstellung 39 hat er offenbar später zu einer Arie für die fürstliche Trauermusik aus Einstellung 40 umgearbeitet. Die Arie, die in dieser Einstellung erklingt ist Parodie von oder Urbild zu einer Arie aus der Matthäuspassion, von der ein anderer Teil in Einstellung 42 zu hören ist. Mit Parodien der ersten Art von einer Trauermusik zur anderen hat die Musikhistoriografie wenig Probleme gehabt. Die zweite Parodie zwischen der fürstlichen Trauermusik und der Matthäuspassion hat jedoch zahlreiche Diskussionen ausgelöst, die alle um die Frage kreisten, ob Bach weltliche Stücke zu geistlichen parodierte oder ob er auch den umgekehrten Weg ging. Derartige Überlegungen spielten offenbar auch beim Dreh des Films eine Rolle. Jean-Marie Straub in einem Interview:

---

100 Reinhart Koselleck, 2003, Zeitschichten. Frankfurt am Main, S. 9.
101 vgl. Arnold Schering, 1921, Über Bachs Parodieverfahren. In: Bach-Jahrbuch (Bjb) 18 (1921), S. 49–95; Werner Neumann, 1961, Über Ausmaß und Wesen des Bachschen Parodieverfahrens. In: Bjb 48 (1961), S. 63–85; Ludwig Finscher, 1969, Zum Parodieverfahren bei Bach. In: Martin Geck (Hg.), 1969, Bach-Interpretationen. Festschrift für Walter Blankenburg. Göttingen, S. 94–105; Georg von Dadelsen, 1983, Anmerkungen zu Bachs Parodieverfahren. In: Wolfgang Rehm (Hg.), 1983, Bachiana et alia musicologica. Festschrift für Alfred Dürr. Kassel u. a., S. 52–57; Klaus Häfner, 1987, Aspekte des Parodieverfahrens bei Johann Sebastian Bach. Laaber.

»wir haben gezeigt, wie sie da die Urfassung der Arie »Aus Liebe« aus der Matthäuspassion singt: »Mit Freuden sei die Welt verlassen ...« Wogegen Leonhardt zunächst rebellierte, war ..., er meinte, Bach hätte das nie gemacht, hätte nie aus einer sogenannten geistlichen oder kirchlichen Musik eine weltliche gemacht. Er hätte es immer umgekehrt gemacht.«[102]

Für den vorliegenden Fall ist diese Frage nicht mit Sicherheit zu beantworten. Die Trauermusik wurde am 23. oder 24. März 1729 in Köthen aufgeführt.[103] Alle ihre Sätze sind mit anderem – geistlichem – Text mit Sicherheit drei Wochen später am Karfreitag, den 15. April 1729 in Leipzig Teil einer Aufführung der Matthäuspassion gewesen. Fraglich ist lediglich, ob es sich bei dieser Aufführung um die Uraufführung der Passion handelte oder ob diese nicht etwa schon 1727 stattgefunden hatte.[104] Es lässt sich also nicht mit Sicherheit bestimmen, ob die weltliche Köthener Trauermusik oder die geistliche Matthäus-Passion zuerst aufgeführt wurden, noch viel weniger, welche Fassung zuerst komponiert wurde. Diese chronologischen Fragen sind jedoch entscheidend für die Deutung des Bachschen Verhältnisses zur Kirche. Wenn Bach aus weltlichen Werken geistliche gemacht hat, niemals aber den umgekehrten Weg gegangen ist, dann kann man ihm unterstellen, er habe diese Form der Parodie als Nobilitierung seiner Musik verstanden, was sich letztlich als praktisches Glaubensbekenntnis lesen lässt. Hat Bach aber geistliche Werke zu weltlichen degradiert, so geht daraus seine bestenfalls gleichgültige Haltung zum Glauben hervor, die ihn seine Kantorenstelle ohne innere Anteilnahme ausfüllen ließ. Die heutige musikhistorische Forschung hat vielleicht nicht zuletzt deshalb den Streit um diese Positionen weitgehend aufgegeben, weil sich seit Joshua Rifkin und 1975 keine weiteren sachdienlichen Hinweise mehr zu seiner endgültigen Lösung ergeben haben.[105] Wenn der Film die drei Werke, deren genaue chronologische Beziehung untereinander wohl nicht endgültig zu klären ist, in loser Kopplung oder guter Nachbarschaft nebeneinander stellt, dann trägt er nichts zur Lösung des historiografischen Problems bei, präsentiert es jedoch als solches. Die unüberbrückbaren Lücken und Zäsuren, die löchrige Überlieferung sind mitgedacht. Sowenig der Film das genaue Verhältnis der Stücke untereinander expliziert, sowenig kann und tut die Historiografie dies.

---

102 Gespräch mit Jean-Marie Straub und Danièle Huillet. In: Filmkritik 10 (1968), 12. Jg, H. 142, S. 692.
103 vgl. Wolfgang Schmieder (Hg.), 1990, Thematisch-systematisches Verzeichnis der musikalischen Werke von Johann Sebastian Bach. Bach-Werke-Verzeichnis (BWV). 2., überarbeitete und erweiterte. Ausg., Wiesbaden, S. 424.
104 Andreas Glöckner, 2004, Kritischer Bericht zu Johann Sebastian Bach, Neue Ausgabe sämtlicher Werke, Serie II, Bd. 5b, Matthäus-Passion Frühfassung BWV 244b. Kassel u.a., S. 32ff.
105 Joshua Rifkin, 1975, The Chronology of Bach's Saint Matthew Passion. In: Musical Quarterly LXI (1975), S. 360–387.

4. Geschichte über Geschichte

Die Historiografie über Bach in Berlin und Potsdam

An einem letzten Beispiel möchte ich zeigen, wie die metahistorische Referenz des Films auf die Bachhistoriografie sich im direkten Vergleich mit dieser darstellt und von welcher Art das metahistorische Wissen sein kann, das der Film dabei produziert. Ich betrachte dazu eine Sequenz von Ereignissen, mit der sich Straub-Huillets CHRONIK DER ANNA MAGDALENA BACH kurz vor ihrem Ende befasst und die in keiner Biografie über Johann Sebastian Bach fehlt. In einer Notenausgabe des im Zentrum stehenden Stückes werden diese Ereignisse wie folgt beschrieben:

> »Bachs Leben war an spektakulären Ereignissen nicht gerade reich, und so zählte ein Besuch beim preußischen Hof Friedrichs II. zu den wenigen herausragenden Höhepunkten. Gewiß bedeutete es auch den Gipfelpunkt einer öffentlichen Anerkennung, wenn über die denkwürdige Begegnung Bachs mit dem König vom 7.–8. Mai 1747 schon wenige Tage später die Zeitungen in Berlin, Leipzig, Hamburg, Frankfurt und Magdeburg ausführlich […] berichteten.«[106]

Diese, wie ich sie nennen möchte, ›Potsdam-Episode‹ umfasst die Erzählung dreier Ereignisse, welche die Bachhistoriografie auf das Jahr 1747 datiert. Einerseits geht es um Bachs Reise nach Potsdam im Mai 1747, wo er vor Friedrich dem Großen gespielt hat. Zweitens wird in diesem Kontext von Bachs *Musikalischem Opfer*, BWV 1079 gesprochen, das auf ein Thema des Königs zurückgeht, über welches Bach bei seinem Besuch fantasiert haben soll und das er ausgearbeitet und mit einer Widmung versehen zwei Monate später dem König übersandte. Das dritte Ereignis, von dem die Bach-Biografik in diesem Kontext oft berichtet, ist Bachs Besuch der heutigen Berliner Staatsoper und seine dort angestellten Beobachtungen zur Raumakustik des Apollo-Saals.

Im Film reicht diese Sequenz von den Einstellungen 90 bis 98. Wir sehen Gustav Leonhardt als Johann Sebastian Bach, oder wie er im Drehbuch genannt wird: »der Kantor«, in Einstellung 90 zunächst in einer Naheinstellung in einer fahrenden Kutsche sitzen. Aus dem Hors-Champ sind sowohl die Fahrgeräusche der Kutsche als auch die Hufgeräusche der Pferde zu hören. Darüber setzt die Stimme Christiane Lang-Drewanz' als der Anna Magdalena Bachs ein. Bis auf Einstellung 93 hören wir Anna Magdalena Bachs »Kommentar« in allen Einstellungen dieser Sequenz. In Einstellung 91 wird er zum einzig Wahrnehmbaren, falls man Schwarzfilm nicht als kinematografisches Ding eigenen Rechts erkennen will. Einstellung 92 zeigt wiederum Leonhardt als Bach im, wie der Kommentar sagt, Speisesaal des neuen Opernhauses in Berlin, heute bekannt als Apollo-Saal der Berliner Staatsoper Unter den Linden. In Einstellung 93, der mit großem Abstand längsten dieser Sequenz sehen wir Leonhardt als Bach am zweimanualigen

---

[106] Johann Sebastian Bach, 1977, Musicalisches Opfer BWV 1079. Fotomechanischer Nachdruck der Originalausgabe Leipzig 1747, hg. v. Christoph Wolff, Leipzig, S. 5.

Cembalo die Takte 1–39 des Ricercar a 6 aus dem *Musikalischen Opfer* spielen. Die Einstellungen 94 bis 98 zeigen einzelne Seiten aus dem Widmungsexemplar des Werkes für Friedrich II. in statischen oder bewegten Einstellungen.

Die Geschichte von Bachs Reise wird in der Bach-Historiografie aber nicht nur immer erzählt, sie wird vielmehr und nur mit kleinen Abweichungen auch immer *genau so*, d. h. in derselben Chronologie erzählt. Bachs Reise über Halle in Begleitung seines Sohnes Wilhelm Friedemann, die Geschehnisse am Hof Friedrichs II., der Besuch des neuen Opernhauses in Berlin, die Ausarbeitung der dem König vorgetragenen Fuge zum *Musikalischen Opfer* und ihre Widmung an den König werden seit Carl Hermann Bitters Bach-Biografie von 1865 in genau dieser Reihenfolge erzählt.[107] Bitter hält sich damit weitgehend an die Chronologie der Ereignisse, wie sie der erste Bach-Biograf Johann Nikolaus Forkel 1802 einführte. Dieser ist nicht nur die einzige Quelle für die Anekdote aus dem Berliner Opernhaus, sondern auch derjenige, der sie genau zwischen die Erzählung aus dem Potsdamer Schloss und den Bericht über den Druck des *Musikalischen Opfers* platziert. Philipp Spitta übernimmt jedes Detail dieser Erzählung Bitters in seine Biografie von 1873/80.[108] An genau dieses Muster hält sich auch Esther Meynell mit ihrer *Little Chronicle of Magdalena Bach* von 1925, auf die sich Straub-Huillet nicht nur mit dem Titel ihres Filmes ausdrücklich beziehen. Albert Schweitzer und Martin Geck behalten den Ablauf der Ereignisse ebenfalls bei, nur lassen sie die Episode aus dem Berliner Opernhaus weg.[109]

Die oftmals unmarkierte Referenz auf frühere Bach-Biografien reicht bis in einzelne Formulierungen hinein, die auch im Film wieder auftauchen. So heißt es im Bericht über Bachs Aufenthalt in Potsdam in den *Berlinischen Nachrichten von Staats- und gelehrten Sachen* vom 11. Mai 1747: »Am Montage ließ sich dieser berühmte Mann in der Heil. Geist-Kirche zu Potsdamm auf der Orgel hören, und erwarb sich bey den in Menge vorhandenen Zuhörern allgemeinen Beyfall.«[110] 252 Jahre später heißt es bei Werner Breig: »außerdem ließ er sich auf den Potsdamer Orgeln hören.«[111] Im Film schließlich lautet der Kommentar Anna Magdalena Bachs in Einstellung 91: »Am Tag darauf ließ er sich vor vielen Zuhörern in der Heilig.Geist Kirche mit allgemeinem Beifall auf der Orgel hören.« Dieses Beispiel zeigt die bemerkenswerte Stabilität, mit der die Berichte vom Leben Johann Sebastian Bachs ausgestattet sind. Wenn auch niemand daran gehindert wäre, sich hier für eine andere Formulierung zu entscheiden – und etliche Biografien

---

107 vgl. Bitter, 1865, Johann Sebastian Bach, Bd. 2, S. 316–326.
108 vgl. Philipp Spitta, 1880, Johann Sebastian Bach, Band 2. Leipzig, S. 710–714.
109 vgl. Albert Schweitzer, 1908/1969, Johann Sebastian Bach. Leipzig, S. 161–163 und 371–376 und Martin Geck, 2000, Bach. Leben und Werk. Reinbek bei Hamburg, S. 263–269 und 695–702.
110 zit. nach Johann Sebastian Bach, 1969, Neue Ausgabe sämtlicher Werke (NBA), Suppl. Bd. II: Bach-Dokumente. Fremdschriftliche und gedruckte Dokumente zur Lebensgeschichte Johann Sebastian Bachs 1685–1750. Kassel u. a., S. 434.
111 Werner Breig, 1999, Johann Sebastian Bach. In: Ludwig Finscher (Hg.), 1999, Die Musik in Geschichte und Gegenwart. Allgemeine Enzyklopädie der Musik. Zweite, neubearbeitete Ausgabe (MGG2). Personenteil 1 Aa–Bae. Kassel u. a., Sp. 1397–1535, hier 1419.

tun genau das – garantiert die Beibehaltung dieser auffälligen Wendung die Stabilität der Referenzkette über die diversen historiografischen Übersetzungen hinweg. Neben diesen impliziten Referenzen, und das ist die dritte Gemeinsamkeit, die der Film mit anderen Bach-Biografien unterhält, sind alle Erzählungen vom Leben Johann Sebastian Bachs seit der ersten Biografie Forkels explizit mit Referenzformeln durchsetzt. Dieser schreibt 1802 über die Potsdam-Episode: »Wilh. Friedemann, der seinen Vater begleitete, hat mir diese Geschichte erzählt, und ich muß sagen, daß ich noch heute mit Vergnügen an die Art denke, wie er sie mir erzählt hat.«[112] Philipp Spitta zweifelt diese Referenz Forkels, die er in zahlreichen Fußnoten adressiert, mit keiner Silbe an: »Emanuel und Friedemann haben die nun folgenden Vorgänge genau weitererzählt.«[113] Er vergleicht sie aber mit dem bereits zitierten Bericht aus den *Berlinischen Nachrichten*, nicht ohne zu versäumen, mit Carl Hermann Bitter den Finder der Quelle aufzurufen:

> »Ob hier Friedemann Bach seiner Phantasie nicht hat die Zügel schießen lassen, mag dahin gestellt bleiben. Die Spenersche Zeitung berichtet – worauf zuerst Bitter hingewiesen hat – unter dem 11. Mai 1747 über die Vorgänge ebenfalls. Hier heißt es aber nur: ... ward Sr. Majestät berichtet, daß der Capellmeister Bach in Potsdam angelangt sey, und daß er sich jetzo in Dero Vor-Cammer aufhalte, allwo er Dero allergnädigste Erlaubniß erwarte, der Music zu hören zu dürfen. Höchstdieselben ertheilten sogleich Befehl, ihn herein kommen zu lassen«.[114]

Albert Schweitzer ruft Forkel und mit ihm Wilhelm Friedemann Bach nicht nur auf, sondern stellt dem langen Zitat dieses Berichtes nur einen Satz voran: »Bachs letzte Fahrt möge Forkel erzählen, der sie ungefähr in den Ausdrücken wiedergibt, in welchen er von Friedemann darüber berichten hörte«.[115] Martin Geck orientiert sich in seinem kritischen Verfahren an Bitter und Spitta, indem er den Bericht aus den *Berlinischen Nachrichten* sowie Forkel in Gänze wörtlich zitiert, treibt das jedoch noch etwas weiter: »Wir gehen auf die kleinen Widersprüche zwischen beiden Berichten nicht ein, überlassen es auch dem Leser, in dem ausführlichen Bericht Forkels zwischen historischem Kern und anekdotischer Ausschmückung zu differenzieren, und rekonstruieren statt dessen die Chronologie der wichtigsten Ereignisse.«[116] In der besonderen erzählerischen Präsenz des Präsens fährt er fort:

---

112 Johann Nikolaus Forkel, 1802, Ueber Johann Sebastian Bachs Leben, Kunst und Kunstwerke. Leipzig. (Reprint hg, kommentiert und mit Registern versehen von Axel Fischer. Kassel 1999), S. 9.
113 Spitta, 1880, Bach, S. 710.
114 ebd., S. 711 (Fußnote 26).
115 Schweitzer, 1908/1969, Bach, S. 161.
116 Geck, 2000, Bach, S. 266.

»Am Sonntag, dem 7. Mai 1747, erscheint Bach bei der höfischen Kammermusik, die regelmäßig zwischen 19 und 21 Uhr stattfindet – an diesem Tage wohl noch nicht im gerade fertiggestellten Schloß Sanssouci, sondern im alten Potsdamer Stadtschloß. Bei den Hofbeamten ist er sicherlich von seinem Sohn Carl Philipp Emanuel eingeführt worden; ob eine spezielle und persönliche Einladung des Königs vorliegt, muß offenbleiben. Jedenfalls lauscht Bach dem abendlichen Konzert in der Vorkammer, ehe er vom König hereingebeten wird. Er probiert zunächst einige der neuen Silbermann-Klaviere und erbittet sich sodann vom König ein Thema, um über dieses eine Fuge zu improvisieren. Am Tag darauf gibt Bach ein Orgelkonzert in der Heilig-Geist-Kirche; abends hat er noch einmal Gelegenheit, bei Hofe eine sechsstimmige Fuge über ein eigenes Thema vorzutragen.«[117]

Der Film folgt nicht nur der Chronologie der Ereignisse Forkels und übernimmt einzelne Formulierungen etwa aus den *Berlinischen Nachrichten*, sondern er orientiert sich in seiner Form des unmittelbaren Berichts hauptsächlich an Meynell. Hier wie dort ist der Bericht der Anna Magdalena Bach mit Formulierungen durchsetzt, die suggerieren, alle dort wiedergegebenen Fakten seien der Sprecherin auf diese oder jene Weise direkt von den beteiligten Personen erzählt worden. Ähnlich wie Forkel die Unmittelbarkeit seiner Erzählung auf die mündlichen Berichte Wilhelm Friedemann Bachs stützt, steht Anna Magdalena bei Meynell und im Film mit ihrer Person als Zeugin für die Richtigkeit der Angaben ein.

Betrachtet man einmal, wie die bereits erwähnten unterschiedlichen Materialien, die der Film zusammenbringt, in dieser Episode miteinander verwoben werden, so fällt daran zweierlei auf (Abb. 2.16). Zum einen muss die Behauptung relativiert werden, der Film verfahre in seiner Erzählung der Ereignisse um Bachs Reise nach Potsdam ganz so wie die überlieferte Bach Historiografie. Der Kommentar Anna Magdalena Bachs orientiert sich ohne Zweifel an dieser Chronologie. Der Film ist aber mehr als dieser Kommentar. Er ist eine Schichtung unterschiedlicher Materialien. In ihm überlagern sich jeweils ein (oder kein) Bild, eine Tonspur mit Anna Magdalenas Kommentar und/oder In-Ton und/oder Musik aus dem In, Off oder Hors-champ. Hinzu kommen unterschiedliche Typen von Bildinhalten: Spielszenen, Musikszenen, Schwarzfilm, Briefe, Noten, Grafiken in je verschiedenen Behandlungen: bewegte oder starre Einstellung, unterschiedliche Bewegungsformen. Es ergeben sich zahllose Kombinationsmöglichkeiten, von denen allein diese kurze Sequenz einige erprobt. Was in der Bach-Biografik unterschiedliche Erzählverfahren sind, von denen einige bereits beschrieben wurden, sind im Film Konstellationen von Bildern und Tönen. Insbesondere ist hier auf die Möglichkeit zur Gleichzeitigkeit hinzuweisen, die auch dafür sorgt, dass die Faktur der Episode im Film nicht rein sequenziell abläuft, sondern sich teilweise überlagert. So hören wir etwa in dem Moment, in dem der Kommentar davon berichtet, dass der König Bach ein Fugenthema zur Ausführung aufgab, genau

---

117 ebd.

4. Geschichte über Geschichte

Abb. 2.16 – Schichtungen kinematografischer Materialien in Einstellungen 90–98, Chronik der Anna Magdalena Bach

dieses Thema als Anfang des Ricercar, während der Schwarzfilm deutlich ausstellt, dass keine Bilder des Königs gezeigt werden. Der Blick auf meine Grafik der Sequenz lässt ein Weiteres augenfällig werden. Mit der Musik teilt der Film qua Zeitgebundenheit Rhythmus und Dauer. Die längste Einstellung der Sequenz (93) ist genau vierzig mal länger als die kürzeste (98). Vor und nach dieser Einstellung sind jeweils drei bzw. fünf Einstellungen ähnlicher Dauer zusammengefasst. Regelmaß und Unterbrechung sind die rhythmischen Prinzipien dieser Montage, die Einheiten produziert und voneinander unterscheidet. Das Erleben der Dauer der Musikstücke ist eines der prägenden Erlebnisse beim Schauen des Films. Gleichzeitig wird über diese intensiv erlebte Dauer ein charakteristisches Merkmal der Musik erfahrbar gemacht, denn die Dauer der Einstellungen orientiert sich in sehr vielen Fällen an der Länge einzelner Sätze oder geschlossener Satzteile. Aus der Konfrontation aus beschleunigter und verlangsamter Montage entwickelt der Film sein Zeitverständnis. Dieses beinhaltet einerseits das klassische Narrativ der Bachhistoriografie, das aus der immer gleichen Chronologie und überlieferten Formulierungen besteht. Andererseits wird das von der spezifisch filmischen Dauer überlagert und transformiert, seine unterschiedlichen Versionen werden in eine neue zeitliche Ordnung gebracht. Dabei ergibt sich ein gewisser Widerstreit zwischen der erzählten Zeit, in der Ereignisse fast beliebig aneinander gereiht werden können, und der musikalisch-kinematografischen Dauer, die als Block insistiert und die ganze Jahre überspringende Erzählung mit der erlebten Zeit des konkreten Vortrags eines bestimmten Musikstückes vor der Kamera Straub-Huillets konfrontiert. In diesem Sinn ist der Film metahistorisch: Er ruft weite Teile der etablierten historiografischen Bach-Referenzkette auf und kommentiert diese, während er mit der kinematografischen Aufzeichnung der Musik im Stil der historischen Aufführungspraxis der 1960er Jahre ein weiteres (und sicher nicht das letzte) Glied an diese Referenzkette setzt.

Zusammenfassung

Ich habe versucht, an CHRONIK DER ANNA MAGDALENA BACH zwei spezifische Probleme kinematografischer Historiografie zu entwickeln. Die ausführliche Gegenüberstellung des Films mit wichtigen Exponenten der musikwissenschaftlichen Bach-Historiografie hat gezeigt, dass er in vielerlei Hinsicht deren Fragestellungen erbt und weiterverfolgt. Wie die herkömmliche Bach-Historiografie trifft der Film auf historische Gegenstände, die mit der Familie Bach zu tun haben, und muss sich zu diesen verhalten. Johann Sebastian Bach und Anna Magdalena Bach werden in langen Übersetzungsprozessen als historische Objekte ausreichend stabiler, historiografischer Referenz verfertigt. Diese Referenzarbeit ist in besonderer Weise an Fragen der Chronologie verwiesen. Für die Bach-Historiografie sind chronologische Überlegungen, etwa in Bezug auf die Entstehung der Leipziger Kirchenkantaten oder der *Matthäuspassion* und ihrer Parodien, zentrale Forschungsanliegen. Der Film zeigt in seinem ostentativen Verzicht auf Jahreszahlen, dass er einen Zugang zur Chronologie besitzt, der durch eine technologische und mediale Differenz zur erzählten und erzählenden Historiografie markiert ist. Die kinematografische Fähigkeit, Zeit nicht nur in narrativ verbundenen Daten zu repräsentieren, sondern sie als Dauer zu geben, hat für das Verhältnis der Kinematografie zur (vergangenen) Zeit erhebliche Konsequenzen. Insbesondere in der Gleichzeitigkeit unterschiedlicher Zeiten, etwa erzählter und musikalischer Zeit, begegnet der anachronistische Kern kinematografischer Historiografie. Das Kino kennt nicht mehr *die historische Zeit*, deren Verlauf als berechenbare Chronologie beschreibbar ist, sondern beruht immer schon auf einem Zeitparadox: unbewegtes, Zeit stillstellendes Einzelbild, und bewegtes, Zeit gebendes Bewegtbild sind im Kino untrennbar aufeinander verwiesen. Dieser technologisch unhintergehbare Anachronismus scheint für das historiografische Wissen des Kinos nicht ohne Folgen zu bleiben: So wie in ihm schon immer Zeiten statt Zeit am Werk sind, nimmt es diese Pluralität in den Blick. CHRONIK DER ANNA MAGDALENA BACH verfolgt deshalb ein metahistorisches Programm, das nicht die Vergangenheit Bachs freilegt, sondern in dem vielfältige Bach-Geschichten mit ihren verschiedenen (möglichen) Zeitkonzeptionen erscheinen. In den Zeitschichten des Films zeigt sich eine bewegliche Konzeption historischer Referenz, wie sie Bruno Latour beschrieben hat und in der die Gegenstände der Referenz und die Gegenstände ihrer Referenzierung fortwährend ineinander übersetzt werden. Die technologischen Bedingungen dieser Meta-Historiografie fallen mit den Technologien des bewegten Bildes und hier in Sonderheit denen des Kinos zusammen.

Kapitel III

Akteur-Netzwerk: Cleopatra

»[…] there is no 'history' apart from historical practices.
Nor, in consequence, is there any logical,
universal or unchanging reason to talk
of one practice as 'more historical' than another.«[1]

---

[1] Marnie Hughes-Warrington, 2007, History Goes to the Movies. Studying history on film. London, New York, S. 32.

1. Die Widersprüche

Sequenzanalyse

Einer der ersten Höhepunkte in CLEOPATRA ist die Begegnung zwischen der gleichnamigen und von Elizabeth Taylor gespielten Königin mit Rex Harrison als Julius Caesar.[2] Die Begegnung findet aber zweimal, direkt hintereinander statt. Beim ersten Mal wird die berühmte und zuerst von Plutarch erzählte Episode leicht verändert. Die von ihrem Bruder und dessen Ratgebern vertriebene Cleopatra lässt sich heimlich in den Palast schmuggeln: »Da sie sonst keine Möglichkeit sah, unentdeckt hineinzukommen, legte sie sich der Länge nach in einen Bettsack, Apollodoros schnürte ihn mit Riemen zusammen und trug das Bündel durchs Schloßtor zu Caesar hinein.«[3] Im Film ist aus dem Bettsack ein Teppich geworden, dem Liz Taylor entsteigt. Während dieser Begegnung in Caesars Räumen formuliert Cleopatra erstmals ihr Angebot, ihn mit ägyptischem Getreide und Reichtümern zu unterstützen, unter der Bedingung, von ihm zur alleinigen Königin auf dem ägyptischen Thron gemacht zu werden, den sie mit ihrem Bruder teilen muss. Cleopatra wird als kluge und machtvolle Herrscherin präsentiert, die sich ihrer politischen Ziele ebenso bewusst ist wie der militärischen Situation der von Caesar angeführten Römer. Die anschließende Unterredung Caesars mit zwei seiner Generäle beobachtet Cleopatra aus einem geheimen Gang hinter dessen Gemach, in das sie durch zwei Löcher im Auge einer Figur schaut, die als Glasfenster in die Wand eingelassen ist.[4] Der Film zeigt dieses Fenster als Ganzes nur in einer Halbtotale aus der Perspektive des Ganges, in dem sich Cleopatra und Apollodorus befinden. (Einst. 1, Abb. 3.1) In einer Nahaufnahme sehen wir dann das Fensterauge von der anderen Seite mit den beiden Löchern in der Pupille, durch die Cleopatra hindurchblickt. (2, Abb. 3.2) Im Laufe der Szene in Caesars Gemach, in der die Generäle Agrippa und Rufio sich unter anderem in den Schriften Ciceros über Cleopatra informieren und Caesar einen epileptischen Anfall erleidet, erfolgt immer wieder der Gegenschnitt auf Cleopatras durch das blaue Auge blickende blaue Augen. (19, 23, 33, 35) Niemals aber wird die ganze Wandfigur aus der Perspektive Caesars oder seiner Generäle gezeigt. Die leichte Vogelperspektive auf Caesar definiert die Einstellungen aber als Point-of-View-Shots aus der Perspektive des Auges

---

2 Ich verwende im Folgenden die englischen Namen der Figuren, wie sie auch im Film verwendet werden. Außerdem beziehe ich mich in meinen Ausführungen auf die vierstündige DVD-Fassung des Films, 20th Century-Fox Home Entertainment, 01143, (2002). Diese Fassung entspricht der Verleihversion, wie sie 1964 zunächst in die amerikanischen Kinos kam, bevor dann durch den Verleih unterschiedlichste Versionen mit verschiedenen Längen in Umlauf gebracht wurden.

3 Plutarch, Caesar, 49. Übersetzung nach Plutarch, 1954/1991, Von großen Griechen und Römern. Fünf Doppelbiographien. Übers. v. K. Ziegler und W. Wuhrmann. München und Zürich, S. 188.

4 vgl. ab hier Sequenzprotokoll 3 im Anhang.

1. Die Widersprüche

Abb. 3.1 – Einst. 1 nach Sequenzprotokoll 3, CLEOPATRA

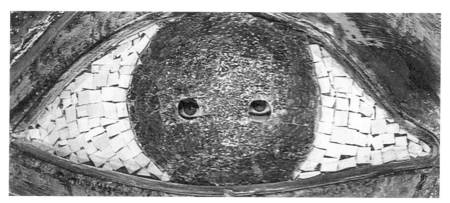

Abb. 3.2 – Einst. 2 nach SP 3, CLEOPATRA

bzw. Cleopatras. (3, 20, 21, 27, 29, 31, 32, 34, 39) Es handelt sich um einen Blick, der kein Blick zwischen (fiktiven oder realen) Personen ist, sondern der als Kino-Blick über die Montage unterschiedlicher Einstellungen und Kameraperspektiven erzeugt wird und damit ein Wissensgefüge zwischen den beteiligten Figuren installiert. Während die Generäle Cicero über Cleopatra zitieren, lächelt sie dem hinter hier stehenden Apollodorus und damit der Kamera genau dann zu, wenn von ihren sprachlichen und politischen Fähigkeiten die Rede ist (6), stößt ihn aber zurück, sobald delikate Vermutungen über ihr Sexualleben angestellt werden. (12) Als ob Apollodorus nicht auch hinter ihr stehend hören könnte, was die beobachteten Männer unten sagen, wird das Wissen gegen jede Logik mit einem Blick verbunden. Wenn Apollodorus durch das Fenster sehen könnte, sähe er drei Männer um ein Feuerbecken, die in Schriftrollen lesen. Der Blick, auf den hier durch die doppelten Augen die Aufmerksamkeit gelenkt wird, wird als Blick vorgestellt, der durch die Verknüpfung von Bildern in der Lage ist, Wissen zu distribuieren.

Cleopatra zieht sich dann in ihre Gemächer zurück und Caesar erholt sich unter der Aufsicht durch seinen stummen Sklaven Flavius von seinem Anfall. Nachdem er erstmals schlafend auf seinem Bett gezeigt wird, wird zu Cleopatra in ihren Räumen überblendet. (37) Sie sitzt, versonnen auf einen vor ihr stehenden Spiegel schauend, an einem riesigen Schminktisch. (38, Abb. 3.3) Wieder wird zur nächsten Einstellung zu Caesar überblendet, den wir aus einer Vogelperspektive in seinem spärlich erleuchteten Schlafzimmer sehen, wo ihm Flavius mit einem Tuch das Gesicht abtupft. (39, Abb. 3.4) Erneut führt eine Überblendung zu Cleopatra. (40, Abb. 3.5) Diese liegt nackt und bäuchlings auf einem riesigen Stein, ein Tuch bedeckt eines ihrer Beine und die Hälfte ihres Pos, während ihr der Rücken massiert wird. Im Hintergrund sind eine Reihe ihrer Sklavinnen damit beschäftigt, zwei runde Becken zu säubern und Badezusätze hineinzugießen. Rechts sitzt eine Gruppe Sklavinnen, die mit dem blinden Phoebus in eher schrägen Tönen und einer nicht erkennbaren Sprache musizieren. Die Kamera fährt relativ schnell auf Cleopatras Gesicht zu, die wiederum unbestimmt in die Ferne schaut. Eine weitere Überblendung führt wieder auf den friedlich schlafenden Caesar, gefolgt von einem Schwenk auf den an seinem Bett wachenden Flavius. (41) Von diesem überblendet der Film zu Cleopatras Bett, an dessen Fußende ihre Dienerin Charmian auf dem Boden schläft. (42) Die anschließende Fahrt an dem transparenten und mit Lotusblüten verzierten Vorhang entlang endet bei Cleopatra, die wach in ihrem Bett liegt und an die Decke starrt. Eine letzte Überblendung wird nun mit einem Zeitsprung zu einem nicht weit entfernten Tag verbunden. (43) Cleopatra sitzt in dem reich bepflanzten Innenhof, zu dem sich ihre Gemächer öffnen, und lauscht der Musik und Rezitation ihres blinden Sklaven Phoebus. Plötzlich unterbricht dieser seine Darbietung. (47) Er hört Schritte im Korridor, die er als die Caesars und seiner Männer identifiziert. Darauf wendet sich Cleopatra an ihre Dienerin Charmian: »We must not disappoint the mighty Caesar. The Romans tell fabulous tales of my bath and handmaidens ... and my morals.« (50) Als Caesar dann das Gemach betritt, hat Cleopatra es in die Bühne verwandelt, deren Erwartung sie von ihm erwartet. Nachdem Caesar seine Begleiter zu deren offenkundigem Missfallen vor der Tür warten lässt, zeigt eine Totale diese geöffnet von innen. Caesar tritt ein und kommt auf die Kamera zu, das sehend und mit suchenden Blicken inspizierend, was wir als Zuschauer_innen noch nicht sehen können. (52) In einer symmetrischen Einstellung wird uns und Caesar dann die ganze Großartigkeit von Cleopatras delikater Schönheitspflege präsentiert. (53, Abb. 3.6) Rechts und links von den massiven Pfeilern des Raumes begrenzt, liegt in der Mitte Cleopatra auf einer weiß-goldenen Liege, umgeben von zahlreichen Dienerinnen, die ihr mit großen Federfächern Luft spenden, Füße und Hände pflegen, für sie musizieren oder einfach nur dabeistehen. In den Gängen und Perspektiven der folgenden Einstellungen werden immer wieder Teile der gewaltigen Raumfolge freigegeben, die wir gemeinsam mit Caesar zu sehen bekommen. Die einzelnen Teile von Cleopatras Appartement sind durch halbdurchsichtige Vorhänge voneinander getrennt. Die Wände sind mit zahlreichen ornamentalen Reliefs und figürlichen Darstellungen verziert, die in Materialien ausgeführt sind,

1. Die Widersprüche

Abb. 3.3 – Einst. 38 nach SP 3, Cleopatra

Abb. 3.4 – Einst. 39 nach SP 3, Cleopatra

Abb. 3.5 – Einst. 40 nach SP 3, Cleopatra

die im Filmbild vor allem an Marmor, Gold und edle schwarze Steine denken lassen. Nach oben werden die Gemächer nur vom Rand des Filmbildes begrenzt, keine noch so hohen Decken sind zu sehen. In der Verleihbroschüre zum Film heißt es darüber:

> »Untold effort has gone into the over-all design of the physical production for Cleopatra. [T]he detailed, authentic craftsmanship of the film's production designers, costume designers, and set decorators [...] establish the style and taste of the settings, and help provide the proper mood and atmosphere for the story that is told.«[5]

Schritt für Schritt nähern wir uns in diesen Einstellungen (53–62) der eigentlichen Sensation: Lasziv räkelt sich die nackte Cleopatra auf ihrer Liege und wird nur von einem hautfarbenen, halbdurchsichtigen Tuch bedeckt, das jedoch immer wieder beiseite rutscht und von ihren Dienerinnen oder ihr selbst zurechtgerückt werden muss. (60, Abb. 3.7) Das Spektakel Cleopatras und des Palastes, das vor unseren und den Augen Caesars entrollt wird, hat dabei in fast jeder Hinsicht einen doppelten Boden. Während wir nämlich in der langsamen Annäherung an Cleopatra-Taylors Körper den sich annähernden, inspizierenden und immer suchenden Blick Caesars sehen und miterleben können, wissen wir doch um die Inszeniertheit dessen, was wir da bewundern können und wohl auch wollen. Alles ist ›nur‹ eine verführerische Inszenierung, mit der Cleopatra Caesar gewinnen will, und wir wissen das, weil wir gerade gehört haben, wie sie den Plan dazu gefasst hat. Das ändert aber nichts an der Tatsächlichkeit des Spektakels. Gleichzeitig wissen wir als Zuschauer_innen des Films natürlich, dass es sich beim gesamten Film sowieso um ein großes Spektakel handelt, für das wir an der Kinokasse Eintritt bezahlt haben oder das wir auf DVD erwerben mussten. Den sich unter halbdurchsichtigen Stoffen räkelnden Körper sehen wir immer zugleich als den Cleopatras und Liz Taylors. Lucy Hughes-Hallet hat die ganze Ambivalenz dieser Anordnung wie folgt festgehalten:

> »The real film maker titillates his real audience by giving them what they have come to see, Elizabeth Taylor's flesh, in a scene so clichéd [...] that their pleasure in it is as duplicitous as Taylor-Cleopatra's own role. She mocks the crassness of the taste for this kind of pornographic display, yet she displays herself. We make fun of such a corny, contrived scene, and yet we enjoy the opulence of it and we are pleased to glimpse the outlines of Taylor's breasts and hips«.[6]

---

5   20th Century-Fox Corporation (Hg.), 1963, Cleopatra. New York, o. S. [46]. Die Broschüre hat keine nummerierten Seiten. Die hier und im Folgenden in eckigen Klammern angegebenen Seitenzahlen beginnen ihre Zählung bei 1 mit dem vorderen Umschlag.
6   Lucy Hughes-Hallet, 1990, Cleopatra. Histories, Dreams and Distortions. London, S. 344.

Abb. 3.6 – Einst. 53 nach SP 3, CLEOPATRA

Abb. 3.7 – Einst. 60 nach SP 3, CLEOPATRA

Auch innerdiegetisch bekommt diese Szene einen doppelten Boden. Die Überblendungen zwischen den Einstellungen 37 bis 43, bei denen jeweils eine Person versonnen, fast abwesend ins Unbestimmte starrt oder schläft, versetzen das ganze Geschehen in eine traumhafte Welt. Nach und nach werden die Fackeln gelöscht (3), in deren Licht gerade noch harte politische Verhandlungen geführt, über die Korrektheit von Karten diskutiert oder Berichte über die Personen dieser Geschichte studiert wurden. Träumerei, Schlaf, epileptische Anfälle, halbdurchsichtige Vorhänge und versteckte Sichtfenster führen in einen Bereich erotischer Träumerei, in dem entweder in unbekannten Sprachen gesungen wird oder lateinische Klassiker in Versionen vorgetragen werden, die von Hollywoods Scriptwritern aufgepeppt worden sind. Am Grunde dieses umfassenden Spektakels namens CLEOPATRA bleibt nur, den eigenen Augen und Ohren zu trauen, worauf letztlich der blinde Sänger bei Cleopatra und der stumme Diener bei Caesar hinweisen. Cleopatra scheint zu wissen, dass weder mit Caesar noch mit Mark Antony politische Partnerschaften und gewonnene Schlachten allein hinreichen. Stattdessen muss all das als Spektakel einer Erlebnisweise verdoppelt werden: Caesar weiß, dass er Cleopatra braucht, um Ägyptens Unterstützung für seine Kriege zu erhalten, er muss sie aber auch begehren. Cleopatra entsteigt deshalb einmal dem Teppich wie eine Geheimagentin im höchsten Auftrag und sie schlängelt sich einmal auf ihrer Liege wie ein halbseidenes Pornosternchen. Lucy Hughes-Hallet hat dies nicht nur als entscheidendes Charakteristikum für die vielen Film-Kleopatren des zwanzigsten Jahrhunderts erkannt, deren unangefochtene Königin Liz Taylor immer gewesen ist, sondern sie hat eine ähnliche Bewegung auch in den literarischen Zugriffen auf die ägyptische Königin festgestellt.[7] Dieser Zustand, in dem jede politische Intrige um eine Pin-up-Nummer ergänzt wird, wo aus jedem subtilen Symbol ein Exzess der Form wird, der gegen Interpretation immun ist, hat Hughes-Hallet mit Susan Sontag als *camp* bezeichnet und darin den Zustand gesehen, in dem uns Kleopatra im zwanzigsten Jahrhundert und damit im Film für gewöhnlich begegnet:

> »The passion and extravagance implicit in Cleopatra's legend are still in demand with her modern public, but they can no longer be taken straight. To retain her allure in a sceptical age Cleopatra has had to camp it up. [...] camp allows images which have lost their validity to keep their vitality.«[8]

Für Sontag zeichnet sich *camp* vor allem durch vier Dinge aus: Es handelt sich erstens um eine *sensibility*, eine Erlebnisweise, die keine Idee und kein Verhalten ist, sondern eine Haltung zu ästhetischen Dingen, wie eine Eigenschaft dieser sein kann.[9] *Camp* ist, zweitens, eine Haltung, die den Inhalt im Hinblick auf den Stil vernachlässigt und damit »eine bestimmte Art des Ästhetizismus ist.«[10] Campy Dinge unterlaufen damit drittens eine Reihe etablierter Dichotomien wie Wahrheit und Lüge, Hoch- und Populärkultur, Ernsthaftigkeit und Ironie, schön und hässlich usw.[11] Das Wesentliche an der Leichtigkeit des *camp* ist deshalb »eine Ernsthaftigkeit, die ihren Zweck verfehlt. [...] Nur das, was die richtige Mischung von Übertreibung, Phantastik, Leidenschaftlichkeit und Naivität aufzuweisen hat.«[12] Schließlich fordert *camp* Exzesse aller Art: Das betrifft seine Stoffe, seine Erscheinungsweisen, seine möglichen Gebrauchsweisen und die Reaktionen darauf. *Camp* ist immer von allem etwas zu viel.

Nichts zeigt das besser als die hier besprochenen Sequenzen aus CLEOPATRA. Wenn Caesar den Teppich ausrollt, in dem sie in den Palast gebracht wurde, rollt Liz Taylor meterweit, obgleich er den Teppich nur ein klein wenig nach oben gezogen hat. Gleichzeitig wird diese Bewegung nochmals durch orientalisierende

---

7   vgl. ebd., S. 336ff.
8   ebd., S. 332.
9   vgl. Susan Sontag, 1964/2009, Anmerkungen zu ›Camp‹. In: Dies., 1964/2009, Kunst und Antikunst. 24 literarische Analysen. München, S. 322–341, hier: 322f.
10 ebd., S. 324.
11 ebd., passim.
12 ebd., S. 331.

1. Die Widersprüche

Harfenmusik verdoppelt. Um zu zeigen, dass es zwischen den beiden Regenten eine Verbindung gibt, auch wenn sie auseinandergegangen sind, überblendet der Film nicht nur zwei Einstellungen miteinander, sondern sechs, in jeder erscheint Cleopatra in einem anderen Kostüm, jede hat ihre eigene Musik und gerade darin wird ein Mehrwert generiert, der eben nicht in der von mir weiter oben schon angedeuteten, der Hollywoodgrammatik entsprechenden, Lesart als Etablierung mehrfacher Traumebenen aufgeht. Auch würde es wenig Sinn machen, den Blick mit Liz Taylors berühmten blauen Augen durch das dargestellte blaue Auge nur als Symbol für die Verbindung aus Sehen und Wissen zu lesen. Das von der Kinoleinwand ins Gesicht der Zuschauer_innen springende, knallige Blau ist viel mehr und viel weniger als das. Aus der Perspektive dieses seltsam sensiblen Zwischenreiches lassen sich einige Besonderheiten Cleopatras erklären, die bei einer großen Zahl von Althistoriker_innen nur Kopfschütteln ausgelöst haben. Widerspruch und Verdopplung sind das Prinzip des Films in jeder Hinsicht.

Sehen und Lesen

Das *Souvenir Book*, das zum Filmstart in den amerikanischen Kinos gekauft werden konnte, beginnt mit einer ganzseitigen Lektüreanweisung für den Film, als deren Autor ein Historiker in Anschlag gebracht wird (Abb. 3.8):

> »We, as we read of the deeds of the Queen of Egypt, must doff our modern conception of right and wrong; and, as we pace the courts of the Ptolemies, and breathe the atmosphere of the first century before Christ, we must not commit the anachronism of criticizing our surroundings from the standard of twenty centuries after Christ. Arthur Weigall, Historian«[13]

Nur wenige Seiten später, anlässlich einiger Überlegungen zum Ablauf und Aufwand der Dreharbeiten, heißt es dann: »And because his [Mankiewicz'] approach to the story was relatively sophisticated, we are now able to view Cleopatra, as well as Caesar, Antony, and Octavian, from a modern psychological perspective that was denied the ancients.«[14] In ein und derselben Publikation des produzierenden Studios werden unterschiedliche historiografische Standpunkte eingenommen, die sich wohl beide rechtfertigen ließen, die aber im Grunde nur schwer miteinander vereinbar sind. Eine ähnliche Verdopplung nimmt dasselbe Programmheft bei der Nacherzählung der Filmereignisse vor. Genau genommen werden diese nämlich zweimal erzählt. Zunächst findet sich unter der Überschrift »CLEOPATRA. QUEEN OF EGYPT. History and Legend« eine *relativ* nüchterne Schilderung der historischen Ereignisse, in der teilweise aus den antiken Quellen zitiert oder auf Fakten hingewiesen wird, die sich nicht mit Sicherheit ermitteln lassen. Da-

---

13   20th Century-Fox Corporation (Hg.), 1963, Cleopatra, o. S. [5].
14   ebd., o. S. [24].

We, as we read of the deeds of the Queen of Egypt, must doff our modern conception of right and wrong; and, as we pace the courts of the Ptolemies, and breathe the atmosphere of the first century before Christ, we must not commit the anachronism of criticizing our surroundings from the standard of twenty centuries after Christ.   ARTHUR WEIGALL, HISTORIAN

Abb. 3.8 – 20th Century-Fox Corporation (Hg.), 1963, Cleopatra. New York, S. [5].

ran schließt sich unter dem Titel »FROM HISTORY THIS STORY« eine Nacherzählung der Filmstory an, die die gleichen Ereignisse aus der Kleopatra-Geschichte noch einmal erzählt, nun aber in der Art des filmischen Emplotments von CLEOPATRA. Während sich die erste Erzählung darum bemüht, ihre Quellen offenzulegen und sich kritisch zur Überlieferung zu verhalten, schwelgt die zweite im Melodrama. Zunächst heißt es in der historischen Schilderung:

> »There was bias in some of the accounts, as in Josephus. Fact mingled with legend, as in the minds of the populace they became like gods. But modern scholarship has pieced together a reasonable interpretation of the events that for two thousand years had caught the imaginations of playwrights, biographers, and novelists.«[15]

---

15 Cleopatra. Queen of Egypt. History and Legend. In: 20th Century-Fox Corporation (Hg.), 1963, Cleopatra, o. S. [8–13, hier: 8].

1. Die Widersprüche

Im Gegensatz dazu heißt es dann in der wiedergegebenen Filmerzählung:

»Cleopatra's admiration for Caesar grows through their several meetings. He is informed by his aides that she is ambitious, remorseless when it comes to obtaining her objectives, and will use feminine charms as one of her weapons. Caesar becomes annoyed by what he considers her constant interference with his activities, and by what he considers her equally childish insistence that she be regarded as a great queen.«[16]

Mit diesem Verfahren, bei dem die Erzählung von Kleopatra entlang der Differenz von dichterischer Bearbeitung und historiografischer Rekonstruktion zu CLEOPATRA verdoppelt wird, befinden sich die anonymen Autor_innen der Broschüre in bester Gesellschaft. Es gehört zum intellektuellen Kleingeld der Kleopatraforschung im zwanzigsten Jahrhundert, dass ihre Überlieferung so stark dichterisch überformt wurde, dass sich nicht eigentlich sagen lässt, wer, was und wie sie genau gewesen ist. Ilse Becher sah in den 1960er Jahren schon »die ganze Schwierigkeit einer Lebensdarstellung Kleopatras: es ist die Tatsache, daß wir fast ausschließlich auf die literarischen Quellen von Kleopatras Feinden angewiesen sind, so daß es von vornherein ein fragwürdiges Unternehmen erscheint, ein der historischen Wahrheit entsprechendes Bild der Königin zu zeichnen.«[17] Gerade diese Einsicht scheint jedoch den historiografischen Ehrgeiz um so stärker herauszufordern und so ist es zum Standardverfahren der Kleopatra-Historiografie geworden, immer mindestens zwei Geschichten von ihr zu erzählen: einerseits das, was in der Zusammenschau der jeweiligen wissenschaftlich-historiografischen Arbeiten über sie als gesicherte Wahrheit gelten kann: »here – as near as modern scholarship can establish them – are the plain facts about Cleopatra.«[18] Dem gegenüber steht eine textkritische Auseinandersetzung mit den verschiedenen künstlerischen Bearbeitungen der Kleopatra-Geschichte. Auf diese Weise verfährt Lucy Hughes-Hallet, so kann man es nachlesen bei Susan Walker und Sally-Ann Ashton[19], bei Mary Hamer[20] sowie jüngst bei Margaret M. Miles[21] oder im Katalog der Kleopatra-Ausstellung im Genfer Musée Rath 2004, wo jeweils ein Beitrag die Fakten über Kleopatra sichert.[22]

Am ausgeprägtesten ist diese Erzählweise bei Lucy Hughes-Hallet, die ihr Buch mit einer ihre Leser_innen vielleicht irritierenden Kleopatra-Beschreibung

---

16 From History This Story. In: 20th Century-Fox Corporation (Hg.), 1963, Cleopatra, o. S. [14–21, hier: 14–16].
17 Ilse Becher, 1966, Das Bild der Kleopatra in der griechischen und lateinischen Literatur. Berlin, S. 10.
18 Hughes-Hallet, 1990, Cleopatra, S. 29.
19 Susan Walker; Sally-Ann Ashton, 2006, Cleopatra. London.
20 Mary Hamer, 1993, Signs of Cleopatra. History, politics, representation. London, New York.
21 Margaret M. Miles (Hg.), 2011, Cleopatra. A Sphinx Revisited. Berkeley, Calif u. a.
22 Claude Ritschard; Allison Morehead; Musée Rath Genève (Hg.), 2004, Cléopâtre dans le miroir de l'art occidental. Genf, Mailand.

Abb. 3.9 – Mechanische Uhr im Haus Mark Antonys, Cleopatra

Abb. 3.10 – Bett auf Cleopatras goldener Barke, Cleopatra

Abb. 3.11 – Schatten vom Filmkulissengerüst auf Cleopatras Sphinx, Cleopatra

beginnt: »There was once an Egyptian queen called Cleopatra. She was rich, unscrupulous and fascinatingly beautiful.«[23] Nach seitenlangen melodramatischen Schilderungen der sagenumwobenen Königin, kommt sie auf den Boden der Tatsachen zurück: »Such is the legendary story of Cleopatra. It is shot through with falsehood from beginning (Cleopatra was not Egyptian, she was Greek) to end«.[24] Es folgt dann bei ihr die übliche Feststellung, dass eine objektive Rekonstruktion des Lebens der Kleopatra nicht möglich ist: »The conundrum is insoluble. When dealing with such distant times historians have to leave absolutes like truth and untruth alone and content themselves with sorting the probable from the unlikely.«[25] Nichts desto trotz erzählt sie im Anschluss daran, ganz wie die Broschüre zu CLEOPATRA, die Geschichte mit veränderten Vorzeichen noch einmal: als »the plain facts about Cleopatra.«

CLEOPATRA konfrontiert uns schließlich mit einem letzten Widerspruch, in dem dieselben Dinge in zwei völlig unvereinbare Beziehungen zueinander gesetzt sind. So bemüht sich die Broschüre nicht nur um historische Genauigkeit, indem sie als erstes einen Historiker zu Wort kommen lässt. Sie beweist stattdessen ein profundes Wissen über die üblichen Widerstände gegen Epics wie dieses und versucht, sie nuancenreich aus dem Weg zu räumen. Dazu werden in der Broschüre sogar filmhistorische Überlegungen vorgebracht, in denen man sich von den schwarz-weißen Stummfilmepen absetzt, die sich nur an Zuschauer_innen richteten, »who did not mind the naive stories and conceptions of history, and took delight in the unusual panoplies presented on the screen.«[26] Ganz im Gegensatz dazu positioniert sich CLEOPATRA:

> »The challenge was, then, to make a film of great proportions, that would satisfy as chronicle and drama, the idea being not to overwhelm the audience in a grand display of color and movement and size, but to make understandable the motives, the emotions, the passions of people of another time. […] it became the purpose of everyone involved to see to it that qualitative and narrative values were never subordinated to the physical spectacle. Each, rather, could enhance the other.«[27]

Im krassen Gegensatz dazu stehen eine Reihe offensichtlicher Anachronismen des Films. So wird im zweiten Teil einmal eine offenbar mechanische, tickende Uhr gezeigt, welche die Spannung und offensichtliche Langeweile zwischen Antony und seiner Frau Octavia offensichtlich macht (Abb. 3.9). Wenn Antony am Anfang des zweiten Teils Cleopatras Schlafzimmer auf deren goldener Barke findet, so steht das Bett auf einem Flokati (Abb. 3.10). Überhaupt hört die historische

---

23 Hughes-Hallet, 1990, Cleopatra, S. 21.
24 ebd., S. 28.
25 ebd., S. 29.
26 20th Century-Fox Corporation (Hg.), 1963, Cleopatra, o. S. [22].
27 ebd., o. S. [22].

Genauigkeit wohl gern an den diversen Schlafzimmerzugängen auf: »The queen's palace bedchamber, however, is more reminiscent of a Napoleonic boudoir than anything that a Greek, Roman, or Egyptian noblewoman would have recognized. The double bed itself is pure Dorchester Hotel, 1963.«[28] Wenn Cleopatra in Rom einmarschiert und auf ihrem schwarzen Sphinx durch den Triumphbogen gezogen wird, zeichnet sich auf ihm deutlich der Schatten eines Gerüstes ab, was aus diesem Steinbogen des römischen Forums im Jahr 44 oder 45 v. Chr. eine Holzkulisse in Cinecittà 1963 n. Chr. macht (Abb. 3.11). Selbst wenn man diese Schatten nicht sähe, wäre der Bogen aber immer noch ein schwerwiegender Anachronismus, denn es handelt sich dabei um den Bogen des Kaisers Konstantin, geweiht 315 n. Chr.[29] »Doch damit nicht genug, sind doch die rahmenden Hallenbauten ausgerechnet dem Forum des Augustus nachempfunden, das erst vierzig Jahre später im Jahre 2 v. Chr. eingeweiht wurde.«[30] Caesarion, der Sohn Caesars und Cleopatras war beim Tod seiner Mutter volljährig, im Film ist er ein Kind. Selbst die innere Zeitordnung des Filmes ist aus dem Takt geraten: Cleopatra war bei ihrer Begegnung mit Caesar am Beginn des Films 20 oder 21 Jahre alt. Sie tötete sich selbst 18 Jahre später. Diese 18 Jahre gehen an Liz Taylor spurlos vorbei. Die Frau von 39 gleicht jener von 21 aufs Haar.

Es ließen sich diesen wenigen Beispielen zahllose an die Seite stellen, so dass ein Historiker behaupten konnte, dass er mit »den Absurditäten des monumentalen Spielfilms von 1962 [sic!] […] vor einigen Semestern problemlos eine ganze Lehrveranstaltung«[31] füllen konnte. Er schließt sich einer in Historikerkreisen weit verbreiteten Meinung an, die sich mit Unverständnis und Empörung fragt, warum Historienfilme nicht nur solche Fakten erfinden, die sich der Rekonstruktion entziehen, sondern selbst jene, über die die Geschichtswissenschaft sich zweifelsfrei im Klaren ist. »Geschichte muss nicht aufbereitet und verfälscht, sondern nur gut verfilmt werden, und meist schreibt die Realität die besten Drehbücher.«[32] Dass den Anachronismen von Filmen wie CLEOPATRA jedoch auf andere Weise begegnet wird, zeigt folgendes Beispiel. In den zahlreichen im Internet kursierenden Listen mit den Filmfehlern oder Goofs von CLEOPATRA findet sich immer wieder folgender Hinweis: »A jet crosses the sky in the background.«[33] Von diesem ominösen und unbestimmten Flugzeug fehlt im Film aber jede Spur. An keinem der echten oder gemalten Himmel fliegt irgendwo ein Jet vorbei. Es lohnt sich

---

28 Lloyd Llewellyn-Jones, 2002, Celluloid Cleopatras or Did the Greeks ever get to Egypt?. In: Daniel Ogden (Hg.), 2002, The Hellenistic World. New Perspectives. London, Swansea, S. 275–304, hier: 288.
29 vgl. Michael Pfrommer, 2000, Kleopatra im archäologischen Niemandsland. Eine Ikone in Film und Fernsehen. In: Siegrid Düll; Otto Neumaier; G. Zecha (Hg.), 2000, Das Spiel mit der Antike. Möhnesee, S. 291–314, hier: 303.
30 ebd., S. 303.
31 ebd., S. 294.
32 Marcus Junkelmann, 2004, Hollywoods Traum von Rom : »Gladiator« und die Tradition des Monumentalfilms. Mainz am Rhein, S. 36.
33 http://www.imdb.com/title/tt0056937/trivia?tab=gf (Abruf: 13.01.2012).

1. Die Widersprüche

aber offenbar, dieses Flugzeug zu erfinden. Ein so grober Anachronismus steht dem Film besser als sein Ausbleiben und man wundert sich fast darüber, dass sich kein Flugzeug nach Cleopatra's Egypt verirrt hat, um Liz Taylor oder Richard Burton hier abzusetzen.

In diesem Sinn hat Vivian Sobchack Widersprüche dieser Art vermerkt, ohne sie gegen das Hollywood Epic und seine kleineren Geschwister zu wenden. Sie teilt die Beobachtung der Historiker_innen, derzufolge sich die Aufmerksamkeit akademischer Historiografie für die chronologische und sachliche Richtigkeit von Ereignissen und Dingen der Vergangenheit nicht mit der von Historienfilmen vergleichen lässt. Wo der Vergleich doch gesucht wird, schrumpfen die Geschichtsfilme an der Messlatte der Historiograf_innen zu unwürdigen Zwergen zusammen. »This is precisely the kind of categorical and theoretical sloppiness scholars despise and try to clarify and clean up—and that popular audiences don't mind at all.«[34] Sobchack schlägt vor in diesem Umstand das Programm und nicht die Defizite des Geschichtsfilms zu lesen. Dieser befasst sich nicht mit »any *particular accuracy* or even *specificity* of detail and event« sondern er generiert »a *transcendence of accuracy and specificity* by a *general* and *excessive* parade and accumulation of detail and event.«[35] Für Sobchack geht es im Hollywood Epic um die Errichtung eines diskursiven Feldes, in dem die Zuschauer_innen dieser Kategorie von Filmen eine für sie spezifische Zeitform erleben konnten. Die Subjekte, die damit adressiert sind, verortet Sobchack in den weißen, dominant männlichen Konsumenten-Zuschauern der amerikanischen Mittelklasse. Dabei ist es ihr besonders wichtig, dass diese Art der Geschichte erlebt und nicht gedacht werden muss: »experience—not think«.[36]

> »Through these means, the genre *allegorically* and *carnally* inscribes on the model spectator a sense and meaning of being in time and human events in a manner and at a magnitude exceeding any individual temporal construction or appropriation—and, most importantly, in a manner and at a magnitude that is *intelligible as excess* to lived-body subjects in a historically specific *consumer* culture.«[37]

Sobchack entdeckt im Hollywood Epic eine Form der Historizität, die sich zwar in wesentlichen Punkten von traditionellen Vorstellungen geschichtlicher Zeitlichkeit unterscheidet, nicht jedoch davon, wer und was mit Historizität gemeint ist. Immer geht es um ein spezifisches Verhältnis gegenwärtiger Dinge und Menschen zu Dingen und Menschen der Vergangenheit. Während dieses Verhältnis traditionell in der narrativen Modellierung einer unhintergehbaren zeitlichen Dif-

---

34 Vivian Sobchack, 1990, "Surge and Splendor": A Phenomenology of the Hollywood Historical Epic. In: Representations 29 (1990), S. 24–49, hier 28f.
35 ebd., S. 28.
36 ebd., S. 29.
37 ebd.

ferenz zwischen Gegenwart und Vergangenheit bestand (»the objectification and projection of *ourselves-now* as *others-then*«),[38] geht es im Geschichtsfilm um die Modellierung eines körperlichen und sinnlichen Erlebens, das diese Differenz zu einer Wahrnehmungseinheit verschmilzt (»the expansive and transparent work of Hollywood's epic histories seems to be the subjectification and projection of *ourselves-now* as *we-then*«).[39] In dem Anfangs zitierten Historiker-Statement aus dem Souvenir-Book zum Film wird der Übergang, um den es Sobchack geht, nicht nur präzise beschrieben, sondern er wird vollzogen. Am Anfang ist noch die Rede von »as we *read* of the deeds of the Queen of Egypt«. (Hervorhebung A. W.) Das wird ohne Vorankündigung zu »as we pace the courts of the Ptolemies, and breathe the atmosphere of the first century before Christ«. Aus Leser_innen werden historische Subjekte, die die Vergangenheit erleben, als ob sie dabei gewesen wären und sich dabei auch ihrer zeitgenössischen Einstellungen und Bewertungsmaßstäbe entledigen sollen: »we must not commit the anachronism of criticizing our surroundings from the standard of twenty centuries after Christ.«

Die exzessive Verschränkung von historischem Gegenstand, historiografischer Form und Zuschauer_innen lässt sich an einem weiteren Punkt verfolgen, den sowohl die populäre Presse als auch die wissenschaftliche Beschäftigung mit CLEOPATRA ausführlich kommentiert haben. Monumentalfilme wie CLEOPATRA haben die Tendenz, nicht nur eine Unzahl von Ereignissen, Dingen und Personen zu erzählen, also monumentale Gegenstände aufzusuchen, sondern sie setzen damit ein Unternehmen in Gang, das selbst monumentale Ausmaße annimmt. »When Cleopatra becomes a movie, then frequently the movie becomes a kind of Cleopatra, deplorably but thrillingly spendthrift.«[40] Das Monumental-Werden des Filmes lässt sich unmittelbar an den Selbstbeschreibungen nachvollziehen, die er und die unmittelbar an ihm beteiligten Personen zusammen anfertigen. So ist es nicht allein der Umstand, dass die Arbeiten an dem Film bereits 1958 begannen, also fünf Jahre vor seiner tatsächlichen Premiere und dass aus dem ursprünglichen Budget von ca. 3 schließlich Produktionskosten von 44 Millionen Dollar geworden waren. Es geht vielmehr darum, dass diese und ähnliche Umstände, noch bevor irgendwer den Film gesehen hatte, bereits Teil seiner Monumentalität geworden waren. Walter Wanger, Produzent des Filmes, veröffentlichte im Jahr der Premiere ein teilweise nachträglich geschriebenes Produktionstagebuch unter dem Titel *My Life with Cleopatra*. Schon im Vorwort beginnt Wanger eine umfassende Selbsthistorisierung. Einerseits versichert er die Korrektheit der wiedergegebenen Ereignisse in quasi historiografischem Ton: »Although the book is in journal form and we have attempted to be accurate with all the dates, some events could not be pinpointed. The majority of the dates are, however, as accurate as my memory allows.«[41] In einem Moment, in dem der Film gerade erst auf den Markt geworfen

---

38   ebd., S. 26.
39   ebd.
40   Hughes-Hallet, 1990, Cleopatra, S. 351.
41   Walter Wanger; Joe Hyams, 1963, My Life with Cleopatra. London, S. 4.

wurde, schreckte Wanger nicht davor zurück, den Film zu bezeichnen als »a great motion picture to be seen not just this year, but a classic to be seen by succeeding generations.«[42] Das Buch, ein schmales Taschenbuch von kaum 200 Seiten Umfang, wird in Kapitel unterteilt, die Wanger als »Books« bezeichnet, als handelte es sich um ein Werk antiker Geschichtsschreibung. Es präsentiert sich selbst (»The true behind-the-scenes story«) und den Film (»the most expensive motion picture in history«) als besonders großartige und spektakuläre Geschichte besonders großartiger und spektakulärer Geschichten.

Jede Beschäftigung mit dem Film führt in ein buntes Archiv von Anekdoten und Cover Stories, in dem es tendenziell unmöglich – und vielleicht auch sinnlos – wird, Fact und Fiction voneinander zu trennen. Selbst ein Standardwerk wie Lucy Hughes-Hallets *Cleopatra* hat stellenweise Schwierigkeiten, sich von diesen Erzählungen abzusetzen. Einmal heißt es bei ihr, mit Bezug auf eine Taylor-Biografie: »For the filming of CLEOPATRA a house was rented for her [i.e. Taylor] in London; she decided, without even setting foot in it, that she didn't like it and drove straight on in her Silver Cloud Rolls Royce to the Dorchester Hotel where she took two penthouse suites.«[43] Wanger dagegen berichtet, dass Taylor ihn schon im Oktober 1959 nach den Dorchester Suiten gefragt habe: »She told me she would like to have both penthouses at the Dorchester in London. She had them last time she was there and she'd like them during this picture. […] I consider it most important that we try to satisfy Elizabeth on all such matters, because she is the pivot of our whole operation.«[44] Laut Wanger wurde am 15. Oktober 1959 in einem Büro bei 20th Century-Fox für die Presse eine Vertragsunterzeichnung Taylors gestellt, »to make it look official, although the real contract won't be ready for months.«[45] Filmaufnahmen dieser Szene werden unterdessen in dem Dokumentarfilm CLEOPATRA – THE FILM THAT CHANGED HOLLYWOOD (2001, R: Kevin Burns; Brent Zacky) als dokumentarisches Material für die Vertragsunterzeichnung verwendet. Es ließen sich dem unzählige Anekdoten dieser Art hinzufügen. Wanger berichtet ohne Unterlass von bewussten Falschmeldungen oder absichtlich verzerrten Dementis für die Presse während der Dreharbeiten, genauso wie Jack Brodsky und Nathan Weiss, Publicity Manager der 20th Century-Fox, in *The Cleopatra Papers*. Es geht mir nicht darum, den Autor_innen solcher Berichte Nachlässigkeit nachzuweisen. Vielmehr möchte ich darauf hinweisen, wie umfänglich die Ereignisse, von denen hier berichtet wird, von Anfang an mit den Berichten über sie verschmolzen sind. Die Ereignisse des Films gehen ihrer Aufzeichnung nicht voran, sondern werden von ihr koproduziert.

Diese Logik, die epistemologische und besonders historiografische Konsequenzen hat, erstreckt sich nicht nur auf die Produktionsumstände des Films, sondern sie greift auf seine Gegenstände aus. Walter Wanger beendet sein Buch mit fol-

---

42 ebd., S. 6.
43 Hughes-Hallet, 1990, Cleopatra, S. 358.
44 Wanger; Hyams, 1963, My Life with Cleopatra, S. 17.
45 ebd., S. 17.

Abb. 3.12 – Zeitgenössischer Trailer zu Cleopatra

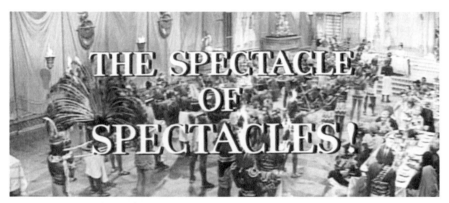

Abb. 3.13 – Zeitgenössischer Trailer zu Cleopatra

gendem Satz: »There will never be another motion picture like Cleopatra, just as there never was another woman like her—or Elizabeth.«[46] Auch hier verschmelzen Darstellerin und Dargestellte untrennbar miteinander in einer paradoxen Redefigur, weshalb Hughes-Hallet von »Taylor-Cleopatra« und »Burton-Antony« spricht.[47] In diesen Zusammenhang gehört auch die Affäre zwischen Elizabeth Taylor und Richard Burton, die während der Dreharbeiten begann, und sich zu einem Skandal auswuchs, dessen anekdotische Höhepunkte die moralische Verurteilung Taylors durch den Vatikan sowie die Forderung einer Kongressabgeordneten waren, man möge Taylor ihren Pass entziehen, um zu verhindern, dass eine Ehebrecherin wie sie jemals wieder amerikanischen Boden beträte.[48] »The

---

46 ebd., S. 182.
47 vgl. Huges-Hallet, 1990, Cleopatra, Kap. 11, passim.
48 vgl. Wanger; Hyams, 1963, My Life with Cleopatra, S. 146–148 und 163.

end goal is *authenticity*«,⁴⁹ heißt es bei Sobchack und dieses scheint sich gerade in der Ununterscheidbarkeit von Person und Rolle zu erfüllen. »There comes a time during the making of a movie when the actors become the characters they play. This merger of real personality into the personality of the role has to take place if a performance is to be truly effective.«⁵⁰ Wangers Buch ist voller Andeutungen und Einschätzungen, die suggerieren, dass die Liebesgeschichte zwischen Cleopatra und Mark Antony tatsächlich als Geschichte der Affäre zwischen Burton und Taylor gesehen werden müsste: »JLM's [= Joseph L. Mankiewicz'] dialogue is right out of real life, with Cleopatra telling how she will feel if Antony leaves her. "Love can stab the heart," she says. It was hard to tell whether Liz and Burton were reading lines or living the parts.«⁵¹ Aus der Perspektive des Augenzeugen berichtet er ein ähnliches Ereignis für eine andere Szene Taylors:

> »April 13, 1962 Filmed one of the most dramatic scenes in the movie and one of the most dramatic real-life scenes I have ever witnessed. Again the parallel between the life of Cleopatra and the life of Elizabeth Taylor is incredible. The scene filmed in the Forum calls for Cleopatra to make her entrance into Rome [...] If the Romans accepted her with an ovation, she had won Caesar. If they refused to accept her, she had lost him, and very possibly her life. There were almost 7,000 Roman extras milling about in front of the Forum. All of them presumably had read the Vatican criticism of Liz. Not only would these Roman extras be accepting Cleopatra, but they would also be expressing their personal acceptance of the woman who plays Cleopatra. Liz was nervous and tense before the scene. Irene Sharaff told me later that she had never seen her so nervous before. Then, JLM called, "Action." Liz, riding high on top of the Sphinx, appeared. The crowd shouted as one, "Bacci, Bacci!" (Kisses, kisses). I saw the sense of relief flood through Liz's body as the slave girls, handmaidens, senators, guards, and thousands of others applauded her—personally.«⁵²

In gleicher Weise wird Mankiewicz über dieses Ereignis im LIFE Magazine vom 19. April 1963 zitiert.⁵³ All diese Anekdoten und Bemerkungen aus dem unmittelbaren Umfeld des Films lesen und konstruieren seine Zeitlichkeit auf die gleiche Weise: Das Ereignis des Films ist der Film als Ereignis. Und in diesem Duktus wird er dann auch von den Kinotrailern angepriesen. Über den im Hintergrund laufenden Filmbildern sind (neben anderen) folgende Slogans zu lesen: »Now! // For all the world to see! // The most highly acclaimed, most widely discussed entertainment in the history of the screen! // The spectacle of spectacles!« (Abb. 3.12 und 3.13) Spätestens an dieser Stelle ist der Diskurs um den Film nicht mehr vom

---

49 Sobchack, 1990, "Surge and Splendor", S. 31.
50 Wanger; Hyams, 1963, My Life with Cleopatra, S. 120.
51 ebd., S. 134.
52 Wanger; Hyams, 1963, My Life with Cleopatra, S. 148f.
53 vgl. 'Cleopatra' Barges In — At Last. In: LIFE, Vol. 54, No. 16, 19. April 1963, S. 72–81, hier: 77.

Diskurs des Filmes zu trennen. Er ereignet sich im bewegten Bild des Trailers. Damit ist die anachronistische Historizität des Filmes umrissen: Es lauern hier nicht nur chronologisch falsche Triumphbögen und nicht alternde Königinnen, Flugzeuge und aus der zeitlichen Logik gefallene Schlafzimmereinrichtungen, sondern die Zeitlichkeit des Filmes selbst ist anachronistisch. Das Spektakel mit dem Namen CLEOPATRA ist zugleich ein Film der 1960er Jahre und eine ägyptische Königin aus dem 1. Jh. vor Chr. Darin ist jedoch alles andere als ein Defekt oder eine Dysfunktionalität zu sehen: In der Ununterscheidbarkeit von Taylor/Burton und Cleopatra/Mark Antony, der geradezu unermesslichen Verschwendungssucht der Filmproduktion und jener, wie sie Kleopatra nachgesagt wurde, schließlich in der Ununterscheidbarkeit des ersten vorchristlichen Jahrhunderts und den Jahren um 1960, ist das historiografische Programm des Films zu sehen. Es erschöpft sich nicht im Aufeinandertreffen dieser beiden Zeiten, sondern umfasst darüber hinaus die Zeit, in der der Film von seinen jeweils neuen Zuschauer_innen gesehen wird. Die Extension des Zeitbezugs erhält ihr Äquivalent in der Intensität, mit der genau dieser Bezug produziert, behauptet und als umfassendes *Spectacle* verwirklicht wird.

Ich werde von hier aus drei Punkte untersuchen: Was heißt es, erstens, dass uns hier eine Historiografie begegnet, die ausdrücklich und offensichtlich darauf angelegt ist, mit den Sinnen erlebt, statt intellektuell gedacht, vulgo gelesen zu werden? Wie genau verwirklicht sich ein solches System mit seinen durchaus nicht unbescheidenen Ansprüchen im Bezug auf seine Geltung und Reichweite? Drittens: Welche Geschichte hat eine solche Historiografie selbst?

2. Technologien der Zeit

CLEOPATRA konfrontiert also mit einer Geschichtlichkeit, die sich vor allem durch folgende zwei Punkte auszeichnet: In ihr gibt es eine Art ontologische Gleichmacherei, bei der fiktionale und faktische Dinge, zeitgenössische und vergangene Ereignisse sowie darstellende und dargestellte Personen nicht nur nicht trennscharf voneinander unterschieden, sondern bewusst und fortwährend miteinander vermischt werden, und die keine distinkten Eigenschaften trotz der Vermischung aufrecht erhalten können, sondern deren Eigenschaft die Vermischung ist. Zweitens ist diese Geschichtlichkeit in besonderer Weise auf Körperlichkeit bezogen. Das Spektakel CLEOPATRA dreht sich nicht nur um den Körper, der mit seinem Titel benannt wird. An seine Seite treten tausende Statisten, die den eigentlich dissimenierten Körper dieses Filmes bilden. Und schließlich zielt das Spektakel auf die Körper der Zuschauer_innen einerseits durch die audiovisuelle Wahrnehmung, in der sich der Film überhaupt erst realisiert, und andererseits in den noch zu besprechenden über den Film hinausgehenden Forderungen an diese Körper. Ich möchte diese Überlegungen zur Geschichtlichkeit des Films zunächst danach befragen, wie sie sich zur klassischen Debatte über das Verhältnis von Erzählung und Geschichte verhalten.

Erzählung und Geschichte: White und Ricœur

Hayden White ist vielleicht der prominenteste Vertreter einer Gruppe von Historikern, die seit den 70er-Jahren versucht haben zu zeigen, dass jede Form der Geschichte immer schon Erzählung, und zwar in einem durchaus elementaren und starken Sinn ist. Der Textualismus Whites reformuliert das Problem des Bezugs der Geschichtsschreibung zu den historischen Ereignissen, indem er zwischen Geschichtsschreibung und historischer Forschung unterscheidet. Während die historische Forschung über die Sicherung von Quellen historische Ereignisse aufsucht, ist es Sache der Geschichtsschreibung diese Ereignisse in einem notwendig narrativen Zusammenhang zu präsentieren. Die unterschiedlichen Fassungen der Geschichtsschreibung lassen sich fortan also nicht mehr nach dem klassifizieren, was sie präsentieren (Revolutionen, Kriege, Begriffe, Personen), sondern danach, mit welchen narrativen Strategien dies geschieht (z.B. als Romanze, Komödie, Tragödie oder Satire). Die Struktur der Historiografien »hängt nämlich nicht von der Beschaffenheit der ›Fakten‹ ab, auf die sie sich stützen […], oder von den Theorien, auf die sie sich bei der Erklärung der Daten berufen. Vielmehr ist der Modellcharakter abhängig von der Konsistenz, der Kohärenz und der erhellenden Kraft des jeweiligen Blicks auf das Feld der Geschichte.«[54] White exemplifiziert an den großen Historiografen und Geschichtsphilosophen des neunzehnten Jahr-

---
54 Hayden White, 1973/1994, Metahistory. Frankfurt am Main, S. 17.

hunderts, dass die Geschichte nicht mit einer quasi-wissenschaftlichen Wahrheit, sondern mit einer Poetik ausgestattet ist.[55] Die Geschichte, so ließe sich an dieser Stelle mit White formulieren, lässt sich nicht mehr nur als eine geordnete Reihe von Konstativen, sondern nur als Komplex von Performativen begreifen.

In Teilen der Geschichtswissenschaft wurden gegen diese Lesart zwei Grundannahmen verteidigt: Erstens »die (realistische) Voraussetzung, daß die Vergangenheit bestimmte *Strukturen* aufweist und daß Historiker in der Lage sind, durch ihre *Untersuchungsmethoden und Techniken* [...] *faktische* Erkenntnis über sie zu sammeln.«[56] Die zweite damit verbundene Annahme besagt, dass diese historische Erkenntnis nicht nur faktisch, sondern auch wirklichkeitsadäquat, also wahr, sei, und damit Rekonstruktion und keine Konstruktion.[57] Die hypostasierte Frage nach der Realität oder Fiktionalität der Ereignisse wurde immer wieder auf polemische Formeln eingedampft: »literarische ›Ereignisse‹ gibt es, geschichtliche nicht.«[58] Unangetastet und unhinterfragt blieb in diesen Debatten jedoch die Dichotomie zwischen realen Ereignissen und literarischen Erzählungen, so als ob etwas entweder dieses oder jenes sein müsste, beide streng voneinander geschieden gehörten und zudem eine starke ontologische Differenz zwischen beiden bestünde.

White geht jedoch einen Schritt weiter. Seine Thesen firmieren nämlich vor allem deswegen unter dem Namen einer »Metahistory«, weil sie als Geschichte der Geschichte entfaltet werden, und damit Geschichte im Singular ein für alle mal unmöglich machen. ›Geschichten‹ verweist nun nicht mehr allein auf die elementare Poetik der Geschichtsschreibung, sondern zudem auf die Variabilität und das Unzeitgemäße ihrer Formen. Geschichtsschreibung ist selbst historisch wandelbar, was bei White zugleich reflektiert wie auch exemplifiziert wird. Selbst wer diese Konzeption der Geschichtsschreibung zurückweist, wird sie nicht tilgen können. Vor diesem Hintergrund entwickelt White die relative Neuartigkeit der Trennung von realen und nicht-realen (fiktiven) Ereignissen, die ihren »generic prototype« im historischen Roman des neunzehnten Jahrhunderts hat.[59] Die Erzählung wird für die Geschichte erst an dem Punkt zum Problem, wo das Wesen des realen Ereignisses genau darin gesehen wird, sich entschieden nicht narrativ darzubieten, es aber nur dann zur Geschichte mit großem G werden kann, wenn es narrativiert wird. Die Anforderung der realistischen Geschichtspoetologie, so White, trägt damit nahezu aporetischen Charakter.[60] Jede Historiografie muss sich seit dem neunzehnten Jahrhundert folglich so oder so an ihren narrativierenden Qualitäten messen lassen.

---

55 vgl. ebd., S. 15ff.
56 Chris Lorenz, 1987/1997, Konstruktion der Vergangenheit. München, S. 180.
57 vgl. ebd., S. 181.
58 Arno Borst, 1973, Das historisches Ereignis. In: Reinhart Koselleck (Hg.), 1973, Geschichte – Ereignis und Erzählung. München, S. 536–540, hier: 540.
59 Hayden White, 1996, The Modernist Event. In: Vivian Sobchack (Hg.), 1996, The persistence of history : cinema, television and the modern event, New York u. a., S. 17–38, hier 18.
60 Hayden White, 1987/1990, Die Bedeutung der Form : Erzählstrukturen in der Geschichtsschreibung. Frankfurt am Main, S. 13.

Unterdessen zeigt der Blick in die Geschichte der Geschichte, dass eine Rationalität, die spezifisch historiografisch zu nennen wäre, sich auch dort einstellen kann, wo von Narration im Verständnis des Romans des neunzehnten Jahrhunderts noch keine Spur ist. White hat mit Annalen und Chronik zwei historische Darstellungsformen in den Blick genommen,

> »die hier nicht als unvollständige Historien verstanden werden sollen, wie das herkömmlicherweise üblich ist, sondern als besondere Produkte denkbarer Konzeptionen der historischen Wirklichkeit – Konzeptionen, die eher Alternativen zum voll realisierten historischen Diskurs darstellen als seine mißglückten Vorwegnahmen.«[61]

Als Beispiel für Annalen zieht White die *Annales Sangallenses Maiores* heran, in denen Ereignisse in Gallien aus dem achten bis elften Jahrhundert verzeichnet sind.[62] In diesem zweispaltigen und lediglich »Anni domini« überschriebenen Register stehen links in vertikaler Ordnung die Jahreszahlen und rechts in kurzen Sätzen oder Stichworten Ereignisse, die diesen Jahren zugeordnet sind. Auffällig ist dabei einerseits die fehlende qualitative Unterscheidung divergierender Ereigniskategorien: Geburten, Hochzeiten oder Kriege stehen gleichberechtigt neben Missernten oder Unwettern und werden nicht weiter aufeinander bezogen, indem wohl diese Schlacht, ihr Ausgang oder eine weitere folgende Schlacht jedoch nicht erwähnt werden.

Zweitens bemerkt White die Vollständigkeit der Jahresaufzählung, die im Kontrast zur Löchrigkeit der Ereignisse steht: Für viele Jahre finden sich keinerlei Eintragungen auf der Ereignisseite, auch dann nicht, wenn die moderne Geschichtsschreibung in diesen Jahren wichtige Ereignisse benennen könnte, die sich auf vorher bereits erwähnte Begebenheiten beziehen ließen. Dies führt zu einer eigentümlichen Umkehrung der ›bloßen‹ Chronologie der Geschichte und ihres Inhaltes: »[D]ie Liste der Daten ist das Signifikat, dessen Signifikanten die in der rechten Spalte verzeichneten Ereignisse sind. Der Sinn der Ereignisse ist ihre Aufnahme in ein derartiges Verzeichnis.«[63] Auch wenn in der bloß chronologischen Anordnung der Ereignisse, ihrer kausalen Zusammenhangslosigkeit und ihrer qualitativen Unentschiedenheit hier also keine Erzählung vorliegt, so gibt es doch eine Ordnung der Kompilation, »ein metaphysisches Prinzip, um den Unterschied in Ähnlichkeit zu verwandeln«[64] und mithin Sinn zu erzeugen. Im Fall der Annalen ist das White zufolge nichts anderes als die Vollständigkeit der Anni domini selbst: »Die Vollständigkeit der Liste belegt die Fülle der Zeit, zumindest aber die Fülle der ›Jahre des Herrn‹.«[65] Es ist also alles andere als ein Mangel, wenn diese

---

61 ebd., S. 16.
62 vgl. hierzu und zum Folgenden: White, 1987/1990, Die Bedeutung der Form, S. 17ff.
63 White, 1987/1990, Die Bedeutung der Form, S. 20.
64 ebd., S. 28.
65 ebd., S. 23.

nicht als historische Erzählung repräsentiert werden, da für diese Art der Historiografie die Jahre des Herrn nicht in der Zeit, sondern diese selber sind.

Mit der Ablösung der Annalen durch die Chroniken säkularisiert sich der Horizont der Geschichtsdarstellung erheblich, was White an Richerus von Reims' *Histoire de France* exemplifiziert.[66] Im Gegensatz zur Weitläufigkeit der Annalen ist diese klar um ein politisches und soziales Zentrum gruppiert und empfiehlt sich als Autorität in einem zeitgenössischen Streitfall. Dieses Zentrum besteht in einem Streit um die Legitimität des Amtes des Bischofs von Reims, der Auftraggeber Richerus' und eine von zwei Parteien in diesem Streit war. Der Referenz auf die christliche Zeitordnung der Anni Domini, die immer noch durch die Ordnung aller Ereignisse nach dem strengen Verlauf ihres Eintretens präsent ist, tritt hier die moralische Frage nach einer legitimen politischen Ordnung an die Seite. Damit rückt diese Form der Geschichtsschreibung näher an jene Definition der Geschichtsschreibung heran, die White im Bezug auf Hegel durch den doppelten Konnex einer spezifischen Form, nämlich der Narration nach Aristotelischen Maßstäben mit einem konkreten Inhalt, dem politisch organisierten Gemeinwesen, ausgezeichnet sieht.[67] Das »G« der Geschichte wird mit ansteigender narrativer Fülle und Reichweite moralischer, um das Gesetz kreisender Fragen, immer größer.

> »Die Forderung nach Geschlossenheit in der historischen Erzählung impliziert meiner Meinung nach die Forderung nach einem moralischen Sinn, eine Forderung, wonach reale Ereignisfolgen hinsichtlich ihrer Signifikanz als Elemente eines moralischen Dramas zu bewerten sind.«[68]

Die Integration dieser beiden Punkte, einerseits der elementare Bezug der Historiografie zu unterschiedlichen Zeitformen und damit zu Zeitlichkeit überhaupt, und andererseits der wechselseitige Verweis von Geschichte und Narrativität hat Paul Ricœur in den drei Bänden von *Temps et récit* (1983–85, dt. *Zeit und Erzählung*, 1988–91) unternommen. Ausgehend von den Aporien der Zeiterfahrung in Augustins Bekenntnissen, entwickelt Ricœur die Trias von Zeit, Erzählung und Historiografie, in der sich diese Aporien zwar nicht auflösen aber poetisch erhellen lassen.[69] Nachdem Ricœur im ersten und zweiten Band zunächst ausführlich das Verhältnis von Erzählung und Historiografie untersucht, ist der dritte Band einer Phänomenologie der erzählten Zeit gewidmet und damit jenen Figuren, in denen die Aporien der Zeitlichkeit ihren spezifisch kulturellen Sinn und ihre Wirksamkeit erhalten. Ricœur stellt fest »daß die Spekulation über die Zeit eine

---

66 vgl. dazu und zum Folgenden: White, 1987/1990, Die Bedeutung der Form, S. 29ff.
67 vgl. White, 1987/1990, Die Bedeutung der Form, S. 23f.
68 ebd., S. 35.
69 vgl. Paul Ricœur, 1983/1988, Zeit und Erzählung. Bd. 1: Zeit und historische Erzählung. München, S. 17.

nichtabschließbare Grübelei ist, auf die nur das Erzählen eine Antwort gibt.«[70] An einer Stelle geht Ricœur dann aber doch auf etwas jenseits erzählender Texte ein, das er charmanter Weise als Denkinstrumente bezeichnet. Aufgabe und Errungenschaft dieser Denkinstrumente sei es, bei der Konstruktion einer historischen Zeit zwischen erlebter und universeller Zeit behilflich zu sein. Die Geschichte erweise »ihre schöpferische Fähigkeit, die Zeit zu refigurieren, fürs erste durch die Erfindung und den Gebrauch«[71] dieser Denkinstrumente, von denen Ricœur drei kennt und beschreibt: den Kalender, die Idee einer Generationenfolge und den Rekurs auf Archive, Dokumente und Spuren. Im Rahmen dieser Arbeit würde man Ricœurs Denkinstrumente wohl etwas schlichter als Medien beschreiben. Es bleibt aber spannend zu beobachten, wie Ricœur die Mitwirkung dieser Medien an der Narrativierung der Zeit beschreibt.

Die bekannten Kalender in allen Kulturen zeichnen sich nach Ricœur durch drei gemeinsame Merkmale aus:[72] Kalender setzen ein Gründungsereignis als axialen Moment, als Nullpunkt der Berechnung, von dem aus Ereignisse datierbar werden. Zweitens erlaubt dieser Bezugspunkt in beide Richtungen durchschritten zu werden, von der Vergangenheit zur Gegenwart und von der Gegenwart zur Vergangenheit. Schließlich sind alle Kalender in regelmäßige Maßeinheiten unterteilt, die den Abstand zwischen verschiedenen Ereignissen abzählbar, messbar machen. Für sich genommen jedoch tauge kein kalendarisches Datum, weil aus dem bloßen Datum nicht hervorgeht, ob es in der Vergangenheit, der Gegenwart oder der Zukunft liegt. Diese entscheidende Qualität erhalten die Daten des Kalenders nur durch einen Sprechakt, an dem sie sich messen lassen. »[D]ies ist der Grund, weshalb ein vollständiges und eindeutiges Datum weder zukünftig noch vergangen genannt werden kann, solange man nicht das Datum des Aussageaktes kennt, in dem es zur Sprache kommt.«[73] Auf diese Weise erlaube die historische Zeit zwischen universeller und erlebter Zeit, »die Zeit der Erzählung wieder in die Zeit der Welt einzuschreiben.«[74]

Im Rückgriff auf Karl Mannheim und Alfred Schütz zeigt Ricœur dann, wie die Vorstellung einer Generationenfolge zur Narrativierung elementarer biologischer Zusammenhänge dient:[75] Geburt und Tod, Vorgänger und Nachfolger werden zum Auslöser familiärer, aber noch viel mehr staatlicher Geschichtserzählungen, die den Zusammenhalt nicht nur der momentan Lebenden sichern, sondern Kontinuität über lange Zeiträume garantieren. »Vorfahren und Nachfolger nämlich sind andere, die ein opakes Symbolsystem überzieht, und deren Gestalt sich anschickt, die Stelle eines Anderen, ganz Anderen zu besetzen, als die Sterblichen es sind.«[76]

---

70 ebd.
71 Paul Ricœur, 1985/1991, Zeit und Erzählung. Bd. 3: Die erzählte Zeit. München, S. 165.
72 vgl. ebd., S. 169f.
73 ebd., S. 173.
74 ebd., S. 173.
75 vgl. ebd., S. 173ff.
76 ebd., S. 185.

Das letzte Denkinstrument, dem Ricœur sich widmet, ist die Spur als entscheidender Antrieb historiografischen Arbeitens. Die Spur, so Ricœur, sei nämlich nichts weiter als ein beliebiges, vorgefundenes und für sich selbst bedeutungsloses Ding oder Zeichen, das vom Historiker unter Zuhilfenahme des Kalenders mit einem Datum versehen werde, und daher das Material, dem sich jede historische Erzählung allererst verdanke.

Bei allen drei Denkinstrumenten Ricœurs handelt es sich erstens um konkrete, materielle Dinge und/oder Praktiken, die, zweitens, den zunächst abstrakten und unfassbaren Bezug des Menschen zur Zeit formulierbar machen und zwar, drittens, in einer, wie auch immer rudimentären Erzählung. Man könnte also von diesen Denkinstrumenten leicht als Medien sprechen, die den Zusammenhang zwischen Zeit und Narration garantieren und stiften. Sie sind damit – und Ricœur betont das immer wieder – von elementarer Bedeutung für die Arbeit von Historiker_innen, sie überkreuzen und ergänzen sich und strukturieren das Verhältnis zur Vergangenheit als Narration.

Ich möchte mit diesen Überlegungen zum Verhältnis von Erzählung und Geschichte auf zwei Punkte hinweisen. Lässt man, ein letztes Mal, eine Trennung von historiografischem und fiktionalem Erzählen gewähren, wird die irreduzible Überkreuzung beider Formen sichtbar. Beide Erzählmodi treffen sich nach Ricœur in ihrem primären Referenten: der Zeit. Von hier kommt die Überzeugungskraft fiktionaler historischer Erzählungen: Nicht die Glaubhaftigkeit der in ihnen dargestellten Ereignisse verleiht ihnen Autorität, sondern ihre narrative Struktur, die zur erfahrbaren Wirklichkeit einer sonst nur transzendenten Erscheinung wird: der Zeit selbst. Diese These muss jedoch um eine zweite ergänzt werden: Wann immer Ricœur nämlich Erzählung sagt, meint er erstens Texte und lässt alle nicht im engeren Sinn textuellen Narrative beiseite. Und noch mehr: in den konkret von ihm analysierten Beispielen (Thomas Manns *Zauberberg*, Virginia Woolfs *Mrs. Dalloway* und Marcel Prousts *À la recherche du temps perdu*) scheint Erzählung in letzter Konsequenz immer ›nur‹ Roman zu sein. Sein starkes Argument, das Geschichte durch die Erzählung denkt, erfährt im gleichen Atemzug eine Verengung auf die europäische Hochliteratur des ausgehenden neunzehnten Jahrhunderts. Was in seinen Denkinstrumenten nur angedeutet ist, nämlich die Formatierung der Welt in erzählhaften Strukturen, wird letztlich doch nicht mehr als eine europäische Welt der bürgerlichen Literatur. Nimmt man Hayden Whites Argument der Historizität der Geschichte hinzu, so lässt sich Ricœurs historischer Ort selbst bestimmen. Ricœur gehört in die Mitte jener Denktradition, die sich über die Differenz von Fakt und Fiktion definiert, und zu der gleichermaßen die realistischen Romanciers des neunzehnten Jahrhunderts gehören, wie die historistischen Historiker. Er unterscheidet sich von diesen lediglich darin, dass er über den Begriff der Zeit als primärem Referenten die Einheit dieser Differenz denkt, welche die Frage nach dem Sinn und die Frage nach der Referenz von Geschichte zusammenschließt.[77]

---

77 vgl. Ricœur, 1983/1988, Zeit und historische Erzählung, S. 139.

Medien-Zeit

Dieser Exkurs, der ungefähr den Stand der Debatte innerhalb der Geschichtsphilosophie wiedergibt, schien mir nötig um zweierlei zu zeigen. Zunächst besteht die Literatur zum historiografischen Film immer wieder auf der Unterscheidung von »wirklich historiografisch« und »nur fiktional«, bzw. wird aus ihr ein so oder so zu lösendes Problem konstruiert, das sich in der Schärfe und vor dem Hintergrund der Debatten in der Geschichtswissenschaft so nicht mehr stellt. Robert B. Toplin etwa versucht mit seinem Begriff der *cinematic history* den historiografischen Film vor den Wahrheitsproben der Geschichtswissenschaft in Schutz zu nehmen, indem er dessen ganz eigene Anforderungen unterstreicht:

> »The prominence of a romantic element in cinematic history does not constitute grounds for dismissing the genre's value as a perspective on the past. Romantic themes are useful for the design of successful Hollywood docudramas. They provide a vehicle for introducing history to the public in an entertaining format.«[78]

In die entgegengesetzte Richtung weißt John E. O'Connor, wenn er die Geschichtsproduktion Hollywoods zu größerer Genauigkeit und damit weniger fiktionaler Verzerrung auffordert: »Producing films with greater historical integrity is a clear step forward.«[79] Wie auch immer diese Probleme entschieden werden: Der historiografische Film soll sich immer in der Matrix aus fiktionaler und nicht-fiktionaler Geschichtsdarstellung verorten. Siegfried Kracauer hat auf die lange Tradition dieser Dichotomisierung hingewiesen.[80]

Wenn sich jedoch, mit Ricœur, Historiografie um die Beziehung der historiografischen Erzählungen zur Zeit rankt, dann müssen für die Untersuchung des Verhältnisses von Film und Historiografie dessen Zeittechnologien Beachtung finden. Wenn Godard sagt, dass jede Geschichte einen Anfang, eine Mitte und ein Ende hat, aber nicht unbedingt in dieser Reihenfolge, dann weiß er, dass das in stärkerem Maße für das Kino zutrifft, als für den Großteil der (vormodernen) Literatur. Die Zeitformen des Kinos sind keinesfalls losgelöst vom Erzählen, aber sie haben die Kraft, so möchte man Godard verstehen, den Erzählungen eine Wendung zu geben, die vielleicht erst mit dem Kino, zumindest aber in der Zeit des Kinos in die Welt gekommen ist.

Die zweite Schlussfolgerung, die ich hier aus der Beschäftigung mit Ricœur ziehen möchte, bezieht sich auf dessen Zeitbegriff. Wenn Ricœur sagt, dass »die Zeit […] in dem Maße zur menschlichen [wird], wie sie narrativ artikuliert wird«

---

78 Robert Brent Toplin, 2002, Reel history : in defense of Hollywood. Lawrence, Kan., S. 47.
79 John E. O'Connor (Hg.), 1990, Image as artifact : the historical analysis of film and television. Malabar (Fla.), S. 3.
80 Siegfried Kracauer, 1969/2002, Geschichte – Vor den letzten Dingen. Frankfurt am Main, S. 192ff. (= Werke, hg. v. Inka Mülder-Bach u. Ingrid Belke, Bd. 4).

und umgekehrt Erzählung nur dann bedeutungsvoll wird, »wie sie die Züge der Zeiterfahrung trägt«,[81] so wird damit ein zwar überlieferter aber metaphysischer Zeitbegriff zu Grunde gelegt, dessen Gültigkeit zu prüfen ist.[82] Die neuzeitliche Physik hat sich mit Aporien der Zeitlichkeit ohnehin nie belastet und stattdessen in vielfältigen Messverfahren und mathematisch-operabler Theoriebildung Zeiten entworfen, die einander mit jeder neuen Physikergeneration ablösten und deshalb vor allem *als Theorien funktionieren* mussten. Ungeachtet der Frage, ob *die Zeit* nun wirklich Newtons absoluter Zeit entspricht, oder ob die Zeit das ist, was seit Einsteins Relativitätstheorien beschrieben wurde: die Formulierung dieser Theorien ist jenseits konkreter medientechnischer Anordnungen so wenig denkbar, wie ihr experimenteller Nachweis oder ihre Falsifikation jenseits medialer Konkretisierungen verläuft. Die Geschichte der Zeit ist immer eine Geschichte der Zeit-Medien,[83] die wahlweise als *Die Erfindung der Zeit*, *Geschichte der Zeiterfahrung* oder Genealogie der *Zeit-Zeichen* geschrieben werden kann.[84] Zeit weder im physikalisch-theoretischen noch im philosophischen Sinn zu verstehen, scheint unterdessen etwas mehr zu sein als die bloße Entscheidung für diese oder jene Wissenschaft und damit Theorietradition. Quer nämlich zu diesen Unterscheidungen trägt sich im neunzehnten Jahrhundert eine historische Erschütterung zu, die jede Vorstellung eines stabilen Begriffs der Zeit empfindlich stört: »Das Aufkommen der technischen Bild-Medien im 19. Jahrhundert hat das über Jahrhunderte stabile System symbolischer Repräsentationen von Raum und Zeit erschüttert.«[85] Die technischen (Bild-)Medien sind jener Brennpunkt, von dem aus sich die verschiedenen Konjunkturen der Zeitbegriffe im neunzehnten und zwanzigsten Jahrhundert beschreiben lassen. So hat Peter Galison etwa gezeigt, wie wichtig Einsteins Begegnung mit Patenten zur elektrischen Synchronisation von Uhren an unterschiedlichen Orten während seiner Zeit als Angestellter des Berner Patentamtes für seine Relativitätstheorien gewesen ist.[86] Die Kommentare Gilles Deleuzes zu Henri Bergson wiederum zeigen, wie dessen Zeitphilosophie auf die Technologie des Kinematografen bezogen ist.[87] Der Bezug sämtlicher physikalischer und philosophischer Zeitfragen auf konkrete Medienkonfigura-

---

81 Ricœur, 1983/1988, Zeit und historische Erzählung, S. 13.
82 vgl. zur Kritik dieses Zeitbegriffs vor allem Georg Christoph Tholen, 2002, Zäsuren der Zeit. In: Die Zäsur der Medien. Frankfurt am Main, S. 124ff.
83 vgl. Götz Großklaus, 1994, Medien-Zeit. In: Mike Sandbothe; Walther Ch. Zimmerli (Hg.), 1994, Zeit – Medien – Wahrnehmung. Darmstadt, S. 36–59.
84 G. J. Whitrow, 1988/1991, Die Erfindung der Zeit. Hamburg; Peter Gendolla, 1992, Zeit. Zur Geschichte der Zeiterfahrung. Vom Mythos zur Punktzeit. Köln; Georg Christoph Tholen; Michael O. Scholl (Hg.), 1990, Zeit-Zeichen. Weinheim.
85 Großklaus, 1994, Medien-Zeit, S. 36.
86 vgl. Peter Galison, 2002/2003, Einsteins Uhren, Poincarés Karten. Die Arbeit an der Ordnung der Zeit. Frankfurt am Main, S. 226ff.
87 vgl. Gilles Deleuze, 1983/1998, Das Bewegungs-Bild : Kino 1. Frankfurt am Main; Gilles Deleuze, 1985/1999, Das Zeit-Bild : Kino 2. Frankfurt am Main; Tholen, 2002, Die Zäsur der Medien, S. 134f.

tionen macht diese keinesfalls obsolet, sondern hilft dabei ihren Zusammenhang untereinander zu verstehen.

Von hier aus lässt sich eine These zum Verhältnis von bewegtem Bild und Historiografie gewinnen, in der sich die kulturtechnologischen Überlegungen zur Zeit mit Ricœurs These zum Bezug von Historiografie und Zeit überkreuzen. Die Erzählung im Sinne Ricœurs, und bei ihm heißt das unausgesprochen immer: der Text, ist nicht *das*, sondern *ein* Medium zur Reflexion über die menschliche Zeiterfahrung. Die Zeit lässt sich niemals nur in menschlicher Hinsicht erfahren, sondern Zeiterfahrung leitet sich immer aus dem Vorhandensein konkreter Techniken und Technologien der Zeit ab. Daraus folgt aber gleichzeitig, dass diese Medien, die das Verständnis und vielleicht sogar auch die Konstitution von Zeit figurieren, keineswegs exklusiv textlich-narrativen Charakters sein müssen. Im Kino treffen all diese Punkte aufeinander, werden aber neu konfiguriert: Filme kennen Erzählung im traditionellsten Sinn des Wortes, kommen aber ohne Probleme auch ganz und gar ohne sie aus. Ihre materiell-technische Grundlage, das bewegte Bild, ist ein technologisch manipulierbares Bild der Zeit, das einen direkten Zugang zu den unterschiedlichsten Zeitkonzeptionen gestattet.[88] Das beinhaltet ausdrücklich verschiedenste Vorstellungen von vergangener Zeit, also auch der historischen Zeit. In dem Maße, in dem das Kino sich diesen Zeitvorstellungen zuwendet, verändert es sie jedoch auch, so dass eine Suche nach den ›traditionellen‹ Vorstellungen historischer Zeit allein nicht genügt. Geschriebene Historiografie wendet Textverarbeitungsverfahren an und transformiert Dinge der Vergangenheit unter der Bedingung in historische Gegenstände, dass sie sich in eine Textform übersetzen lassen. Der Film hingegen kann solche Dinge zu historiografischen machen, die in bewegte Bilder und Töne übersetzbar sind. An dieser Stelle kommen abermals Anachronismen ins Spiel. Denn die vergangene Zeit aktualisiert sich immer nur über konkrete Dinge aus der Zeitgenossenschaft der Historiografie. Um aus vergangenen Dingen und Zeiten historische werden zu lassen, müssen diese zahlreiche Übersetzungen durchlaufen, in denen sie jeweils auf andere Dinge stoßen, die nicht aus ›ihrer eigenen‹ Zeit stammen: materielle Anachronismen aller Orten. Auf diese Art stößt Ranke auf den Buchdruck (vgl. Kap. I), Bach auf das Kino (Kap. II) und Kleopatra auf Cleopatra.

Cleopatras Zeittechnologien

Der Film formatiert das Verhältnis zwischen seiner eigenen Laufzeit und der darin eingefalteten Geschichte in auffälliger Weise. Seine Länge steht im Dienst seines monumentalen Programms. Während Mankiewicz ursprünglich sechs Stunden als Laufzeit avisiert hatte, musste er den Film unter dem Druck des Studios auf

---

[88] Mary Ann Doane hat ausführlich die Geschichte und die Charakteristika der kinematografischen Zeit rekonstruiert: Mary Ann Doane, 2002, The Emergence of Cinematic Time. Cambridge, Mass., London.

Abb. 3.14 – Beschädigtes Fresko, CLEOPATRA

Abb. 3.15 – Gemaltes Bild, CLEOPATRA

Abb. 3.16 – Fotografisches Bild, CLEOPATRA

etwa vier Stunden kürzen, die in zwei je zweistündige Teile unterteilt sind und damit deutlich jenseits der Standardspiellänge eines Hollywoodfilms liegen. Wo der Film unterdessen eigentlich beginnt und endet, lässt sich schwer sagen. Er entwickelt nämlich eine ausgeprägte Tendenz Anfang und Ende zu verdoppeln und zu verzögern. So beginnt der Film zunächst nur mit Schwarzfilm, über dem, fast im Sinne einer Ouvertüre, eines der charakteristischen Themen der Filmmusik zu hören ist. Erst nach etwa 2:20 min wird das Studio-Logo der 20th Century-Fox eingeblendet. Daran schließt sich eine mehr als zweiminütige Sequenz von Eröffnungstiteln an, die mit Elisabeth Taylor als dem Star of the Show beginnen und dem Hinweis auf Joseph L. Mankiewicz als Regisseur enden. Diese Titelsequenz erscheint in schwarzer Schrift auf Bildern, die wie verblasste, teilweise rissige Fresken aussehen, in denen sich Szenen des Filmes erkennen lassen. Fresken dieser Art erscheinen im Film dann noch häufiger und markieren zumeist Anfangs- oder Endpunkte bzw. größere Zeitsprünge. Dabei werden die Fresken mit ihren Putzabplatzungen (Abb. 3.14) zu gemalten Bildern überblendet (Abb. 3.15) und diese transformieren sich in die bewegten fotografischen Bilder des Films (Abb. 3.16). Auf diese Art kommt der Film von der Eröffnungssequenz zu den ersten fotografischen Bildern; so beendet er den ersten Teil, eröffnet den zweiten und beschließt den Film im Ganzen. Nach dem letzten Freskenbild jedoch hören wir spiegelbildlich zum Anfang nochmals etwa 2:20 min Musik über Schwarzfilm. Die Enden der beiden Teile werden ebenso verzögert oder verdoppelt. Der erste Teil des Films endet mit Cleopatras Abfahrt aus Rom. Ihr Schiff verschwindet auf der linken Seite des Bildes langsam im Dunkel der Nacht, während rechts ein Teil der Uferbebauung zu sehen ist, zu der eine Steinschale gehört, in der ein Feuer brennt. Das Bild erstarrt und wird dann zu einem der Fresken überblendet. Darüber wird dann auf der linken Seite, wo eben noch Cleopatras Schiff zu sehen war der Schriftzug »Intermission« eingeblendet. Dieser blendet dann zusammen mit der Musik aus. Die Pause ist allerdings nicht ein vom Film nur virtuell umschlossener nichtfilmischer Raum, in dem die Kinozuschauer_innen den Kinosaal kurz verlassen, sondern unmittelbar nachdem die Leinwand schwarz geworden ist, setzt die Musik wieder ein. Dazu werden fünfzehn Standbilder aus dem Teil des Filmes langsam ineinander überblendet, den die Zuschauer_innen gerade gesehen haben. Jeweils etwa zehn Sekunden lang sehen wir erinnerungswürdige Bilder aus dem Film: Cleopatra, die gerade dem Teppich entsteigt, Caesar während Cleopatras Einzug in Rom, die beiden zusammen am Grab Alexanders des Großen usw. Der Film besetzt damit einen Raum außerhalb seiner selbst mit bildhaften Erinnerungen an sich selbst. Der Schluss des zweiten Teils wird mit einer ähnlichen Verdopplungsgeste versehen. Nachdem Cleopatra sich in ihrem Grab mit ihren beiden Dienerinnen getötet hat, werden die drei von Octavian aufgefunden, während Cleopatra schon tot, Charmian aber im Sterben ist. Agrippa fragt die Sterbende dann, so wie es Plutarch überliefert hat:[89] »Was this well done of your lady?« Worauf Charmian antwortet: »Extremely well. As befitting the last of so

---

89   vgl. Plutarch, Antonius, LXXXV.

many noble rulers.« Charmian sinkt in sich zusammen. Über eine halbnahe Einstellung der aufgebahrten Cleopatra sagt dann der Off-Erzähler: »And the Roman asked: Was this well done of your lady? And the servant answered: Extremely well, as befitting the last of so many noble rulers.« Währenddessen zieht sich die Kamera in einer langen Fahrt aus dem Grab zurück, vorbei an Agrippa und durch die beiden Türen nach draußen, was das Filmbild an den rechten und linken Rändern schmaler werden lässt, so als wollte es sich in sich selbst zurückziehen und damit verschwinden. Die Kamera zieht sich aber noch weiter zurück und gibt damit einen Teil der Außenfassade des Grabes zu sehen. Dort hält sie dann inne und das Bild wird wiederum zu einem Freskenbild überblendet, auf dem dann der Schriftzug »THE END« erscheint. Mit ausgewiesen filmischen Technologien wird hier also die Passage durch die Zeit beschritten: Off-Erzähler, Überblendung, Wechseln von Bewegtbild zu Standbild, Integration von Schrift und Bild. Diese Äquivalente historiografischer Erzählfiguren (»Es war im Jahr …«; »Plutarch erzählt, dass …«) haben Auswirkungen auf die Zeitform des Filmes selbst, der in der Verdopplung seiner Ränder beginnt über sich selbst hinauszuwachsen. Temporalität und Historizität sind hier in einen direkten Zusammenhang gebracht, der sich aus den Möglichkeiten der technischen Bild- und Tonverarbeitung des Films ergibt.

Während der Film in dieser Hinsicht also eine Tendenz zur zeitlichen Expansion zeigt, muss er gleichwohl auch über Technologien der Zeitraffung verfügen; anders könnte er nicht Ereignisse aus einem Zeitraum von 38 Jahren in einer Spieldauer von vier Stunden verarbeiten. Dazu verwendet er die klassischen Möglichkeiten elliptischer Montage. Während diese jedoch gemeinhin als extradiegetische Verfahren betrachtet werden, von denen die Filmfiguren ›nichts bemerken‹, führt der Film zeitraffende kinematografische Verfahren ein, die sich nicht der Trennung von diegetisch/nicht-diegetisch unterwerfen lassen bzw. auf beiden Ebenen gleichzeitig wirksam werden. Ich möchte in der Darstellung der Seeschlacht von Actium und der Ermordung Caesars durch den Film zwei dieser Verfahren beschreiben.

Zur Schlacht von Actium im Film hat Walter Wanger geschrieben: »Unlike most ›big‹ Hollywood pictures, there were no miniatures used in CLEOPATRA. We had an Italian admiral and six Italian naval captains commanding our fleet.«[90] Wangers Aussage ist auf spezifische Weise nicht richtig. Zwar stimmt es, dass zur Darstellung der im Wasser fahrenden Boote keine Modelle verwendet wurden, die dann in einem Wasserbecken gefilmt worden wären. Modellboote sind jedoch massenhaft vor und während der Schlacht vorhanden. Sie sind es jedoch nicht, um von den Zuschauer_innen als richtige Schiffe gesehen zu werden, sondern die Modellboote sind als Modellboote im Film. Bereits bei den Diskussionen im Vorfeld der Seeschlacht im Palast Cleopatras stehen im Hintergrund zahlreiche Schiffsmodelle (Abb. 3.17). Sobald Antony und Cleopatra dann am Schauplatz des Geschehens sind, ist auf der Terrasse des dortigen Palastes ein Modell der Bucht von Actium aufgebaut, an dem die Strategie für den Kampf besprochen wird (Abb.

---

90 Wanger; Hyams, 1963, My Life with Cleopatra, S. 146.

2. Technologien der Zeit

Abb. 3.17 – Schiffsmodelle in Cleopatras Palast in Alexandria, Cleopatra

Abb. 3.18 – Cleopatra am Modell der Bucht von Actium, Cleopatra

Abb. 3.19 – Modell der Schlacht von Actium auf Cleopatras Schiff, Cleopatra

3.18). Während der Schlacht werden drei Schauplätze gezeigt: das Schiff Antonys, mit dem er versucht Octavians Schiff zu rammen und diesen umzubringen; zweitens das Lager Canidius', der mit den Bodentruppen an Land geblieben ist und das Geschehen von oberhalb der Bucht betrachtet; schließlich Cleopatras goldene Barke, die sich abseits des unmittelbaren Schlachtgeschehens auf dem Wasser befindet. Einzig aus Canidius' Position ergibt sich ein Überblick über die ganze Schlacht. Deshalb lässt dieser mit einer Art optischen Telegraf alle Schlachtbewegungen an das Schiff Cleopatras übertragen. Dort werden die empfangenen Signale von einigen Männern auf ein anderes Modell der Schlacht übertragen, das Cleopatra – und uns Zuschauer_innen – einen Überblick über das Geschehen gestattet (Abb. 3.19 und 3.20). Dieses Modell wird immer wieder von Euphranor kommentiert, dem Antony kurz zuvor den Oberbefehl über die Schlacht aus der Hand genommen hat, was Canidius zu der verachtenden Aussage veranlasst: »He [Euphranor] is in command of moving toy ships on a painted ocean. So that Egypt's queen can more clearly follow the war upon water to which she has committed Mark Antony and twenty thousand Romans.« Damit sind diese Modelle in jeder Hinsicht diegetisch motiviert: An ihnen wird Antonys Überheblichkeit gegenüber seinen eigenen Generälen ebenso deutlich, wie seine Abhängigkeit von Cleopatras Plänen, die beide nichts Gutes ahnen lassen. Gleichzeitig lösen die Modelle aber ein dezidiertes Zeit- und Bildproblem. Segelschiffe auf dem Wasser bewegen sich so langsam, dass an ihnen nur schwer der dramatische Verlauf einer Seeschlacht gezeigt werden kann. In der Übersicht über die Bucht, teilweise aus der Perspektive Canidius', teilweise in Panoramen, die keiner Filmfigur zugeordnet werden können, sind dann auch immer nur nahezu statische Bilder zu sehen. In diesen werden häufig einige wenige ›echte‹ Schiffe im Vordergrund mit Matte Paintings kombiniert, welche die Masse der Flotte zeigen (Abb. 3.21). Niemals sehen wir mehr als fünf echte Schiffe in einem Bild (Abb. 3.22). Der Unbewegtheit der überblicksartigen Kompositbilder der ganzen Schlacht steht die Bewegtheit weniger, einzelner Schiffe gegenüber. Die Bewegung der Modellschiffe auf Cleopatras Barke verbindet diese beiden Bildtypen miteinander und erstattet ihr jeweils die fehlende Zeit- bzw. Bewegungsdimension zurück: Die Detailaufnahmen der bewegten Schiffe können bildlich in einen Gesamtzusammenhang gebracht werden, ohne dass zu viele Special Effects genutzt werden müssten, die als solche erkannt werden könnten. Und den statischen Bildern der gesamten Flotte kann eine Bewegung gegeben werden, die sich an Panoramaaufnahmen einer Flotte zu hoher See nur in Zeitrafferaufnahmen erzielen ließe, ganz abgesehen davon, dass es solche Aufnahmen hier deshalb nicht gibt, weil die gesamte Flotte nicht als Schiffe zu Wasser, sondern ›lediglich‹ als Matte Paintings existiert. Die Schlacht von Actium erscheint diegetisch und außerdiegetisch als das, was sie in diesem Fall historiografisch ist: ein Geschichtszeitproblem, das mit Techniken der Bildübertragung und -manipulation gelöst wird. Dabei stoßen die Ereignisse des Jahres 31 v. Chr. auf Bildtechnologien des zwanzigsten Jahrhunderts und verbinden sich unlösbar miteinander. Abgesehen davon, dass die Übertragung des Schlachtenzustands an Cleopatra mit Hilfe optischer Nachrichtenübermittlung nirgendwo berichtet

Abb. 3.20 – Modell der Schlacht von Actium auf Cleopatras Schiff, Cleopatra

Abb. 3.21 – Die Bucht von Actium mit echten Schiffen und Matte Paintings, Cleopatra

Abb. 3.22 – Die fünf realen Schiffe des Drehs, Cleopatra

wird, muss bezweifelt werden, dass es ein solches funktionierendes System zur Zeit der Schlacht überhaupt gegeben hat. Antike Zeugnisse berichten lediglich von Fackelsystemen, mit denen vorher definierte einfache Nachrichten übertragen werden konnten. Eine Übertragung komplexer Nachrichten wie der hier vorgestellten scheint mit antiken optischen Mitteln nicht möglich gewesen zu sein.[91] Erst recht die Vorstellung, von einem realen Geschehen mittels Signalübertragung und symbolischen Darstellungen ein Bild zu generieren, das mit einem Blick übersehen werden kann, ist von jener kinematografischen Praxis informiert, die Wanger aufruft und für den Film ausschließt. Der Umstand schließlich, dass auf diese Weise Bilder generiert, übertragen und verarbeitet werden sollen, die als Matte Paintings überhaupt nur unter den Bedingungen der Kinematografie vorhanden sind, zeigt vollends den anachronistischen Charakter dieser Bewegtbildhistoriografie an.

Ich möchte mit der Schilderung der Ermordung Caesars eine zweite zeitraffende Technik des Filmes aufrufen. Bevor Caesar an den Iden des März 44 v. Chr. in den Senat geht, kommt er noch einmal bei Cleopatra vorbei, die versucht ihn wegen ihrer schlechten Vorahnungen, die sie mit seiner Frau Calpurnia teilt, zurückzuhalten. Caesar bricht dennoch zum Senat auf. Wir bleiben mit Cleopatra in ihrem Haus, nachdem Caesar dieses verlassen hat. Mit ihrer Hohepriesterin zieht sie sich in einen kleinen Raum zurück, in dessen Mitte ein großes Feuerbecken steht. Sie kniet davor nieder. Die Priesterin bleibt auf der anderen Seite stehen, spricht einige Zaubersprüche und wirft immer wieder ein Pulver in das Feuer, das dort unter Zischen und mit weißer Flamme verbrennt. Cleopatra sieht versonnen in die Flammen, die sich zwischen ihr und der Kamera befinden. Dann zeigt eine Nahaufnahme als Point-of-View-Shot aus ihrer Perspektive die glühenden, brennenden Kohlen (Abb. 3.23). Kreisförmig wird über dieses Bild eine Einstellungen geblendet, die Caesars Ankunft im Senat zeigt (Abb. 3.24). Rechts und links im Hintergrund lodern weiterhin die Flammen, über denen jedoch auch das Bild vom Forum zu sehen ist. Die Live-Übertragung hat begonnen. Plötzlich wird noch darüber eine Einstellung der ins Feuer starrenden Cleopatra geblendet (Abb. 3.25). Es liegen nun drei Bildebenen übereinander: das Feuer aus der Perspektive Cleopatras, das Bild, das sie offenbar im Feuer sieht, und in oder über dieser Erscheinung sie als Zuschauerin derselben. Immer wieder wird diese Überblendung nun wiederholt: eine Szene aus dem Senat, Cleopatras Reaktion auf diese Szene über der Szene, dann Cleopatra allein, dann der Senat allein, dann wieder beide übereinander. Einmal erscheint auch die Priesterin im Bild, wie sie weiteres flammendes Pulver ins Feuer wirft. Über der Szene sind weder Geräusche vom Forum noch aus Cleopatras Feuerstube zu hören, sondern lediglich düster-dramatische Filmmusik. Dass Cleopatra aber nicht nur unbeteiligt ins Feuer starrt, sondern unmittelbar auf die gesehenen Bilder reagiert, wird besonders deutlich, als sie sieht, wie Antony vor dem Senat von Caesar getrennt wird und als er den ersten Messerstich erfährt. Als Caesar zusammenbricht, nachdem Brutus ihm den letzten Stich

---

91 vgl. Hans H. Hiebel; H. Hiebler; K. Kogler; H. Walitsch, 1999, Große Medienchronik. München, S. 791–795.

Abb. 3.23 – POV auf die Kohlenschale, Cleopatra

Abb. 3.24 – POV mit Bildern vom Forum, Cleopatra

Abb. 3.25 – POV mit Bildern vom Forum und Cleopatra, Cleopatra

versetzt hat und man nur die Bewegung seiner Lippen sieht ohne zu hören, wie er sein berühmtes »Kai su, teknon?« ausspricht, schreit Cleopatra plötzlich hörbar: »My son!« Ihr Bild verschwindet und wir sehen Caesar am Fuß einer Statue zu Ehren Pompeius' zusammenbrechen. Daraufhin erfolgt ein Schnitt des gesamten Bildes und die Doppel- bzw. Dreifachbelichtung wird beendet. Cleopatra in einer halbnahen Einstellung schlägt die Arme vor die Augen und bricht zusammen. In ihren Fall zu Boden wird zu einer Halbtotalen geschnitten, in der die Kamera auf die am Boden liegende Cleopatra zufährt. Langsam wird der In-Ton der Einstellung wieder eingeblendet und wir hören das Knistern des Feuers. Mit einer Überblendung zur nächsten Sequenz, dem Begräbnis Caesars, endet diese.

Zunächst besteht die zeitraffende Funktion dieser Sequenz darin, zwei Dinge sich gleichzeitig ereignen zu lassen, die allein deshalb nicht gleichzeitig geschehen sein können, weil sie sich an zwei unterschiedlichen Orten ereignet haben. Cleopatra kann eigentlich erst dann auf die Ermordung Caesars reagieren, wenn sie danach von ihr erfährt. Der Film verfolgt damit ein klassisches historiografisches Verfahren: Er setzt Ereignisse miteinander in Bezug, die wegen fehlender räumlicher Nähe notwendig getrennt betrachtet werden müssen. Er tut das deshalb ausdrücklich unter der Prämisse, dass sie sich zeitgleich ereigneten und deshalb etwas miteinander zu tun haben müssten. Statt in sukzessiver Erzählung (»zur gleichen Zeit in Rom«) werden die Ereignisse hier in *ein* Bild zusammengefasst. Die sukzessive Dopplung von Geschehen und Wiedergabe des vergangenen Ereignisses, die für die Historiografie charakteristisch ist, wird von der Kinematohistoriografie aufgehoben und zu einer Gleichzeitigkeit von Geschehen und dessen Wahrnehmung gemacht. Es gibt hier nur noch die eine Zeit, in der sich die Geschichte ereignet. Diese Doppelgestalt wird von Cleopatras Schrei »My son!« unterstrichen. Es ist nämlich durchaus zweideutig, ob sie hier das Schicksal ihres gemeinsamen Sohnes mit Caesar beklagt oder ob der Ausruf Caesars Erschrecken über die Beteiligung Brutus' an dem Mordkomplott wiedergibt. Spricht Cleopatra als Zuschauerin von sich oder in der Art einer Synchronsprecherin zu den stummen Bildern für Caesar? Die Sequenz hätte filmisch leicht als Parallelmontage des Geschehens im Haus Cleopatras und auf dem Forum ausgeführt werden können. In der letztlich vorliegenden Form wird sie aber zu einem Kinobild par excellence. Wir sehen nämlich gleichzeitig – und nicht sukzessive – ein Bild der Wahrnehmung und ein wahrnehmendes Bild. Indem die betrachtende Cleopatra in einem Point-of-View-Shot aus ihrer eigenen Perspektive zu sehen ist, sieht sie sich beim Sehen oder sehen wir, alternativ, *dass* sie sieht und *was* sie sieht. In der Begrifflichkeit Deleuzes haben wir es mit einem Bewegungs-Bild und einem Zeit-Bild in einem Bild zu tun. Im Register eines klassischen Bewegungs-Bildes kommen die Einstellungen aus dem Senat daher: eine motiviert, zeitlich klar erkennbare und unterschiedliche Wahrnehmungen und Handlungen in einen logischen Zusammenhang bringende Bilderfolge. Auf der anderen Seite steht Cleopatras Wahrnehmung, die schließlich ihre kognitiven Fähigkeiten übersteigt, die sie zur Handlungsunfähigkeit verdammt und nicht zu einem geschlossenen sensomotorischen Band führt. Der Film präsentiert damit eine zeitformende Bildtechnologie, die sich in einem intimen Verhältnis zur grundlegenden Ordnung bewegter Bilder befindet: Das Kino präsentiert der Wahrnehmung nicht nur Bilder, die auch jenseits ihrer existierten, sondern als bewegte Bilder existieren sie nur in der und durch die Wahrnehmung. Ein Tafelbild im Depot gleicht nicht einer Filmrolle im Archiv, ebensowenig wie das Gemälde in der Ausstellung dem projizierten Leinwandbild entspräche. Am Höhepunkt des ersten Teiles präsentiert der Film daher Caesars Tod nicht nur als erzähltes Ereignis, sondern zugleich als Reflexion auf eine spezifisch kinematografische Weise der Ereignispräsentation.

CLEOPATRA führt damit vor, wie eine Grübelei über Zeit aussehen kann, die nicht nur nicht zur Erzählung tendiert, sondern sich ganz im Gegenteil in der Form großangelegter Tableaus zeigt, deren Weitläufigkeit an die Fähigkeiten ihrer Betrachter_innen appelliert – nicht ihrer Leser_innen. Ich werde im Folgenden zeigen, wie weitläufig sich das Spektakel CLEOPATRA tatsächlich gestaltet und auf welche Weise es seine Betrachter_innen an seinen Zeitreflexionen teilhaben lässt. Außerdem werde ich zeigen, inwiefern Anachronismen dabei eine tragende Rolle spielen.

3. Cleopatra, das Spektakel

Es handelt sich bei CLEOPATRA offenbar nicht um die immer entzogene und verdoppelte Kleopatra der akademischen Historiografie. CLEOPATRA markiert nicht die Leerstelle, an der die griechisch-ägyptische Königin zu imaginieren, zu rekonstruieren oder approximativ zu repräsentieren wäre. CLEOPATRA ist kein Verlust, kein Entzogenes, keine historische Vergangenheit. Es ist stattdessen ein komplexes Bündel aus Bildern, Tönen, Technologien der Hör- und Sichtbarmachung, Texten und Zitaten, Körpern und Gegenständen, die massenhaft und exzessiv auftauchen und die zu positiv, zu diesseitig sind, um sie als Fetische oder defizitäre Stellvertreter der eigentlichen, vergangenen Kleopatra zu lesen. CLEOPATRA in seiner Ausdehnung, die weit über die Person hinausgeht, an die der Eigenname zunächst denken lässt, ist eine jener »highly specific truth factories«, von denen Bruno Latour einmal gesprochen hat.[92] In dieser Fabrik wird neben vielem anderen ein spezifischer Bezug zur Vergangenheit produziert, dessen Reichweite ich im Folgenden freilegen möchte.

Die Struktur von CLEOPATRA ließe sich nicht nur anhand der dargestellten historischen Ereignisse wiedergeben, sondern man könnte sie anhand eines Elementes beschreiben, welches kaum einmal erwähnt wird und dafür im Bild um so präsenter ist. Es handelt sich um Cleopatras Frisuren, ihr Make-up und ihre Kostüme. In einer Reihe von Szenen wird sie bei der Schönheitspflege gezeigt: an ihrem Schminktisch (Abb. 3.3), in ihrem Bad (Abb. 3.26), bei Pediküre und Maniküre sowie einer Massage (Abb. 3.5). Einmal erprobt sie Varianten ihres Augen-Make-ups an dafür vorgesehenen weißen Gipsbüsten (Abb. 3.27). Einer ihrer letzten Befehle vor ihrem Selbstmord am Ende des zweiten Teils betrifft das Kleid, in dem sie aufzubahren sei. So präsent diese Aktivitäten im ersten Teil sind, so stumm geschehen sie als Hintergrundhandlung: Immer wenn Cleopatra nichts tut oder jemand erwartet, beschäftigt sie sich wie nebenbei mit den Details ihres Aussehens, bei denen ihr zahlreiche Dienerinnen behilflich sind, die sich um Perücken, Make-up oder Kleider kümmern. Diese Nebensächlichkeit steht in keinem Verhältnis zu Masse und Aufwand der tatsächlich vorgeführten Outfits. In jeder Szene – mit der Ausnahme ihres Todes – trägt Cleopatra ein anderes Kleid, anderes Make-up, eine andere Frisur. In der Mitte des zweiten Teils wird dieses Prinzip geradezu grotesk verdichtet. Antony ist nach seiner politisch arrangierten Hochzeit mit Octavia nach Alexandria und damit zu Cleopatra zurückgekehrt, die ihm allerdings aus Eifersucht die kalte Schulter zeigt. In mehreren Anläufen versucht Antony sie davon zu überzeugen, dass seine Liebe allein ihr gilt. Einmal sucht er sie auf, während sie die Bauarbeiten an ihrem Mausoleum observiert. Sie trägt in dieser Szene einen halbdurchsichtigen, hellen Mantel über einem tiefroten Kleid, die Kontur ihrer Haare wird durch einen goldenen Haarschmuck

---

92 Bruno Latour, 2009, Spheres and Networks: Two Ways to Reinterpret Globalization. In: Harvard Design Magazine, 30 (2009), S. 138–144, hier: 140.

Abb. 3.26 – Cleopatra in ihrem Bad, Cleopatra

Abb. 3.27 – Cleoaptra erprobt Make-up-Varianten, Cleopatra

Abb. 3.28 – Cleopatra bei den Bauarbeiten an ihrem Mausoleum, Cleopatra

Abb. 3.29 – Cleopatra im Streit mit Mark Antony, Cleopatra

Abb. 3.30 – Cleopatra im Streit mit Mark Antony, Cleopatra

verdoppelt (Abb. 3.28). In der letzten Einstellung dieser Sequenz geht sie im Streit mit Antony von rechts nach links an ihm vorbei aus dem Bild, während die Kamera ihr in einem Schwenk folgt. Antony, in einer Halbtotale, sieht ihr aus dem linken Bildrand nach und ruft ihr hinterher: »It would not be wise.« Schnitt in die Gemächer Cleopatras: Sie tritt von links ins Bild, bleibt in dessen Mitte stehen und antwortet, nach unten aus dem Bild blickend: »What is wise? To hand over Rome, Italy, the world to Octavian?« (Abb. 3.29) Während es sich hier also um einen logischen Gegenschnitt handeln könnte, unterläuft das nicht nur der vollständige Ortswechsel; Cleopatra trägt darüber hinaus ein völlig anderes Outfit: Ihr nun weißes Kleid wird von einem durchsichtigen, goldenen Mantel überdeckt, auf dem Kopf trägt sie eine Krone aus goldenen Blättern. Während Cleopatra wüste Beschimpfungen von sich gibt, fährt die Kamera zurück und gibt Antony zu sehen, der vor ihr liegt. Mit großer Geste wendet sie sich um und verlässt die Szene durch den halbdurchsichtigen Vorhang im Hintergrund. Antony springt auf und verlässt das Bild nach rechts. Nach dem Schnitt rennt Antony von rechts ins Bild an den Fuß einer Treppe, auf der er halb stehen bleibt und nach oben blickend Cleopatra fragt, was sie so wütend macht. Im unmittelbar folgenden Gegenschuss eilt Cleopatra hinter einem anderen halbdurchsichtigen Vorhang hervor um ihm zu antworten. Sie trägt aber nun schon wieder ein anderes Outfit: Unter einem dunklen Mantel ist nun ein lockeres weißes Kleid mit einem Ornament aus schwarzen Schlangen über der Brust zu sehen, ihre langen Haare sind gelöst und fallen ihr über den ganzen Rücken (Abb. 3.30). Innerhalb von vier Einstellungen, die zu ein und demselben Streitgespräch gehören, das sich ohne Brüche über die Schnitte erstreckt und diese als Schuss-Gegenschuss sogar aufeinander bezieht und in nur wenig mehr als dreißig Sekunden tritt Cleopatra in drei verschiedenen Outfits auf. Diese Zuspitzung dürfte auf die dramatische Kürzung des Filmes nach seiner Fertigstellung zurückzuführen sein, die teilweise ohne Beteiligung Mankiewicz' und ohne seine Zustimmung auf Druck des Studios erfolgte. Ungeachtet dessen verdichtet sich hier das Prinzip, dem Cleopatras Erscheinung den ganzen Film über folgt: mühelos, massenhaft, ständig und geradezu von Zauberhand wechseln sich bei ihr die aufwändigsten Kostüme und Frisuren ab. Spätestens diese Sequenz macht deutlich, dass eine solche von Sensation zu Sensation taumelnde Erscheinung nur im und durch den Film möglich ist; dass ein Wechsel des Outfits in Sekundenschnelle ein Montageeffekt ist und dass damit an Cleopatra-Taylors Körper eine Reihe von spektakulären kosmetischen Körperpraktiken sichtbar wird, die zentrale Bedeutung für die historische Wissensproduktion des Films haben. Das so produzierte Wissen zeichnet sich vor allem dadurch aus, dass es konkret, materiell, körperlich und übertragbar ist und durch ein ausgedehntes kommerzielles Netzwerk zirkuliert, das untrennbar mit dem Film verknüpft ist.

Der Cleopatra Look

Die Dreharbeiten von CLEOPATRA standen unter ständiger Beobachtung durch die internationale Presse, die sich vornehmlich für die Eskapaden Liz Taylors und Richard Burtons interessierte.[93] Spätestens mit der Premiere des Films im Juni 1963 jedoch trat dieser Form der Publicity eine teilweise durch 20th Century-Fox kontrollierte Werbung für Mode- und Kosmetikartikel an die Seite, die ausdrücklich im Namen und im Bezug auf CLEOPATRA vermarktet wurden. Repräsentativ für die Vielzahl der in allen Modemagazinen und ›Frauenzeitschriften‹ erscheinenden Produktwerbung stehen Werbestrecken in der amerikanischen Vogue vom 1. August 1963 (Vol. 142, Nr. 3), die mit einer Art Cleopatra-Siegel der 20th Century-Fox unmittelbar mit dem Film assoziiert wurden (Abb. 3.31). Elf größtenteils seitenfüllende Anzeigen bewerben hier Artikel wie Parfüm, Pelze, Schmuck, Perücken, Make-up, Uhren, Nylonstrümpfe, Kleider und selbst Tagesdecken.

---

[93] vgl. dazu etwa Hughes-Hallet, 1990, Cleopatra Winks. In: Dies., 1990, Cleopatra, S. 329–364; und Maria Wyke; Dominic Montserrat, 2011, Glamour Girls. Cleomania in Mass Culture. In: Margaret M. Miles (Hg.), 2011, Cleopatra. A Sphinx Revisited. Berkeley, Calif u. a., S. 172–194.

Abb. 3.31 – »Cleopatra-Siegel«
der 20th Century-Fox,
VOGUE, Vol. 142, Nr. 3,
(1. Aug. 1963)

Abb. 3.32 – Anzeige für Oliver Gintel, VOGUE, Vol. 142, Nr. 3

Abb. 3.33 – Anzeige für Whiting & Davis, VOGUE, Vol. 142, Nr. 3

Abb. 3.34 – Anzeige für Dan Millstein Inc., VOGUE, Vol. 142, Nr. 3

Abb. 3.35 – Anzeige für Roamer-Medana Watch Corporation, VOGUE, Vol. 142, Nr. 3

Abb. 3.36 – Anzeige für Tuvaché, VOGUE, Vol. 142, Nr. 3

Abb. 3.37 – Anzeige für JR.Sophisticates, VOGUE, Vol. 142, Nr. 3

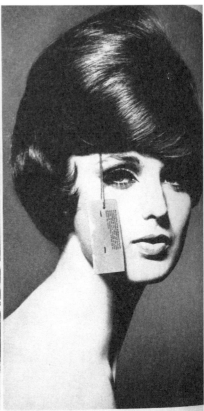

Abb. 3.38 – Anzeige für Merriwig International, VOGUE, Vol. 142, Nr. 3

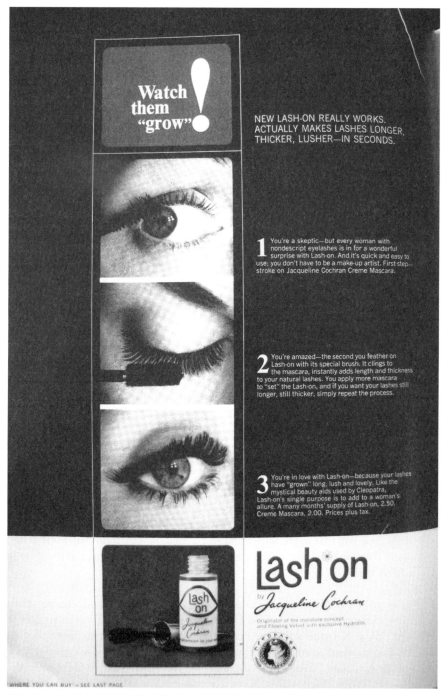

Abb. 3.39 – Anzeige für Jacqueline Cochran, VOGUE, Vol. 142, Nr. 3

Die Slogans der Anzeigen stellen fast immer die moderne Wiederauferstehung Cleopatras in ihren Produkten in Aussicht: »Ollie Gintel launches contemporary Cleopatra furs« (Abb. 3.32), »The jewels of Cleopatra. Exquisite replicas of royal ornaments worn by Egypt's beautiful Queen, recreated for you with Whithing & Davis skill« (Abb. 3.33), »The Queen of The Nile comes to life in a coat fashions of mock leopard and cheetah.« (Abb. 3.34), »In hieroglyphics (or plain English), Medana watches spell "fashion excitement."« (Abb. 3.35) Während die Produkte sich dann stilistisch mehr oder weniger stark an einem ägyptisierenden Look versuchen, tauchen in den Anzeigen auch Elemente aus dem Film auf: Auf der ersten Anzeige der Serie für das Parfüm *Jungle Gardenia* von Tuvaché (»favorite fragrance of the world's most beautiful women«) trägt das Modell eine Krone Cleopatras aus dem Film, worauf indirekt auch verwiesen wird: »Crown designed by Irene Sharaff«, der Kostümdesignerin Liz Taylors (Abb. 3.36). Auf einer Anzeige für ein Kleid von Jr. Sophisticates hält das Modell deutlich sichtbar das Programmheft des Films in der Hand, aus dem ich weiter oben zitiert habe (Abb. 3.37). Flankiert werden diese Anzeigen durch einen sehr kurzen Artikel, der »two evening looks with Cleopatra lure« vorstellt. »Today's Cleopatras«, heißt es dort, »are as much aware of the powers of feminine allure as the original who lived—who could forget?—twenty foxy centuries ago.«[94] Der *pun* benennt exakt die Zeittransformation, die sich mit CLEOPATRA ereignet: Aus der Geschichtszeit wird eine dezidierte Kinogeschichtszeit, die nach ihren eigenen Regeln verfährt. Die augenblickliche Verwandlung für die Kamera mit Kostüm und Make-up findet sich dementsprechend auch in den Vogue-Anzeigen wieder. Die Anzeige für Merriwig-Perücken führt genau das vor: (Abb. 3.38) auf den beiden Bildern der Anzeige wird dasselbe Modell mit zwei unterschiedlichen Perücken gezeigt: »This is my Cleopatra wig circa 48 B. C.« heißt es unter dem einen Bild, das andere kündigt an: »This is my Merriwig circa 1963«. Mit der Hilfe von Perücken und im Abstand von zwei Fotografien können hier also die »twenty foxy centuries« übersprungen werden. Dieselbe geradezu magische Transformationsleistung wird auch im Text der Anzeige beschworen:

> »You too can be a modern-day temptress, when you wear a fashionable Merriwig. Instantly! Just try one on and watch the magic take over. Merriwig is unique! It is the *only* wig that is pre-set ... and just a flick of your comb will style it into many flattering looks. [...] You can be *all* women in *one* woman at the drop of a Merriwig.«

Alle Frauen in einer, wie eine Schauspielerin, augenblicklich und mit nur einer schnellen Bewegung des Kammes: Das funktioniert nur mit Perücke und Foto. Während diese Relation auf der Anzeigenseite in den beiden nebeneinander stehenden Fotografien räumlich bleibt, wird sie in CLEOPATRA, wie ich gezeigt habe, im Schnitt von einer Einstellung zur anderen verzeitlicht. Auch die Hersteller des

---

94 Vogue, Vol. 142, Nr. 3, S. 107.

Lash-on-Mascaras von Jacqueline Cochran bewegen sich in diesem filmischen Zeitregime (Abb. 3.39). »New Lash-on really works. Actually makes lashes longer, thicker, lusher—in seconds.« Wenn die Anzeige das Aussehen eines Filmstreifens mit fünf Frames annimmt, so ist das mehr als eine bloße Layoutidee. Ihre Leser_innen sollen nämlich Zuschauer_innen werden, die dem Transformationsprozess »in seconds« zuschauen können: »Watch them "grow"!« lautet die Sehanweisung im ersten Frame. Und nicht nur das: die Zuschauer_innen werden eine Veränderung an sich selbst erfahren: »You're a sceptic«, »You're amazed«, »You're in love with Lash-on« heißt die Transformation, die die Zuschauer-Benutzer_innen des Mascaras an sich selbst beim Blick in ihr eigenes Auge (sei es das beispielhafte der Anzeige oder später das eigene im Spiegel) erfahren sollen.

Wie viel tiefer die Verbindung zwischen kosmetischen Praktiken und filmischen Techniken reicht, hat Alicia Annas herausgearbeitet. Es lässt sich nämlich zeigen, wie die Entwicklung des Hollywood Make-up-Standards, der in den späten dreißiger Jahren weitgehend etabliert war, auf das Engste mit der Entwicklung der verbindlichen Verfahren zur Filmproduktion verbunden ist.[95] Seitdem orthochromatisches Filmmaterial zum Standard im frühen Hollywood geworden war, sahen sich die Kameraleute und Beleuchter einem spezifischen Problem gegenüber: orthochromatischer Schwarz-Weiß-Film reagiert auf alle Farben bis auf rot. Rote Gegenstände erscheinen auf diesem Material als schwarz. Da die Hautfarbe der meisten weißen Menschen einen beträchtlichen Anteil rot aufweist, musste dieser mit Make-up abgedeckt werden. Frühe Versuche das mit Theaterschminke zu bewerkstelligen, waren jedoch nur mäßig erfolgreich, da diese zu dick und zu unflexibel war um eine ansprechende Wiedergabe der Gesichter etwa in Closeups zu ermöglichen. Max Factor löste das Problem 1914 mit seiner Flexible Grease Paint: »the first makeup specifically for motion pictures and the first natural-looking cosmetic to be used in film production, [...] thin enough to look subtle on camera yet thick enough to cover the skin's natural red tones.«[96] Mit der Einführung des panchromatischen Films Ende der zwanziger Jahre veränderten sich auch die Anforderungen an das Film-Make-up, auf die Max Factor mit der Einführung der Pancro-Serie reagierte. Während dieses noch immer auf Fettbasis hergestellte wurde, machte die Einführung des Farbfilms Ende der dreißiger Jahre dessen Verwendung unmöglich: Der fettige Make-up-Auftrag reflektierte die Farben der Umgebung zu stark, so dass die Gesichter der Schauspieler_innen abwechselnd alle möglichen Farbtöne annehmen konnten. Pan-Cake hieß Max Factors fettfreie Antwort auf dieses Problem, das fortan zum Standard für das Make-up in Farbfilmen werden sollte. Die Balance, die hier zwischen den Anforderungen des Filmmaterials und der Beleuchtung und dem Star-Image hergestellt werden konnte, musste um den Preis des finanziellen Erfolges der Stars

---

95 vgl. hierzu und zum Folgenden Alicia Annas, 1987, The Photogenic Formula: Hairstyles and Makeup in Historical Films. In: Edward Maeder (Hg.), 1987, Hollywood and history : costume design in film. London u. a., S. 52–77.
96 Annas, 1987, The Photogenic Formula, S. 55.

Abb. 3.40 – Anzeige für Revlon Sphinx Eye Makeup, 1960er Jahre

unbedingt aufrecht erhalten werden. »When a star was cast in a period film, the studio faced a dilemma. While it was desirable that moviegoers believed the historical image presented on the screen was indeed authentic, it was economically vital that the star's image was not sacrificed to history.«[97] Die Herausforderung für die Make-up-Artists Hollywoods bestand nun darin, den Stars in Filmen mit historischen Stoffen ein Aussehen zu geben, das genügend Zeichen enthielt, die als spezifisch historisch gelesen werden konnten und zugleich die Erkennbarkeit der Stars als Stars zu gewährleisten. Offenbar gab es keinen Spielraum, um das Make-up der weiblichen Stars zu historisieren: »There was absolutely no attempt to make women's film makeup reflect history.«[98] Die Historisierung ihres Aussehens konnte von daher nur über Kostüme und Perücken betrieben werden.

An Liz Taylors Kostümen, Make-up und Perücken in CLEOPATRA lässt sich das gut nachvollziehen. Ihr Augen-Make-up, mit weit ausgezogenem, dickem Lidstrich und großflächig aufgetragenem Lidschatten entspricht dem Geschmack der Jahre um 1960, bezieht sich jedoch auf Make-up, wie es aus ägyptischen Darstellungen überliefert ist. Ihre Lippen jedoch in zurückhaltenden hellen Tönen haben mit dem Hennarot, das historisch korrekt gewesen wäre, nichts zu tun.[99] Ähnli-

---

97 ebd., S. 58.
98 ebd., S. 59.
99 vgl. Alicia Annas; Satch LaValley; Edward Maeder, 1987, The Three Faces of Cleopatra. In: Maeder (Hg.), 1987, Hollywood and history, S. 43–51, hier: 50.

**AN ENCHANTING NEW KIND OF SORCERY
—2,000 YEARS OLD!**

Cleopatra herself would never have told! But now Revlon does! 2,000 years after Cleopatra used her beauty secrets to such outrageously unfair (but oh! so feminine) advantage. Revlon redistills them for you in a wonderfully wearable modern adaptation.

Here is the look for you to wear now . . . a centuries-old bewichery brought brilliantly up-to-date.

The magic begins with your 'Sphinx Eyes' Kit, the unique, new creative eye make-up exclusively from Revlon. Add to it the provocative flattery of 'SPHINX PINK' — Revlon's new shade for lips and fingertips!

Suddenly, you've spanned 2,000 years with fashion's favorite look — The Cleopatra Look.

Abb. 3.41 – Gebrauchsanleitung des Revlon Sphinx Eye Makeup

ches gilt für ihre Perücken: Es finden sich darunter zahlreiche Exemplare mit aufwändigem Goldschmuck, der sich an ägyptische Vorbilder anlehnt. Zu anderen Gelegenheiten, etwa dem Bacchus-Mahl oder in ihrer Badezene trägt sie Frisuren, mit denen keine Frau in den 1960er Jahren irgendwo in den USA aufgefallen wäre. Die Kostüme schließlich sind zwar reich mit ägyptisierenden Ornamenten versehen, entsprechen mit ihren Wespentaillen aber ganz und gar dem Geschmack der Zeit. Die sehr tiefen Ausschnitte, die fast alle ihre Kostüme haben, sind allein auf Taylors berühmtes Décolleté zurückzuführen und lösten einen regelrechten Trend aus. So heißt es in einem Beitrag über neuerdings tiefer werdende Ausschnitte im LIFE Magazine im Januar 1964:

> »After four years of riding high, necklines are plunging. Worn by beautiful young socialites at New York parties during the holiday season, the new low-necked dresses are no mere fad. They are forerunners of a trend that is strong for spring. [...] The revival of the low necklines started in Europe this fall—a delayed reaction, some observers feel, from the movie CLEOPATRA.«[100]

Bereits im Januar 1962 war ein zweiseitiger Artikel über *Elizabeth Taylor as Cleopatra* in der amerikanischen Vogue erschienen, der über die Dreharbeiten in Rom berichtete und der mit einem Foto Taylors und eben jener besagten *plunging neckline* illustriert war. Dort hieß es: »To *this* Cleopatra [i.e. Taylor] the Romans seem anything but hostile; their designers are plotting some not-too-broody Cleo clothes; the papers are full of Liz; and the Queen of the Nile coiffure can be felt at least as far north as Paris.«[101]

---

100 Necklines Take the Plunge. In: LIFE Vol. 56, Nr. 1 (1964), S. 70.
101 Elizabeth Taylor as Cleopatra. In: Vogue, Vol. 139, Nr. 2, S. 70.

Abb. 3.42 – Anzeige für Bates Fabrics, VOGUE, Vol. 142, Nr. 3

3. Cleopatra, das Spektakel

Die leisesten Veränderung eines Star-Images wie das Taylors werden also registriert und fließen sofort zurück in die Mode- und Make-up-Kollektionen, die auf diese Art nicht nur von ausdrücklichen Fans inkorporiert werden können. Gerade die Make-up-Industrie wurde, so Alicia Annas, in den dreißiger Jahren maßgeblich durch die enge Verbindung von Make-up, Starimage und Film ermöglicht:

> »Cosmetic sales skyrocketed thanks to the influence of the film stars who made cosmetics socially acceptable for the first time in over a century. While in 1840 no respectable woman wore cosmetics for fear of being labelled a ›painted lady,‹ by 1940 no fashionable woman would be caught in public without her makeup.«[102]

Gerade deshalb wird Make-up seitdem als Möglichkeit vermarktet, mit Leichtigkeit selbst den Look eines Stars annehmen zu können.[103] Revlon propagierte auf diese Weise im Umkreis des Films »The new Cleopatra Look as only Revlon does it!« (Abb. 3.40) Bestehend aus Sphinx Eyes, einem Lidschattenset und Sphinx Pink, einem Set passenden Nagellacks und Lippenstiftes, werden die Kosmetikprodukte nicht als die Produkte vermarktet, die sie sind, sondern als *Look* und sie werben, wie das Lash-on Mascara, mit einer Anleitung zu ihrer einfachen Anwendung. Die Anleitung zum Auftrag des Revlon-Make-ups bezieht dessen Vorteile zudem auf die besondere zeitliche Relation, in die seine Anwenderinnen zu Cleopatra gesetzt werden (Abb. 3.41):

> »Cleopatra herself would never have told! But now Revlon does! 2,000 years after Cleopatra used her beauty secrets to such outrageously unfair (but oh! so feminine) advantage. Revlon redistills them for you in a wonderfully wearable modern adaptation. […] Suddenly, you've spanned 2,000 years with fashion's favorite look — The Cleopatra Look.«[104]

Von hier aus lässt sich die ganze Reichweite des Cleopatra Looks ermessen: Er bezeichnet das spezifische Aussehen einer Figur namens Cleopatra, das sich aus Elementen einer griechisch-ägyptischen Königin des ersten Jahrhunderts v. Chr. und der Schauspielerin Elizabeth Taylor zusammensetzt; es ist zugleich strukturiert von textlich-bildlichen Überlieferungen aus Kleopatras Ägypten und den Konventionen weiblicher Star-Images der 1960er Jahre und vereinigt damit Elemente ägyptischer Herrscherbilder und optische Effekte, die ursächlich und materiell mit der Produktion bewegter Zelluloid-Bilder zusammen hängen; im Cleopatra Look überkreuzen sich die Anliegen eines profitorientierten Massenmarktes, in dessen Zentrum das Kino steht, mit denen historiografischer Überlieferung; der

---

102 Annas, 1987, The Photogenic Formula, S. 56.
103 vgl. Linda M. Scott, 2005, Fresh Lipstick. Redressing Fashion and Feminism. New York u. a., S. 201.
104 Anleitung aus den Revlon Sphinx Eyes. zit. nach einem Bild aus der Elizabeth-Taylor-Memorabilia-Sammlung von Alan Trivette, http://www.taylortribute.com/Elizabeth%20Taylor%20-%20Cleopatra%20Craze-01.html (Zugriff: 12.01.12)

Cleopatra Look enträt damit jeder Harmlosigkeit: Er ist der anachronistisch-bildliche Körper der historiografischen Wissensproduktion, an der uns CLEOPATRA beteiligt. Vor allem aber ist der Cleopatra Look etwas, das nicht auf das Filmbild beschränkt bleibt: Die Konsument_innen können die Produkte kaufen, die von günstigem Make-up bis zu exklusiven Pelzen reichen. »You're Queen of the Nile—modern style.« (Abb. 3.42) Diese größte Nähe zwischen den zeitgenössischen Konsument_innen und Kleopatra erschien sowohl Historiker_innen als auch Feminist_innen als größte Bedrohung. Die historistische Historiografie konnte nämlich nur dann den Abstand zum historischen Gegenstand vermessen, wenn es einen solchen überhaupt noch gab und nicht gerade seine Auflösung angestrebt wurde (vgl. Kap. 1). Feministische Kritiker_innen befürchteten eine doppelte Indienstnahme der modernen Glamour Kleopatren: einerseits ihre Unterwerfung unter ein antiquiertes Frauenbild und andererseits ihre Selbstkommodifizierung zum alleinigen Nutzen der Kosmetikindustrie.[105] Ob man sich diesen Bewertungen anschließt oder nicht: Der Nachdruck, mit dem sie vorgetragen werden, deutet darauf hin, dass die Affizierung der Körper durch den Cleopatra Look real genug ist, um Effekte verschiedenster Art zu zeitigen, die gerade deshalb zurückgewiesen werden können, weil sie anachronistisch sind.[106]

Zur Geschichte des Cleopatra Looks

In welchem Verhältnis steht dieser kommerziell verfügbare und erfolgreiche Cleopatra Look zum Aussehen der historischen Kleopatra? Die Antwort ist sehr einfach: Wir wissen es nicht. Dieses Nichtwissen hat jedoch unüberschaubare Mengen Kleopatra-Bilder produziert, von denen ich hier beispielhaft einige vorstellen möchte.[107] Die ältesten Kleopatra-Darstellungen finden sich auf antiken Münzen sowie in Form weniger skulpturaler Darstellungen.[108] In den Fällen der Büsten besteht noch nicht einmal Einigkeit darüber, ob sie überhaupt Kleopatra darstellen. Bei der in den Museen des Vatikan befindlichen Büste musste etwa die fehlende Nase rekonstruiert werden. Vor allem aber stammen die Identifizierungen der mindestens drei bekannten Büsten (Vatikan, Cherchell, Berlin) alle aus dem zwanzigsten Jahrhundert und standen damit zu keiner Zeit als Vorbilder oder Orientierungshilfen für andere Abbildungsversuche zur Verfügung. Die Darstellungen

---

105 vgl. Mary Ann Doane, 1989, The Economy of Desire : The Commodity Form in/of the Cinema. In: Quarterly Review of Film & Video. Vol. 11 (1989), S. 23–33.
106 Scott, 2005, Fresh Lipstick verbindet deshalb auch ihre Kritik an Positionen wie der Doanes mit einer Umschreibung der Geschichte des Feminismus. Wer Anachronismen nicht fürchtet, muss die Geschichte, die sie verurteilt hat, in einem anderen Licht sehen.
107 vgl. für einen enzyklopädischen Überblick über die Geschichte der Kleopatra-Bilder: Claude Ritschard; Allison Morehead; Musée Rath Genève (Hg.), 2004, Cléopâtre dans le miroir de l'art occidental. Genf.
108 vgl. Mary Hamer, 1993, Looking like a queen. In: Signs of Cleopatra. History, politics, representation. London, New York, S. 1–23.

3. Cleopatra, das Spektakel

Abb. 3.43 – Domenico Beccafumi: Kleopatra. 1508–1510, Öl auf Holz, 75,5 × 47cm, Musée Bonnat, Bayonne

Abb. 3.44 – Alessandro Turchi: Der Tod der Kleopatra. 1640, Öl auf Leinwand, 255 × 267 cm, Louvre, Paris

Kleopatras auf antiken Münzen sind nicht mit weniger Problemen versehen: »La principale limite est, avant tout, la petitesse des pièces. En outre, normalement, on ne trouve sur la monnaie que des profils ; […] Enfin, l'état de conservation des pièces, la plupart du temps, met le portrait à mal.«[109] Mary Hamer hat unterstrichen, wie wenig sich diese Darstellungen sowie das Halbrelief am Hathor-Tempel von Dendera für die Beantwortung unserer Frage nach dem Aussehen Kleopatras eignen. Die Funktion dieser Darstellungen bestand zu keinem Zeitpunkt in der Vermittlung eines »echten« Kleopatra-Bildes sondern die Darstellungen dienten dazu, Münzen und religiöse Riten als Regierungstechnologien mit dem Königinnenkörper Kleopatras zu assoziieren: »Manipulating the emblems of autho-

---

109 Matteo Campagnolo, 2004, La monnaie conserve les traits de Cléopâtre. In: Ritschard u. a. (Hg.), 2004, Cléopâtre dans le miroir de l'art occidental, S. 21–23.

3. Cleopatra, das Spektakel 205

Abb. 3.45 – Giambattista Tiepolo: Das Treffen von Antonius und Kleopatra.
ca. 1746, Öl auf Leinwand, 66 × 38 cm, National Gallery of Scotland, Edinburgh

Abb. 3.46 – Jan de Bray: Das Bankett von Antonius und Kleopatra. 1669, Öl auf Leinwand, 248,9 × 190,5 cm, The Currier Gallery of Art, Manchester, New Hampshire

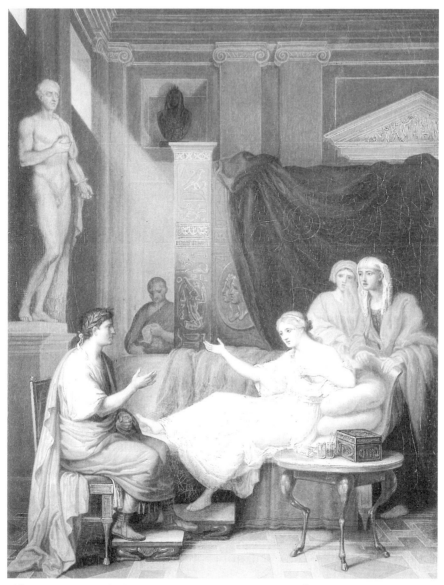

Abb. 3.47 – Anton Raphael Mengs: Augustus und Kleopatra. 1760, Öl auf Leinwand, 306 × 212 cm, Stourhead House, Wiltshire

Abb. 3.48 – Louis Gauffier: L'Entrevue d'Auguste et de Cléopâtre après la Bataille d'Actium. 1788, Öl auf Leinwand, 83,8 × 112,5 cm, National Gallery of Scotland, Edinburgh

rity is the aim of these representations: not portraiture«.[110] Entsprechend spielen Bilder für die Überlieferung Kleopatras in der römischen Antike im Vergleich zu zahlreichen historiografischen oder literarischen Beschreibungen kaum eine Rolle.[111] Mit Beginn des dreizehnten Jahrhunderts erscheint Kleopatra in unterschiedlichen Rekompilationen antiker Texte bzw. ersten Werken der römischen Historiografie.[112] Spätestens ab dem vierzehnten Jahrhundert ist Kleopatra dann zu einer Figur geworden, die von keinem Schriftsteller-Historiografen mehr ignoriert werden konnte: sie findet sich in Dantes *Divina commedia*, Petrarcas *Trionfi*, Boccaccios *De mulieribus claris* und Chaucers *The Legend of Good Women*, um nur die wichtigsten zu nennen. Aus dem späten fünfzehnten Jahrhundert stammen die ersten nicht-antiken Abbildungen zu Kleopatra in Form von Illustrationen

---

110 Hamer, 1993, Looking like a queen, S. 10.
111 vgl. dazu etwa Philippe Boyer, 2004, Cléopâtre ou les vertus de l'infortune. In: Ritschard u. a. (Hg.), 2004, Cléopâtre dans le miroir de l'art occidental, S. 25–34, hier: 26–28; Ilse Becher, 1966, Das Bild der Kleopatra in der griechischen und lateinischen Literatur. Berlin.
112 vgl. Boyer, 2004, Cléopâtre ou les vertus de l'infortune, S. 28f.

in Handschriften[113] oder als Kupferstichbeigaben zu gedruckten Texten.[114] Aus der gleichen Zeit stammen die ersten Tafelbilder, die Kleopatra darstellen. Auf diesen wird sie zunächst kaum in spezifischen überlieferten Geschichten dargestellt, sondern lediglich als Figur. Als Attribut dient die kleine Schlange, mit der sie sich umgebracht haben könnte, die sie entweder in der Hand hält oder schon an die entblößte Brust geführt hat, in die die Schlange beißen wird oder schon gebissen hat (Abb. 3.43). Diese ikonografische Tradition wird später zum Sujet »Tod der Kleopatra« erweitert: es kommen Kleopatras Dienerinnen hinzu oder die römischen Soldaten, die die tote Kleopatra finden (Abb. 3.44). Während die Kleopatra in den frühen Darstellungen zumeist eine stehende Ganzkörperfigur ist, wird sie später auch als sitzende oder liegende Halbfigur gezeigt. Im siebzehnten Jahrhundert werden dann vermehrt komplexere Geschichten um Kleopatra erzählt. Das sind vor allem das Festmahl des Bacchus sowie die Begegnung mit Mark Anton in Tarsus. Beispielhaft für die Üppigkeit dieser Darstellungen sind etwa die zahlreichen Kleopatra-Sujets Tiepolos (Abb. 3.45).

Was alle diese Darstellungen bis ins achtzehnte Jahrhundert hinein verbindet, ist die fast vollständige Abwesenheit ägyptischen oder ägyptisierenden Dekors. Die Kleopatren sind weiße, oft sogar blonde Kaukasierinnen, die sich in nichts von den üblichen Modellen der entsprechenden Maler unterscheiden. Kostüme kommen in den Bildern ohnehin nur selten vor, da die entblößten Frauen nur teilweise von unspezifischen Tüchern bedeckt werden. Wo sie Kleidung tragen, handelt es sich immer um zeitgenössische Kostüme und Frisuren (Abb. 3.45 und 3.46). Die Identifizierung der dargestellten Personen erfolgt über kanonisierte und der literarischen Überlieferung entlehnte Motive: die in die Brust beißende Schlange für die sterbende Kleopatra, der zur Auflösung ins Weinglas geworfene Perlenohrring auf dem Festmahl des Bacchus, die goldene Barke bei der Begegnung in Tarsus. Diese Sujets erfreuten sich im sechzehnten und siebzehnten Jahrhundert einer ungeheuren Beliebtheit. Piglers *Barockthemen* führen allein 44 Fassungen des Gastmahls und 125 verschiedene Tode der Kleopatra auf.[115] Erst in der zweiten Hälfte des achtzehnten Jahrhunderts erfährt diese Tradition tiefgreifende Veränderungen. So trägt etwa die Kleopatra in den beiden Versionen von Anton Raphael Mengs' *Augustus und Kleopatra* von 1759 bzw. 1760 kein farbiges barockes Kleid mehr, sondern eine Art weiße Toga (Abb. 3.47). Auf dem späteren großformatigen Gemälde erscheinen darüber hinaus zahlreiche ägyptisierende Dekorelemente: Im Hintergrund steht mitten im Raum eine halb verhängte Trennwand, die mit Fantasie-Hieroglyphen bedeckt ist. Die Füße Augustus' und Kleopatras ruhen auf kleinen Fußbänken, die von sphinxartigen Beinen getragen

---

113 vgl. die Abbildung »César et Cléopâtre« von Jean Pichore in: Jean Mansel, Fleur des Histoires. Rouen. (Paris, Bibliothèque nationale, Département des manuscrits, division occidentale, ms. fr. 54, fo 350v). Abb. in Boyer, 2004, Cléopâtre ou les vertus de l'infortune, S. 29.
114 vgl. den Ulmer Boccacio von 1473.
115 vgl. Andor Pigler, 1956, Barockthemen, Bd. II, Profane Darstellungen. Berlin, Budapest, S. 379–386.

werden und der Tisch rechts im Vordergrund wird von drei Tierbeinen getragen. Eine der Dienerinnen hinter Kleopatra trägt ein ägyptisches Kopftuch, die andere einen Turban. In Louis Gauffiers *L'Entrevue d'Auguste et de Cléopâtre après la Bataille d'Actium* von 1788 finden sich neben den mit geflügelten Sphinxen und zahlreichen Hieroglyphen dekorierten Sitzgelegenheiten in drei Wandnischen im Hintergrund Darstellungen von Figuren, von denen zwei bei Ausgrabungen der Villa Hadriana in Tivoli gefunden wurden (Abb. 3.48).[116] Wenn auch Kupferstiche der in Rom teilweise öffentlich ausgestellten ägyptischen Altertümer in einigen Sammlungen zugänglich waren,[117] fanden ägyptische Motive erst in der zweiten Hälfte des achtzehnten Jahrhunderts und besonders am Anfang des neunzehnten Jahrhunderts eine weitere Verbreitung: »Die Rehabilitierung der authentischen ägyptischen Kunst mußte letztlich auf die Ägypten-Expedition Napoleons und auf die Begeisterung eines Denon warten sowie auf die Ankunft der ersten großen Sammlungen ägyptischer Altertümer in Europa und die Reise und tiefen Einsichten eines Champollion.«[118] Besonders die im Nachgang zu Napoleons Ägypten-Feldzug ab 1809 herausgegebene *Description de l'Égypte* ermöglichte den systematischen Zugriff auf Bilder ägyptischer Skulptur und Architektur. Die dort abgedruckten zahlreichen Reproduktionen teilten jedoch das Schicksal der in den großen europäischen Museen eintreffenden Ausgrabungsstücke: es handelte sich bei ihnen um Einzelstücke, dekontextualisierte Fragmente aus tausenden Jahren ägyptischer Geschichte. Im Laufe des neunzehnten Jahrhunderts waren es vor allem die Gestaltung ägyptischer Ausstellungen und Museen sowie die Historienmalerei, welche all diese unzähligen Details zu einem kohärenten Bild zusammenfügten. Inwiefern dieses Unternehmen von Anfang an mit Fragen nach Bildlichkeit und Chronologie verbunden ist, zeigt ein Exkurs zur ägyptischen Abteilung im Neuen Museum Berlin.

Friedrich August Stüler wurde 1840, nur zehn Jahre nach der Fertigstellung von Schinkels Altem Museum mit der Errichtung eines weiteren Museumsbaus beauftragt, der zum Ausgangspunkt der Gesamtplanungen der Museumsinsel wurde. Als kulturhistorisches Universalmuseum geplant, sollte es eine Reihe der königlichen kulturhistorischen Sammlungen aufnehmen. Eine dieser Sammlungen war die bis dahin im Schloss Monbijou aufgestellte ägyptische Sammlung, die sich in den Jahren der Museumsplanung durch eine Ägyptenexpedition im königlichen Auftrag unter der Leitung Richard Lepsius' von 1842 bis '45 deutlich

---

116 vgl. Ritschard u.a. (Hg.), 2004, Cléopâtre dans le miroir de l'art occidental, S. 238.
117 vgl. Georg Johann Herwarth von Hohenburg, 1620, Thesaurus Hieroglyphicorum; Athanasius Kircher, 1652–1654, Obelisci. Rom; Kircher, 1652–1654, Oedipus Aegiptiacus, 4 Bde. Rom; Kircher, 1666, Obelisci Aegyptiaci. Rom; Bernard de Montfaucon, 1719–1724, L'Antiquité expliquée et représentée en figures, 10 Bde. Paris;
118 Christiane Ziegler, 1994, Von einer Ägyptomanie zur nächsten: Das Vermächtnis des römischen Altertums. In: Kunsthistorisches Museum Wien (Hg.), 1994, Ägyptomanie. Mailand, S. 15–20.

3. Cleopatra, das Spektakel 211

Abb. 3.49 – Hist. Foto der Wandbemalung im Neuen Museum Berlin. Messling, 1997, Die ägyptische Abteilung im Neuen Museum zu Berlin, Abb. 9, S. 83

vergrößerte.[119] Lepsius befand sich nach seiner Rückkehr aus Ägypten im ständigen Streit mit Giuseppe Passalacqua, dem Direktor der ägyptischen Sammlung. Gegenstand der Auseinandersetzung war zunächst der Status der ägyptischen Sammlung. Passalacqua wollte die Sammlung nicht in eine Kunst- und Kulturgeschichte des Abendlandes einbeziehen:

> »Meiner Ansicht zufolge kann über die Behauptung kein Zweifel obwalten daß ein *Museum* aegypt. Alterthümer ein rein wißenschaftliches und *archeologisches* ist, wo die schönen Künste nur höchstens in Hinsicht ihrer Geschichte und Ursprung, und folglich auch nur in Wißenschaftlicher Beziehung, sich Lehren holen können. Auch wird es nie einem Bildhauer oder einem Maler einfallen in einem aegypt. *Museum* das Vorbild zu seinen Arbeiten zu suchen, oder durch aegypt. Alterthümer die Schönheit der *plastischen* Formen, der Umriße, oder des *Colorits* zu *studiren*. [...] Ein *Museum* aegypt. Alterthümer ist also kein Kunst-*Museum*, und kann folglich auch keine Abtheilung deßelben bilden.«[120]

Passalacqua weigerte sich deshalb, Vorschläge für die Größe und Ausgestaltung der im Neuen Museum für die Sammlung vorgesehenen Räume zu unterbreiten; eine Aufgabe, die Lepsius um so lieber übernahm und sich damit letztlich auch durchsetzte.[121] Lepsius erhielt den gesamten nördlichen Teil des Erdgeschosses des Museums. Den zentralen Lichthof ließ er als Säulenhof eines ägyptischen Tempels gestalten, an den sich in Anlehnung an die Raumfolge solcher Tempel ein Hypostyl und ein Sanktuarium anschlossen. Von diesen Räumen aus konnte man einen historischen, einen mythologischen Saal und einen Gräbersaal betreten. Die große Neuerung Lepsius' bestand nun darin, die Sammlung nicht systematisch aufzustellen, wie es bis dahin in den ägyptischen Schausammlungen Europas allgemein üblich war,[122] sondern ihr eine chronologische Ordnung zu geben. Der chronologische Zusammenhang der Objekte sollte sich allerdings nicht nur durch das bloße Nebeneinander im Raum ergeben. Lepsius fügte die Ausstellungsstücke deshalb durch ein zeitlich passendes Bildprogramm in einen homogenen Zeithorizont ein. Dazu ließ er von den Berliner Malern Max und Ernst Weidenbach umfangreiche Wandmalereien im ägyptischen Stil entwerfen. Die Brüder hatten

---

119 vgl. Elsa von Wezel, 2001, Die Konzeption des Alten und Neuen Museums zu Berlin und das sich wandelnde historische Bewusstsein. In: Jahrbuch der Berliner Museen, Bd. 43 (2001) (Beiheft). Berlin, S. 137ff.

120 Brief Giuseppe Passalacquas an Karl Sigmund Franz Freiherr vom Stein zu Altenstein vom 18. Juni 1832. zit. nach Christoph Martin Vogtherr, 1997, Das königliche Museum zu Berlin. Planungen und Konzeption des ersten Berliner Kunstmuseums. Jahrbuch der Berliner Museen, Bd. 39 (1997) (Beiheft). Berlin, S. 279–281, hier: 280.

121 vgl. zu den Details dieser Auseinandersetzung Guido Messling, 1997, Die ägyptische Abteilung im Neuen Museum zu Berlin. Vorgeschichte, Konzeption und Umsetzung. In: Jahrbuch der Berliner Museen 39 (1997), S. 71–98.

122 vgl. Champollions Musée Charles X. im Louvre oder die ägyptische Abteilung des British Museums von Henry Salt; vgl. dazu auch Vogtherr, 1997, Das königliche Museum zu Berlin, S. 228ff.

Abb. 3.50 – Hist. Foto der Wandbemalung im Neuen Museum mit Bezifferung neben den Kartuschen. Messling, 1997, Die ägyptische Abteilung im Neuen Museum zu Berlin, Abb. 17, S. 97

Abb. 3.51 – Frederick Arthur Bridgman: Kleopatra auf den Terrassen von Philae. 1896, Öl auf Leinwand, 75,9 × 117,2 cm, Dahesh Museum of Art, New York

Abb. 3.52 – Georges Antoine Rochegrosse: Altes Ägypten oder Kleopatra und ihr Gefolge.
ca. 1890, Öl auf Leinwand, 65 × 82 cm, Privatsammlung

Abb. 3.53 – Alexandre Cabanel: Kleopatra erprobt die Wirkung des Giftes an zum Tode Verurteilten.
1887, Öl auf Leinwand, 165 × 290 cm, Koninklijk Museum voor schone Kunsten, Anvers

ihn auf seiner Ägyptenexpedition begleitet und waren deshalb stilistisch und motivisch mit den Erfordernissen einer solchen Arbeit vertraut. Auf der Grundlage zahlreicher ägyptischer Vorbilder ließ Lepsius ägyptische Tempelausmalungen, Kartuschen und Inschriften reproduzieren (Abb. 3.49). In einem Katalog, der die Wandbilder in Stichen wiedergab, beschrieb Lepsius dieses Vorgehen wie folgt:

»Bei der Anordnung der Räume des Aegyptischen Museum hatte man sich die Aufgabe gestellt, nicht nur einen räumlichen, sondern zugleich einen historischen und kunstgeschichtlichen Hintergrund zu gewinnen, durch welchen die einzelnen unzusammenhängenden Denkmäler dieser fern liegenden Culturepoche ein leichteres Verständnis und eine grössere Lebendigkeit für den Beschauer erhalten könnten. Ein Ueberblick der *Geschichte*, der *Mythologie* und des *Privatlebens* der alten Aegypter in Wandgemälden dem Auge vorgeführt, sollte in den *sachlichen* Kreis der ägyptischen Vorstellungen, aus welchem ihre Denkmäler hervorgegangen waren, einführen, und die Beschränkung hierbei auf *Copieen* vorhandener altägyptischer Darstellungen machte es möglich, durch treueste Nachbildungen des ägyptischen Styls und der ägyptischen Formen in grösseren Dimensionen und reicherer Auswahl, als irgend eine Sammlung von Originalen darbieten kann, den Eintretenden sogleich auf den Boden der ägyptischen *Kunstanschauung* zu versetzen, aus deren Zusammenhange das Einzelne beurtheilt werden muss.«[123]

Der Blick auf die Schwarzweißfotografien der Wandbemalungen lässt erahnen, dass die Darstellungen Veränderungen erfahren haben, die mehr mit ihrer eigenen Medialität als mit der der Originale zu tun haben. Alle Darstellungen sind als Zeichnungen ausgeführt, die später flächig koloriert wurden. Dabei blieb unberücksichtigt, ob es sich beim Original der Darstellung um Relief, Papyrus oder Wandmalerei handelte. Die Bilder im Neuen Museum orientierten sich an den Zeichnungen, die Lepsius auf seiner Ägyptenreise von den Brüdern Weidenbach anfertigen ließ und die später in großformatigen Bänden als *Denkmäler aus Aegypten und Aethiopien* in (Farb-)Lithografien veröffentlich wurden. Wenn sich an diese Darstellungen stilistische Anforderungen ergeben, dann nicht nur auf Grund ihrer ägyptischen Herkunft, sondern auf Grund ihrer Wiedergabe als Lithografien. Das heißt beispielsweise, dass die einzelnen Linien einen Mindestabstand haben müssen, weil sie sonst zu einer einzigen verlaufen. Daraus resultiert eine Maximalauflösung von Lithografien, der nur durch Vergrößerung der Darstellungen begegnet werden kann. In Lepsius' *Denkmälern* wird dem durch Maßstäbe an vielen, jedoch nicht an allen Bildern Rechnung getragen. Die Farbigkeit der Abbildungen hängt stärker von den verfügbaren Druckfarben ab als von der Farbigkeit der Vorlagen. Hier sind durchgehend wenige flächige, fast grelle Grundfarben verwendet, welche die schwarzen Umrisslinien ausfüllen. Die Wandbilder im

---

123 Carl Richard Lepsius, 1855, Koenigliche Museen. Abtheilung der aegyptischen Alterthümer. Die Wandgemälde der verschiedenen Raeume. 37 Tafeln nebst Erklaerung. Berlin, o. S. [vor S. 1].

Abb. 3.54 – Henri Blaise François Dejussieu: Kleopatra und der Sklave. 1863, Öl auf Leinwand, 82 × 66 cm, Musée Denon, Chalon-sûr-Saône

Neuen Museum Berlin haben demnach mit den ägyptischen Vorlagen soviel zu tun, wie mit den Zeichen- und Lithografiertechniken, derer sich die Archäologie des neunzehnten Jahrhunderts bediente.

Lepsius' Wandbildern im Neuen Museum war wenig Erfolg vergönnt. Den zeitgenössischen Kritikern stieß vor allem die Unentschiedenheit des Zielpublikums auf: wo die Bilder für Laien zu komplex und zu wenig selbsterklärend waren, konnten Fachleute mit ihrer atmosphärisch-dekorativen Wirkung wenig anfangen.[124] Kurz nach Lepsius' Tod 1884 ließ sein Nachfolger dann die Gemälde auch wieder entfernen. Das Projekt bleibt dennoch nachhaltig von Interesse, weil sich hier ein Versuch erkennen lässt, die chronologische Ordnung historischer Zusammenhänge durch eine hybride Anordnung von Originalartefakten, Abgüssen und räumlichen Nachbauten im umfassenden Rahmen eines einheitlichen Bildprogramms *erfahrbar* zu machen. Es geht in der Raumfolge des Neuen Museums nicht darum, diesen oder jenen Tempel oder dieses oder jenes historische Ereignis aus Ägypten zu rekonstruieren, sondern eine sichtbare, begehbare und erlebbare Vorstellung vom Prinzip ägyptischer Tempel bzw. der Stilgeschichte ägyptischer Artefakte zu geben. Wer diese Räume betritt, wandelt nicht durch Ägypten, sondern durch das Wissen von Ägypten. Das wird nicht zuletzt daran deutlich, dass die Wandbemalungen mit Ordnungsziffern versehen waren, die auf erklärende Tafeln oder Publikationen verwiesen und damit einem anderen epistemischen Register angehörten als die Originale, deren Reproduktionen sie waren (Abb. 3.50). Die Publikation und Sammlung der ägyptischen Altertümer ist deutlich mehr als lediglich eine Vor- oder Hilfsfrage für die Konstitution historiografischen Wissens über Ägypten. Sie gestatten uns vielmehr, eine bildlich-materiale Epistemologie in den Blick zu nehmen.

Wie kurz auch immer der Erfolg des Lepsiusschen Programmes gewesen sein mag, es ist Teil der weitverzweigten Produktion eines generischen Ägypten-Bildes und damit eines neuen Wissens von Ägypten seit der zweiten Hälfte des achtzehnten Jahrhunderts, das noch in CLEOPATRA wirksam ist und an dem im neunzehnten Jahrhundert maßgeblich eine ›neue Historienmalerei‹ beteiligt war. Die Kleopatren der neuen Historienmalerei unterscheiden sich in vielerlei Hinsicht von ihren barocken oder klassizistischen Vorgängerinnen: zunächst verlieren die traditionellen Motive und Themen ihre unangefochtene Gültigkeit. Kleopatra erscheint nun nicht mehr nur sterbend, bei der Begegnung mit Markus Antonius in Tarsus oder auf ihrem Festmahl. Stattdessen treffen wir sie beim Ankleiden auf den Terrassen von Philae (Abb. 3.51), mit zwei Dienerinnen und einer Katze (Abb. 3.52), wie sie Gift an Gefangenen ausprobiert (Abb. 3.53) oder in einem dunklen Gemach von einem schwarzen Sklaven bedient wird (Abb. 3.54). Vermehrt tauchen Darstellungen Kleopatras besonders zum Ende des neunzehnten Jahrhunderts auf, in denen Kleopatra nichts tut: sie liegt herum und blickt unbestimmt ins Weite. Diese Darstellungen verlassen damit den Kreis der klassischen Historienmalerei, in deren kanonische Erzählungen durch die besondere Anordnung der

---

124 vgl. Messling, 1997, Die ägyptische Abteilung im Neuen Museum zu Berlin, S. 97.

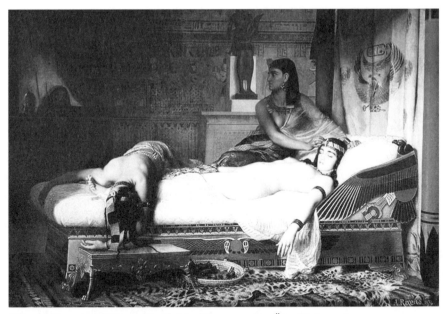

Abb. 3.55 – Jean André Rixens: Der Tod der Kleopatra. 1874, Öl auf Leinwand, 200 × 290 cm, Musée des Augustins, Toulouse

Figuren und die Komposition wiedergegeben werden. Sie rücken in die Nähe der Genremalerei, die am anderen Ende akademischen Wertungsskala stand. In der französischen Diskussion der Zeit, so hat Gabriele Genge herausgearbeitet, wurde diese besondere Verbindung historischer Themen und genrehafter Aufbereitung unter dem Begriff der Anekdote diskutiert.[125] Im Gegensatz zur Ganzheit, Vollständigkeit und Gesetzmäßigkeit der Historie, steht die Flüchtigkeit, das Augenblickshafte und Ungeschminkte der Anekdote. »So wird die Anekdote als metonymes Gebilde des Historischen formuliert, während die Historie Aussagen zur Ganzheit der Geschichte machen soll.«[126] Gerade in diesem Mangel an historiografischer Interpretation liegt aber die Faszination der Anekdote: Sie will nicht die ohnehin bekannten Haupt- und Staatsaktionen illustrieren, sondern einen schon fast frivolen Blick auf die unbekannten, ungesehenen und privaten Augenblicke der Vergangenheit werfen. Die in ihrem Gemach träumende Kleopatra ist das ideale Motiv für diese Bildgattung: Sie tut nichts und die Betrachter_innen ›ertappen‹ sie in einem Moment, welcher der historiografischen Optik entzogen bleiben muss, weil in ihm fast nichts oder nur irgend etwas geschieht, sich aber keinesfalls ein historisches Ereignis zuträgt.

---

125 vgl. Gabriele Genge, 2000, Geschichte im Négligé. Geschichtsästhetische Aspekte der Pompiermalerei. Weimar, S. 55f.
126 ebd., S. 55.

Die Suspendierung der historischen Erzählung in den Gemälden der neuen Historienmalerei, wird mit einem gesteigerten Interesse an der archäologisch korrekten Wiedergabe kleinster Details aufgewogen, an denen sich zugleich die Faszination des Publikums wie die Ablehnung der Kritik entzündete. Vor den Bildern Jean-Léon Gérômes mussten alle Kritiker zugeben, dass sich das Vorbild jeder Statue, jeder Architektur und jeder Inschrift angeben ließ; gleichzeitig aber schreckte Gérôme nicht davor zurück, in einem Gemälde fotorealistische Details miteinander zu kombinieren, die zeitlich nichts miteinander zu tun hatten. »[B]y focusing on accessories, he neglected the elevated truths that should be the prime concern of the history painter.«[127] Ein ganz ähnlicher Vorwurf traf Lawrence Alma-Tadema. Dieser unterhielt eine ausgedehnte Bibliothek mit archäologischer und historiografischer Literatur über die ägyptische, römische und griechische Antike; er sammelte bildliche Darstellungen jeder Art und hatte vor allem eine fotografische Sammlung mit mehr als 5300 Abzügen zusammengetragen.[128] Diese Sammlung enthielt isolierte Darstellungen einzelner Gegenstände: Plastiken, Tische, Waffen, Gebrauchsgegenstände, ebenso wie Fotografien von Ausgrabungsstätten oder antiken Gebäuden, insbesondere von den Ausgrabungen in Pompei. Er nutzte diese Fotografien als Vorlagen sowohl für die Kompositionen seiner Gemälde als auch für die Wiedergabe konkreter Gegenstände oder als Inspiration für in den Bildern repräsentiertes antikes Dekor. Mit Hilfe der Fotografie konnte er auf ein weit größeres Bildarchiv zurückgreifen, als er auf seinen Reisen mit Hilfe von Zeichnungen und Skizzen angelegt haben könnte. Schließlich erklärte er offen: »I am convinced that the camera has had a very salutary and useful influence on art. It is of great use to artists.«[129] Bei Alma-Tadema lässt sich sehen, wie stark der Gebrauch der Fotografie zur technologischen Bedingungen für das umstrittene Geschichtswissen seiner Bilder wird. »What he created in his art with the aid of photographs – deemed then to be objektive – was a fiction of the ancient world which remains full of anachronisms.«[130]

Neben dem Wandel der großen historischen Erzählung zur Anekdote und dem Einfluss der Fotografie auf die Gewichtung von Detail und Erzählung fällt an den Bildern der neuen Historienmalerei ein weiteres Merkmal ins Auge: In den Bildern Cabanels, Bouguereaus, Gérômes und Alma-Tademas tauchen verstärkt weibliche Aktdarstellungen auf, die sich, wie schon die zeitgenössische Kritik bemerkte, von den idealisierten allegorischen Aktdarstellungen der traditionellen Historienmalerei unterschieden. Gabriele Genge hat gezeigt, wie die Kommentatoren der Pariser Salons der 1860er Jahre bemüht waren, diese Aktdarstellungen als Rückkehr zu klassischen Formen der Historienmalerei zu zelebrieren. Gleich-

---

127 John House, 2008, History without values? Gérômes history paintings. In: Journal of the Warburg and Courtauld Institutes, 71 (2008), S. 261–276, hier: 269.
128 vgl. hierzu und zum folgenden Ulrich Pohlmann, 1996, Alma-Tadema and Photography. In: Edwin Becker; E. Morris; E. Prettejohn; J. Treuherz (Hg.), 1996, Sir Lawrence Alma-Tadema. Zwolle, S. 111–124.
129 zit. in Wolfgang Kemp (Hg.), 1980, Theorie der Fotografie I, 1839–1912. München, S. 194.
130 Pohlmann, 1996, Alma-Tadema and Photography, S. 124.

Abb. 3.56 – John Collier: Der Tod der Kleopatra. 1890,
Öl auf Leinwand, 395 × 315 cm, Gallery Oldham, Oldham

zeitig diskutierten sie jedoch charakteristische Veränderungen an den Akten, die sie als ›moderne Zutaten‹ bezeichneten.[131] Ausgiebig wurden die Darstellungen im Bezug auf das anzunehmende Alter der Figuren diskutiert; Gegenstand der Diskussion waren Hüftbreiten und zu wenig oder angemessen weibliche Proportionen. Théophile Gautier etwa, so Genge, bedient »sich nicht vorrangig der künstlerischen, sondern der anatomischen Begrifflichkeit, um den besonderen Weiblichkeitscharakter der dargestellten Figuren zu betonen.«[132] Während die klassischen weiblichen Akte ihre historiografische Bedeutung als Allegorien aus den mitgeführten Gegenständen und dem narrativen Zusammenhang bezogen, erscheinen sie nun als Allegorien der Zeitlichkeit der Körper. Gabriele Genge hat festgestellt, dass die Diskussionen über die Darstellungen immer wieder um den Themenkreis der Pubertät, des sexuellen Erwachens, des Reifens zur Frau etc. geführt werden. Sie deutet das als »ein Eindringen des historischen Wissens und

---

131 vgl. Genge, 2000, Geschichte im Négligé, S. 137ff.
132 ebd., S. 139.

seiner Glaubwürdigkeitsstrategien in den Körper und meint konkret den Prozeß der Historisierung des natürlichen, ›biologischen‹ Körpers.«[133] In den besonders realistischen oder sinnlichen Frauenkörpern der neuen Historienmalerei dokumentiert sich also der Bezug des historischen Wissens im neunzehnten Jahrhundert auf zeitgenössische naturwissenschaftliche und besonders biologische Wissensformen. Das entscheidende Merkmal dieses Wissens ist, dass es scheinbar ohne Referenzmodell auskommt. »Natürlichkeit« verbindet sich mit »Objektivität« zum Wahrheitskriterium eines neuen Geschichtsmodells. »Es bedarf keines Instrumentariums, das die Objektivität des Historikers garantiert.«[134] So wie sich die Natur selbst schreibt, soll auch die Geschichte eine Selbstevidenz erhalten. »Der Körper als Darstellungsform für Geschichte [...] wird zur Allegorie eines neuen vitalistischen Geschichtsmodells, das sich auf die Erkenntnisse der neu entstehenden Naturwissenschaften stützt.«[135]

All diese Punkte lassen sich beispielhaft an Jean André Rixens' *Tod der Kleopatra* von 1874 ablesen (Abb. 3.55). Im Sinne der narrativen Historienmalerei war jahrhundertelang genau der Moment unmittelbar vor dem Biss der Schlange oder dieser selbst mit dem Sujet der sterbenden Kleopatra verbunden gewesen. Bei Rixens ist Kleopatra schon tot, das eigentliche Ereignis längst vorüber. Ihre Dienerin Iras ist ebenfalls bereits tot über ihrem Bett zusammengesunken und Charmion blickt eben noch zu den eindringenden Römern, bevor sie gleich auch sterben wird. Die Schlange selbst ist nicht mehr zu sehen: An sie erinnert nur noch der Feigenkorb am Fuß des Bettes, in dem sie heimlich in Kleopatras Grab gebracht wurde. Statt dem Ereignis beizuwohnen, lässt uns Rixens dessen Reste und Überbleibsel studieren: die vielen unterschiedlichen Stoffe auf und um Kleopatras Bett, das Leopardenfell und den Teppich auf dem Boden, die spiegelnde Vergoldung des Bettes und der kleinen Fußbank, das Material der Säulen und der reich verzierten Wand im Hintergrund. All diese ägyptisierenden Details sind dann auch mit großer Sorgfalt ausgeführt; so groß schließlich, dass selbst der moderne gelbe Steinsockel mit ins Bild gekommen ist, auf dem die Isis-Statue des Hintergrunds im Louvre montiert wurde; so groß, dass sich die stilisierte Vogelfigur auf dem gelben Vorhang am Kopfende des Bettes als Brustschmuck Ramses II. identifizieren lässt, der sich ebenfalls im Louvre befindet und auf das Jahr 1263 v. Chr. datiert werden kann.[136] Während die ganze Szene sich in ihren Details maßgeblich auf Plutarch bezieht, unterscheidet sie sich in einem entscheidenden Detail: Die Königin ist dort nicht in ihren königlichen Gewändern in den Tod gegangen, sondern nackt. Die Betttücher reichen gerade so weit hinauf, dass ihre Scham noch unbedeckt bleibt, die vom Bett herabhängende Hand ist den Betrachter_innen ebenso wie ihr Kopf zugewandt. Wo uns die Vorderseite Kleopatras' Oberkörper in Lebensgröße zur eingehenden Betrachtung vorlegt, können wir die Rückseite eines

---

133 ebd., S. 141.
134 ebd., S. 143.
135 ebd., S. 144.
136 vgl. Ritschard u. a. (Hg.), 2004, Cléopâtre dans le miroir de l'art occidental, S. 342.

Abb. 3.57 – Elizabeth Taylor als Cleopatra in VOGUE, Vol. 139, Nr. 2, S. 71

Abb. 3.58 – Cleopatras ›natürlicher Look‹, CLEOPATRA

weiblichen Oberkörpers an ihrer ebenfalls auf dem Bett liegenden Dienerin Iras erkennen. In kleinsten physiologischen Details lässt sich die an die Körper der Toten geknüpfte Zeitlichkeit ablesen: Die nach Kleopatra verstorbene Dienerin hat noch eine lebendigere Hautfarbe, während Kleopatra bereits leichenblass vor uns liegt. Die »Lebendigkeit« der toten Körper wird noch gesteigert durch die regungslose, fast versteinert wirkende, jedoch eigentlich noch lebendige Charmion, die mehr an eine Statue als an eine lebendige Figur erinnert. Einen ganz ähnlichen Moment hat John Collier mit seiner sterbenden Kleopatra von 1890 (Abb. 3.56) festgehalten, in der dann auch die schnurgerade hingestreckte Kleopatra im Profil zu sehen ist, die uns am Ende von CLEOPATRA wieder begegnet.

In welchem Umfang Bildkomposition und Motive der neuen Historienmalerei des neunzehnten Jahrhunderts die Bilder des Geschichtsfilms instruieren, hat Marcus Junkelmann bereits im Hinblick auf Ridley Scotts GLADIATOR und Gérômes *Pollico verso* gezeigt.[137] Über diese ikonografische Überlieferungsgeschichte hinaus, lässt sich hier erkennen, wie stark CLEOPATRA zur Episteme jener visuellen Kultur gehört, die im neunzehnten Jahrhundert ihren Ausgang nimmt. In CLEOPATRA wird uns Liz Taylor als Cleopatra in genau diesem Kontext gezeigt. Neben den Haupt- und Staatsaktionen, den Schlachten, Krönungen und Zeremonien, zeigt der Film immer wieder die ›private‹ Cleopatra. Ob sie ein Bad nimmt oder wie Dejussieus oder Rochegrosses Kleopatra einfach nur in Anwesenheit ihrer Sklavinnen herumsitzt; ob sie im Arm ihres Geliebten erwacht oder im Kindbett gezeigt wird: Immer wieder werden wir mit der Frage konfrontiert, was Cleopatra tut, wenn sie keine Geschichte schreibt oder genauer: inwiefern sie auch mit den alltäglichsten und unbedeutendsten Tätigkeiten Teil der Geschichte mit großem G ist. In besonderer Weise sind diese anekdotischen Szenen auf den Kör-

---

137 Marcus Junkelmann, 2004, Kino mit unzureichenden Mitteln – Das Erbe des 19. Jahrhunderts. In: Hollywoods Traum von Rom : »Gladiator« und die Tradition des Monumentalfilms. Mainz am Rhein, S. 61–89.

per Liz Taylors und unsere Betrachtung dieses Körpers bezogen. Der Exzess der Kostüm-, Frisuren- und Make-up-Wechsel wird nicht veranstaltet, um die Macht Cleopatras zu repräsentieren, sondern um von uns beobachtet und betrachtet zu werden. Wir sind angehalten die Entwicklung von Figur und Schauspielerin zu überwachen und dabei kleinste Details zu vermerken. Wie stark Cleopatras Look auf Taylors biologischen Körper bezogen ist, zeigt die fast schon demonstrativ ausgestellte Narbe an ihrem Hals, die sie von einem Luftröhrenschnitt zurückbehielt, der unter großer Anteilnahme von Presse und Öffentlichkeit während der Dreharbeiten im März 1961 in Folge einer schweren Lungenentzündung vorgenommen werden musste. (Abb. 3.57) Die Narbe, die sich mit Schmuck, Kostüm oder Kosmetik leicht hätte verdecken lassen, zeigt Taylor nicht nur als ephemeres Kinobild, sondern als wirklichen Körper. Der Bezug auf die Natürlichkeit und Authentizität des im Film sichtbaren Frauenkörpers wird weiterhin durch einen ›natürlichen Look‹ gewährleistet, der sich unter den Kostümierungen Taylors befindet. Im grellen Gegensatz zu ihren goldenen und silbernen Staatskostümen, den mit Goldschmuck versehenen Perücken und dem farbigen Augen-Make-up erscheint Cleopatra in einigen Bade- und Bettszenen in einem völlig anderen Look. Sie trägt dann einfache weiße oder beigefarbene Gewänder oder nichts. Ihre Haare sind zu fast beiläufigen Langhaarfrisuren frisiert. Und ihr Make-up kommt dem, was in den letzten Jahren als Nude Look bezeichnet wurde, so nah wie die 1960er es eben erlaubten. Statt dicker Lidstriche und farbigen Lidschattens trägt sie nur verschattete Augen, einen sehr hellen Lippenstift und kaum sichtbares Rouge (Abb. 3.58). Die aufwändig hergestellten Looks beinhalten als Nullpunkt eine natürliche Cleopatra, die nicht weniger den unmittelbaren Erfordernissen filmisch-fotografischer Aufzeichnung gehorcht, als die Cleopatra der Staatsbankette. So sehr CLEOPATRA also an der Stilisierung der Figur weiterarbeitet, so sehr umfasst diese Stilisierung ihre Naturalisierung.
CLEOPATRA gehört damit zu einem umfassenden Wandel der visuellen Kultur, der älter ist als Kino und Fotografie, zu dem diese aber in besonderer Weise gehören:

> »Der zu Anfang des 19. Jahrhunderts vollzogene Bruch mit den klassischen Sehmodellen war jedoch weit mehr als nur eine Veränderung im Erscheinungsbild von Bildern und Kunstwerken oder in Darstellungskonventionen. Er war vielmehr untrennbar mit einer umfassenden und gewaltigen Umstrukturierung von Wissen und Erkenntnis wie von sozialen Praktiken verbunden, die die produktiven und kognitiven Vermögen des Menschen wie seine Bedürfnisstruktur auf unendlich vielfältige Weise neu strukturierten.«[138]

Ein Film wie CLEOPATRA ist damit nicht länger nur Ausdruck oder Materialisierung von Ideologien oder Poetiken, sondern er ist zugleich Objekt und Agent

---

138 Crary, 1990/1996, Techniken des Betrachters, S. 13f.

einer materialen Politik des Wissens. Er ist damit an die Seite einer Reihe epistemischer Veränderungen gestellt, die sich im Laufe des neunzehnten Jahrhunderts ergeben. Einer dieser Prozesse ist der »Prozeß der Verwissenschaftlichung von Geschichte.«[139] Mit der Institutionalisierung der Geschichtswissenschaft werden die Wahrheitskriterien für die Rekonstruktion vergangenen Geschehens neu ausgehandelt. Im neunzehnten Jahrhundert transformieren sich die Bedingungen davon, was als Geschichte aussagefähig ist und wie, von wem und wann es ausgesagt werden kann. Das Kino reagiert nicht nur auf diese Entwicklung und reflektiert sie, sondern es ist an ihr beteiligt, insofern es einige ihrer grundlegenden Mechanismen als Bildtechnologien implementiert: »War das Sehen erst einmal in der empirischen Unmittelbarkeit des Betrachters angesiedelt, so gehörte es der Zeit, der Bewegung, dem Tod.«[140]

---

139 Genge, 2000, Geschichte im Négligé, S. 16.
140 Crary, 1990/1996, Techniken des Betrachters, S. 35.

4. Cleopatra, das Netzwerk

Ein weiter Weg musste zurückgelegt werden, um von Kleopatra VII. Philopator, gestorben 30 v. Chr., zur Premiere von CLEOPATRA 1963 zu gelangen. Sowenig aber die Geburt oder der Tod Kleopatras Anfangspunkte ihrer Geschichte sind, sowenig endet diese mit der Filmpremiere. Beginnt ihre Geschichte nicht bei den schriftlichen Zeugnissen der antiken Autoren? Endet sie nicht immer wieder mit jeder neuen Zuschauer_in des Filmes? Oder beginnt ihre Geschichte mit den ersten Abbildungen von ihr, die vielleicht nur bis auf weiteres verschollen sind und noch irgendwo auf ihre Wiederentdeckung und Ausgrabung warten? Haben die kommerziellen Werbebilder, Sphinx-Eyes-Make-ups und Cleopatra-Bettüberwürfe überhaupt noch etwas mit der historischen Person zu tun, auf die sie sich dem Namen nach beziehen? Konnte nicht gezeigt werden, dass das mit *Cleopatra Look* bezeichnete Kleopatra-Bild aus dem neunzehnten Jahrhundert nach und nicht aus dem ersten vor Christus stammt? Wie lässt sich von dem, was die Bilder- und Produktmaschine von CLEOPATRA produziert, als Wissen und nicht etwa als Konsumideologie sprechen? Wie lässt sich von den Presseschlachten um Liz Taylor und Richard Burton zu Kleopatras Kampf um Einfluss auf die römische Politik ihrer Zeit gelangen? Offensichtlich stößt man auf unüberwindliche Hindernisse und Gegensätze, wenn man nur einigen der unzähligen Verzweigungen folgt, die sich im Laufe der Zeit mit dem Namen Kleopatra verbunden haben. Die Antworten auf diese und ähnliche Fragen sind offenbar nicht bei den kritischen Historiker_innen zu finden, die mit amüsiertem oder verstörtem Gesichtsausdruck versichern, dass CLEOPATRA und Kleopatra wirklich gar nichts miteinander zu tun hätten. Ebensowenig trifft aber auch die Marketingpropaganda ins Schwarze, die versichert: »Elizabeth Taylor is Cleopatra.« Ich werde im folgenden letzten Abschnitt dieses Kapitels vorschlagen, dieses Problem mit dem namengebenden Begriff der Actor-Network-Theory zu adressieren: dem *Akteur-Netzwerk*.

Bruno Latour konzipiert den Begriff des *Akteur-Netzwerks* als Antwort auf ein Problem soziologischer Beschreibungen, das auch ein zentrales Problem der Geschichtswissenschaft gewesen ist und vielleicht noch immer ist: Wie lässt sich von mikrologischen zu makrologischen Beschreibungen sozialer Interaktion gelangen?[141] Das Problem, das in der Soziologe die Interaktionisten von den Systemtheoretikern trennt, formuliert Latour folgendermaßen:

> »In zwei entgegengesetzte Richtungen hin- und hergezogen, befindet die Forscherin sich in einer unmöglichen Situation. Wenn sie bei den Interaktionen bleibt, ist sie gezwungen, wegzugehen und die ›Dinge in ihrem größeren Rahmen‹ zu betrachten. Doch wenn sie schließlich diesen strukturierenden Kontext erreicht, wird von ihr verlangt, die ›abstrakte Ebene‹ wieder zu verlassen, um zu

---

141 vgl. dazu auch Kap. IV.

›wirklichen Leben‹, zum ›menschlichen Maßstab‹ oder an ›lebendige Stätten‹ zu gelangen.«[142]

Das Problem kehrt bei der Betrachtung von CLEOPATRA ständig wieder: Was hat die Garderobiere, die Liz Taylors Kostüme bügelt, mit »der Geschichte Kleopatras« zu tun? Liefert Max Factor mit der Entwicklung seines Film-Make-ups einen Beitrag zum Wissen über Kleopatra? Wird der Plutarch, der seine Erzählung von Kleopatra aufschreibt, der kapitalistischen Hollywoodmaschinerie einverleibt? Es fällt offensichtlich schwer, diese Fragen zu beantworten, weil sie ein Skalierungsproblem haben. Die »Geschichte Kleopatras«, mit der sich zweitausend Jahre lang die begabtesten Künstler, die geachtetsten Dichter, die findigsten Archäologen befasst haben, scheint sich auf einer ganz anderen Ebene abzuspielen und ein ganz anderes Wissen zu verlangen und zu produzieren als die bescheidene Tätigkeit, mit der ein Wäschestück für einen Filmdreh Anfang der 1960er Jahre in Rom vorbereitet wird. Nicht umsonst kennen wir die Namen der großen Historiker und Künstler, wohingegen noch zu prüfen wäre, ob sich die unbekannte Garderobiere überhaupt namhaft machen ließe. Das Skalierungsproblem entpuppt sich als Zeitproblem. Elizabeth Taylor hätte den Namen ihrer Garderobiere vielleicht während des Drehs gewusst, ihn kurz darauf aber schon vergessen. Ihre Handlung ist zeitlich zu beschränkt, um von der Geschichte überhaupt erfasst zu werden. Die überlieferten Gemälde aber der Barockmaler beziehen sich nicht nur auf eine Person, die von ihnen schon mehr als 1500 Jahre entfernt gewesen ist. Auch nach weiteren drei- oder vierhundert Jahren können wir ihre Bilder noch immer sehen und uns ein Bild von ihrem Kleopatra-Bild machen. Sind also Max Factor in seiner Werkstatt beim Ausprobieren verschiedener Make-up-Rezepturen oder die Garderobiere beim Bügeln zu lokal für die Geschichte und die Künstler und Historiker global genug um es auf diese Ebene zu schaffen? Wenn ich sage, dass wir heute barocke Kleopatra-Bilder sehen können, dann ist diese Beschreibung viel zu ungenau, um eine Vorstellung davon zu geben, was dabei genau geschieht.

Bei den Recherchen zu diesem Kapitel habe ich nach Kleopatra-Darstellungen in verschiedenen Internetdatenbanken und Suchmaschinen gesucht, die über den Netzzugang meiner Weimarer Bibliothek auf einem Bildschirm dargestellt wurden. Ich habe außerdem Aufsätze zu diesem Thema in Büchern gelesen, die ich teilweise selbst dem Bibliotheksregal entnehmen konnte, teilweise elektronisch im Magazin oder sogar in anderen Bibliotheken bestellen musste. Bibliotheksangestellte haben meine Bestellungen bearbeitet, die Post hat die Bücher zwischen den Bibliotheken transportiert. Ich habe eine Version des Filmes auf DVD gekauft, die irgendwo und irgendwann von Zelluloid in eine digitale Version übersetzt werden musste. Auf dem Bildschirm meines Laptops, dessen Geschichte, Erfindung, Herstellung und Auslieferung mehrmals die ganze Welt umspannt, konnte ich dann die digitalen Versionen der Barockgemälde und einzelne Frames aus CLEOPATRA

---

142 Bruno Latour, 2005/2007, Eine neue Soziologie für eine neue Gesellschaft : Einführung in die Akteur-Netzwerk-Theorie. Frankfurt am Main, S. 291f.

miteinander vergleichen. Was ich sehen, lesen und hören kann, um diesen Text zu schreiben, befindet sich in der Reichweite meiner Augen, Ohren und Arme, so wie das Bügeleisen der Garderobiere, der Pinsel Tiepolos, die Fotos, von denen Alma-Tadema ägyptische Dekors abmalt, das Schreibgerät, das Plutarch oder sein Schreiber in Händen hält, das unbelichtete Filmmaterial, das durch die Kamera am CLEOPATRA-Set läuft usw.

Diese winzige Auswahl von Elementen und ihre unzähligen Verbindungen unterscheiden sich in vielem, sie sind aber in einem völlig identisch: Es handelt sich immer um lokale Verknüpfungen zwischen menschlichen und nicht-menschlichen Akteuren. Dabei sind die einzelnen Akteure für sich genommen nahezu wertlos: Plutarch ohne Schreibzeug, ich ohne Laptop, Alma-Tadema ohne Pinsel, die Garderobiere ohne Bügeleisen, Liz Taylor ohne Zigarette können nicht tun, was von ihnen erwartet oder was ihnen zugeschrieben wird. Erst die lokale und zeitliche ausreichend stabile Verbindung dieser Entitäten erlaubt ihnen, sich mit weiteren zu verbinden, so dass tatsächlich eine wirkliche und materielle Verbindung zwischen mir in dieser Bibliothek und Liz Taylor am Filmset besteht, zwischen der bügelnden Garderobiere und der sterbenden Kleopatra. Diese muss dazu nicht Plutarch gelesen haben, ich muss Joseph L. Mankiewicz nie begegnet sein, der Zelluloidstreifen braucht nicht neben meinem DVD-Player zu liegen. Nicht jede Entität ist zu jedem Zeitpunkt mit jeder anderen direkt und dauerhaft verbunden. Stattdessen werden die Verbindungen zwischen allen Akteuren so lang stabil gehalten, bis sie über diese Verbindung etwas ausgetauscht haben, das zeitlich auch dann weiterbesteht, wenn die Verbindung gekappt wird. Keiner der Akteure hat jemals einen vollständigen Überblick über das sich ständig verändernde Akteur-Netzwerk, das den daran Beteiligten ermöglicht zu sagen: »Das ist Kleopatra.« oder: »This is the authentic Cleopatra Look.« oder: »Cléopâtre dans le miroir de l'art occidental«. Kleopatra oder CLEOPATRA werden in einem zeitlich spezifischen Netzwerk produziert, in dem jeweils andere Akteure miteinander vernetzt sind und das deshalb in seiner Gesamtheit immer etwas anderes ist. Solang in Europa fast keine Bilder aus Ägypten zirkulieren und solang Ähnlichkeit keinerlei Kriterium ist, um unterschiedliche Darstellungen miteinander zu verknüpfen, sehen die Kleopatren der Barockmalerei genauso aus wie ihre Sophonisben, Nymphen oder Phrynen. So lang Irene Sharaff nicht die Kostümbildnerin Liz Taylors ist, stirbt Cleopatra nicht in einem Kostüm aus goldenen Federn. Solang Revlon kein Sphinx-Eye-Make-up verkauft, kann die Zuschauer_in-Konsument_ in nicht aussehen wie CLEOPATRA.

Wie ist aber der Film CLEOPATRA im Kleopatra-Netzwerk positioniert oder situiert? Zunächst erlaubt er mir, nachdem ich zahlreichen seiner Assoziierungen gefolgt bin, einige Elemente des Kleopatra-Netzwerkes zu rekonstruieren, wie es Anfang der 1960er Jahre ausgesehen haben dürfte. Gleichzeitig bietet sich der Film als günstiger Ausgangspunkt an, das gesamte Kleopatra-Netzwerk vom ersten Jahrhundert v. Chr. bis heute nachzuzeichnen, weil er (anders als Liz Taylors Garderobiere) sehr viele stabile Verknüpfungen unterhält, die sternförmig von ihm abgehen: zu allen, die ihn jemals gesehen haben, zu den historischen Kleopatra-

Bildern, die er aufruft, zu den Kleopatra-Historiografien und Erzählungen, die er teilweise wörtlich zitiert, zu den (kritischen) Kommentaren, die sich mit ihm befassen. Das Kleopatra-Netzwerk hat also immer eine diachrone *und* eine synchrone Dimension und ist deshalb anachronistisch strukturiert. »Keine Interaktion ist *synchron.* […] Zeit ist immer gefaltet. Somit entbehrt die Vorstellung irgendeiner synchronen Interaktion, in der alle Bestandteile dasselbe Alter und Tempo hätten, jeder Bedeutung […]. Handeln wurde stets weitergegeben, weil man die Last der Verbindung auf länger oder kürzer währende Entitäten verlagern konnte.«[143]

Von hier aus lässt sich vielleicht verstehen, wieso CLEOPATRA solche Kontroversen auslösen konnte. Wieso er auf der einen Seite Spott auslöst[144] oder mit der eiskalten Pinzette angefasst wird: »Filme können kaum als wissenschaftlicher Beitrag des Kinos zur Klärung historischer Phänomene betrachtet werden; Hollywood ist keine Geschichtsstunde, sein Geschäft ist es, aus Unterhaltung Geld zu schlagen.«[145] Und wieso er gleichzeitig Millionen Menschen in die Kinos bringt und 1963 zum finanziell erfolgreichsten Film wird. Die damit bezeichnete Kontroverse über den Film dreht sich um ein Zeitproblem. Die Frage ist nämlich, ob man unter Geschichte ein je spezifisches und neues Verhältnis der gegenwärtigen zur vergangenen Zeit verstehen will, oder ob Geschichte als abstraktes zeitliches Bezugssystem gedacht wird, auf das die darin stattfindenden Ereignisse keinerlei Auswirkung haben. Die Ablehnung des Films speist sich aus einem Geschichtsbegriff, der ähnlich restriktiv ist, wie der Begriff des Sozialen der Soziolog_innen, mit dem Latour und die ANT sich herumschlagen. Das wesentliche Wahrheitskriterium dieses historiografischen Äußerungsregimes besteht darin, jedes Mikro-Ereignis in die Makro-Struktur der chronologisch fortschreitenden Zeit einsortieren zu können.[146] Ein Film wie CLEOPATRA muss als Frontalangriff auf dieses Äußerungsregime erscheinen, weil er sich ihm auf der Mikro- *und* der Makro-Ebene widersetzt und damit zu einer Cleopatra kommt, die für die Geschichtswissenschaft völlig monströs, für die Kinogänger_innen 1963 aber im Gegenteil äußerst attraktiv und anschlussfähig ist. Die Effekte von CLEOPATRA sind andere als die akademischer Kleopatra-Historiografie: Seine Fans schminken sich wie Cleopatra, sie kaufen Cleopatra-Fanartikel, sie schneiden Bilder aus Zeitschriften aus, während Historiker_innen Vorträge halten, Bücher schreiben, Museen beraten. In beiden Verhaltensweisen manifestiert sich jedoch ein spezifisches Verhältnis zwischen den Zeiten, das historisch genannt werden muss und dessen Zurückweisung aus dieser oder jener Richtung lediglich moralischen Charakter hat. »Wenn die Analytiker es auf sich nehmen, im vorhinein und a priori den Maßstab festzulegen, in den alle Akteure hineingehören, dann wird ein Großteil der Arbeit der Akteure, die diese leisten, um Verbindungen *herzustellen*, ganz einfach

---

143 ebd., S. 345f.
144 vgl. Pfrommer, 2000, Kleopatra im archäologischen Niemandsland, passim.
145 Wenzel, 2005, Kleopatra im Film, S. 16.
146 vgl. zum Begriff des Äußerungsregimes Latour, 2005/2007, Eine neue Soziologie für eine neue Gesellschaft, S. 412.

aus dem Blickfeld verschwinden.«[147] Die unglaubliche Vermehrung der Akteure im Kleopatra-Netzwerk, die der Film betreibt, gerät aus dem Blick, wenn seine Anachronismen und spezifisch kinematografischen Zeittechnologien zurückgewiesen werden. Gerade der Blick auf seine Anachronismen führt in eine Welt, für die eine chronologische Ordnung eine Möglichkeit unter vielen, jedoch keine zwingende Notwendigkeit ist. Während der Film sinnliche, bildliche, erotische und kosmetische Verbindungen präferiert sowie massenhaft aufsucht und produziert, befasst sich die Altertumsgeschichte mit philologischen, archäologischen und wissenschaftlichen Verbindungen. Mit Jonathan Crary und Gabriele Genge steht aber zu vermuten, dass damit keineswegs die wissensvergessene Populärkultur gegen die wissenschaftliche Geschichte antritt, sondern dass hier zwei Seiten ein und derselben epistemologischen Transformation auftauchen. Die Verwissenschaftlichung der Historiografie im neunzehnten Jahrhundert produziert erst die Möglichkeit, Relationen wie die um CLEOPATRA zurückzuweisen und sie deshalb auch zu isolieren.

CLEOPATRA lässt sich in diesem Sinn als Akteur-Netzwerk verstehen. Einerseits konstruiert der Film durch seine symmetrischen Einfaltungen eine Zeit, die ganz und gar in sich selbst zu ruhen scheint, und er sucht mit seinen vielfältigen Bezügen zu klassischen historiografischen Arbeiten an deren Autorität zu partizipieren. Andererseits entfaltet er seine Zeitschichten fast schon exzessiv und sucht nach allen Richtungen Anschlüsse; ich habe gezeigt wie das etwa in die Richtung der Historienmalerei und der kommerziellen Filmkultur funktioniert. Den Anachronismen im klassischen Sinn als Fehler in der Datierung kommt dabei eine Relaisfunktion zu: An ihnen kann sich einerseits die Homogenität des ganzen Ensembles messen. Anderseits verweisen etwa die Filmkulissengerüste am Triumphbogen auf das umfangreiche und weitflächige technologisch-kommerzielle Netzwerk, das um die Mitte des zwanzigsten Jahrhunderts herum Filme wie CLEOPATRA produziert. Es könnte sein, dass mit einer solchen Sichtweise auf den Film und auf die Geschichte die Frage, wer oder wie Kleopatra wirklich gewesen ist, ihre Dringlichkeit und Überzeugungskraft eingebüßt hat. Es lässt sich aber ermessen, was es in den 1960er Jahren braucht, um Millionen Menschen mit Cleopatra zu verbinden; wie diese Verbindungen hergestellt werden können; wie lang sie halten; welche Wissensformen dabei eine Rolle spielen; und schließlich, wie das Akteur-Netzwerk beschaffen ist, in dem die anachronistische Geschichte von CLEOPATRA produziert wird.

---

147 Latour, 2005/2007, Eine neue Soziologie für eine neue Gesellschaft, S. 380.

Kapitel IV
Agentur: Caravaggio

»Das Kino geht weiter: Das heißt auch, dass das Kino eine privilegierte Form der Interpretation unserer Welt bleibt.«[1]

---

[1] Jacques Rancière, 2011, Und das Kino geht weiter : Schriften zum Film. Hg. v. Sulgi Lie und Julian Radlmaier. Berlin.

1. Dinge des Films: Kracauer

Was ist das? Ist es überhaupt etwas? Vor allem ist es schwarz. Und weiß. Und grau. Es glänzt. Gleich ist es ganz verschwunden. Es steht still und bewegt sich leicht. Es befindet sich in Hörweite des Meeres. Es gibt in großen, kursiven Buchstaben zu lesen: *CARAVAGGIO* (Abb. 4.1). Das Verschwinden dieses Wortes, Namens und Titels führt zu einer weiteren Bestimmung. Nun heißt es: »A film by DEREK JARMAN«. Ein Film also. Die Buchstaben dieser Worte heben sich kaum ab von einem fast gänzlich schwarzen Hintergrund. Nur in der linken unteren Ecke ist etwas wie weiß-graue vertikale ungeordnete Striche und Streifen zu sehen. Eine weitere Bestimmung über dieser Ansicht, die kaum »Bild« genannt werden kann, zeigt an, dass die Dinge, die nun folgen werden, Hybride und Als-ob-Dinge sind: »NIGEL TERRY as CARAVAGGIO« ist nun zu lesen. Es erscheint aber kein Maler, keine Person, nicht einmal ein Schauspieler, sondern vom rechten Bildrand her reicht nur ein unbekleideter Arm mit einem großen Pinsel in diese Einstellung (Abb. 4.2). Arm und Pinsel tragen in schnellen, flüchtigen Bewegungen horizontal schwarze Farbe auf den schwarzen Bildgrund auf. Von oben nach unten verschwindet das undeutliche Streifenmuster unter dem nächsten Farbauftrag. »SEAN BEAN, GARRY COOPER, DEXTER FLETCHER, SPENCER LEIGH, TILDA SWINTON« stehen unbestimmt vor einem völlig schwarzen Hintergrund. Das Hinzufügen von etwas – Farbe – zum Bild, hat alles Sichtbare zum Verschwinden gebracht. Die weißen Buchstaben gehören zu einem anderen Bild als das unsichtbare Schwarz von Farbe und Leinwand. Arm und Pinsel erscheinen wieder und tragen erneut schwarze, nasse, glitzernde Farbe auf. Diesmal jedoch wieder vertikal, so dass die Struktur des Farbauftrages wieder sichtbar, der Hintergrund wieder als solcher erkennbar wird (Abb. 4.3). Das Licht der Studiobeleuchtung bricht sich in der Malerfarbe und lässt die unter dem Titel CARAVAGGIO gefassten Bilder beide sichtbar werden. Die Namen ihrer Urheber erscheinen auf ihnen. »Production Designer CHRISTOPHER HOBBS«, der die Bilder für den Dreh des Filmes gemalt hat. »Photography GABRIEL BERISTAIN«, der die Kamera führte, die sie im Kino sichtbar macht. Etwas über eine Minute dauern diese Bilder in ihrer wechselseitigen Hervorbringung und ihrem Verschwinden und werden damit zu einer Einstellung, der ersten von Derek Jarmans CARAVAGGIO von 1986. Es gäbe weitere Daten zu diesem Namen. Zum Beispiel die Lebensdaten des unter ihm bekannten italienischen Malers Michelangelo Merisi da Caravaggio, 1571 bis 1610. Die Verbindung von Dingen und Daten macht sie zu historischen und erlaubt einige von ihnen als Anachronismen zu bezeichnen.

Um dieses Verhältnis von Dingen und Daten und die Frage genauer zu klären, was das genau für Dinge sind, wie sie hier in Jarmans Film erscheinen, möchte ich mit einem Exkurs zu Siegfried Kracauer beginnen. Sowohl er selbst als auch seine Kommentator_innen haben darauf hingewiesen, dass seine beiden späten Monografien *Theorie des Films* und *Geschichte – Vor den letzten Dingen* aufeinander

Abb. 4.1 – Einst. aus der Titelsequenz von CARAVAGGIO

Abb. 4.2 – Einst. aus der Titelsequenz von CARAVAGGIO

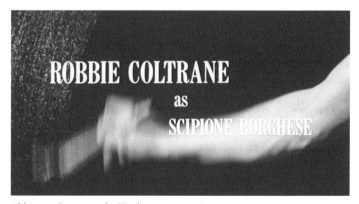

Abb. 4.3 – Einst. aus der Titelsequenz von CARAVAGGIO

bezogen sind.² Im letzten unvollendeten Kapitel heißt es: »In dieser Abhandlung habe ich mir die Aufgabe gestellt, für die Geschichte das zu leisten, was ich in meiner *Theorie des Films* für die photographischen Medien getan habe«.³ Wiewohl diese Parallelen mehrfach angesprochen sind, bleiben sie doch im Wesentlichen auf eine Reihe von Verweisen auf die und Selbstzitaten aus der *Theorie des Films* beschränkt. Kracauer illustriert einzelne Gedankengänge des Geschichts-Buches mit Überlegungen zu Filmen aus der *Theorie*, überlässt es aber sonst seinen Leser_innen, die Bezüge zwischen beiden Büchern deutlicher auszuformulieren.⁴ In der Hoffnung, nicht eine jener haltlosen Synthesen zwischen Nebeneinanderliegendem herzustellen, gegen die sich Kracauer so eindringlich ausspricht, möchte ich versuchen beide Bücher systematischer aufeinander zu beziehen, um Hinweise für mein Interesse an den in Kracauers Titel genannten *vorletzten Dingen* zu gewinnen.

Ausdrücklich widmet er sich in der *Theorie des Films* den Dingen, welche für die im Untertitel in Aussicht gestellte oder erhoffte »Errettung der äußeren Wirklichkeit« einstehen. Kracauer beginnt seine Untersuchung unter dem Motto einer »materiale[n] Ästhetik«⁵ mit einer medientheoretischen Grundannahme, die sich wie unpolemischer McLuhanianismus liest: »Diese Untersuchung geht von der Voraussetzung aus, daß jedes Medium einen spezifischen Charakter hat, der bestimmte Arten von Mitteilungen begünstigt, während er sich gegen andere sperrt.«⁶ Entsprechend entwickelt Kracauer diese Grundprinzipien aus Überlegungen zur filmischen Hardware. Da der Film im Wesentlichen die Eigenschaften der Fotografie ergänzt, teilt er deren mediale Eigenschaften und wird mit einer Reihe von Affinitäten ausgestattet. »Erstens besitzt die Fotografie eine ausgesprochene Affinität zur ungestellten Realität.«⁷ Kracauer erinnert an zauberhafte Nichtigkeiten wie Staub und Sonnenstrahlen, von denen sich die ersten Fotografen faszinieren ließen und die auf eine Welt vor den Kameraobjektiven hinweisen, die von Malern und Dichtern bis dahin kaum bemerkt worden war. »Zweitens tendiert die Fotografie im Zuge ihres Bemühens um ungestellte Wirklichkeit zur Akzentuierung des Zufälligen.«⁸ Die Fotokamera, die unterschiedslos alles aufzeichnet, was ihr vor die Linse kommt, scheint ihren Zweck erst dann zu erfüllen, wenn ihr Dinge und Ereignisse begegnen, mit denen kein Fotograf je rechnen konnte. Diese Realitätsfülle führt drittens zur fotografischen Tendenz, »die Vorstellung von

---

2   vgl. Gertrud Koch, 1996, Kracauer zur Einführung. Hamburg, S. 149.
3   Siegfried Kracauer, 1969/2002, Geschichte – Vor den letzten Dingen. Frankfurt am Main, S. 207 (= Werke, hg. v. Inka Mülder-Bach u. Ingrid Belke, Bd. 4).
4   Das dürfte vielleicht nicht zuletzt auch daran liegen, dass *Geschichte* nicht von ihm selbst beendet wurde, sondern postum in eine lesbare Form gebracht wurde.
5   Siegfried Kracauer, 1960/2005, Theorie des Films. Die Errettung der äußeren Wirklichkeit. Frankfurt am Main (= Werke, hg. v. Inka Mülder-Bach u. Ingrid Belke, Bd. 3), S. 17.
6   ebd., S. 27.
7   ebd., S. 52.
8   ebd., S. 53.

Endlosigkeit zu erwecken.«[9] Weil jede Fotografie innerhalb ihrer Begrenzung so realitätshaltig ist, müssen ihre Betrachter_innen davon ausgehen, dass sich diese Realität über die Bildgrenzen hinweg fortsetzt, und können jede Fotografie immer nur als Ausschnitt aus dieser Endlosigkeit wahrnehmen. »Viertens endlich hat das Medium eine Affinität zum Unbestimmbaren«,[10] das Kracauer im Rekurs auf Marcel Proust beschreibt. Der kurze Augenblick, der in einer Fotografie enthalten ist, stattet jede Geste, jede Körperhaltung und jeden Blick mit einer Vieldeutigkeit aus, die keiner näheren Bestimmung unterzogen wird. Was den dargestellten Personen und Dingen geschah und geschehen wird, bleibt offen und umgibt sie wie mit »einem Saum undeutlicher und vielfältiger Bedeutungen«.[11]

Neben all diesen Eigenschaften, die der Film nach Kracauer mit der Fotografie teilt, fügt er ihr zwei weitere hinzu. Die ungestellte Realität, auf die der Film trifft, ist nun nämlich erstens eine Realität, »wie sie sich in der Zeit entfaltet«.[12] Und zweitens wird diese Realität mit »filmtechnische[n] Verfahren und Tricks«[13] bearbeitet, von denen sie ihre spezifische Fassung erhält. Kracauer denkt hierbei besonders an Fragen der Kadrierung und der Montage. Der Film trifft damit auf »bestimmte Objekte, die man ›filmisch‹ nennen kann, weil sie eine besondere Anziehungskraft auf das Medium auszuüben scheinen. Es ist, als sei der Film dazu vorbestimmt und darauf abgestimmt, sie aufzuzeigen.«[14] Das wichtigste dieser filmischen Objekte ist die Bewegung. Kracauer erinnert an Verfolgungsjagden, Tanz und Bewegung im Entstehen. Gerade in der Begegnung von Reglosigkeit und Bewegung trifft der Film auf einen bevorzugten Gegenstandsbereich. In dieser Hinsicht wird alles, was er zeigt, auf seine relativen Bewegungszustände hin untersucht. Dies alles hindert nicht daran, dass der Film nach Kracauer eine besondere Affinität zu leblosen Gegenständen hat, die »das Verlangen, Hüte und Stühle zum Rang von Hauptdarstellern zu erheben«,[15] einschließt. Anders als die Malerei, die sich der gegenständlichen Welt ebenso zuwendet, kann der Film vor allem durch den Einsatz der Großaufnahme eine andere und neuartige Aufmerksamkeit für die Dinge mobilisieren, die sie mit den Menschen auf eine Stufe stellt. Darüber hinaus schreibt Kracauer dem Film eine »enthüllende Funktion« zu, in der er Dinge zeigen kann, die normalerweise unsichtbar sind (das Kleine und das Große, Abfälle, das Vertraute) oder die sich als rein psychische Zustände gewöhnlich der Sichtbarkeit entziehen. Das für Kracauer entscheidende Merkmal des Films bleibt aber, »daß Filme sich an die Oberfläche der Dinge klammern. Sie scheinen um so filmischer zu sein, je weniger sie sich direkt auf inwendiges Leben, Ideologien und geistige Belange richten.«[16]

---

9 ebd., S. 54.
10 ebd.
11 ebd., S. 55.
12 ebd., S. 84.
13 ebd.
14 ebd.
15 ebd., S. 91.
16 ebd., S. 20.

Dies ist ungefähr der Punkt, an dem die *Theorie des Films* auf *Geschichte – Vor den letzten Dingen* trifft. Während hier ein Realismus entworfen wird, dessen äußere Wirklichkeit vor allem eine Wirklichkeit der Dinge ist, kreisen Kracauers Überlegungen dort um etwas wie einen Realismus der Zeit. Ausdrücklich parallelisiert er beide Verfahren. Er stellt fest, dass nur fünfzehn Jahre nach Rankes *Geschichten der romanischen und germanischen Völker* die Daguerreotypie erfunden wird und schließt, dass seither Historiografie und Fotografie an zwei Enden des selben Problems laborieren.

> »In genauer Analogie zum photographischen Ansatz bewahrheitet sich der ›historische Ansatz‹ nur, wenn die spontane Intuition des Historikers mit seiner Loyalität gegenüber den Tatsachen nicht in Widerspruch gerät, sondern umgekehrt seiner Einfühlung und Versenkung in das Beweismaterial zugute kommt. [...] Worauf es sowohl bei der Photographie als auch bei der Geschichte ankommt, ist offensichtlich die ›richtige‹ Balance zwischen realistischer und formgebender Tendenz.«[17]

Entlang einer fast beiläufigen Bestandsaufnahme der Geschichtstheorien seiner Zeit, entwirft Kracauer seinen historiografischen Vorraum-Realismus als Phänomenologie historiografischer Zeiten. Er beginnt zunächst mit Überlegungen zur Beziehung von Historiker und historischer Zeit.[18] In der Auseinandersetzung vor allem mit Collingwood und Croce wendet sich Kracauer gegen die Vorstellung, Interesse und Methode des Historikers seien stärker mit der Gegenwart als der Vergangenheit verbunden. »Endlos sind die Versuche den projektiven Charakter von Geschichtsschreibung unter Beweis zu stellen.«[19] Kracauer stört sich an diesen Versuchen, die Geschichtsschreibung zur Hilfswissenschaft der Gegenwart zu machen, nicht nur, weil damit jede Vorstellung eines geschichtstheoretischen Realismus von vornherein erledigt sein müsste, sondern vor allem, weil er in dieser Leseweise, die »einen Zeitgeist hypostasiert«,[20] eine Vorstellung von der Struktur der historischen Zeit erkennt, die er mit Nachdruck nicht teilt. »Wenn das ›historische und soziale Milieu‹ des Historikers nicht ein in sich geschlossenes Ganzes, sondern ein zerbrechliches Kompositum häufig inkonsistenter Strebungen im Fluß ist, hat die Behauptung, es forme seinen Geist, wenig Sinn.«[21] Um einen konsistenten Einfluss der Gegenwart auf die Historiker zu denken, müsste von einer ausgewiesenen Stabilität von Vergangenheit und Gegenwart auszugehen sein, die Kracauer um jeden Preis zurückweisen will. Ein zweites Argument gegen die Stabilität und Konsistenz der Zeit entwickelt er anhand von Überlegungen zur Reise

---

17 Kracauer, 1969/2002, Geschichte, S. 67.
18 Kracauer unterscheidet begrifflich nicht zwischen vergangener Zeit und historischer Zeit, sondern geht im Sinne seines Realismus davon aus, dass beide historiografisch zur Deckung gebracht werden müssen.
19 Kracauer, 1969/2002, Geschichte, S. 75.
20 ebd., S. 77.
21 ebd., S. 77.

des Historikers in die Vergangenheit, die an Ranke anschließen. Gerade weil die Vergangenheit so fremd für ihn ist, muss der Historiker sich und seine Prämissen bis zu einem gewissen Grad vergessen. Er muss sich selbst fremd werden, um der fremden Zeit unvoreingenommen gegenüber treten zu können. So eignet sich der Historiker

> »genau jene Realität an, die ihm durch seine Vorstellungen von ihr verborgen war. Dies hat Auswirkungen auf seine Stellung in der chronologischen Ordnung der Dinge. Die Wirkung der Reise auf die geistige Gestalt des Historikers entkräftet außerdem den Gemeinplatz, dieser sei das Kind seiner Zeit. Eigentlich ist er das Kind von mindestens zwei Zeiten – seiner eigenen Zeit und der Zeit, die er erforscht. Sein Geist ist gewissermaßen nicht lokalisierbar; er wandert ohne feste Bleibe umher.«[22]

Dieser rast- und heimatlos zwischen den Zeiten wandernde Historiker, den Kracauer auch mit dem Exilierten vergleicht,[23] hat seinen Widerpart in ebenso inkommensurablen Zeiten. In einem Vergleich verschiedener mikro- und makrohistorischer Geschichtskonzepte – etwa bei Tolstoi und Namier – kommt Kracauer zu dem Schluss, dass beide Vorstellungen überhaupt nicht miteinander zu verrechnen seien. »Toynbees Vorschlag, die Vogelperspektive mit der Fliegenperspektive zusammenzuschließen, ist prinzipiell unerfüllbar. Die beiden Arten von Untersuchungen mögen nebeneinander bestehen, aber sie verschmelzen nicht völlig: in der Regel frißt der Vogel die Fliege.«[24] Die Schlussfolgerung aus der Einsicht in die »heterogene[] Struktur des historischen Universums«[25] kann für Kracauer nicht im ohnehin unmöglichen Versuch ihrer Überwindung liegen, sondern sie führt zu Darstellungsverfahren, die dieser Heterogenität gerecht werden. Kracauer findet ein solches Verfahren aber in keiner ihm bekannten Historiografie, sondern verweist, seine *Theorie des Films* zitierend, seine Leser_innen an die Filme D. W. Griffith':

> »Einerseits strebt er [Griffith] sicherlich danach, dramatische Kontinuität so eindrucksvoll wie nur möglich zu gestalten; andererseits fügt er in seine Filme jedesmal Bilder ein, die nicht nur gerade dazu dienen, die Handlung voranzutreiben oder passende Stimmungen zu übermitteln, sondern eine gewisse Unabhängigkeit von der Story zu bewahren, und so in der Lage sind, physisches Dasein zu beschwören.«[26]

---

22 ebd., S. 105.
23 vgl. ebd., S. 95f.
24 ebd., S. 141.
25 ebd., S. 150.
26 ebd., S. 142f.

In der Begegnung erzählerisch motivierter Einstellungen mit Großaufnahmen, die die gezeigten Dinge aus dem Erzählfluss herauslösen, erkennt Kracauer den ins Bild gesetzten Widerspruch aus Mikro- und Makrogeschichte wieder. Diese Überlegungen führen ihn zu einer umfassenden Zurückweisung der Vorstellung der chronologischen Zeit in der Historiografie, die er wie folgt kennzeichnet: Er stellt fest, dass die Datierung von Ereignissen selbst »eine werthaltige Tatsache«[27] ist, ein Datum nicht bloße Bestimmungsgröße, sondern die Grundvoraussetzung, um unterschiedliche Ereignisse des historischen Verlaufs kausal oder anderweitig aufeinander zu beziehen. Das Frühere wird so zum Grund, Auslöser, zur Vorbedingung oder zum Ausschluss des Späteren; das Gleichzeitige kann im Sinne von Einfluss und Beeinflussung aufeinander bezogen werden. Diese chronologisch-kausale Verkettung von Ereignisreihen führt zur Tendenz der Historiker, beliebig lange »mehr oder weniger kontinuierliche Ereignisfolgen großen Maßstabs« zu konstruieren, um darin »die Veränderung dieser Einheiten durch die Jahrhunderte zu verfolgen.«[28] Dieses Verfahren führt Kracauer zufolge fast zwangsläufig dazu, den Fluss der Zeit mit seinen langen Ereignisketten »als ein Ganzes zu begreifen und ihm bestimmte Eigenschaften zuzuschreiben;«[29] teleologischen Geschichtsdarstellungen und -deutungen ist damit Tür und Tor geöffnet. Kracauer sieht in aller Deutlichkeit wie wenig die Chronologie in ihrer Auxiliarfunktion als historische Hilfswissenschaft verbleibt und erkennt in ihr stattdessen die materiell-epistemische Grundlage der neuzeitlichen Geschichtswissenschaft. »Die Chronologie erlang so eine materiale Bedeutung erster Größenordnung.«[30] An der Stelle der chronologisch strukturierten Geschichtszeit sieht Kracauer stattdessen ein Nebeneinander asynchroner Einzelheiten. Zwei Ereignisse, die gleichzeitig stattgefunden haben, müssen deswegen längst nicht in einem notwendigen Zusammenhang stehen. Stattdessen könnten beide unterschiedlichen Zeitregimen angehören, die sich nicht kausal aufeinander beziehen lassen. »Das hat zur Folge, daß der Zeitraum sozusagen vor unseren Augen zerfällt. Von einer sinnerfüllten raumzeitlichen Einheit wandelt er sich zu einer Art Treffpunkt für Zufallsbegegnungen – wie etwa der Wartesaal eines Bahnhofes.«[31] Wenn dies aber die ›wirkliche‹ oder besser: realistische Struktur der historischen Zeit ist, dann müssen alle Geschichtsdarstellungen, die sich trotzdem als chronologische Großerzählungen präsentieren, jene historiografische Ursünde begehen, gegen die Kracauer anschreibt: In ihnen verliert die realistische Tendenz gegen den Willen zur Formgebung. Den größten Teil des Geschichtsbuches bestreitet er dann auch mit der Suche nach den historiografischen Erzählverfahren, in denen die Geschichte derart gekittet wird. Von den zahlreichen Autoren, denen er einen übermächtigen Formwillen nachweist, nimmt er allein Jacob Burckhardt aus, der ihm zum Griffith der His-

---

27 ebd., S. 156.
28 ebd., S. 157.
29 ebd.
30 ebd., S. 158.
31 ebd., S. 166.

toriografie wird. »[E]r reagiert auf das Phänomen der Zeit und die uneinheitliche Struktur der geistigen Welt mit der Genauigkeit eines Seismographen, mit einer Empfindsamkeit, die durch keinen modernen Historiker übertroffen wird.«[32] Kracauer findet gerade in Burckhardts vorgeblichen Ungereimtheiten die einzig realistische Antwort auf die Struktur der historischen Zeit: Bei ihm verbinden sich jederzeit und oft unvermittelt allgemeine Beobachtungen mit dem Auftritt partikularer Objekte. Mikro- und Makroperspektive stehen nebeneinander und werden von ihm nicht zwanghaft miteinander verbunden. Und obwohl Burckhardts Darstellungen Ansammlungen lauter historischer Individualitäten sind, die sich nicht verbinden, hat er doch immer eine Vorstellung vom Geschichtsprozess als Ganzem. »Das Allgemeine und das Besondere existieren hier Seite an Seite«.[33]

Kracauer deutet immer wieder an, dass sich die poetologischen Verfahren der Historiografie auf filmische Erzählverfahren beziehen lassen. »Die allgemeine Erzählung ähnelt dem theatralischen Film. In beiden Medien geben Erfordernisse der Komposition den Ton an.«[34] Während er jedoch für die Historiografie ein seiner Meinung nach adäquates poetologisches Programm unter dem Begriff des Vorraum-Denkens entwirft, verzichtet er darauf, dieses Programm genauer auf den Film zu beziehen. Wie lässt sich dieses Vorraum-Denken charakterisieren? Zunächst geht es darum, jeweils das Verhältnis zwischen Allgemeinem und Besonderem in einer Weise zu beschreiben, »ohne daß ihre Beziehung auf die Tatsache zu reduzieren ist, daß die Abstraktion die Konkretion logisch impliziert. Um diese Beziehung in jedem besonderen Fall zu definieren, ist Takt erforderlich.«[35] Nichts anderes ließe sich vom Film sagen, nur dass dessen Taktgefühl technologisch im Aufeinandertreffen von Montagerhythmus und Taktung des Bilderstroms auf 24 Hertz zu suchen ist. Die Begegnung des irreduziblen Einzeldings mit einem auf das Große angelegten, gerichteten Zeit- und Bilderstrom, der alles in ihm enthaltene aufeinander bezieht oder wenigstens beziehbar macht, ist einer der Grundmomente des Films. Einzelbild und projizierter Film bleiben unlösbar aufeinander bezogen, auch wenn sie widersprechenden Zeitregimen angehören. Der Film ist die unmögliche Überbrückung dieser Differenz. »Da das Allgemeine und das Besondere wie die beiden Aspekte der Zeit koexistieren und auf eine schwer zu bestimmende Weise zusammenhängen, wird es möglich, Gradunterschieden mehr Gewicht beizumessen«.[36] Kracauer selbst hat in seinen Überlegungen zur filmischen Bewegungsaffinität auf die vielfältigen Gradunterschiede hingewiesen, die der Film zwischen Stillstand und Bewegung, gefrorenem Moment und erlebter Dauer erprobt. Sein Plädoyer für das Halbfertige ist eine filmische Denkfigur. »Tatsächlich wäre ein Halt auf halber Strecke die letzte Weisheit im Vorraum. [...] Genauigkeit im Approximativen kann statistische Einzelheiten an Präzision

---

32 ebd., S. 227.
33 ebd., S. 230.
34 ebd., S. 199.
35 ebd., S. 226.
36 ebd., S. 233.

übertreffen.«[37] Film und Historiografie in seinem Sinn sind interessiert an den »Wahrheiten in den Zwischenräumen« wie sie aus der »Vertiefung in bestimmte Muster von Einzelheiten hervorgehen.«[38] All das mündet bei Kracauer in einer alles umfassenden Ambiguität: »Eine beständige Anstrengung seitens seiner [des Vorraums] Einwohner ist erforderlich, um den widerstreitenden Erfordernissen zu entsprechen, denen sie sich an jeder Wegbiegung zu stellen haben. Sie befinden sich in einer heiklen Lage, die sie sogar auffordert, ihr Glück mit Absolutheiten und allerlei überspannten Ideen über die universale Wahrheit zu versuchen.«[39] Burckhardts Geschichten und Griffith' Filme sind für Kracauer die geglücktesten Exemplare derartig zweideutiger Wahrheitsmaschinen.

Es fällt nun ein anderer Blick auf die erste Einstellung von CARAVAGGIO, ein Vorraum-Blick. Wenn sich nämlich in Kracauers Überlegungen tatsächlich Kinematografie und Historiografie überlagern, dann begegnet Geschichte im Kino in einem ganz anderen Sinn, denn als bloße repräsentierte Geschichtserzählung. Nimmt man Kracauer ernst, dann trifft im Kino eine technologisch informierte Zeitvorstellung mit einem zeitgenössischen Ding-Begriff zusammen. Die Kino-Dinge sind immer schon Zeit-Dinge und als solche in spezifisch moderne historiografische Verfahren verstrickt. Diese zeichnen sich unter anderem dadurch aus, dass in ihnen Anachronismen eine der frühen Neuzeit oder dem neunzehnten Jahrhundert gegenüber veränderte Rolle spielen.[40] Weder begegnen Anachronismen hier als bloße technische Bestimmung im Sinne der frühneuzeitlichen Chronologie, noch stehen sie als »bête noire« für die Rationalität der historistischen Geschichtsepistemologien des neunzehnten Jahrhunderts ein.[41] Stattdessen lässt sich an ihnen das heterogene historische Universum Kracauers nicht nur ausbuchstabieren, sondern es wird handgreiflich und in seinen Operationen beobachtbar. Kracauer war sich dessen, trotz gewisser Vorbehalte gegen Filme mit historischen Inhalten bewusst, wenn er feststellte, dass der Zuschauer beim Blick auf diese Filme »nicht mehr naiv dem Zauber einer angeblich wiedererstandenen Vergangenheit [erliegt], sondern […] sich der Anstrengungen bewußt [bleibt], mit denen sie rekonstruiert wurde.«[42] Anachronistische Kino-Dinge, wie die Leinwand aus der ersten Einstellung aus CARAVAGGIO, die beständig zwischen Malgrund und Kinoprojektionsfläche, der Zeit um 1600 und 1986, Sichtbarkeit und Entzogenheit oszilliert, sind die Orte historiografischer Wissensproduktion in Zeiten des Kinos. Ich werde im folgenden Kapitel Eigenschaften und Operationsmöglichkeiten dieser anachronistischen Kino-Dinge in Derek Jarmans CARAVAGGIO freilegen und damit neben den Referenzoperationen von Geschichtsfilmen eine weitere Dimension kinemato-historiografischer Wissensproduktion.

37 ebd., S. 234.
38 ebd., S. 235.
39 ebd., S. 237.
40 vgl. Kap. 1.
41 vgl. Nicole Loraux, 1993, Eloge de l'anachronisme en histoire. In: Le genre humain 27 (1993), S. 23–39, hier: 23.
42 Kracauer, 1960/2005, Theorie des Films, S. 137.

2. Sequenzanalyse: Dinge der Gemälde

Im Zentrum zweier Sequenzen am Beginn des letzten Drittels von CARAVAGGIO steht etwas, das sich erneut nicht gleich und ohne weiteres zu erkennen gibt:[43] Die Sequenz beginnt mit drei Nahaufnahmen: Frauenhände, die ineinander gefaltet auf einem mit reich verzierten Stoffen bekleideten Schoß liegen (Einst. 1, Abb. 4.4); der zu Boden blickende Kopf einer jungen Frau mit halb gelösten roten Haaren (2, Abb. 4.5); ein am Boden stehendes Glasgefäß mit einer gelben Flüssigkeit, eine Perlenkette und zwei Perlenohrringe (3, Abb. 4.6). Dass diese drei Einstellungen miteinander mehr zu tun haben als die bloße Aufeinanderfolge, macht nicht nur die durchgehende Tonspur deutlich, die das Mahlen eines Steinmörsers zu hören gibt, sondern auch die etwa zweieinhalb Sekunden langen Überblendungen zwischen allen drei Einstellungen, die ohne diese Überblendung jeweils um die zehn Sekunden lang sind. Erst in der vierten Einstellung, die auch wieder über eine Überblendung angeschlossen ist, wird der Zusammenhang dieser isolierten Dinge und Bilder deutlich: Lena, die Geliebte Micheles und Ranuccios, sitzt dem Maler Modell für ein Bild Maria Magdalenas (4, Abb. 4.7).[44] In dieser vierten Einstellung erscheint auf der Kinoleinwand ein Bild, welches der *Reuigen Magdalena* Michelangelo Caravaggios von 1594 ähnlich sieht (Abb. 4.8).[45] Bis in das Detail der aus dem rechten Auge rollenden Träne, dem losen weißen Bändchen an ihrer linken Hand, dem Knoten im Haar und den kleinen schwarzen Schleifen an den Perlenohrringen auf dem Boden ähnelt das Bild des Films dem Gemälde Caravaggios. Es gibt auch Unterschiede: Der Boden besteht im Film nicht aus gelben Ziegeln, sondern ist glatt; im Film gibt es nur Perlenschmuck am Boden, jedoch keinen Goldschmuck; zudem ist die Perlenkette auf dem Gemälde zerrissen, jene im Film aber in einem Stück; schließlich sind im Film die Umrisse oder die Position der Gegenstände am Boden von blauen Kreidelinien markiert, wovon im Gemälde nichts zu sehen ist.

Den Betrachter_innen, die das Gemälde in der römischen Galleria Doria Pamphilj aufsuchen, mag es selbst überlassen sein, auf welche Details des Bildes sie ihre Aufmerksamkeit richten. Den Zuschauer_innen des Films wird diese Entscheidung teilweise abgenommen. Spätestens wenn in der zweiten hier besprochenen Sequenz der Kardinal del Monte nachts in Micheles Atelier kommt, das Glasgefäß vom Boden nimmt, es gegen das Licht hält, wie um den Kontrast zwischen dem Gelb der Flüssigkeit und dem Blau des nächtlichen Lichtes zu ermessen, gehört die Aufmerksamkeit des Filmes ganz diesem Detail (29/30, Abb. 4.9). Auch

---

43 vgl. Sequenzprotokoll 4 im Anhang.
44 Ich verwende im Folgenden die im Film geläufige Bezeichnung »Michele« für die Figur, die Michelangelo Merisi da Caravaggio verkörpert.
45 Titel und Datierung der historischen Caravaggio-Gemälde hier und im Folgenden nach Sybille Ebert-Schifferer, 2009, Caravaggio. Sehen – Staunen – Glauben. Der Maler und sein Werk. München.

Abb. 4.4 – Einst. 1 nach Sequenzprotokoll 4, Caravaggio

Abb. 4.5 – Einst. 2 nach SP 4, Caravaggio

Abb. 4.6 – Einst. 3 nach SP 4, Caravaggio

2. Sequenzanalyse: Dinge der Gemälde 243

Abb. 4.7 – Einst. 4 nach SP 4, Caravaggio

Abb. 4.8 – Caravaggio: *Reuige Magdalena*. 1594, 122,5 cm × 98,5 cm, Galleria Doria Pamphilj, Rom.

Abb. 4.9 – Einst. 30 nach SP 4, Caravaggio

das am Ende der ersten Sequenz zweimal zu Boden fallende Tongefäß macht darauf aufmerksam, was ein zerbrechliches, gefülltes Gefäß von einer Darstellung eines Gefäßes in Ölfarbe auf einer Leinwand möglicherweise unterscheidet. Die beinahe achtlos an den unteren Rand der Leinwand gesetzten Dinge sind aber alles andere als Nebensächlichkeiten. Mit Hilfe ikonografischer Lesarten kann ihnen eine spezifische Bedeutungsfunktion gegeben werden. Erwin Panofskys Ikonografie unterscheidet für die Malerei wenigstens zwei Bedeutungsschichten. Da ist zunächst das *primäre oder natürliche Sujet*: »Man erfaßt es, indem man reine Formen identifiziert, nämlich: gewisse Konfigurationen von Linie und Farbe oder gewisse eigentümlich geformte Bronze- oder Steinstücke als Darstellungen natürlicher Gegenstände wie menschlicher Wesen, Tiere, Pflanzen, Häuser, Werkzeuge und so fort;«[46] Auf dieser Ebene der vor-ikonografischen Beschreibung handelt es sich also um ein gefülltes Glasgefäß, eine Perlenkette und Perlenohrringe. Panofsky unterscheidet eine zweite Ebene: das *sekundäre oder konventionale Sujet*: »Es wird durch die Erkenntnis erfaßt, daß eine männliche Gestalt mit einem Messer den heiligen Bartholomäus repräsentiert, daß eine weibliche Gestalt mit einem Pfirsich in der Hand eine Personifikation der Wahrhaftigkeit ist [...] Indem wir das erfassen, verknüpfen wir künstlerische Motive und Kombinationen künstlerischer Motive (Kompositionen) mit Themen oder Konzepten.«[47] Im vorliegenden Fall wird damit aus dem Glas- ein Salbgefäß und aus dem Perlenschmuck wird ein Symbol der Eitelkeit. Gleichzeitig wird die weibliche Figur des Bildes zu jener seit dem sechzehnten Jahrhundert so beliebten Heiligen Maria Magdalena, die ihrem Leben als Prostituierte entsagt und dieses lasterhafte abgelegte Leben beweint:

---

46 Erwin Panofsky, 1939/1978, Ikonographie und Ikonologie. Eine Einführung in die Kunst der Renaissance. In: Ders., 1955/1978, Sinn und Deutung in der bildenden Kunst. Köln, S. 36–67, hier: 38.
47 ebd., S. 39.

»Im Ohrläppchen ist noch das Einstichloch für die birnenförmigen Perlenohrringe an schwarzen Schleifchen zu sehen. Das alles ist ihr nicht mehr wichtig. Die einstmals aufwendige Frisur ist aufgelöst, und Magdalena hat sich sogar entschlossen, auf ihre Haarpracht zu verzichten; soeben abgeschnittene Strähnen hängen ihr in die Stirn. Sie hat gerade erschöpft vom Weinen innegehalten, eine Träne rinnt ihr noch aus dem rechten Auge. In Trauer über die eigene Sündhaftigkeit schwingt noch etwas Melancholie darüber mit, was sie aufzugeben im Begriff ist.«[48]

Wie prekär und anfechtbar diese Verbindung zwischen einem Glasgefäß und einer weiblichen Figur ist, macht ein früher abschätziger Kommentar zu Caravaggios Gemälde deutlich: »Dipinse una fanciulla à sedere sopra una seggiola con le mani in seno, in atto di asciugarsi li capelli, la ritrasse in una camera, & aggiungendovi in terra un vasello d'unguenti, con monili, e gemme. la finse per Madalena.«[49] Wer, wie so viele frühe Biografen, Caravaggio übel nachreden wollte, konnte das Gefäß zu einer bloßen Beigabe degradieren und damit aus der Heiligen ein Mädchen machen, das nur für Magdalena *ausgegeben* wird. »In den letzten Worten liegt die ganze Kritik des Idealismus am Naturalismus.«[50] Die Möglichkeit, eine weibliche Figur mit Glasgefäß und offenen Haaren als Maria Magdalena oder eine männliche mit Messer als Bartholomäus zu interpretieren, sind unterdessen historisch gewachsen und voraussetzungsreich. Um das zu illustrieren, möchte ich einen genaueren Blick auf das in diesen beiden Sequenzen so zentrale Glasgefäß richten.

In seinem *Early Netherlandish Painting* geht Panofsky an einer Stelle auf durchsichtige und gefüllte Glasgefäße im Zusammenhang mit Mariendarstellungen bei Jan van Eyck ein.

»Und das durchsichtige Glasgefäß war eines der verbreitetsten Mariensymbole überhaupt. Es bringt insbesondere ein Strophe einer Hymne auf die Geburt Christi in den Sinn, die Jan van Eyck nachweislich bekannt war, denn ihre Anfangsverse zitierte er in einem anderen Bild: ›Ut vitrum non laeditur sole penetrante sic illaesa creditur virgo post et ante.‹ (Wie der Sonnenstahl durch das Glas hindurchgeht, ohne es zu zerbrechen, so blieb die Jungfrau Jungfrau wie sie war.)«[51]

---

48 Sybille Ebert-Schifferer, 2009, Caravaggio. Sehen – Staunen – Glauben. Der Maler und sein Werk. München, S. 67.
49 Giovanni Pietro Bellori, 1672, Le Vite de' pittori, scultori e architetti moderni. Rom, S. 203. »Er malte ein Mädchen, auf einem Stuhl sitzend, die Hände im Schoß, in einer Haltung, als ob es sich die Haare trockne; er stellte es in einem Zimmer dar, und indem er auf dem Boden ein Salbgefäß, Halsbänder und Edelsteine beifügte, gab er es für eine Magdalena aus.« (Übers. nach: Fritz Baumgart, 1955, Caravaggio. Kunst und Wirklichkeit. Berlin, S. 22).
50 Baumgart, 1955, Caravaggio, S. 22.
51 Erwin Panofsky, 1953/2001, Die altniederländische Malerei. Ihr Ursprung und Wesen. Bd. 1. Köln, S. 149f.

Panofsky bezeichnet diese bedeutungsvollen Gegenstände mit einem »Konzept, das man als verborgene oder verkleidete Symbolik – im Gegensatz zu offener oder klar erkennbarer Symbolik – bezeichnen könnte.«[52] Im Zuge der Durchsetzung der Zentralperspektive und dem mit ihr einhergehenden Naturalismus sind Symbole im Bild nicht mehr unabhängig von der Raumkonstruktion des gesamten Bildes möglich. Symbolische Gegenstände müssen im Bezug auf die Komposition und die malerische Ausführung kommensurabler Teil der gemalten Welt werden, auf die das Fenster des Bildes einen Ausblick gibt. Sie sind deshalb nicht mehr auf den ersten Blick von anderen Bilddingen zu unterscheiden, denen keine besondere Bedeutung zukommt und können deshalb doppelt gelesen werden. »So können die individuellen Gegenstände ohne Symbolismus verstanden werden, doch damit wird ihre Bedeutung eine völlig andere. Die Karaffe beispielsweise wäre dann ein prächtiger Glasgegenstand; ähnliche gehörten sicher zum Besitz von flämischen Bürgern und wurden in deren Häusern hergezeigt. In Gemälden aus späterer Zeit waren sie in Stilleben zu sehen.«[53] Die Bedeutung geht also nicht mehr aus dem Ding an sich hervor, wie das zuweilen in der mittelalterlichen Malerei noch der Fall gewesen sein mag, sondern ergibt sich in der Kombination aller Bildelemente. »Das Detail wirft Licht auf das gesamte Gemälde.«[54] Damit ist aber nur eine Hälfte der Mechanismen dieser Bedeutungsgenerierung im Bild benannt. Wenn Panofsky nämlich wie beiläufig erwähnt, dass das Glasgefäß »eine Strophe einer Hymne auf die Geburt Christi in den Sinn« bringt, so ist das nur die halbe Wahrheit. Tatsächlich bringt *der Diskurs der vergleichenden Kunstgeschichte* die Verknüpfung der Dinge im Bild mit wie auch immer kanonischen Texten in den Sinn. Auch Panofsky erinnert hier nicht spontan beim Blick auf das Bild die zitierte Hymne, sondern rekonstruiert diese Beziehung mit Verweis auf Millard Meiss' *Light as Form and Symbol in fifteenth century painting*.[55] Die Beziehungen, die hier zwischen Texten und unterschiedlichen Bildern gestiftet werden, bedürfen Instanzen der Aufführung, als die sich die interpretierende Kunstgeschichte versteht. Nur wer die Werke ganzer Malerschulen möglichst vollständig kennt, wer über die im Umlauf befindlichen Texte im Bilde ist, die bestimmte Maler möglicherweise gekannt haben, wer schließlich nachweisen kann, welche anderen Bilder einem Maler im Original oder in Reproduktionen bekannt waren, kann so weit verzweigte Beziehungen ›rekonstruieren‹, wie Panofsky dies am Beispiel der Glasgefäße bei van Eyck demonstriert. Dieser kunstgeschichtliche Blick auf die gemalten Dinge ließe sich unterdessen nicht nur selbst historisieren, es lassen sich auch methodische Alternativen zu ihm formulieren.

---

52 ebd., S. 147.
53 Moshe Barasch, 2003, Das Detail in der Malerei. In: Wolfgang Schäffner; Sigrid Weigel; Thomas Macho (Hg.), 2003, »Der liebe Gott steckt im Detail« Mikrostrukturen des Wissens. München, S. 21–42, hier: 34f.
54 ebd., S. 35.
55 Millard Meiss, 1945, Light as Form and Symbol in fifteenth century painting. In: The art bulletin 27 (1945), S. 175–181.

Eines der bekannteren Alternativmodelle dazu stammt von Svetlana Alpers in ihrer *Art of Describing*. Alpers zeigt hier, wie sehr der ikonografische Blick auf die Kunst, wie er von Panofsky und seinen Nachfolger_innen im angelsächsischen Raum des zwanzigsten Jahrhunderts popularisiert wurde, auf eine geografisch und zeitlich präzise verortbare Kunstlehre zurückgeht. In dieser aus der italienischen Renaissance herkommenden Auffassung vom Bild gebührt der auf einen kanonischen Text verweisenden *istoria* die primäre Beachtung. »[F]ür die Ästhetik der Renaissance war es wesentlich, die imitativen Fertigkeiten einem narrativen Zwecke dienstbar zu machen. [...] Die traditionelle Geringschätzung beschreibender Bilder geht auf diese Auffassung zurück. Man hielt solche Bilder entweder für bedeutungslos (weil sie keinen Text erzählten) oder für ihrem Wesen nach zweitrangig.«[56] Von hier aus entwickelte sich später die traditionelle akademische Rangfolge der unterschiedlichen Bildgenres, auf deren unterster Stufe das Stillleben stand, auf ihrer höchsten aber die (biblische) Historienmalerei. Seit Alberti, so argumentiert Alpers, musste sich jede Kunst an diesen Vorstellungen messen lassen, die vom kunsthistorischen Diskurs so lang naturalisiert wurden, bis wirkliche Alternativen zu ihr nicht mehr in Sicht waren. »Seit der Institutionalisierung der Kunstgeschichte als akademischer Disziplin sind die wichtigsten analytischen Strategien, mit denen wir Bilder zu betrachten und zu deuten gelernt haben – Wölfflins Stilbegriff und Panofskys Ikonographie – in der Auseinandersetzung mit der italienischen Tradition entwickelt worden.«[57] Beispielhaft für die holländische Malerei des siebzehnten Jahrhunderts entwickelt Alpers unter dem Begriff der beschreibenden Kunst ein geografisches und systematisches Alternativmodell zu dieser Tradition. Dabei geht es Alpers keineswegs darum, die ikonografische Leseweise durch ihre Antithese zu ersetzen und zu behaupten, die Bedeutung der gemalten Dinge bestünde in ihrer bloßen Anwesenheit als realistischer Spiegel der Welt, auf die sie sich beziehen. »Das heißt, bezogen auf die Theorie der einfachen Mimesis: Es gibt keine Bilder, die nichts bedeuten, und, bezogen auf die emblematische, ikonographische Interpretation: Es gibt keine Bilder, in denen nur irgend etwas etwas bedeutet.«[58] Quer zu diesen polemischen Gegenüberstellungen schlägt Svetlana Alpers vor, »nicht die *Geschichte* der holländischen Kunst zu untersuchen, sondern die holländische *Sehkultur*«.[59] Die kulturwissenschaftliche Öffnung der Frage nach der Bedeutung der Dinge in holländischen Bildern führt aus dem engen Bereich, in dem jedes Bildelement immer mit einem anderen *und* einem Text relationiert werden muss, und erlaubt stattdessen eine umfassendere Verknüpfung von Techniken und Technologien der Sichtbarmachung, in der gemalte Bilder nicht als Stellvertreter für etwas anderes einstehen müssen, sondern selbst als Formen der Weltaneignung und des Weltverständnisses erkannt werden

---

56 Alpers, 1983/1985, Kunst als Beschreibung, S. 28.
57 ebd., S. 25f.
58 Wolfgang Kemp, 1985, Vorwort. In: Alpers, 1983/1985, Kunst als Beschreibung, S. 7–20, hier: S. 15.
59 Alpers, 1983/1985, Kunst als Beschreibung, S. 35.

Abb. 4.10 – Johannes Vermeer: *Allegorie der Malerei*. ca. 1666–68, Öl auf Leinwand, 120 cm × 100 cm, Kunsthistorisches Museum, Wien.

können. Alpers ersetzt daher die Bezeichnung *Bild* durch *Bildermachen* (eng. *picturing*). Für die Verwendung dieser Verlaufsform nennt sie drei Gründe:

»Die Aufmerksamkeit wird dadurch mehr auf das *Herstellen* von Bildern als auf das fertige Produkt gelenkt, betont wird die Untrennbarkeit von Hersteller, Bild und Abgebildetem, und schließlich wird unser Gegenstandsbereich insofern erweitert, als Spiegel, Landkarten und [...] besonders der optische Mechanismus des Auges als Formen des so verstandenen Bildermachens neben der Kunst ihren Platz finden.«[60]

Wo immer nun Alpers' Blick auf die zahlreichen Dinge der holländischen Malerei des siebzehnten Jahrhunderts fällt, sind diese nicht mehr länger vor die Alternative gestellt, entweder symbolisch für etwas zu stehen, was die kunsthistorische Texttradierung rekonstruiert, oder auf der anderen Seite realistisch jenes einmalige Ding zu bezeichnen, dessen Leinwandbild sie sind. Stattdessen können die gemalten Dinge als *gemalte* Dinge in Erscheinung treten und damit schließlich die Frage formulieren, »wie ein Bild die Welt versteht: durch Bedeutungsassoziation (Kunst als Emblem) oder durch Beschreibung (Kunst als kartographisches

---

60 ebd., S. 79.

Erfassen)?«⁶¹ Besonders deutlich wird das in Alpers' Interpretation von Vermeers *Allegorie der Malerei* (Abb. 4.10). Sie zeigt hier, wie unterschiedliche Arten des Bildermachens von Vermeer verglichen werden: die Beschreibung der Welt in der Landkarte an der Wand; die allegorische Darstellung in dem Modell, das die traditionellen Insignien der Muse Clio hält; in der Wiedergabe dieser menschlichen Figur mit all ihrem Zubehör durch den Maler und in der Darstellung einer menschlichen Figur in der Webkunst anhand des im Vordergrund hängenden Teppichs. »Wie ein Landvermesser befindet sich der Maler mitten in der Welt, die er wiedergibt. [...] Die Wahrnehmung wird nicht unterschieden von der Aufzeichnung dessen, was wahrgenommen wird. Das ist eine andere große Illusion, die das Bild schafft. Es stellt eine Kunst der Malerei dar, die in sich selbst den Drang nach kartographischer Erfassung trägt.«⁶² Es geht hier keineswegs darum, die im Übrigen heftig diskutierten Thesen Alpers' in jedem Punkt zu verteidigen, sondern um den Aufweis, dass Verhältnisse zwischen Betrachter_innen, Optiken und (künstlerischen) Darstellungen denkbar sind, die von der klassisch-akademischen Kunstkritik in dieser Form vielleicht nicht bedacht wurden.⁶³

Wie lässt sich nun mit dieser Optik auf das Glasgefäß in den Sequenzen aus CARAVAGGIO und auf jenes in Caravaggios Gemälde blicken? Zunächst sei kurz daran erinnert, dass Alpers ausdrücklich erwähnt, dass sie sich zwar mit der holländischen Kunst des siebzehnten Jahrhunderts beschäftigt, der beschreibende Modus des Bildermachens jedoch auch geografisch und zeitlich andernorts aufgefunden werden könnte. In diesem Sinn nennt sie Caravaggio als einen seiner Vertreter⁶⁴ und deutet Parallelen an zwischen dem beschreibenden Bildermachen und der Fotografie.⁶⁵

Es lässt sich nun Belloris Anwurf gegen Caravaggios ›fingierte‹ *Reuige Magdalena* anders verstehen. Das »Als ob«, das ihm bei Caravaggio aufstößt, ließe sich von hier aus nicht als Fauxpas begreifen, sondern zeigte genau jene Sollbruchstelle, welche Caravaggio vom italienischen Renaissanceideal der Historienmalerei trennt. Der doppelte Boden, den das Bild damit bekäme, wäre nicht seine Schwäche, sondern im Gegenteil sein Programm.⁶⁶ Es ist vielleicht nur ein von der Straße aufgelesenes Mädchen, das seine Haare trocknet nebst einem sehr schön ausgeführten Stillleben. *Gleichzeitig* und deshalb und nicht dennoch ist es die Maria

---

61 ebd., S. 285.
62 ebd., S. 286.
63 vgl. zur Debatte um Alpers und die holländische Malerei des siebzehnten Jahrhunderts etwa auch: Peter Hecht, 2005, Das Vergnügliche erkennt man leicht, aber nicht die Bedeutung. In: Jeroen Giltaij (Hg.), 2005, Der Zauber des Alltäglichen. Holländische Malerei von Adriaen Brouwer bis Johannes Vermeer. Ostfildern, S. 20–29.
64 vgl. Svetlana Alpers, 1976, Describe or Narrate? A Problem in Realistic Representation. In: New Literary History 8 (1976), Nr. 1, S. 15–41.
65 vgl. Alpers, 1983/1985, Kunst als Beschreibung, S. 27–30.
66 Darauf hat in ganz ähnlicher Weise auch hingewiesen Klaus Krüger, 2006, Bilder der Kunst, des Films, des Lebens. Derek Jarmans Caravaggio (1986). In: Thomas Hensel; Klaus Krüger; Tanja Michalsky (Hg.), 2006, Das bewegte Bild. Film und Kunst. München, S. 257–279, hier: 278.

Magdalena. Es ist damit auch ein historisches Problem aufgeworfen. Denn erst dort, wo eine detaillierte und täuschend echte Beschreibung der Welt es unmöglich macht, bestimmte Gegenstände und Kleiderstoffe *nicht* als zeitgenössisch zu begreifen, können sie als unpassend im Zusammenhang mit einem bestimmten Sujet wahrgenommen werden. In Caravaggios Gemälde sind die Dinge zu konkret und zu erkennbar, als dass sie sich in jedem Fall in die Vergangenheit verabschieden ließen. Ihre Zugehörigkeit zur Welt der zeitgenössischen Betrachter_innen ist augenfällig. Die weibliche Figur ist mit der gleichen Wahrscheinlichkeit ein eben von der Straße hereingelaufenes Mädchen mit nassen Haaren, die Geliebte Caravaggios oder eine Maria Magdalena. Die Bedeutung des Bildes liegt in diesem doppelten Zeigeakt. In der Caravaggio-Forschung hat dies seit frühester Zeit zu weitreichenden Spekulationen über die Identität der Modelle Anlass gegeben, in denen man immer wieder (und wohl zu Recht) Caravaggio selbst, seine Geliebten beiderlei Geschlechts, Prostituierte und dergleichen mehr sehen wollte, um auf dieser Grundlage die Gemälde abwechselnd als geschmacklos zurückzuweisen oder aus ihnen weitreichende Schlussfolgerungen über das Leben des Malers abzuleiten.[67] Welchen Status diese Überlegungen als gesichertes Wissen über den Maler und seine Bilder haben, sei dahingestellt. Dass seine Art des Bildermachens genau diesen Überlegungen jedoch Vorschub leistet, sie vielleicht sogar provoziert, scheint mir festzustehen.

Mehr noch als für die Gemälde Caravaggios gilt das aber für den Film, der noch einen Schritt weiter geht. Die doppelte Identität der Frauenfigur spielt auch hier eine Rolle. Michele spricht sie abwechselnd als Lena (Einst. 14) oder als »my Magdalen« an (17). Bis zu dieser Einstellung verharrt Tilda Swinton als Lena als Maria Magdalena völlig still und bleibt damit Letztere. Erst indem sie ihren Kopf hebt und einen Zug von ihrer Zigarette nimmt und das Gespräch mit Michele aufnimmt, wird sie wieder zu Lena. Die Träne, die auf dem Gemälde notwendigerweise statisch auf der rechten Seite der Nase zu sehen ist, wird im Filme eine Träne, die wirklich über das Gesicht von Tilda Swinton als Lena rinnt. Es wurde darauf hingewiesen, wie auf Gemälden mit Hilfe von Tränen das überzeitliche und gültige Historienbild mit der Zeitlichkeit eines flüchtigen Augenblicks versehen werden kann.[68] Die Spannung besteht dann darin, dass das Gemälde diese äußerste Flüchtigkeit auf Dauer stellt. Der Film hingegen verfährt spiegelbildlich dazu. Er versteigt nicht den Moment, sondern löst die im Bild stabilisierte Dauer in Einzelmomente auf. Bereits die ersten drei Einstellungen unterstreichen diesen Zugriff des Films: Vor die Gesamtschau hat dieser eine Abfolge von Nahaufnahmen gesetzt. Die kaum zu enträtselnde Doppelidentität der weiblichen Figur in der *Reuigen Magdalena* wird im Film zu einer beobachtbaren Transformation von Tilda Swinton zu Lena zu Magdalena und zurück. Die Dissoziation von Frauenfiguren und gemalten Gegenständen am Boden erlaubt, ihre unterschiedlichen Lesbarkeiten einander gegenüberzustellen: hier der hermeneutische Blick, der bei-

---

67 vgl. etwa Ebert-Schifferer, 2009, Caravaggio, S. 184f.
68 vgl. Barasch, 2003, Das Detail in der Malerei, S. 35–42.

de zusammen als Heiligendarstellung erkennt; dort das faszinierte Glotzen des Kardinals auf die Lichteffekte, die ein Filmscheinwerfer in einem Glasgefäß und auf einer Perlenkette hervorruft. Im Film kommt aber ein Entscheidendes hinzu: Anders als das Bild untersucht er nicht nur all diese Prozesse von Ähnlichkeit und Täuschung zwischen Malerei und Welt, die unter dem Begriff der Mimesis zu begreifen wären. Er fügt eine Mimesis zweiter Ordnung hinzu, indem er die sitzende Tilda Swinton aussehen lässt wie das *Gemälde* Caravaggios. Gegenstand der Darstellung oder – mit Alpers – des beschreibenden Bildermachens ist nicht mehr ›die Natur‹, sondern beschreibendes Bildermachen selbst. Und das ist durchaus etwas anderes als der Nachweis der vergleichenden Kunstgeschichte, dass Caravaggio sich mit der Haltung seiner *Reuigen Magdalena* auf »eine etablierte Bildformel der Renaissance, die sich auf die Antike zurückführen läßt«, bezieht.[69] Tilda Swinton sitzt nicht da wie das Modell Caravaggios, sie gleicht nicht seinem Gemälde, sondern die bewegten Filmbilder der Einstellungen 4 und 6 treten auf, als ob sie das Gemälde Caravaggios wären. Es sind dies jedoch immer nur Ausschnitte, einzelne Einstellungen, die diesen Vergleich anstellen und die nie in diesem geschlossenen Bezug auf die Gemälde verharren. Anders als die niemals zu Boden rollende Träne der Maria Magdalena auf Caravaggios Leinwand, ist auf der Leinwand, auf die CARAVAGGIO projiziert wird, ständig alles in Bewegung und Veränderung. Wahrnehmungsprozesse, wie sie Svetlana Alpers um die von ihr besprochenen Gemälde, Karten und Grafiken beschreibt, sind hier technisch implementiert. Man könnte meinen, der Film habe eine präzise Vorstellung von dem, was sie mit *picturing* meint: »*picturing* ist nicht Sehen, sondern dargestelltes Sehen, ein Bild hat keine Bedeutung, sondern produziert Bedeutung«.[70] Das Filmbild produziert dieses Bedeutung nicht mimetisch, sondern im fotografischen Zugriff auf die Welt, in dem es nichts als Einzelheiten gibt, die von ihm organisiert werden: Einzelbilder, Einzeldinge. Diese Einzeldinge werden dann, und zwar im Wortsinn, handhabbar: Der Kardinal del Monte kann die bedeutungsvollen Objekte in die Hand nehmen und in diesem oder jenem Licht betrachten. Pipo, so heißt im Film das Modell für den *Amor als Sieger*, kann den blauen Himmelsglobus, der im Gemälde wohl »auch für das Wappen der Aldobrandini, der unbeliebten Familie des damaligen Papstes Klemens VIII.« stand,[71] einem Feind des Auftraggebers des Gemäldes Vincenzo Giustiniani, nach Belieben drehen und wenden und hat ihn also ganz in seiner Hand. Ähnliches gilt für die Laute, welche eines der Modelle für *Die Musiker* in der Hand hält und dann irgendwann anschlägt, woraufhin das völlig verstimmte Instrument einen scheußlich blechernen Ton von sich gibt; oder für die Weintrauben, die im selben Bild von den Musikern gehalten werden und im Film in einer kurzen Pause vom Posieren verspeist werden. Wo immer im Film oder in der Malerei einzelne Dinge auftauchen, kommt mit ihnen ein unwiderstehlicher Zwang zur Konkretisierung: Eine Frau ist nicht mehr diese

---

69 vgl. etwa Ebert-Schifferer, 2009, Caravaggio, S. 65.
70 Kemp, 1985, Vorwort, S. 16f.
71 Ebert-Schifferer, 2009, Caravaggio, S. 155.

oder jene Frau, sondern ein klar zu identifizierendes Modell oder eine bestimmte Schauspielerin, ein Filmstar; eine Laute auf einem Bild ist nicht irgendeine Laute, sondern genau jenes Instrument, welches dem Kardinal del Monte laut eines Nachlassinventars gehört hat,[72] oder aber exakt jenes Instrument, das genau den Ton erzeugt, den wir im Film hören können.

Stanley Cavell hat auf diese bemerkenswerte Hinwendung des Kinos zu den Einzelheiten hingewiesen. Er nennt diese Kino-Einzelheiten *types*. Types zeichnen sich dadurch aus, dass sie eine Ansammlung von Elementen der gleichen Art sind, die jedoch jeweils individuelle Verkörperungen benötigen. »Does this mean that movies can never create individuals, only types? What it means is that this is the movies' way of creating individuals: they create *individualities*. For what makes someone a type is not his similarity with other members of that type but his striking separateness from other people.«[73] Auch wenn Cavell diese Überlegungen in erster Linie auf Filmstars bezieht, lässt sich das auf die Dinge des Kinos übertragen. Das Gangster-Auto, die Mordwaffe, der in Wirklichkeit leere Koffer, den der Filmstar zum Zug ›schleppt‹, der Hut des Detektivs sind typisierte Dinge, die aber doch, weil sie in einem fotografischen Medium erscheinen, mit einer je konkreten Farbigkeit, Textur usw. ausgestattet sind, die dann im Filmbild wiedergegeben werden. »[T]wo necessities of the medium were discovered or expanded in the creation of these types. First, movie performers cannot project, but are projected. Second, photographs are of the world, in which human beings are not ontologically favored over the rest of nature, in which objects are not props but natural allies (or enemies) of the human character.«[74]

Dieser Doppelcharakter der Dinge und Menschen im Film verleiht ihnen ihren besonderen Status: Sie sind immer das je Einzelne, konkret Sichtbare, das neu fotografiert und gesehen werden muss, und sie sind gleichzeitig Vertreter_in eines unpersönlichen Typs. Der Bösewicht und seine Waffe sind in jedem Film wieder ›Bösewicht mit Waffe‹. Immer aber ist es auch *dieser* Bösewicht mit *dieser* Waffe. Wenn Cavell Recht damit hat, dass dieser Umstand auf die fotografischen Grundbedingungen des Films zurückgeht, und Alpers Vermutung stimmt, dass das beschreibende Bildermachen letztlich auf einen fotografischen Modus der Welterfassung zielt, dann teilen beide vielleicht jenes Bedeutungsproblem, das die Sequenzen um die *Reuige Magdalena* aus CARAVAGGIO so geschickt auseinandernehmen. Wie die *types* des Films sind die Dinge auf den Stillleben und sogenannten Genredarstellungen hin- und hergeworfen zwischen der konventionellen Bedeutung, die sie nur als Vertreter einer umfassenderen (und damit bedeutsameren) Ordnung annehmen, und ihrer unhintergehbaren Individualität. Der nicht entschiedene und wohl auch nicht zu entscheidende Streit der Kunstwissenschaft über den Status dieser Dinge bestätigt das. Ein entscheidender Aspekt vieler Din-

---

72 vgl. Keith Christiansen, 2000, Lute Player. In: Rossella Vodret Adamo; Accademia Carrara (Hg.), 2000, Caravaggio. La luce nella pittura lombarda. Mailand, S. 202.
73 Cavell, 1971/1979, The World Viewed, S. 33.
74 ebd., S. 36f.

ge sowohl in den Gemälden Caravaggios als auch in CARAVAGGIO liegt in ihrem Bezug zu vergangenen Zeiten. Inwiefern dieser Bezug vor dem hier Entwickelten als historiografisch zu bezeichnen wäre und welche Konsequenzen die Bevorzugung des Einzeldings für die filmische Historiografie hat, werde ich im Folgenden zeigen.

3. Anachronistische Dinge

Caravaggios Schreibmaschinen, Taschenrechner, Glühlampen und Motorräder

CARAVAGGIO ist in fünf größere Abschnitte geteilt, die jeweils von kurzen Sequenzen unterbrochen werden, die Michele Caravaggio auf dem Totenbett zeigen und damit die fünf Abschnitte als Rückblenden erscheinen lassen. Ich beziehe mich im Folgenden auf den mittleren, dritten dieser Abschnitte.[75] Dieser reicht vom Auftrag Vincenzo Giustinianis für den *Amor als Sieger* über die Anfertigung des *Johannes der Täufer* von 1602/03, für den Ranuccio Modell sitzt, bis hin zu einer Party anlässlich der öffentlichen Enthüllung des *Amor* im Hause des Auftraggebers. Insbesondere in diesem Teil des Filmes treten gehäuft Dinge auf, die sich einer historischen Rekonstruktion der Zeit Caravaggios nicht so leicht einverleiben lassen, wie das noch mit den in den Film übersetzten Dingen der Gemälde geschehen könnte. Es wimmelt hier nur so von elektronischen Taschenrechnern, Motorrädern, Glühlampen, Zigaretten, Schreibmaschinen, Personen in der Kleidung des zwanzigsten Jahrhunderts, einem amerikanischen Kunstmagazin von 1985. Auf der Tonspur hören wir vorbeifahrende Züge (in Sequenz 29) sowie Jazz als Hintergrundmusik einer extravaganten Party (Sequenzen 31–33). Dabei sind diese Objekte alles andere als zufällig in den Film geraten. In Sequenz 27 speisen der Kardinal del Monte und Vincenzo Giustiniani gemeinsam und besprechen dabei die neuesten Aufträge an Caravaggio sowie Kredite, welche die Kirche bei Giustiniani zu nehmen beabsichtigt. Die Sequenz beginnt mit einer Nahaufnahme eines goldenen Taschenrechners, den zwei männliche Hände mit einem kleinen goldenen Metallstift bedienen und die sich sogleich als die Hände Giustinianis erweisen (Abb. 4.11). Bei jeder Berührung von Taschenrechner und Metallstift ertönt ein elektronisches Piepen. Ganz im Gegensatz dazu ist der Tisch mit erlesenem Geschirr gedeckt, das sich ohne weiteres ins siebzehnte Jahrhundert datieren ließe. Als Tischtuch dienen eine goldene Brokatunterdecke sowie ein weißes Obertuch. Die beiden Herren sind in historische Kostüme gekleidet, während die drei hinter dem Tisch stehenden Kellner schlichte moderne Anzüge tragen (Abb. 4.12). Die übernächste Sequenz beginnt mit einer Halbtotale auf Ranuccio, der gerade ölverschmiert dabei ist, ein (aus der Perspektive der 1980er Jahre des Films) altmodisches Motorrad zu reparieren (Abb. 4.13). In der folgenden Einstellung, die als Gegenschnitt fungiert, ist Lena auf einer Fensterbank vor einem mit zwei Bretterflügeln halb verschlossenen Fenster zu sehen, durch dessen Spalt sie versonnen nach draußen schaut (Abb. 4.14). Durch die leicht geöffneten Fensterflügel kommt ein helles, bläuliches Licht herein und bestrahlt ihr Gesicht. Sie sitzt auf der linken Seite von Bild und Fenster und hat ihre Beine über die ganze Länge der

---

75 Sequenzen 27 bis 35 nach Derek Jarman, 1986, Derek Jarman's Caravaggio. London, mit einer Länge von etwa 19:30 min.

3. Anachronistische Dinge 255

Abb. 4.11 – Vincenzo Giustiniani mit einem Taschenrechner.
Einst. aus CARAVAGGIO, Sequ. 27

Abb. 4.12 – Giustiniani und Kardinal del Monte beim Essen.
Einst. aus CARAVAGGIO, Sequ. 27

Abb. 4.13 – Ranuccio repariert ein Motorrad. Einst. aus CARAVAGGIO,
Sequ. 29

Fensterbank ausgestreckt, so dass die rechte Hälfte des Bildes relativ leer bleibt. Dort hängt einzig, mitten im Bild und deutlich sichtbar, etwas unscharf weiter im Vordergrund eine durchsichtige Glühbirne, in der matt ein Glühfaden glimmt. Die von der Komposition dieser Einstellung betonte Kopräsenz unterschiedlicher Lichter wird noch weiter betont, wenn Lichtreflexe auf Lenas Gesicht fallen, die von der folgenden Einstellung als Effekte eines Spiegels erklärt werden, den Pipo in Händen hält, um Lena damit zu blenden. In zwei Sequenzen sehen wir später Giovanni Baglione Schmähschriften über Caravaggio auf einer Schreibmaschine verfassen. Baglione, der selbst Maler war, galt als erbitterter Feind Caravaggios und war 1603 in einen Verleumdungsprozess gegen diesen verstrickt. Lange nach dessen Tod verfasste er eine der ersten Biografien Caravaggios, die voller ungünstiger Bewertungen seines Stils und bösartiger Anekdoten und Einschätzungen über seinen Lebenswandel ist und das Caravaggio-Bild lange bestimmt hat.[76] Wie schon Taschenrechner, Motorrad und Glühlampe ist auch diese Schreibmaschine auf eine Weise ins Bild gesetzt, die sie deutlich hervorhebt. Baglione sitzt frontal zur Kamera, genau in der Mitte des Bildes, welches ihn bis zur Hüfte zeigt (Abb. 4.15). Er trägt ein schwarzes Kostüm, das reich mit roten, glitzernden Applikationen versehen ist. Offenbar vor ihm – aber gerade außerhalb des Bildfeldes – steht eine mechanische Schreibmaschine, auf der er tippt. Wir sehen nur seine Bewegungen und hören die Geräusche der Schreibmaschine, ohne sie jedoch selbst zu sehen. Nachdem er aufgehört hat zu schreiben, dreht er sich auf dem Stuhl mit seinem Profil zur Kamera und nimmt ein Magazin zur Hand. Er schlägt es in der Mitte auf und blättert einige Seiten mit ausschnitthaften, seitenfüllenden Farbreproduktionen einiger Caravaggio-Gemälde durch (Abb. 4.16). Mit verachtender Geste legt er das Magazin zur Seite. Es handelt sich dabei klar erkennbar um die Nr. 9 der amerikanischen Ausgabe von Franco Maria Riccis Kunstmagazin FMR. Anlässlich der großen Caravaggio-Ausstellung *The Age of Caravaggio* im Metropolitan Museum of Art vom 9. Februar bis 14. April 1985 veröffentliche das Magazin auf den Seiten 45–76 einen alle überzogenen Caravaggio-Klischees reproduzierenden Essay von Vittorio Sgarbi unter dem Titel *The contradictions of genius*, nebst zahlreicher Reproduktionen seiner Bilder sowie einiger Dokumente zum Leben des Künstlers. In dieser Einstellung mit Baglione beginnt auf der Tonspur ein Jazzstück zu spielen, das sich bis in Sequenz 33 durchzieht und die Hintergrundmusik auf der Party zur Enthüllung des *Amor als Sieger* werden wird. Während dieser Sequenz wird die Musik insofern als diegetisch gekennzeichnet, als sie bei einem Schnitt in einen anderen Raum etwas leiser wird. Auch dieses Hörobjekt ist wie alle anderen hier besprochenen auf drei Weisen präsent: Erstens als innerhalb der Diegese handhab- und wahrnehmbares Objekt, das zweitens deutlich hervorgehobenen filmischen Inszenierungen unterworfen wird und drittens eindeutig anachronistisch zu nennen ist, da es nicht der Zeit des frühen siebzehnten Jahrhunderts angehört, sondern in allen Fällen dem zwanzigsten. Diese Datierung muss so grob bleiben, da von der unmittelbaren Zeitgenossenschaft des

---

76   vgl. Ebert-Schifferer, 2009, Caravaggio, S. 23f. und 156ff.

Abb. 4.14 – Lena am Fenster. Einst. aus CARAVAGGIO, Sequ. 29

Abb. 4.15 – Baglione an der Schreibmaschine. Einst. aus CARAVAGGIO, Sequ. 31

Abb. 4.16 – Baglione mit FMR. Einst. aus CARAVAGGIO, Sequ. 31

Films 1985 bis hin zum frühen zwanzigsten Jahrhundert der Schreibmaschine und des Motorrads die Objekte an unterschiedliche Stellen des Jahrhunderts ›gehören‹.

Wie kann man diese Objekte einordnen, die sich offensichtlich von jenen lässlichen Goofs unterscheiden, wie sie als moderne Armbanduhr an der Hand eines römischen Soldaten in einem Sandalenfilm berühmt geworden sind? Derek Jarman hat sich selbst zu diesen Dingen geäußert und sie einerseits mit seiner Faszination an der Geschichte verbunden, sie aber andererseits mit Caravaggios eigenem Zugriff auf die Dinge der Vergangenheit in Verbindung gebracht. »I am obsessed by the interpretation of the past. [...] How to present the present past? The way it's mirrored most nights on TV reflects the dodo nature of our museum culture. A stuffed nineteenth-century bird, ersatz historicism, everything in its ordered place.«[77] Jarman sieht in Caravaggio einen der letzten Maler, die sich einen schöpferischen Umgang mit dem Verhältnis von Vergangenheit und Gegenwart erlaubt haben. Er bezieht sich auf dessen *Berufung des hl. Matthäus* (1600) (Abb. 4.17). »Christus und Petrus, die von rechts in die Wechslerstube eintreten, sind antikisch-biblisch drapiert, Levi und seine Kunden und Mitarbeiter zeitgenössisch.«[78] Jarman überblendet diese von ihm geteilte Beschreibung sofort mit einer Interpretation, die er selbst als »perhaps a bit too literal for present sensibilities« bezeichnet.[79] Er überlegt sich nämlich, wie unglücklich der alte Mann nun sein muss, der dem jüngeren ganz links bereits einen Vorschuss für eine Nacht gezahlt hat, die er mit ihm verbringen will, zu der es nun aber nicht mehr kommen wird. Es könnte sich, so Jarman weiter, bei dem Geld aber auch um etwas anderes handeln: »an advance perhaps from the priests of St Louis who've commissioned this large painting.«[80] Ob diese Beschreibung irgendein Licht auf das Gemälde werfen kann? »Well there is certainly no light from the studio window in the painting. It's flooding, camera right, from a hidden source, a large two-kilowatt perhaps.«[81] Caravaggio ist für Jarman ganz klar »the painter who had 'invented' cinematic light«.[82] Wie auch im Film verschaltet Jarman in seinem Kommentar seinen eigenen modernen Blick mit der Erzählung des Gemäldes und den (angenommenen oder realen) Umständen von dessen Herstellung. Das Geld auf dem Tisch gehört gleichermaßen zur *istoria* des Gemäldes wie zur Lebenswelt Caravaggios; das Licht auf dem Bild ist Farbe auf einer Leinwand, Licht im Atelier des Malers und Licht auf Jarmans Filmset. Die anachronistischen Dinge im Film sind die Embleme, an denen sich diese Haltung ausbuchstabieren lässt. Jarmans Anachronismen sind damit weit entfernt von jenen historischen Anachronismen, die als Denkfehler eines historiografischen Konzepts erkannt werden müssten. Die gesteigerte kinematografische Aufmerksamkeit für diese Dinge markiert das historiografische Programm des Filmes.

---

77   Jarman, 1986, Derek Jarman's Caravaggio, S. 44.
78   Ebert-Schifferer, 2009, Caravaggio, S. 128.
79   Jarman, 1986, Derek Jarman's Caravaggio, S. 44.
80   ebd.
81   ebd.
82   ebd., S. 6.

Abb. 4.17 – Caravaggio: *Berufung des hl. Matthäus.* 1600, 322 cm × 340 cm, San Luigi dei Francesi, Cappella Contarelli, Rom.

Quasi-Objekte

Wäre damit aber nicht zu viel Vertrauen in diese Dinge gesetzt? Was bedeutet es, ihnen eine ganze historiografische Poetologie aufzubürden? Wie müssten diese Dinge konzeptualisiert werden, um ihnen einen so weitreichenden Handlungskreis zuzumuten? Bruno Latour hat in *Wir sind nie modern gewesen* mit dem Begriff des *Quasi-Objekts* ein Dingkonzept vorgeschlagen, das vielleicht in der Lage ist, als Knotenpunkt so weitreichender Überlegungen zu dienen, wie sie von den anachronistischen Dingen in Caravaggio angestoßen werden. Latour fragt sich am Anfang seiner Überlegungen zum Status der Dinge, welche Vorstellung sich die Sozialwissenschaften von den Dingen gemacht haben – es geht bei ihm schließlich um nicht weniger als um eine Reformulierung der Gesellschaft. Er stellt fest, dass für die Sozialwissenschaften »Objekte, Dinge, Konsumgegenstände [...] entweder zu stark oder zu schwach« sind.⁸³ Zu schwach sind sie, weil sie als bloße Projektionsflächen dienen oder benutzt werden und ihre funktionale Bedeutung für die Gesellschaft nicht aus ihren objektiven Eigenschaften abgeleitet werden kann. »Sozialwissenschaftler werden heißt, sich darüber klar zu werden, daß die inneren Eigenschaften der Objekte nicht zählen, daß letztere bloß Gegenstand für menschliche Kategorien sind.«⁸⁴ Parallel dazu wird die entgegengesetzte Interpretation geführt: Die Mitglieder der Gesellschaft müssen nämlich keineswegs hoffen, dass sie frei seien, weil gezeigt werden kann, wie ihre Wünsche, Ziele und Haltungen ständig von der Natur der Dinge geprägt, geformt, beeinflusst werden. »Alle Wissenschaften [...] werden jetzt mobilisiert, um die Menschen in Marionetten zu verwandeln, die von objektiven Kräften manipuliert werden«.⁸⁵ Vor diesem Hintergrund scheint es Latour unmöglich zu sein, dass sich Sozialwissenschaftler *einen* Begriff – und nicht unter der Hand zwei – vom Objekt machen. Latour gestattet sich jedoch nicht die übliche Lösung des Problems, die einen Dualismus der Objekte mit einem harten, naturwissenschaftlichen und einem weichen, gesellschaftlichen Pol behauptet: »Die Sozialwissenschaftler wechseln nun unbekümmert von der einen zur anderen Seite und können mühelos zeigen, daß beispielsweise Götter nichts als Idole sind, die aus den Erfordernissen der Gesellschaftsordnung hervorgehen, während die Regeln der Gesellschaft von der Biologie bestimmt werden.«⁸⁶ Latour kritisiert erstens, dass die Aufteilung der Dinge der Gesellschaft auf diese Pole sich auf keine nachvollziehbaren Kriterien berufen kann, sondern mehr oder weniger willkürlich nach Gusto und Glauben der Sozialwissenschaftler vollzogen würde. Zum zweiten fragt er sich, wieso die Theoretiker der Gesellschaft eine so schwache Vorstellung von der Realität ihres eigenen Gegenstandes hätten. Ihm ist nicht klar »wieso die Gesellschaft auf arbiträre Objekte projiziert werden sollte, wenn diese Objekte nicht zählen. Ist die Gesellschaft so schwach, daß sie permanent wiederbelebt werden muß?«⁸⁷

Man könnte in der Weise dieser falschen Alternative durchaus auch über die anachronistischen Dinge bei Jarman und ihr Verhältnis zur Historiografie nachdenken. Einerseits könnte man daran festhalten, dass die Welt des Films auch dann die Welt des siebzehnten Jahrhunderts sein kann, wenn Dinge in ihr vorkommen, die offensichtlich aus einer anderen Zeit stammen. (Dann wären es die zu schwachen Dinge, auf die Jarman seine unhistorischen Fantasien projizieren kann.) Im Gegensatz dazu ließe sich behaupten, dass die Welt von CARAVAGGIO unmöglich noch eine des siebzehnten Jahrhunderts sein kann, wenn derartige Dinge in ihr vorkommen. Ein Mensch mit einem Taschenrechner in der Hand kann nicht Vincenzo Giustiniani sein. (Die Dinge sind dann so stark, dass sie

---

83   Bruno Latour, 1991/1995, Wir sind nie modern gewesen : Versuch einer symmetrischen Anthropologie. Berlin, S. 73.
84   ebd., S. 72.
85   ebd.
86   ebd., S. 74.
87   ebd.

ihren ganzen Kontext determinieren.) Im ersten Fall würde der Blick ganz aus der Gegenwart ergehen, die sich eine Vergangenheit so oder so konstruiert. Die Geschichte wäre dann ein bloßer Effekt ihrer gegenwärtigen Betrachtung und ihr Zuschnitt richtete sich nicht nach der Struktur der Vergangenheit, sondern allein nach den Interessen der Historiografen. Man hat Hayden White auf diese Weise missverstehen wollen und seiner *Metahistory* diese These untergeschoben (vgl. Kap. II). Im zweiten Fall ginge der Blick von den (In-)Konsistenzen der Filmvergangenheit aus. Hier wäre die Vergangenheit allein ihre eigene Angelegenheit und alles, was mit ihr nichts zu tun hat, müsste aus ihr entfernt werden. Letztlich lässt sich darin die historistische und bei Ranke und Meinecke angetroffene Selbstverleugnung oder Löschung des Historikers wiedererkennen, der sich selbst nur als Eindringling in eine Vergangenheit sehen kann, die ihre Geschichte quasi selbst schreiben soll. (vgl. Kap. 1). Jarman besetzt hier mit Sicherheit eine Position genau zwischen diesen beiden extremen Polen.

Latour entwickelt aus dem größeren Rahmen seines Versuchs einer symmetrischen Anthropologie ein Dingkonzept, welches in der Lage ist, diese Probleme zu lösen bzw. gar nicht erst aufkommen zu lassen. Im Rekurs auf einen Begriff Michel Serres' spricht Latour in diesem Sinn von *Quasi-Objekten*. Zunächst ist festzuhalten, dass Quasi-Objekte konkret und einzigartig sind. Es geht in ihrer Diskussion also keineswegs um das Ding an sich, sondern immer nur um eine Ansammlung von Einzeldingen. Eines von Serres' bekanntesten Quasi-Objekten ist der Ball in einem Mannschaftsspiel.[88] Der Ball ist nur dann, was er ist, wenn er sich in Händen oder Füßen von Spielern befindet. »Irgendwo niedergelegt, ist er nichts, ist er albern, hat er keinen Sinn noch eine Funktion noch Wert.«[89] Stattdessen besteht der einzige Sinn des Balls darin zu zirkulieren, ständig in Bewegung zu bleiben und einen Zusammenhang zwischen den Spielern auf dem Feld zu schaffen. »Der Spieler folgt ihm und bedient ihn, weit davon entfernt, ihn folgen zu lassen und sich seiner zu bedienen.«[90] Ist der Ball also ein Objekt oder eine Relation? Er ist beides und genau darin liegt sein zweites Merkmal. »Quasi-Objekte sind also jene Dinge, die das soziale Band knüpfen und stabilisieren, wobei gerade ihr ambivalenter Charakter – halb Bruchstück von Wesen, halb Zipfel von Relationen – zur Bindung beiträgt.«[91] Soziale Bindung, d. h. ein einigermaßen stabiler, wiedererkennbarer Zusammenhang zwischen Subjekten, ist also nichts statisches, sondern wird durch die Beweglichkeit und Zirkulation von Objekten produziert. Quasi-Objekte sind die Agenten dieser bewegten Stabilisierung: Sie sind dinghaft, stehen aber niemals solitär oder für sich selbst, sondern stiften fortwährend Beziehungen. Diese stabilisierten Netzwerke, die zahlreiche Quasi-Objekte und

---

88 vgl. Michel Serres, 1980/2002, Der Parasit. Frankfurt am Main, S. 346ff.
89 ebd., S. 346.
90 ebd.
91 Gustav Roßler, 2008, Kleine Galerie neuer Dingbegriffe: Hybriden, Quasi-Objekte, Grenzobjekte, epistemische Dinge. In: Georg Kneer, Markus Schroer, Erhard Schüttpelz (Hg.), 2008, Bruno Latours Kollektive. Frankfurt am Main, S. 76–107, hier: 84.

Quasi-Subjekte miteinander vereinen, bezeichnet Latour als Netzwerke. Quasi-Objekte sind die lokalen Knoten dieser Netzwerke. Das macht Quasi-Objekte zugleich aber problematisch: »nicht zwangsläufig sicher, nicht mit festen Umrissen versehen, aber auch gesellschaftlich problematisch«.[92] Weder ist ein für alle mal gegeben, was sie sind, in welchen Zusammenhängen sie auftauchen können bzw. welche sie stiften, noch sind ihre Effekte und Bedeutungen endgültig absehbar. Der Streit über sie ist elementarer Bestandteil ihrer selbst.

Ich habe bereits gezeigt, inwiefern die anachronistischen Dinge in CARAVAGGIO als Einzeldinge zu sehen sind. Es sind in einem durchaus elementaren Sinn immer handhabbare Gegenstände: ein Motorrad, an dem geschraubt wird, eine Glühlampe, die von der Decke hängt und ihre Umgebung beleuchtet, ein Taschenrechner, der in der Hand gehalten und mit dem gerechnet wird, eine Schreibmaschine, mit der Texte verfasst werden, ein Kunstmagazin, das man durchblättern, herzeigen und wegwerfen kann. Gleichzeitig sind diese Dinge aber in einem starken Sinn auch Kinodinge. Die Glühlampe, die in Sequenz 29 so prominent ins Bild ragt, ist, was sie *hier* ist nur in Bezug auf diese besondere Komposition der Einstellung. Bagliones zunächst nur hör- nicht aber sichtbare Schreibmaschine hat außerhalb dieser auf Bild- und Tonspur bezogenen Anordnung keine Substanz. Die Jazzmusik auf der Party ist so sicher nicht auf einem römischen Fest um 1600 erklungen, sie erklingt aber innerdiegetisch auf diesem Kinofest um 1600. Die ontologische Unbestimmtheit der kinematografischen Welterfassung, von der Cavell spricht, ist hier in vollem Einsatz zu bewundern. Womit aber knüpft ein Objekt wie die Glühlampe in der Einstellung mit Tilda Swinton als Lena ein Band, eine Verbindung, ein Netzwerk? In erster Linie werden hier wenigstens drei Zeiten miteinander in Verbindung gebracht, denen allen *diese* Kino-Glühbirne angehört. Einerseits die Zeit um 1600 des Malers Caravaggio. Dann die Drehzeit des Filmes, in der eine Glühbirne von einer Kamera erfasst wurde, um dieses Bild aufzuzeichnen. Und drittens die Zeit der Projektion des Filmes, in der das Licht der Projektorlampe vom Filmstreifen so moduliert wird, dass auf die Leinwand Licht fällt, das ich als Bild einer Glühlampe sehen kann bzw. in der das Licht eines Bildschirms oder Monitors als Licht einer Glühlampe gesehen werden kann. Die Banalität dieser Beschreibung kann nicht verdecken, dass hier über ein Ding ein Zusammenhang von Zeiten gestiftet wird, der im landläufigen Diskurs über Filme zumeist ausgeblendet wird. Dort gehört es beinahe schon zur Anforderung ans Schreiben über das Kino, dass die Pole der diegetischen Zeit und der Produktionszeit jederzeit getrennt voneinander zu betrachten sind. Über die Rezeptionszeit lässt sich ohnehin kaum etwas sagen, da diese ja im Vergleich zur relativen Stabilität der beiden anderen Zeiten immer eine andere ist. Spätestens mit Jarmans eigenem Schreiben über seine Filme und der großflächigen Einführung anachronistischer Quasi-Objekte lässt sich dieser Zusammenhang nicht mehr ignorieren und es wird schwer, eine der Zeitschichten gegenüber den anderen zu bevorzugen. Sobald wir die anachronistischen Objekte in CARAVAGGIO sehen, befinden wir

---

92   ebd., S. 102.

uns zugleich im Perfekt von Repräsentation und Produktion (der Vergangenheit) *und* im Präsens der Projektion der kinematografischen Historiografie. Sosehr dieser Umstand letztlich für alle Filme gilt, appelliert er doch im Besonderen an die Reflexionen zum historiografischen Wissen des Films. Anachronismen zeigen hier nämlich nicht mehr auf besondere Zeitfiguren, die einer gesonderten Erklärung bedürften, sondern sie sind zum Normalfall einer Zeitkonzeption geworden, die selbst erklärungsbedürftig ist.

Geschichte ohne Chronologie

Latours Überlegungen sind dem gewidmet, was er Moderne oder genauer: moderne Verfassung nennt. Seine Hypothese besagt dabei, »daß das Wort ›modern‹ zwei vollkommen verschiedene Ensembles von Praktiken bezeichnet, die, um wirksam zu sein, deutlich geschieden bleiben müssen, es jedoch seit kurzem nicht mehr sind.«[93] Diese beiden Ensembles sind das der Übersetzung und das der Reinigung. Das Ensemble der Übersetzung produziert Hybride zwischen Natur und Kultur. Beispiele, die Latour dafür gern nennt und teilweise in ausführlichen Analysen untersucht hat, sind Dinge wie das Ozonloch, Milchsäurebakterien oder Aidsviren; Dinge also, die in der traditionellen ›modernen‹ Sichtweise als Entdeckungen der Naturwissenschaften interpretiert wurden, aus der Sicht der Actor-Network-Theorie aber als Hybriden erscheinen, »die eine Kreuzung sind aus Wissenschaft, Politik, Ökonomie, Recht, Religion, Technik und Fiktion.«[94] Das zweite, gegenläufige Ensemble der Kritik schafft durch Reinigung getrennte ontologische Zonen: Menschen und nicht-menschliche Wesen werden säuberlich voneinander getrennt. Dieses Ensemble »würde eine Einteilung vornehmen zwischen einer Naturwelt, die schon immer da war, einer Gesellschaft mit vorhersehbaren und stabilen Interessen und Einsätzen und schließlich einem Diskurs, der von der Referenz wie von der Gesellschaft abhängig ist.«[95] Modern sein heißt im Sinne Latours, die Übereinkunft anzuerkennen, dass diese beiden Ensembles getrennt zu betrachten sind und so auf der einen Seite der Trennung dem zuzustimmen, was auf der anderen Seite fortwährend miteinander verbunden und hybridisiert wird. Er geht sogar soweit zu behaupten, dass überhaupt nur das Verbot, die Hybriden zu denken, zu ihrer massenhaften Vermehrung führt. Die sogenannten Vormodernen oder ›anderen‹ Kulturen, in denen Anthropolog_innen und Ethnolog_innen solche Verbindungen die ganze Zeit gefunden haben, verboten umgekehrt deren massenhafte Vermehrung, weil sie bemüht waren, die Hybriden zu denken. Das Tun der Modernen, »Innovationen in einem großen Maßstab in der Produktion von Hybriden«, ist nur möglich, »weil sie eisern an der Dichotomie zwischen Natur- und Gesellschaftsordnung festhalten. Diese Dichotomie wieder-

---

93 Latour, 1991/1995, Wir sind nie modern gewesen, S. 19.
94 ebd., S. 8.
95 ebd., S. 20.

um ist nur möglich, weil Reinigungsarbeit und Vermittlungsarbeit nie zusammen betrachtet werden.«[96] Die Strategien gegen diese moderne Verfassung treffen sich, so Latour weiter, darin, dass sie im Grunde sich zwar gegen die Verfassung aussprechen, ihre Gültigkeit und Wirksamkeit damit aber anerkennen. »Die Antimodernen wie die Postmodernen haben das Terrain ihrer Gegner akzeptiert.«[97] Dieses zu akzeptierende Terrain und also die grundlegende Übereinkunft der modernen Verfassung sieht Latour in ihrer Vorstellung vom Vergehen der Zeit. Die moderne Zeitkonzeption zeichnet sich dadurch aus, dass sie sich selbst von einer unwiederbringlich verlorenen Vergangenheit absetzt. Dieser Schritt von der vergangenen Vergangenheit zur vergehenden Gegenwart ist mehr als ein bloß zeitlicher; mit ihm geht ein qualitativer Sprung einher. »Die Finsternis der früheren Zeiten, wo soziale Bedürfnisse und Naturwirklichkeit, Bedeutungen und Mechanismen, Zeichen und Dinge unberechtigterweise vermengt worden waren, machte einer leuchtenden Morgenröte Platz, in der endlich klar zu trennen war zwischen der materiellen Kausalität und der menschlichen Phantasie.«[98] Die Antimodernen stellen für Latour die Übereinkunft nicht in Frage, weil sie diesen Schritt rückgängig machen und die Vergangenheit lebendig halten wollen. Die Postmodernen aber sprechen dem modernen Glauben an die Radikalität der Geschichte ihre tiefe Zustimmung aus, indem sie behaupten, das Ende der Geschichte sei erreicht und damit die moderne Entwicklung an ihr Ende gekommen.[99] Latour entwirft seine amoderne Neubesinnung also zunächst vor allem als eine veränderte Betrachtung des Laufs der Zeit, von dem es eine moderne und eine nicht-moderne Variante gibt. Latour unterscheidet dazu zwischen Zeitlichkeit und Geschichtlichkeit:[100] Unter Zeitlichkeit versteht er die verschiedenen Möglichkeiten, den Lauf der Zeit zu interpretieren, unter Geschichtlichkeit jene Interpretationen, die Ereignisse aus unterschiedlichen Zeitschichten so oder so zueinander ins Verhältnis setzen. Die Vorstellung, die Zeit vergehe und jede Gegenwart sei das Produkt jener Vergangenheiten auf denen sie gebaut ist und die sie unwiederbringlich hinter sich gelassen hat, bezeichnet Latour als den modernen Lauf der Zeit. »Die Modernen haben die Eigenart, den Lauf der Zeit so zu verstehen, daß er tatsächlich die Vergangenheit hinter sich abschafft. Sie halten sich alle für Attila, hinter dem kein Gras mehr wächst.«[101] Deswegen ist die Schwelle zur Vergangenheit nicht von der Quantität vergangener Zeiten markiert, sondern sie wird als eine Ansammlung von Revolutionen, Einschnitten und Brüchen gesehen, »die derart radikal sind, daß von dieser Vergangenheit nichts mehr in ihnen fortlebt – nichts mehr fortleben darf.«[102] Diese Vorstellung der abgeschafften oder abzuschaffenden Vergangenheit drückt sich im Zwang zur historischen Rekonstruk-

---

96 ebd., S. 57.
97 ebd.
98 ebd., S. 51.
99 vgl. ebd., S. 83ff.
100 vgl. ebd., S. 92f.
101 ebd., S. 93.
102 ebd.

tion ebenso wie in den Technologien zur Bewältigung wiederkehrender Archaismen aus. Je mehr, so Latour, die Modernen die Vergangenheit nämlich als vergangen anerkennen, desto genauer müssen sie sie datieren, rekonstruieren, dokumentieren und in Museen und Geschichtserzählungen bannen. Das Archaische, also die für Latour in keiner Weise verwunderliche Wiederkehr der Vergangenheit, »ist den Modernen unbegreiflich. […] ›Wenn wir nicht achtgeben‹, denken sie, ›werden wir in die Vergangenheit zurückkehren, wir werden in die finsteren Zeiten zurückfallen.‹«[103] Im Glauben also an den ohne wenn und aber vorausfliegenden Pfeil der Zeit erkennt Latour die moderne Zeit- und Geschichtlichkeit. Welcher Notwendigkeit genügt aber diese radikale Konstruktion? »Die Idee der radikalen Revolution ist die einzige Lösung, die den Modernen eingefallen ist, um das Einbrechen der Hybriden zu erklären, die von der modernen Verfassung zugleich verboten und ermöglicht werden.«[104] Die Modernen finden beständig Objekte vor, die Ergebnisse zeitlich langdauernder Hybridisierungsprozesse sind. Das gilt insbesondere für die in Laboren fabrizierten wissenschaftlichen Fakten. Da die Prozesse ihrer Hervorbringung jedoch gemäß der modernen Verfassung nicht existieren dürfen, müssen sie als radikal neue Entdeckungen ausgegeben werden. Bakterien oder physische Konstanten dürfen in dieser Denkweise nicht etwas sein, das in Hybridisierungsprozessen aus menschlichen und nichtmenschlichen Wesen produziert wird, sondern es müssen Dinge sein, die es da draußen schon immer gegeben hat (Natur) und die nun auf fast wundersame Weise von den Menschen (Kultur) entdeckt worden sind. »Die Entstehung wissenschaftlicher und technischer Innovationen bleibt in der modernen Verfassung geheimnisvoll, und zwar deshalb, weil eine universelle Transzendenz fabrizierter und lokaler Gesetze undenkbar ist – und es bei Strafe des Skandals bleiben muß.«[105] Die asymmetrisch vorgestellte Beziehung zwischen Natur und Kultur wird in einem asymmetrischen Verhältnis von Vergangenheit und Zukunft reflektiert. Die Zeit wird als Pfeil konstruiert, indem alle Quasi-Objekte, die kalendarisch gleichzeitig auftreten, untrennbar mit diesem Datum verbunden werden: Sie sind einander zeitgenössisch, und bilden ein »vollständiges und erkennbares System«,[106] stammen von ihren Vorgängern ab und sind die Grundlage für ihre Nachfolger. Erkennt man mit Latour im Gegensatz dazu jedoch an, dass die Quasi-Objekte und ihre Beziehungen untereinander »als Gemenge verschiedener Epochen, Ontologien und Gattungen betrachtet werden« müssen, bricht die chronologische Ordnung in sich zusammen. »Sofort vermittelt eine historische Periode dann den Eindruck einer großen Bastelei.«[107] An die Stelle einander regelmäßig und unausweichlich abwechselnder Zeitalter tritt nun die durch und durch anachronistische Vorstellung polytemporeller Versammlungen: Zu jedem kalenda-

---

103 ebd., S. 94.
104 ebd., S. 96.
105 ebd.
106 ebd., S. 99.
107 ebd., S. 99f.

rischen Moment lässt sich eine Versammlung von Menschen und Quasi-Objekten beobachten, die aus den unterschiedlichsten Zeiten stammen und deren Entwicklung sich nicht nach *einem* alles umfassenden Schema, nämlich dem historiografisch-chronologischen erzählen lässt. Die innerhalb der Historiografiegeschichte immer wieder formulierte Kritik an teleologischen Erzählstrukturen und das seit dem frühen zwanzigsten Jahrhundert immer lauter tönende Lob der Anachronismen, von dem im ersten Kapitel die Rede war, erschiene in diesem Licht als die amoderne Gesinnung einiger Historiker_innen. Latours Amoderne wäre der gemeinsame Blick von Theoretikern wie Nietzsche, Benjamin und Kracauer.

Von hier erscheint dann auch die letzte der in diesem Abschnitt besprochenen Sequenzen (35) aus CARAVAGGIO nicht mehr als bloße *folie* oder kuriose künstlerische Idee, sondern ließe sich als in vielerlei Hinsicht sehr ernst zu nehmende historiografische Anordnung betrachten. In dieser Sequenz, die an das Fest bei Giustiniani anschließt, sehen wir Baglione in einer kupfernen Badewanne sitzen. Auf dieser liegt ein Brett, welches eine Schreibmaschine trägt, auf der er wüste Beschimpfungen auf Caravaggio tippt und sich und den Zuschauer_innen des Films noch einmal vorliest. Am Ende der Sequenz und nach einem fulminanten Schlusssatz bricht Baglione mit einem tiefen Seufzer förmlich in sich zusammen, lässt seinen Kopf nach hinten fallen und sieht nun endgültig aus wie jener so eben ermordete Marat in seiner Badewanne, der das Motiv für Jacques-Louis Davids vielleicht berühmtestes Gemälde, *Der Tod des Marat* von 1793 geworden ist (Abb. 4.18 u. 4.19). Man hat die Armhaltung Marats zwar auf Caravaggios *Grablegung Christi* bezogen,[108] es dürfte aber schwer fallen, einen weitergehenden inhaltlichen Bezug zwischen Marat und Caravaggio oder David und Baglione aufzufinden. Wo der Marat auf dem Bild ein Billet verfasst hat, mit dem er Anweisung gibt, einer Kriegswitwe mit fünf Kindern eine Assignate zukommen zu lassen, schreibt der Baglione in der Badewanne Beschimpfungen auf Caravaggio. Weder ist der wohltätige Brief Marats[109] noch der Wortlaut Bagliones Suade historisch verbürgt. Dieser lautet:

> »With the connivance of his cardinal, this second Michelangelo stole the commission for the paintings of St Matthew: conspiracy between Church and gutter. Those who love art must be alerted to this poison which seeps into the body of our Renaissance like a pernicious drug. The shadows which permeate his paintings are no less insidious than those which cloak his ignorance and depravity.«

Wo Marat mit klaffender Wunde seinen letzten Atemzug getan hat, erholt sich Baglione von anstrengender kunstkritischer Tätigkeit. Feder und Fass des einen sind durch die Schreibmaschine des anderen ersetzt, wie sie weder Caravaggio noch David gekannt haben. Während Baglione vom Film als übelmeinender Feind

---

108 vgl. Michail W. Alpatov, 1938/1974, »Der Tod des Marat« von J. L. David. In: Studien zur Geschichte der westeuropäischen Kunst. Köln, S. 276–291.
109 vgl. Jörg Traeger, 1986, Der Tod des Marat. Revolution des Menschenbildes. München, S. 87f.

3. Anachronistische Dinge

Abb. 4.18 – Baglione in der Wanne. Einst. aus CARAVAGGIO, Sequ. 35

Abb. 4.19 – Jacques-Louis David: *Der Tod des Marat*. 1793, Öl auf Leinwand, 162 cm × 128 cm, Königliche Museen der Schönen Künste, Brüssel.

Caravaggios dargestellt wird, arbeitet Davids Gemälde nachdrücklich am Mythos Marats als *ami du peuple*. Kaum lässt sich sagen, wer weiter vom staatstragenden Revolutionspathos Davids entfernt wäre: Jarman oder Caravaggio. In allen Fällen aber, bei Caravaggio, dem historischen Baglione, bei David und Jarman, haben wir es ausdrücklich mit Vergangenheitsbildern zu tun: Caravaggio, der in seinen Bildern die Auseinandersetzung zwischen seiner Gegenwart und der biblischen Vergangenheit seiner Themen zumindest nicht scheut; Baglione, der, wenn auch nicht in der Schärfe, in der Jarman das imaginiert, an der Verzerrung des Bildes seines einflussreichsten Gegners nach dessen Tod arbeitet; David, der als malender Politiker und politischer Maler seine Malerei in fast jedem nur denkbaren Sinn für seine eigenen oder die politischen Zwecke der französischen Revolution einsetzt; und Jarman, der seine und all diese Bilder als Orte historiografischer Reflexion begreift. Wie soll man deshalb Bagliones letzte Worte verstehen? Mit großer Emphase diktiert er sich selbst in die Maschine: »a sad reflection of our time«. Das lässt sich natürlich auf das grässliche Gift beziehen, das er mit Caravaggio in den Renaissance-Körper einsickern sieht. Es lässt sich aber auch auf Baglione selbst beziehen, der, künstlerische Reinheit fordernd, seine rhetorischen Giftpfeile nur als Karikatur großer Staatsmänner abzuschießen vermag. Im Kontext dieses Kapitels aber kann ich Bagliones Worte nur als Kommentar zu Latours amodernem, anachronistischen Zeitverständnis verstehen: Die Reinhaltung der Zeiten kann der kritische Geist dieser Einstellungen nur fordern, weil er zugleich den Blick dafür verlieren muss, dass er selbst Hybrid in mehrfacher Hinsicht ist: anachronistischer Hybrid aus dem frühen siebzehnten, dem späten achtzehnten und dem späten zwanzigsten Jahrhundert; künstlerischer Hybrid aus Malerei und Kinematografie; Genre-Hybrid aus Historienbild und Karikatur; Geschichts-Hybrid aus dem unnachgiebigen Revolutionär, der die Vergangenheit mit der Guillotine abschneiden muss und der Historiografie, die Caravaggios und Davids Malerei im Kino wiederauferstehen lässt.

In der Zuspitzung dieser Darstellung wird deutlich, dass die Grenze des historiografischen Sinnes in Bildhistoriografien möglicherweise einen anderen Verlauf nimmt als in textlichen Historiografien. Es lässt sich hier sehen, was es heißt, dass – mit Latour – »die Dinge selbst eine Geschichte haben«.[110] So leicht sich nämlich sagen ließe, dass beispielsweise in stil- oder motivgeschichtlicher Hinsicht die Verbindungen zwischen Caravaggio, David und Jarman so lose sind, dass von bedeutungsvoll keine Rede sein kann, so klar lässt sich spätestens an der letzten Sequenz mit Baglione in der Wanne das exakte Gegenteil sehen. Innerhalb des Films sind diese Elemente nachdrücklich miteinander assoziiert. Was aber heißt »assoziiert« und was meint »innerhalb des Films«? Wenn gegen den Film an der Behauptung festgehalten werden soll, dass die filmischen Verbindungen der Akteure falsch, ungenau oder nicht zutreffend sind, dann muss für diese Behauptung eine Reihe von Reduktionismen vollführt werden, wie sie Latour ganz ähnlich im

---

110 Latour, 1991/1995, Wir sind nie modern gewesen, S. 96.

Bereich der Wissenschaftsforschung und -geschichte antraf:[111] Auf der einen Seite werden damit nämlich die historischen Figuren Caravaggio, Baglione, David, Jarman usw. sowie ihre Beziehungen zueinander zementiert. Da es sich bei allen um Figuren der Vergangenheit handelt, gibt es an ihren Relationen keine Veränderungen mehr. Baglione hat sich an Caravaggio abgearbeitet oder nicht; David hat sich an Caravaggio orientiert oder nicht; Jarman imitiert Caravaggios Licht oder nicht. Diese Dinge stehen jedenfalls fest. Beweglich bleiben auf der anderen Seite die Interpretationen und Rekonstruktionen der Fachhistoriker_innen. Ihre widerstreitenden oder einander stützenden Thesen sind die Bewegungen, in denen die historische Wissenschaft Wahrheit produziert, sich ihr annähert oder von ihr entfernt, Korrespondenz zur Vergangenheit produziert oder diese verfehlt. Die ultima ratio, an der sich diese Wahrheits- und Referenzprüfungen bewähren müssen, ist die Plausibilisierung durch die Chronologie. Nicht von ungefähr gehört es zu den entscheidenden Aufgaben der Kunstgeschichte, Gemälde zu datieren. Da Giovanni Baglione 1643 gestorben ist, kann er unmöglich jemals wie der Marat auf einem Gemälde von 1793 in einer Badewanne gesessen haben, um von der Schreibmaschine nur ganz zu schweigen. Jarman wiederum kann aber, da er beide historische Figuren kennt, diese in einem Bild zusammenfassen. Dass er damit historiografisch fehl geht, wird ihm deshalb erlassen, weil er Künstler ist und deshalb von ihm nicht erwartet werden muss, historisch korrekt zu argumentieren. Es bleibt also nichts anderes übrig, als den Film aus dem historiografischen Zuständigkeitsbereich zu verabschieden. Der zweite Reduktionismus, der hier wie bei Latour auftaucht, liegt in der fast ausschließlichen Aufmerksamkeit für die menschlichen Akteure. Gemälde sind die Werke von Künstler_innen und um sie zu entschlüsseln, sind die Umstände und Entwicklungen derer Leben und Schaffen in den Blick zu nehmen. Was das heißt, kann man an der Caravaggio-Historiografie gut beobachten. Ständig müssen hier die wenigen Ereignisse, die aus seinem Leben bekannt sind, mit seinen Gemälden zur Deckung gebracht werden; jedem Detail der Gemälde soll im Idealfall ein Detail seines Lebens entsprechen. Die Beispiele, die sich dafür anführen ließen, sind zahllos: Man denke nur an die lädierten Gesichtszüge Goliaths auf *David und Goliath*, in denen man immer wieder ein Selbstportrait Caravaggios nach einem Kampf gesehen hat, bei dem ihm das Gesicht zerschnitten wurde. Die Kunstgeschichte, die so argumentiert, macht damit die Gemälde zu Epiphänomenen der Leben ihrer Künstler_innen.[112] Eine Sequenz, wie die mit Marat-Baglione, ist so allerdings nicht erklärbar, es sei denn, man suchte und fände eine Erklärung für sie in Jarmans Person, womit dieser zum einzig aktiven Akteur gemacht würde und alle anderen zu nur passiven

---

111   Ich versuche hier einige Begriffe, die Latour zur Konturierung seiner Idee einer Geschichte der Dinge entwickelt hat, auf die kinematografische Historiografie zu übertragen und beziehe mich damit, ohne das bei jedem einzelnen Begriff anzugeben, auf Kap. 5 aus Latour, 1999/2000, Die Hoffnung der Pandora, S. 175–210.

112   Für eine Kritik dieser Interpretationen in Bezug auf Caravaggio vgl. auch David Carrier, 1991, Caravaggio: The Construction of an Artistic Personality. In: Ders., 1991, Principles of Art History Writing. University Park, S. 48–79.

Objekten seiner Behandlung. Wäre in diesem Sinn die Rede von einer Geschichte der Dinge, dann wäre damit nicht mehr als ihr Auftauchen und Verschwinden an bestimmten Punkten des chronologischen Zeitlaufs gemeint, die Geschichtsschreibung zeichnete diese Ereignisse auf und erzählte sie nach: Caravaggio malt ein Gemälde, es wird verkauft, es ist jahrelang verschwunden, plötzlich taucht es in einer bestimmten Sammlung wieder auf, heute befindet es sich im Museum XY. Wir hätten es hier also mit ein und demselben stabilen Objekt zu tun (dem Gemälde), das im Laufe der Zeit auf unterschiedliche rekonstruierbare Akteure trifft. Ein Film wie CARAVAGGIO müsste für ein solches Geschichtsbild allerdings rätselhaft bleiben: Er wäre an die Geschichte des Films zu delegieren, mit der die Geschichte Caravaggios aber nichts zu tun hat. Andererseits wäre der Film in der Kunstgeschichte kaum mehr als eine Fußnote im Kapitel ›Caravaggios Nachwirkung‹. In der Marat-Baglione-Sequenz jedoch und im Film insgesamt lässt sich anhand der anachronistischen Objekte sehen, dass dies eine Vereinfachung ist, die zwar kunstgeschichtliche Gegenstände produziert, aber eben nur diese beschreiben kann und andere Dinge systematisch übersehen muss. In der Marat-Baglione-Sequenz geschieht etwas mit der Caravaggio-Kritik in der Person Bagliones; es geschieht etwas mit dem Gemälde Davids und es geschieht etwas mit den Gemälden Caravaggios, die hier, ob sie das wollen oder nicht, auf dieses treffen. Caravaggio und David haben *hier* etwas miteinander zu tun.

Ich glaube, dass sich das Verständnis von Geschichtlichkeit des Films am besten mit den Begriffen beschreiben lässt, die Latour von Whitehead entlehnt.[113] Ich sage nicht: Jarman zitiert in dieser Einstellung David und versetzt den Baglione des siebzehnten und die Schreibmaschine des zwanzigsten ins achtzehnte Jahrhundert. Stattdessen sage ich: Innerhalb der Hülle dieser Einstellung werden die geschichtlichen Propositionen der Akteure Giovanni Baglione, Badewanne, Jaques-Louis David, Schreibmaschine, Filmkamera, anti-caravaggistisches Pamphlet, Schauspieler Jonathan Hyde, Studiobeleuchtung und andere mehr als bewegter Tonfilm artikuliert.[114] An die Stelle von Subjekten, die Objekte handhaben oder betrachten, zitieren oder referenzieren, werden hier Akteure gesetzt, die miteinander Verbindungen eingehen können und die selbst schon Verbindungen kleinerer Elemente sind, der sog. Entitäten. Diese Verbindungen heißen Artikulationen (articulations). Logischerweise können nicht alle Akteure und Entitäten des Universums miteinander Artikulationen eingehen, sondern nur solche, die etwas miteinander teilen können, das sie verbindet. Diese Dinge, die Akteure einander anbieten, um sich miteinander zu verbinden, nennt Latour Propositionen (propositions). Auch wird nicht etwa behauptet, dass die Artikulationen buchstäb-

---

113 vgl. Bernhard Gill, 2008, Über Whitehead und Mead zur Akteur-Netzwerk-Theorie. Die Überwindung des Dualismus von Geist und Materie – und der Preis, der dafür zu zahlen ist. In: Georg Kneer, Markus Schroer, Erhard Schüttpelz (Hg.), 2008, Bruno Latours Kollektive. Frankfurt am Main, S. 47–75.

114 vgl. zu diesen Begriffen auch das Glossar in Latour, 1999/2000, Die Hoffnung der Pandora, S. 372–382.

lich alles umfassen, so dass letztlich alles mit allem zusammenhängt: Wohldefinierte Artikulationen, sind mit einer ausreichenden Stabilität in Raum und Zeit ausgestattet. Die raumzeitliche Dimension dieser relativ stabilen Netzwerkverbindungen nennt Latour Hülle (envelope). Ein Einwand gegen diese Beschreibung könnte lauten, dass hier Dinge miteinander in Verbindung gebracht sind, die im Hinblick auf verschiedene Distinktionsmerkmale ›zu unterschiedlichen Kategorien‹ gehören. So sind hier diegetische Elemente (Baglione, anti-caravaggistische Pamphlete) und nicht-diegetische Elemente (Filmkamera, Schauspieler, Studiobeleuchtung) miteinander gemischt. Die Badewanne und die Schreibmaschine sind aber beispielsweise Dinge, die quer zu dieser Unterscheidung liegen und sich nicht auf eine der beiden Seiten bringen lassen. Baglione ist so gut eine diegetische Figur, wie er eine historische Person ist. Andererseits sind hier Entitäten aus unterschiedlichen Zeiten miteinander gemischt. Schließlich kommen weitere Akteure hinzu: die Zuschauer_innen. Wenn diese nämlich den Marat von David nicht kennen, sehen sie einen Mann in einer Badewanne: Marat und David sind dann nicht Bestandteile der Artikulation. Indem ich diese Zeilen schreibe und sie von Ihnen, liebe Leser_innen gelesen werden, werden auch wir für eine gewisse Zeitdauer in diese Artikulation mit aufgenommen. Was zunächst vielleicht wie ein ungeordneter Haufen nicht zusammengehöriger Dinge aussieht, ist bei näherer Betrachtung eine realistische Beschreibung dessen, was in dieser Sequenz vor sich geht. Je nach Fragestellung oder Art der Untersuchung, die Filmwissenschaftler_innen vornehmen, müssen immer einige der Akteure, die an diesem Prozess beteiligt sind, ausgeblendet oder ignoriert werden. Im Zuge der Ontologisierung, die mit dieser Betrachtung stattfindet, gelangen alle Akteure auf eine Ebene, auf der sie miteinander interagieren können und die Begegnung Marats und Caravaggios ist – hier – Wirklichkeit geworden.

Welche Konsequenzen hat das nun für die Frage nach der Historiografie? Zunächst lässt sich Geschichte nun als etwas sehen, das den Dingen, oder im neuen Vokabular: den Akteuren, selbst widerfährt. Ein Film wie CARAVAGGIO steht damit nicht mehr außerhalb der Geschichte der Gegenstände, die er beschreibt, konstruiert, aufzeichnet, inszeniert oder repräsentiert, sondern er partizipiert an ihr.

»Die Zeit ist kein allgemeiner Rahmen, sondern das provisorische Resultat der Verbindung der verschiedenen Wesen. [...] Denn eine Zeitlichkeit für sich genommen hat nichts Zeitliches. Es ist eine bestimmte Ordnung, um Elemente zu verbinden. Wenn wir das Klassifizierungsprinzip ändern, erhalten wir ausgehend von denselben Ereignissen eine andere Zeitlichkeit.«[115]

Der historiografische Sinn wird nicht von außen an seine Akteure herangetragen, sondern er ergibt sich aus ihrer Verkettung, ihrer Artikulation und Historiker_innen können ebenso Teil dieser Prozesse sein wie Filme. Spätestens an dieser Stelle verlieren die Anachronismen ihren normativen Schrecken. Sie erlauben statt-

---

115 Latour, 1991/1995, Wir sind nie modern gewesen, S. 102.

dessen in der historischen und ontologischen Unübersichtlichkeit eines Filmes wie CARAVAGGIO, den Überblick zu behalten. Sie sind weder epistemologische Schreckgespenster noch besonders ausgezeichnete Wissensobjekte: Sie sind materielle, dingliche Akteure der Geschichte. Ich werde im letzten Teil, anhand des Umgangs des Films mit den Gemälden Caravaggios und der Art und Weise wie der Film ihnen begegnet, einige Elemente skizzieren, die immer dann begegnen können, wenn das Kino an Artikulationen beteiligt ist, die historiografisch gelesen werden können, weil sie geschichtlich sind.

4. Bilder als Dinge

Die Frage nach der Geschichtlichkeit von CARAVAGGIO lässt sich also entlang zweier Achsen verfolgen: einerseits der von Kracauer bis Cavell gut eingeführten gesteigerten Aufmerksamkeit für die einzelnen (kinematografischen) Dinge und ihre Gleichbehandlung in Bezug auf die Menschen des Films. Zweitens entlang der Verknüpfung dieser Idee mit einem offen anachronistischen, anti-chronologischen Geschichtsbild wiederum von Kracauer bis zu Latour und zur Actor-Network-Theorie. Alles bis hierher gesagte über diesen wechselseitigen Bezug von kinematografischen Objekten und Geschichtlichkeit trifft aber letztlich wohl auf alle Objekte des Kinos zu. Um CARAVAGGIO tatsächlich als historiografischen Film zu kennzeichnen, d.h. als einen Film, der eine gesteigerte Aufmerksamkeit für die historische Dimension der Artikulation von Akteuren aufweist, müsste sich dieses Interesse an mehr als zwei Händen voll anachronistischer Objekte zeigen lassen. Ich werde deshalb im Folgenden einen genaueren Blick auf die Begegnung des Films mit Caravaggios Gemälden werfen, die noch einmal anders verläuft als jene mit dem sterbenden Marat.

Stillstand und Bewegung

Die Gemälde Caravaggios erscheinen im Film in vier verschiedenen ›Aggregatszuständen‹. Zunächst sind da die vollendeten Gemälde, die als Leinwand oder Holztafel im Raum des Films zu betrachten sind, oder wie im Fall der *Medusa* (Abb. 4.20) auch von den Filmfiguren in die Hand genommen oder wie der *Amor als Sieger* mit einem Tuch verhüllt werden können.[116] Diese im Film zu sehenden Gemälde wurden vom Set-Designer des Films Christopher Hobbs gemalt.[117] Ein genauer Vergleich mit Einzelbildern des Films zeigt, dass die Kopien Hobbs sehr genau gearbeitet sind, wenn sie auch einige charakteristische Unterschiede aufweisen. Wie Ausschnitte etwa der beiden *Amor als Sieger* zeigen, hat Hobbs einerseits die Schatten etwas tiefer und härter ausgeführt, so dass beispielsweise der rechte Arm und die Brustpartie der Figur muskulöser wirken (Abb. 4.21 und Abb. 4.22). Andererseits ist die Haut des *Amors* bei Hobbs deutlich rosafarbener im Vergleich zu dem (wohl auch alters- und firnisbedingten) ins Grün-Braun reichenden Farbton, welchen das Original in Berlin heute zeigt.[118] Hobbs scheint mir mit dieser

---

[116] Das betrifft die folgenden vier Gemälde: Medusa (um 1596, zweite Version 1597/98), Früchtekorb (1595/96), Der Lautenspieler (1595/96) und Amor als Sieger (1601/02).
[117] vgl. Jarman, 1986, Derek Jarman's Caravaggio, S. 112.
[118] Ich bin mir darüber im klaren, dass Aussagen zu Farben die sich auf eine digitalisierte Kopie der DVD-Version des Filmes beziehen mit Vorsicht zu genießen sind, da im Laufe der Digitalisierung und Darstellung auf verschiedenen Displays Farbveränderungen unausweichlich sind. Der Unterschied, um den es hier geht und den ich auch am Original in der Berliner Gemäldegalerie überprüfen konnte, scheint mir charakteristisch genug zu sein, um ihn anzuführen.

Abb. 4.20 – Jerusaleme mit dem Medusenschild. Einst. aus CARAVAGGIO, Sequ. 3

Abb. 4.21 – Amor als Sieger im Film. Einst. aus CARAVAGGIO, Sequ. 28

Abb. 4.22 – Detail aus Caravaggio: *Amor als Sieger*. 1601/02, 156cm × 113 cm, Staatliche Museen, Gemäldegalerie, Berlin.

Abb. 4.23 – Michele malt den Fruchtschälenden Knaben.
Einst. aus CARAVAGGIO, Sequ. 5

Abb. 4.24 – Michele malt die Ermordung des hl. Matthäus.
Einst. aus CARAVAGGIO, Sequ. 17

Abb. 4.25 – Kardinal del Monte und Michele am halb fertigen *Bacchino malato*.
Einst. aus CARAVAGGIO, Sequ. 7

Malweise der Plastizität der Schauspieler_innenkörper im kinematografischen Bild entgegenzukommen und so die Propositionen zu verstärken, welche die malerischen und filmischen Körperbilder einander anbieten können. Dann werden die Caravaggio-Gemälde als halbfertige, noch in Arbeit befindliche Leinwände gezeigt, die jedoch fast immer so weit gediehen sind, dass die Gemälde, auf die sie sich beziehen zu identifizieren sind.[119] Es fällt auf, dass es zwischen diesen beiden Gruppen keine Überschneidung gibt. Wir sehen also kein Gemälde sowohl im fertigen Zustand als auch während seiner Herstellung. Und tatsächlich unterscheiden sich beide Gruppen in ihrem Aussehen dramatisch. Die halbfertigen Bilder, die uns auch meistens gezeigt werden, wenn Michele an ihnen arbeitet, lassen die Komposition bzw. Umrisse der Figuren erkennen, gleichen aber sonst eher expressionistischer, jedenfalls aber sogenannter moderner Malerei: Dicke, meist schwarze Konturen umschließen monochrome Farbflächen, der breite, flüchtige Pinselstrich ähnelt in nichts dem extrem feinen und fast unsichtbar gesetzten Pinsel Caravaggios. Im Fall des *Fruchtschälenden Knaben* wurde der dunkelbraune Hintergrund Caravaggios durch ein leuchtendes Ziegelrot ersetzt (Abb. 4.23). Der Mörder des hl. Matthäus ist aus groben schwarzen, weißen, beigen und hellblauen Farbflächen zusammengesetzt (Abb. 4.24). Die Gemälde Caravaggios mögen an irgendeinem Punkt ihrer Produktion so oder ähnlich ausgesehen haben oder nicht. So wie sie im Film zu sehen sind, provozieren sie jedenfalls den Vergleich mit Gemälden, die sich eher der Zeitgenossenschaft des Films als der Caravaggios zuordnen lassen. Drittens begegnen uns einzelne Einstellungen von Figuren, die en passant Posen einnehmen oder Figuren ähneln, wie sie von Caravaggios Gemälden bekannt sind, ohne dass sie diegetisch, aber im Zusammenhang mit der Anfertigung eines Gemäldes in Verbindung gebracht würden.[120] Immer wieder tauchen im Umkreis dieser Posen in Voiceover oder Dialog Reflexionen über das Verhältnis von Malerei und ›Leben‹ auf. So etwa zweimal gegen Anfang des Films, in der Episode, die dem Verhältnis Kardinal del Montes zu dem jungen Michele gewidmet ist. Wenn die beiden sich im Hospital das erste Mal begegnen, steht neben dem Bett Micheles der halbfertige *Bacchino malato* (Abb. 4.25). Der Kardinal befragt Michele, der auf dem Bett sitzend selbst eine sehr ungesunde Hautfarbe hat, zur grünen Hautfarbe des Bacchus auf dem Gemälde:

---

119 Folgende sieben Gemälde werd*en so* gezeigt: *Fruchtschälender Knabe* (1591/92), *Sog. Bacchino malato* (1593), *Die Musiker* (1595), *Martyrium des hl. Matthäus* (1599/1600), *Reuige Magdalena* (1594), *Tod Mariens* (1605/06) und *Johannes der Täufer* (1602/03).

120 Wir sehen den jungen Michele als *Bacchus* (1593/94), als *Sog. Bacchino malato (1593)*, als *Knabe mit Früchtekorb* (1593/94) und als *Jüngling, von einer Eidechse gebissen* (1593/94). Michele steht einmal mit Ranuccio da wie die Hauptfiguren aus *Der ungläubige Thomas* (um 1603). Scipione Borghese küsst Lena die Füße und nennt sie dabei »Madonna, Queen of Heaven«, was an die Personen zu Füßen der Mutter Gottes auf Mariendarstellungen wie der *Pilgermadonna oder Loreto-Madonna* (1604/05) oder der *Rosenkranzmadonna* (1605/06) erinnert. Wenn Michele Ranuccio die Kehle aufschlitzt, spritzt das Blut so rot und stark wie in *Judith und Holofernes* (1598/99). Einmal sitzt der Kardinal del Monte da wie *Der hl. Hieronymus* (1606). Jerusaleme erhebt sich einmal von seinem Bett, nur mit einem weißen Tuch um die Hüften, vor ihm ein Schaf mit großen Hörnern, was an den *Johannes der Täufer* (1609/10) mit dem Widder erinnert.

»Cardinal del Monte: Why did you paint the flesh so green?
Michele: I have been ill all summer, Excellency. It's true to life.
CdM: And art?
Michele: It isn't art.
CdM: I see. A most interesting idea. What is your name?
Michele: Michelangelo di Caravaggio.
CdM: Michelangelo? Michelangelo!«

Die Frage, in welchem Verhältnis die bildlichen Repräsentationen hier zu ihren Vorbildern stehen, wird schon innerhalb des Dialoges verdoppelt. Es steht nicht nur zur Debatte, worauf sich Micheles Gemälde bezieht: als lebensechtes Abbild auf ein Modell oder als Kunst im Sinne der italienischen Renaissance auf die als vorbildlich angesehene Kunst der großen Klassiker. Mit dem Namen Micheles wird neben Raphael der zweite bedeutende dieser Klassiker aufgerufen und damit die Frage, wie sich Caravaggio zu diesem Vorbild verhält. Durch das Filmbild wird diese doppelte Frage nochmals eingefaltet. Die Ähnlichkeitsbeziehung zwischen dem historischen Caravaggio und seinem Selbstbildnis soll nun nämlich gleichermaßen zwischen dem Schauspieler Dexter Fletcher, dem Bild von Christopher Hobbs, das wir im Film sehen, sowie dem historischen Gemälde und damit mutmaßlich auch für den historischen Caravaggio gelten. In diesen beiden Verdopplungen zwischen Geschichte und Gegenwart sowie zwischen Dialog- und Bildebene wird die kunsttheoretisch wichtige Frage nach der Mimesis der Malerei nicht nur andeutungsreich entfaltet, sondern gleichsam in eine filmische Artikulation gebracht, die sie nicht nur als theoretischen Diskurs präsentiert, sondern anschaulich als Beziehung zwischen unterschiedlichen Bildern, die von den Zuschauer_innen unter der Anleitung des Filmes betrachtet werden kann.

In der übernächsten Sequenz liegen der Kardinal und Michele gemeinsam im Bett des Kardinals. Zunächst ist der Kardinal in einer Halbtotale zu sehen. Mit einem reich verzierten Nachtgewand und einer dazu passenden Kappe sowie einer altmodischen Brille mit breitem Perlmuttrand sitzt er halb aufrecht und liest in einem größeren Folianten. Die Kamera beginnt langsam das Bett zu umkreisen, so dass eine zweite eben noch undeutlich links im Vordergrund sichtbare Figur aus dem Bild verschwindet, immer wieder von den stoffbehangenen Pfosten des Bettes unterbrochen, die abwechselnd Teile des Bettes verdecken. Rund um das Bett stehen einige Kerzen und Lampen. Wir hören Michele sehr langsam und Wort für Wort, wie ein Leseanfänger eine Stelle aus dem elften Buch des *Corpus Hermeticum* des Hermes Trismegistos lesen:

»Unless you make yourself equal to God, you cannot understand God: for the like is not intelligible save to the like … Believe that nothing is impossible for you, think yourself immortal, and capable of understanding all, all arts, all

Abb. 4.26 – Michele wie der *Jüngling, von einer Eidechse gebissen*.
Einst. aus CARAVAGGIO, Sequ. 9

Abb. 4.27 – Caravaggio: *Jüngling, von einer Eidechse gebissen*. 66 cm × 49,5 cm, National Gallery, London.

sciences, the nature of every living thing. Mount higher than the highest height, descend lower than the lowest depth.«[121]

Sogleich kommentiert der Kardinal del Monte diese Stelle: »Heraclitus puts it differently: "the way up and the way down are one and the same." Bruno is repeating an old truth in new language. That is the task. Simple, you could say, but nothing is more difficult than simplicity.« Während der Kardinal mit seiner Auslegung dieser Stelle fortfährt, sehen wir eine Großaufnahme Micheles, der eine weiße Rose hinter dem rechten Ohr stecken hat und ein weißes Seidenhemd trägt, das ihm halb von der rechten Schulter gerutscht ist. Im Voiceover, während der Kardinal noch leise zu hören ist, kommentiert Michele die Exegese des Kardinals: »God, all these quotes. You could build the Tower of Babel with them. Perhaps he'll talk himself to sleep.« Abgesehen davon, dass sich der Kardinal in seiner Zuschreibung der gelesenen Zeilen zu Giordano Bruno geirrt hat, und sich das Interesse Micheles für den Inhalt seiner Leseübung stark in Grenzen hält, führt der Film seine Art ›richtig‹ zu zitieren unmittelbar vor. Nachdem der Kardinal nämlich endlich zum Schluss gekommen ist, lehnt er sich nach vorn um Michele zu berühren, worauf dieser affektiert ›erschreckt‹ und die Pose des *Jüngling, von einer Eidechse gebissen* einnimmt, während wir ihn im Voiceover »Time to go!« rufen hören (Abb. 4.26 und 4.27). Der Film ersetzt die fehlerhafte und ungewünschte Textexegese des Kardinals durch seine Art des visuellen Zitierens, das er an der Figur Micheles festmacht und dem er sich selbst verschreibt.

Der letzte und vielleicht interessanteste Schauplatz für die visuelle Intelligenz von CARAVAGGIO sind seine sogenannten Tableaux Vivants,[122] jene Sequenzen also, in denen Figuren gezeigt werden, die über einen gewissen Zeitraum die Haltungen von Figuren der Caravaggio-Gemälde einnehmen und diese beibehalten.[123] Mit Ausnahme der *Grablegung* finden alle diese Sequenzen in Micheles Atelier statt und dienen ihm dort als Modelle und Vorlagen zum Malen. Diese Sequenzen bestehen immer aus einer ähnlichen Abfolge von Einstellungen, die lediglich in unterschiedlichen Rhythmen und Intensitäten montiert werden. Wir sehen jeweils eine Einstellung mit Michele Caravaggio allein am unfertigen und den bekannten Bildern ziemlich unähnlichen Gemälde (Abb. 4.23 und 4.24). Wann

---

121 Genau genommen zitiert er aus der gerafften und kommentierten englischen Übersetzung dieses Werkes nach Frances Yates, 1964/1999, Selected Works, Vol. II: Giordano Bruno and the Hermetic Tradition. London, New York, S. 32.
122 Ich bin mir nicht sicher, ob dieser Begriff für den Zusammenhang des Films ganz glücklich gewählt ist. Da er aber einmal im Zuge einer großartigen Analyse eingeführt wurde, behalte ich ihn hier bei. vgl. James Tweedie, 2007, The suspended spectacle of history: the tableau vivant in Derek Jarman's Caravaggio. In: Jackie Stacey (Hg.), 2007, Queer Screen. A Screen Reader. New York, S. 208–235.
123 *Die Musiker* (1595), *Martyrium des hl. Matthäus* (1599/1600), eine nach einem Röntgenbild rekonstruierte frühere Fassung des *Martyrium des hl. Matthäus* (vgl. auch Ebert-Schifferer, 2009, Caravaggio, S. 124; Die rekonstruierte Fassung ist auch wiedergegeben in Jarman, 1986, Derek Jarman's Caravaggio, S. 39), *Johannes der Täufer* (1602/03), *Reuige Magdalena* (1594), *Tod Mariens* (1605/06), *Grablegung* (1603/04), mit Einschränkungen *Amor als Sieger* (1601/02).

immer wir ›Caravaggio‹ an ›seinen‹ Gemälden arbeiten sehen, sehen diese nicht aus wie Caravaggios. Und im Gegensatz zu den unbewegten Bildern, die wir aus Reproduktionen oder Museen kennen, bewegen sich die Bilder unter Nigel Terrys hüpfenden Pinselbewegungen und sie verändern sich mit jedem neuen Strich, den er auf die Bilder setzt. Die Einstellungen sind oft mit bewegter Kamera gefilmt, so dass immer unterschiedliche Teile der halbfertigen Leinwände im Bild sind. Zudem werden sie aus unterschiedlichen Perspektiven und in variierenden Einstellungsgrößen aufgenommen. Auf allen diesen Wegen werden genau die Bilder als Bilder im Werden, in Veränderung präsentiert, die wir sonst notwendiger Weise als fertiggestellte Werke kennen. Des Weiteren begegnen in den Atelier-Sequenzen Einstellungen der Modelle. Darunter befindet sich immer eine Totale des gesamten Ensembles (Abb. 4.28) sowie verschiedene Detail-, Nah- und Halbnaheinstellungen (Abb. 4.29 und 4.30). Teilweise werden die Einstellungen als Point-of-Views aus der Perspektive Micheles oder anderer Personen im Atelier präsentiert, sehr oft aber beginnen die Sequenzen auch mit verschiedenen Detailaufnahmen, ohne dass diegetische Blickstrukturen dafür in Dienst genommen werden (vgl. auch den Beginn dieses Kapitels zur *Reuigen Magdalena*). Die Einstellungen auf die Modelle sind immer unbewegt und werden teilweise überblendet. In jedem Fall werden diese Bilder auf besondere Weise der Betrachtung dargeboten: Es sind Propositionen. Dieses Angebot kann von verschiedenen Akteuren angenommen werden: Etwa von dem Bilderkäufer und Freier, der sich zu Beginn des Films für Michele und seine Bilder interessiert; von den Zuschauer_innen des Films; von Kardinal del Monte, der bei der Arbeit am ersten *hl. Matthäus* im Atelier anwesend ist; von Michele selbst, der diese Anblicke in Gemälde übersetzt. In den Tableaux modelliert aufwendige Beleuchtung die wunderbarsten Faltenwürfe kostbarer Stoffe, liebkost die schönen Körper der Modelle, stellt Obst und andere Requisiten aus und produziert einen Effekt dreidimensionaler Flächigkeit. Wenn barockes Chiaroscuro abgesehen von Stanley Kubricks BARRY LYNDON jemals überzeugend ins Kino übersetzt wurde, dann hier, obgleich Jarman den Effekt wohl noch stärker hätte zeichnen wollen: »Our limited resources made the chiaroscuro difficult as more light was necessary to achieve the effect than our budget would allow.«[124]

Wenigstens in Deutschland wurde der Film gerade deshalb mit großer Zurückhaltung aufgenommen. Die meisten Kritiker_innen waren von seiner lustvollen Sexualität irritiert, mussten aber zugeben, dass der Film in den Einstellungen der Modelle Bilder von außerordentlicher Qualität und Schönheit produziert. Ich zitiere eine seltsam irritierte Frauke Stroh: »Wenn da nicht immer diese schönen Bilder wären. So ausgesucht, so kunstvoll, so erlesen, so arrangiert.«[125] Man begegnet dem Film mit den gleichen Vorurteilen, mit denen auch Caravaggio von seinen

---

124 Jarman, 1986, Derek Jarman's Caravaggio, S. 22.
125 Frauke Stroh, epd Film 2/1987. zit. nach: Christina Scherer; Guntram Vogt, 1996, Derek Jarman. In: Jürgen Felix u. a. (Hg.), 1996, Experimente und Visionen. Studien zum neuen britischen Kino. Augen-Blick, Marburger Hefte zur Medienwissenschaft, Nr. 24. Marburg, S. 40.

4. Bilder als Dinge

Abb. 4.28 – Modelle für die 1. Fassung des Martyrium des hl. Matthäus. Einst. aus CARAVAGGIO, Sequ. 13

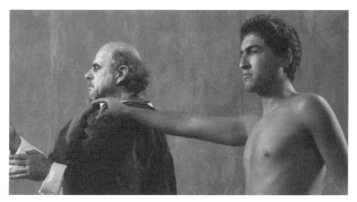

Abb. 4.29 – Modelle für die 1. Fassung des Martyrium des hl. Matthäus. Einst. aus CARAVAGGIO, Sequ. 13

Abb. 4.30 – Modelle für die 1. Fassung des Martyrium des hl. Matthäus. Einst. aus CARAVAGGIO, Sequ. 13

Biografen geschmäht wurde. »Seit Vasaris stilisierter Raffael-Vita galt, daß zur Schau der idealen Schönheit nur ein vollendeter Lebenswandel befähige. [...] Genau dies galt es nun, Caravaggio abzusprechen.«[126] Deshalb sind fast alle Berichte seines Lebens von derselben Spaltung durchzogen, die auch Kommentare zum Film zeigen: Der Indignation über das Leben steht eine ungläubige Verehrung der Bilder gegenüber. James Tweedie hat aus diesem Punkt ein Argument zur Historizität des Films gemacht. Statt nämlich auf der Basis unausgesprochener moralischer Vorannahmen die Elemente des Films in sauber voneinander getrennte Kategorien einzusortieren, hat Tweedie gerade das Hybride, Uneindeutige und Unreine des Films hervorgehoben, wie es beispielhaft an den Tableaux Vivants sichtbar wird: »In Jarman's CARAVAGGIO the tableau vivant serves as the medium for a history based on images; it becomes an interface between art and history, film and painting, the present and the past.«[127] Gerade darin hat Tweedie das »explosive political project« des Films erkannt:[128] Während moderne Emanzipationsbewegungen sich einer Poetik des Bruchs und der Revolution bedient haben, sucht Jarman auch wieder nach den Kontinuitäten und Gleichzeitigkeiten mit früheren Epochen und verbindet damit die Extreme von Intimität und Distanzierung miteinander. Das Neuartige dieses politischen Projekts liegt, so Tweedie weiter, darin, dass es sich gerade keiner Rhetorik des Neuen bedient, sondern seine Verbündeten in der Vergangenheit Caravaggios sucht und findet.

> »The film reanimates gestures suspended on canvas since the cusp of the seventeenth century, subjecting those movements to the retrospective gaze of history and the prospective gaze of contemporary queer movements, joining the paradoxically future-oriented return to art history designed to recuperate Caravaggio for contemporary art and politics.«[129]

Die Tableaux Vivants nehmen darin eine zentrale Stelle ein, weil sie einen alternativen kunstgeschichtlichen Zugang zu Caravaggio anbieten, der einen Weg vorbei an seinen kanonischen und von vielerlei sozialen und ökonomischen Kräften, Identitäten und Wünschen verstellten Interpretationen öffnet. In dem Zustand, in dem wir den Gemälden Caravaggios nämlich in der Form der Ateliersequenzen mit den Tableaux begegnen, sind sie noch keine Werke mit klarer Überlieferung und geschlossener Bedeutung, sondern all das formiert sich noch und könnte sich entsprechend auch anders artikulieren. »Within that space CARAVAGGIO presents tableaux vivants designed to reinsert the personal, the body and the social sphere into the masterpiece whose timeless canonicity depends on the suppression of such ephemera.«[130] Diese Offenheit und Anschlussfähigkeit können die Tableaux

---

126 Ebert-Schifferer, 2009, Caravaggio, S. 24.
127 Tweedie, 2007, The suspended spectacle of history, S. 209.
128 ebd.
129 ebd., S. 209f.
130 ebd., S. 215.

Vivants für Tweedie auch deshalb bekommen, weil sie in sich selbst widerstrebende Kräfte tragen, die eine endgültige Schließung oder ontologische Zuordnung offen halten. Sie sind »a force of suspension and possible reorientation, a quotation that foregrounds difference as well as repetition, a medium of historical return that never sloughs off the mediating presence of actual bodies«.[131] Die von Tweedie so emphatisch begrüßte Uneindeutigkeit der Tableaux liegt in ihren ganz elementaren Eigenschaften: Als »ein dreidimensionales Bild, das von einer Personengruppe für eine kurze Zeit bewegungs- und wortlos gestellt und von anderen durch Betrachtung rezipiert wird«,[132] ist ihm die Spannung von Stillstand und Bewegung immer schon eingeschrieben. Die Betrachter_innen sehen beim Blick auf das Tableau Vivant immer zugleich das unbewegte Gemälde und die lebenden Personen, die es darstellen. Gleichzeitig verharren die Darsteller_innen, mit denen man gerade noch sprechen konnte, in einer künstlichen Unbewegtheit. Als großbürgerliche Abendunterhaltung, als die sie im neunzehnten Jahrhundert ihre größte Popularität erreichten, gaben sie der Referenz auf die Malerei immer auch etwas Theatralisches.[133] Das Tableau Vivant ist durch »eigenartige Zwittersituationen« bestimmt: »Es darf nicht zu lebendig sein und nicht zu plastisch, nicht zu fleischlich, aber auch nicht zu wächsern. [...] Das Tableau Vivant ist also immer auf der Kippe«.[134] In CARAVAGGIO kommt eine weitere Ebene hinzu. Stillstand und Bewegung sind hier nämlich nicht nur Chiffren für Kunst und Wirklichkeit, sondern die Differenz von beiden verweist auf die Begegnung von Malerei und Kinematografie. Die Kamera beobachtet die Modelle und mit ihr sehen wir sie atmen, ertappen ein Blinzeln ihrer Lider oder sehen eine kleine Bewegung ihrer Augen. In einer Szene vom Anfang des Films verlassen die Modelle ihre Posen als jemand im Atelier zu lachen beginnt, woraufhin Michele sie anherrscht: »You're paid to be still!« Wenn am Grunde des Kinos das bewegte Bild liegt oder besser: umherirrt, dann sind diese Bilder so kinematografisch wie man sich das nur vorstellen kann. Es sind Suchbilder der Bewegung. Sie verlangen äußerste Aufmerksamkeit von ihren Betrachter_innen damit diese nicht die kleinste, kaum sichtbare Bewegung einer Lippe oder eines Lichtreflexes auf einem Stück Seide verpassen. Gerade weil sie nahezu unbewegt sind, werden sie um so mehr als Bewegungs-Bilder wahrnehmbar. Gleichzeitig teilen sie aber offenbar den Wahrnehmungsmodus von Gemälden. Ganz am Ende des Films, in einer Sequenz, die zeitlich aus der Rückblendenstruktur der Rahmenerzählung herausfällt und in Micheles Kindheit wechselt, sehen wir Michele als Kind auf einer Osterprozession mit einem jungen Mann, der Pasqualone genannt wird und dessen Name

---

[131] ebd., S. 209.
[132] Birgit Jooss, 1999, Lebende Bilder. Körperliche Nachahmung von Kunstwerken in der Goethezeit. München, S. 19.
[133] vgl. Sabine Folie; Michael Glasmeier, 2002, Atmende Bilder. Tableau vivant und Attitüde zwischen »Wirklichkeit und Imagination«. In: Dies., 2002, Tableaux Vivants. Lebende Bilder und Attitüden in Fotografie, Film und Video. Ausstellungskatalog Kunsthalle Wien. Wien, S. 9–52, hier: 17f.
[134] ebd., S. 11.

vorher mehrfach in Micheles Voiceover-Erzählung als dessen erste verlorene Liebe auftauchte. Der junge Michele betritt von der Straße her einen Raum, in den er Pasqualone hineinruft. Die Kamera filmt die beiden frontal. Mit aufgerissenen Augen und halb offenen Mündern stehen sie da und sehen etwas an (Abb. 4.31). Pasqualone bekreuzigt sich, kniet nieder und beginnt zu beten, während auf der Tonspur die Gesänge eines Gottesdienstes und Glockenschlagen zu hören sind. Dann erfolgt der Gegenschnitt auf das, was die beiden offenbar sehen und worauf sie reagieren, wie auf ein Altarbild: Zunächst als Totale, in weiteren Einstellungen dann auch in Details sehen wir und wohl auch Michele und Pasqualone ein Tableau Vivant der *Grablegung Christi*, in welchem der tote Christus von Nigel Terry, dem Schauspieler des erwachsenen Michele dargestellt wird (Abb. 4.32). Während in Caravaggios Gemälde die rechte männliche Figur im braunen Gewand zwar den Kopf in Richtung der Betrachter_innen wendet, ihre Augen jedoch nur als schwarze Höhlen sichtbar sind, blickt die analoge Figur im Film in einer Nahaufnahme direkt in die Kamera, was den Eindruck eines Blickkontaktes mit dem jungen Michele und Pasqualone noch verstärkt.

Diese Sequenz am Ende des Films verdeutlicht noch einmal zweierlei. Zunächst wird hier ersichtlich, dass sie sich nicht verstehen lässt, wenn man sie ausschließlich diegetisch liest. Die Brisanz der Begegnung des jungen und des alten Michele wird nur greifbar, wenn wir anerkennen, dass es zwei Schauspieler für die Figur zu unterschiedlichen Zeiten braucht, um diese Begegnung geschehen zu lassen. Der junge Michele begegnet dann nicht nur sich selbst, sondern er begegnet seinem Bild, in dem er von einer anderen Person dargestellt wird, die deshalb auch noch jemand anderen darstellen kann: und zwar eine weitere Darstellung, nämlich die der Figur Jesu auf Caravaggios Gemälde. In kondensierter Form führt der Film hier gegen Ende noch einmal sein anachronistisches Bildprogramm vor. Der Film beginnt kurz vor seinem chronologischen Ende: Michele liegt, schon beinahe regungslos, auf seinem Totenbett. Seine Voiceover-Erzählung, die sich dann durch den ganzen Film ziehen wird, benennt den Zeitpunkt und Ort des Geschehens genau: »Malta, Syracuse, Messina, Naples, Porto Ercole July 18th 1610 – four years on the run, so many labels on the luggage and hardly a friendly face, always on the move, running into the poisonous blue sea, running under the July sun, adrift.« Am Tisch sitzt Jerusaleme, sein stummer Gehilfe und rührt unwillig in einer dünnen Brühe, zerschneidet einen Halm mit Micheles Messer. Mit dem Schnitt zur nächsten Sequenz folgt dann der erste Zeitsprung in die Vergangenheit. Michele kauft Jerusaleme von dessen Familie, der er als stummer Junge nur eine Last ist. Während sie in seinem Atelier ankommen, in dem der Schild mit der *Medusa* auf einer Staffelei steht, den sich Jerusaleme sogleich greift, erzählt Michele im Voiceover, wie er diesen zu seinem Gehilfen ausbildete, ihm die Handhabung der Farben und Pinsel beibrachte. Von einer Einstellung zur nächsten ist Jerusaleme von einem Kind zu einem jungen Mann geworden, erkennbar nur durch seine Pfeife, die er noch immer um den Hals trägt. Die nächste Sequenz springt zurück nach 1610 und an Micheles Totenbett. Während dieser – immer noch im Voiceover – von seiner Mutter und »my true love Pasqualone«

4. Bilder als Dinge   285

Abb. 4.31 – Michele und Pasqualone. Einst. aus CARAVAGGIO, Sequ. 57

Abb. 4.32 – Tableau vivant der Grablegung Christi. Einst. aus CARAVAGGIO, Sequ. 57

spricht, steigt Jerusaleme auf einen Hocker und blickt frontal in die Kamera. Im Voiceover heißt es: »then the darkness comes«, woraufhin die Einstellung in einer langsamen Schwarzblende endet. Nun wechselt die Erzählung vor die Episode, in der Michele Jerusaleme kaufte, in die Zeit seiner ersten Jahre in Rom, der Begegnung mit Kardinal del Monte, seiner ersten Gemälde. Der junge Michele wird in dieser Episode von Dexter Fletcher gespielt. Nach dieser Episode springt der Film wieder zum Totenbett, von wo aus der nächste Zeitsprung stattfindet. Von nun an folgen die Episoden über das erwachsene Leben Micheles chronologisch aufeinander, immer unterbrochen durch kurze Sequenzen am Totenbett. Die letzte dieser drei Episoden, in der Michele Ranuccio tötet, kommt jedoch ohne nochmalige Zwischenstation am Totenbett zur Episode aus Micheles Kindheit, in der dann das Tableau Vivant der *Grablegung* erscheint. Der erzählerisch verständliche und regelmäßige Wechsel zwischen einer chronologisch erzählten Vergangenheit und der Gegenwart, aus der diese erzählt wird, wird also, wie schon am Anfang, am

Ende wieder zugunsten einer Ineinanderfaltung multipler Zeiten aufgegeben.[135] Vom Tableau der *Grablegung* schneidet der Film dann zum aufgebahrten Michele. An seinem Totenbett stehen fünf schwarz gekleidet Personen, sowie Jerusaleme, der in die Kamera folgende Sätze in Zeichensprache spricht: »There was much more but time has not permitted. That chapter I will write tomorrow. Death is all things we see awake, all we see asleep is sleep. Rest in peace.«[136] Die fünf Trauernden, die unbewegt am Totenbett verharren, werden von den selben Schauspieler_innen dargestellt, die auch die fünf Personen der *Grablegung* verkörperten. Wie schon dort, sehen wir deutlich Nigel Terrys geschlossene Augenlieder zucken, wie sich sein Brustkorb regelmäßig hebt und senkt und damit die offen dargestellte Bildhaftigkeit der diegetisch motivierten Tableaux Vivants sich nicht von den anderen Darstellungen des Filmes unterscheidet. Die Zusammengehörigkeit dieser drei Sequenzen wird auch durch die Tonspur bestätigt, die über alle drei hinweg in einem Stück ohne hörbaren Einschnitt vergeht. Das Glockenläuten der Osterprozession ist schon zu hören, während der tote Ranuccio noch in den Armen Micheles zu Boden sinkt, der kirchliche Gesang reicht vom Tableau über die Totenwache bis hin zur letzten Schwarzblende. Ganz am Ende lässt der Film noch einmal die Zeit in die entgegengesetzte Richtung laufen, wenn die Schlusstitel, entgegen aller Konvention nicht von unten nach oben durch das Bild laufen, sondern umgekehrt von oben nach unten.

Es lässt sich nicht nur anhand der Erzählstruktur des Filmes zeigen, wie deutlich dieser seine Zeitstruktur und damit Historizität aus der Artikulation seiner Bilder entwickelt. Ein Blick auf die Chronologie, die sich mit den Gemälden und Tableaux Vivants verbinden lässt, mag das zeigen. Vom diegetischen Standpunkt her scheint die Chronologie der Bilder klar zu sein: Am Anfang stehen die lebenden und wohlarrangierten Modelle, gefolgt von den unfertigen oder halbfertigen Gemälden Micheles und schließlich den fertigen Gemälden. Der Plot des Filmes stört und unterwandert diese schöne dreigliedrige Regelmäßigkeit jedoch. So sehen wir an keiner Stelle des Films ein Gemälde in allen drei Stadien. Stattdessen sehen wir entweder die sitzenden Modelle und das unfertige Gemälde oder die Modelle und das fertige Bild (wie beim *Amor als Sieger*) oder schließlich das fertige Bild und Posen, die nach diesem eingenommen werden, quasi in Reaktion auf es (vgl. Medusenschild). Eine ähnliche Anachronologie ergibt sich, wenn man die Filmbilder mit den historischen Gemälden vergleicht. Während die posierenden Schauspieler_innen im Film als Vorbilder der Malerei Micheles erscheinen, sind diese natürlich nach dem Vorbild der historischen Gemälde arrangiert und also deren Nachbilder. Ähnliches gilt für meine, vielleicht etwas gewagte Interpretation der halbfertigen Gemälde im Film als expressionistische Gemälde. Diese Interpretation ist nur in der zeitlichen Nachfolge Caravaggios möglich. Die Bilder, die also den Werken Caravaggios ›eigentlich‹ vorausgehen, erscheinen in meiner

---

135 vgl. zur komplexen Zeitstruktur des Films auch Krüger, 2006, Bilder der Kunst, des Films, des Lebens, S. 265f.
136 Jarman, 1986, Derek Jarman's Caravaggio, S. 131.

Abb. 4.33 – Derek Jarman, 1986, *Derek Jarman's Caravaggio*. London, S. 110–111.

Interpretation als chronologisch nachgängig. Jarman hat diese Austauch- und Überschreibungsbewegungen auch nach dem Film fortgesetzt. Im von ihm herausgegebenen Drehbuch des Films finden sich oft auf einer Seite sehr einfache und kleine Schwarz-Weiß-Reproduktionen der historischen Gemälde, denen seitenfüllende Setfotografien von Gerald Incandela gegenüberstehen, die zudem teilweise übermalt wurden (Abb. 4.33).

Panoramen & Agenturen

Wo ist nun die Geschichte in CARAVAGGIO? Wer oder was macht sie? Für wen oder was entfaltet sie ihren Sinn? Haben wir es mit Geschichtsschreibung oder Geschichte zu tun? Ähnlich wie in CHRONIK DER ANNA MAGDALENA BACH steht die Geschichte dem Film hier nicht gegenüber. Es gibt keinen Graben oder Bruch, den der Film überwinden müsste, um zu Caravaggio zu gelangen. Er trifft auf eine lange Kette der Referenz aus Gemälden, Kommentaren zu diesen, Zeugnissen aus Caravaggios Leben, Kopien seiner Gemälde, Stichen, Fotografien, Katalogreproduktionen usw. Zahlreiche Elemente dieser Referenzkette kann der Film als Propositionen gebrauchen und sie in eine kinematografische raumzeitliche Hülle übersetzen: Wo immer Dinge der Caravaggio-Geschichte Hör- und Sichtbares anbieten, kann der Film das in Bilder und Töne übersetzen und diese artikulieren. Diese Übersetzungs- und Artikulationsprozesse entfalten sich als ein Akteur-Netzwerk, das eine Geschichte ist und hat. Die Geschichte wird in der Assoziation und Artikulation fortwährend gemacht. Das heißt letztlich aber nichts anderes, als dass sich Michelangelo Merisi da Caravaggio und seine Gemälde verändern, wenn sie mit dem Kino assoziiert werden. »Wenn aber Referenz durch die gesamte Serie zirkuliert, wird jede Veränderung sogar bei einem *einzigen* Element der Serie eine Veränderung in der Referenz darstellen.«[137] Man darf sich nicht davon täuschen lassen, dass Caravaggio und CARAVAGGIO denselben Namen haben. Unter diesem neuen Doppelnamen treffen wir auf etwas anderes als unter dem Namen, der lediglich den italienischen Maler bezeichnet. Wenn ich Latour und Whitehead auf ihrem Weg der Ontologisierung also folge und Epistemologie und Ontologie nicht mehr voneinander trenne, sondern miteinander verbinde, wenn Geschichte nicht etwas ist, das historiografisch aufgezeichnet, erfasst, rekonstruiert werden muss, sondern wenn Geschichte geschieht, dann könnte man vielleicht die etwas polemische Frage stellen, ob man tatsächlich einen Film wie CARAVAGGIO in einer spezifischen Weise als Geschichtsfilm bezeichnen kann. Wenn Geschichte permanent und überall stattfindet, wie unterscheiden sich dann die Artikulationen der Geschichtsfilme von den Artikulationen, die wir beispielsweise bei einem Gang durch ein Museum oder eine archäologische Ausgrabungsstätte beobachten können?

---

137   Latour, 1999/2000, Die Hoffnung der Pandora, S. 182.

Ich möchte eine Antwort auf diese Frage mit einer weiteren Überlegung Stanley Cavells versuchen. Cavell hat Dinge der Art, wie sie uns in den Bildern und Bildformen von CARAVAGGIO begegnen, als »new originals« bezeichnet und auf ihren prekären ontologischen Status hingewiesen.[138] Ausgehend vom fotografischen Charakter der Filmdinge versucht Cavell einer Bestimmung dieses Status' näher zu kommen. »A photograph does not present us with "likeness" of things; it presents us, we want to say, with the things themselves. But wanting to say that may well make us ontologically restless.«[139] Es ist nichtsdestotrotz offensichtlich, dass ein Foto eines Dinges nicht das Ding selbst ist. »But this is not very informative. And, moreover, it is no less paradoxical or false to hold up a photograph of Garbo and say, "That is not Garbo," if all you mean is that the object you are holding up is not a human creature.«[140] Diese anwesende Abwesenheit und abwesende Anwesenheit, die die Beziehung der Fotografie zu dem Ding auszeichnet, von dem sie eine Fotografie ist, begründet den ontologisch unbestimmten Status fotografischer Bilder. Wir neigen, so Cavell, dazu, diese ontologischen Probleme, die mit dem fotografischen Bild in die Welt kommen, zu vergessen. »This is in fact something movies teach us.«[141] Dieser Satz ist für mich einer der aufschlussreichsten in Cavells Buch. Er besagt nämlich, dass Filme die Fotografie nicht nur um ihre undeutliche Ontologie beerben, sondern dass sie uns ein Wissen von dieser Ontologie vermitteln: they teach us. Darin liegt der Unterschied zwischen Fotografien und projizierten Bewegtbildern, auf den Cavell immer wieder hinweist: Die Projektion reichert die Bilder um etwas an, das hier zumindest als Wissen von sich selbst bezeichnet werden kann. Cavell reicht damit für den Bereich des Films sehr nah an das heran, was Svetlana Alpers in ihren Büchern für und über Malerei immer wieder als »Phänomen der bilderzeugenden Intelligenz« bezeichnet hat.[142] So wie Vermeers *Allegorie der Malerei* in Alpers Deutung nicht nur Welt, sondern mit demselben Pinselstrich auch Beschreiben beschreibt, bildet Film nicht nur die Welt ab, sondern er projiziert diese Abbildungen der Welt in einer Art und Weise, die, weil es sich um ein technisch bewegtes Bild handelt, unsere Wahrnehmung bereits mitgedacht hat. Das beschreibende Bildermachen tut nichts anderes und eröffnet damit einen visuellen Zugriff auf die Welt und sich selbst. Folgt man Cavell, so trifft der Film immer und ohne Ausnahme auf eine vergangene Welt: »Photography maintains the presentness of the world by accepting our absence from it. The reality in a photograph is present to me while I am not present to it; and a world I know, and see, but to which I am nevertheless not present (through

---

138 Stanley Cavell, 1978/1984, What becomes of things on film? In: Ders., 1984, Themes out of School. San Francisco, S. 173–183, hier: 173.
139 Stanley Cavell, 1971/1979, The World Viewed. Reflections on the Ontology of Film. Enlarged edition. Cambridge, Mass, London, S. 17.
140 ebd.
141 ebd., S. 19.
142 Svetlana Alpers; Michael Baxandall, 1994/1996, Tiepolo und die Intelligenz der Malerei. Berlin, S. V.

no fault of my subjectivity), is a world past.«[143] Anders formuliert: Wenn beschreibende Kunst und projizierte Fotografie auf Dinge der Welt treffen, werden diese unter ihrer Hand, oder besser: mit Hilfe ihrer Pinsel, Leinwände, Farben und Optiken, Kameras, Filmstreifen, Schneidetischen und Projektoren zu Dingen, die einer zeitlichen Transformation unterworfen werden. Diese Transformation zeigt aber in zwei Richtungen, denn die »world past« wird immer in der Präsenz der sie wiedergebenden oder beschreibenden Artefakte verdoppelt. Diese Verdopplung ist aber, wie immer, wenn sich verschiedene Akteure begegnen, keine folgenlose Spiegelung: In der Verdopplung der Welt durch Bilder wird eine Veränderung produziert, die als Wissen bezeichnet werden kann. Damit wird die Epistemologie aber nicht durch die Hintertür wieder eingeführt, sondern das Wissen ist in den Artikulationen der Dinge zu finden und braucht deshalb keine eigene Disziplin, die es produziert. Es braucht Oberflächen, in denen es sich brechen kann. Wenn man Cavell und Alpers folgt, sind Malerei und Film solche Oberflächen, die bei der Begegnung mit anderen Dingen Wissen über sie und sich generieren und es auf ihren Oberflächen der Wahrnehmung anderer Akteure – z. B. Kinozuschauer_innen, weiteren Filmen, anderen Gemälden usw. – anbieten.

Latour bietet mit dem Begriff des *Panoramas* eine Möglichkeit, die Funktionsweise und Reichweite derartiger Wissensoberflächen zu verstehen. Oberflächen brauchen Maßstäbe, mit denen sich ihre Größe und Reichweite ermessen lässt. »Maßstab ist die Leistung der Akteure selbst.«[144] Geschichte ist ein solcher Maßstab, in dem Ereignisse als historische miteinander in Bezug gesetzt werden können und der chronologisch strukturiert sein kann, nicht aber muss. »Den Maßstab im Vorhinein festzusetzen würde heißen, bei einem einzigen Maß und Bezugsrahmen zu bleiben, obwohl es doch gerade das *Maßnehmen* ist, was uns interessiert.«[145] Latour illustriert dieses Maßnehmen mit der Hilfe einer kinematografischen Metapher.

> »Jedes Zoom jeglicher Art, mit dem man versucht, Sachen wie einen Satz Russischer Puppen sauber zu ordnen, ist stets das Resultat eines sorgfältig geplanten Skripts eines Aufnahmeleiters. Wer das bezweifelt, sollte Universal Studios besuchen. ›Auf‹ und ›Ab‹, ›Lokales‹ und ›Globales‹ müssen hergestellt werden, sie sind niemals bloße Gegebenheit.«[146]

Wie die Verfertigung des chronologischen Maßstabes für die Geschichte funktionierte und aufrechterhalten wird, habe ich in Kapitel 1 gezeigt. Historiografische Erzählungen, die nun Ereignisse in diesen Maßstab einordnen, können mit Latour als Panoramen bezeichnet werden: »Wie die Etymologie nahelegt, sehen Panoramen […] *alles*. Doch sie sehen ebenfalls *nichts*, denn sie *zeigen* bloß ein Bild,

---

143 Cavell, 1971/1979, The World Viewed, S. 23.
144 Latour, 2005/2007, Eine neue Soziologie für eine neue Gesellschaft, S. 319.
145 ebd., S. 321.
146 ebd.

4. Bilder als Dinge 291

das auf die dünne Wand eines Raums gemalt (oder projiziert) wurde, der nach außen hin völlig *abgeschottet* ist. [...] Die volle Kohärenz ist ihre Stärke – und ihre größte Schwäche.«[147] Panoramen sind also Teilansichten eines Akteur-Netzwerkes, die bestimmte seiner Entitäten und Verbindungen isolieren und sie nach einem einheitlichen Prinzip strukturieren. »Sie sammeln, sie rahmen, sie ordnen, sie organisieren; sie sind die Quelle dessen, was unter einem wohl geordneten Zoom zu verstehen ist.«[148] Während sie so die wirkliche Anzahl der Akteure als auch die Ausdehnung des Netzwerkes und die unterschiedlichen Qualitäten der Übersetzungen im Netzwerk massiv reduzieren, »vermitteln Panoramen den Eindruck vollständiger Kontrolle über das, was überblickt wird, [...] sie bieten die einzige Gelegenheit, die ›ganze Geschichte‹ *als ein Ganzes* zu sehen.«[149] Latour steht ihnen deshalb ambivalent gegenüber. Einerseits sieht er, dass es mit ihnen möglich ist, das ganze Netzwerk in einem völlig neuen Licht zu sehen; andererseits besteht bei ihnen immer die Möglichkeit, dass sie systematisch über den wahren Charakter des Netzwerks hinwegtäuschen. Bei genauerer Betrachtung zeigt sich aber, dass die abgeschlossenen Panorama-Räume genauso aufgestellte und konstruierte Ensembles sind, deren Ort sich im Akteur-Netzwerk präzise beschreiben lässt, wofür Latour mit Nachdruck wirbt.

> »Ihre totalisierenden Ansichten sollte man nicht als Akt professionellen Größenwahns verachten, sondern, wie alles andere auch, der Vielfalt der Stätten hinzufügen, die wir in unseren Untersuchungen entfalten wollen. Denn sie sind bei weitem nicht der Ort, an dem sich alles abspielt, wie in den Träumen ihrer Regisseure, sondern lokale Stätten, die zu den anderen lokalen Stätten in der abgeflachten Landschaft, die wir zu kartographieren versuchen, hinzugefügt werden sollten.«[150]

In einem ganz ähnlichen Sinn hat Lorenz Engell die Prozesse, in denen Oberflächen des Wissens artikuliert werden, als *kinematografische Agenturen* bezeichnet.[151] Engell nennt beispielhaft drei kinematografische Agenturen: das Atelier oder Studio, das Kino und das bewegte Bild.[152] Diese spezifischen Agenturen sind morphologische Beschreibungen dessen, was Latour kategorial als Hülle (envelope) von

---

147 ebd., S. 323.
148 ebd., S. 326f.
149 ebd., S. 325.
150 ebd., S. 325f.
151 vgl. v. a. Lorenz Engell, 2010, Kinematographische Agenturen. In: Ders.; Jiří Bystřický; Kateřina Krtilová (Hg.), 2010, Medien denken. Von der Bewegung des Begriffs zu bewegten Bildern. Bielefeld, S. 137–156; sowie Engell, 2010, Die Agentur des Glücks. In: Ders., 2010, Playtime. Münchener Film-Vorlesungen. Konstanz, S. 83–112; Engell, 2008, Eyes Wide Shut. Szenen kinematographisch verteilter Handlungsmacht. In: Ilka Becker; Michael Cuntz; Astrid Kusser (Hg.), 2008, Unmenge. Wie verteilt sich Handlungsmacht? München, S. 75–92.
152 vgl. Engell, 2010, Kinematographische Agenturen, S. 139.

Akteuren bezeichnet hat.¹⁵³ Mir scheint der Begriff der Agentur im allgemeinen und diesem Fall aus vier Gründen besonders glücklich gewählt zu sein: In seiner Ableitung von der Verlaufsform des Verbs zeigt er einerseits an, dass er keine artefaktartige Ansammlung fertiger Dinge ist, sondern ein Ensemble im Vollzug. Andererseits erinnern die synonymen Konnotationen, die der Begriff aufruft, daran, dass die sich hier vollziehende Handlung keinen einzelnen menschlichen oder nicht-menschlichen Akteuren zugeschrieben werden kann, sondern immer ein Effekt ihrer Assoziationen ist. Zweitens impliziert Agentur, dass es sich bei den so bezeichneten Netzwerken nicht um undefinierte und beliebig vergrößerbare, sondern um wohldefinierte und zeitlich wie räumlich relativ stabile Kollektive handelt, deren Knotenpunkte einigermaßen zu überschauen und deshalb wissenschaftlich zu beschreiben sind. Drittens garantiert der Begriff eine gute Anschlussfähigkeit an filmtheoretisch längst erschlossene und beschriebene Ensembles, bei gleichzeitiger Neukonturierung ihrer Reichweite und Bedeutung.¹⁵⁴ Viertens schließlich, zeigt die unterschiedliche Spannweite der genannten Agenturen an, dass sich der Begriff eignet, um Ensembles unterschiedlicher Größe zu beschreiben, die man traditionell wohl verschiedenen Analysekategorien zugeordnet hätte und denen damit unterschiedliche Handlungsoptionen, Zuständigkeits- und Geltungsbereiche zugeordnet worden wären. Das Studio hätte dann als ›bloße‹ technische Einrichtung, als Hilfskonstruktion des bewegten Bildes gelten können, als dessen Voraussetzung und Vorstufe des Filmes. Mit dem Begriff der Agentur ist das nicht mehr möglich und nicht mehr nötig. Stattdessen lässt sich nun erkennen, dass ein Ensemble wie das bewegte Bild, das man als historische Bild- oder Medienform denken könnte, letztlich eine zeitlich ebenso begrenzte Versammlung ist wie ein konkretes Studio. Das eine Studio, das einen Namen, Besitzer_innen, Eröffnungs- und evtl. Abrissdaten hat, wird dabei lediglich als kleineres Netzwerk sichtbar als das bewegte Bild, das mit Daten versehen werden müsste, die mittlerweile Jahrhunderte – wenigstens deutlich mehr als eines – umspannen. Das Studio als solches ist nichts als eine Abstraktion all der unzähligen konkreten Filmstudios dieser Welt; das bewegte Bild ist nichts anderes als eine Abstraktion all der Ensembles bewegter Bilder, die wir kennen. Die Herstellung von Bedeutungs- und Funktionszusammenhängen in diesen sehr unterschiedlichen Agenturen unterscheidet sich in der Ausdehnung, nicht aber in der Art des Herstellens.

In diesem Sinne lässt sich CARAVAGGIO als *kinematografische Agentur der Geschichte* bezeichnen. *Kinematografisch* verortet CARAVAGGIO offensichtlich im Ensemble jener »succession of automatic world projections«,¹⁵⁵ die seit spätestens 1895 als Kino bezeichnet werden können, und ruft damit eine Reihe von Unterscheidungen auf, die ihn etwa von anderen Ensembles wie der Malerei, der Fotografie usw. unterscheiden. Insbesondere wird damit aber eine Unterscheidung zur Geschichtsschreibung im klassischen, schriftsprachlichen Sinn markiert. *Agentur*

---

153 vgl. Latour, 1999/2000, Die Hoffnung der Pandora, S. 375.
154 vgl. zu einigen dieser Anschlüsse Engell, 2010, Kinematographische Agenturen, S. 140.
155 Cavell, 1971/1979, The World Viewed, S. 72.

verweist auf die raum- und zeitproduzierenden Fähigkeiten von CARAVAGGIO: Dazu zählen seine Projektions- oder Spieldauer, die Abmessungen seiner Bilder, aber auch seine Möglichkeit, mittels Montage Akteure zu artikulieren, die sich sonst raumzeitlich nicht begegnen können. Diese scheinbaren Trivialitäten sind für das Wissen, das CARAVAGGIO uns präsentiert, jedoch bestimmend. Neben den in diesem Kapitel bereits analysierten Funktionen wird man an die Einstellungslängen denken, in deren Verhältnis zueinander die Aufteilung der Bilder am Film strukturiert ist. Oder man wird im Verhältnis zur Malerei an wichtige Bedeutungsverschiebungen denken. Für Caravaggios Halbfigurenbilder ist es nämlich ein Unterschied ums Ganze, ob sie als verkleinerte Reproduktionen in einem Magazin wie FMR zu sehen sind, oder als diese Reproduktionen auf einem Bewegtbild in der Hand der Halbfigur Baglione in der Größe einer Kinoleinwand oder eines Handydisplays oder aber als ›originales‹ Gemälde Caravaggios in Lebensgröße.[156]
Geschichte schließlich beschreibt die Artikulation eines und Assoziation mit einem Kollektiv, das Akteure unterschiedlicher Zeiten in einer Kette zirkulierender Referenz miteinander verbindet, zu der ausdrücklich auch Reflexionen über Art und Teile dieser Verkettung gehören. Diese etwas umständliche Beschreibung für etwas, das die Geschichtstheorie als historisches Wissen, Bewusstsein oder historischen Sinn bezeichnet haben würde, wird notwendig, um mit Latour zu verstehen, inwiefern geschichtliche Gegenstände oder Stoffe und historiografisches Wissen eben nicht in unterschiedliche ontologische Kategorien fallen. Michel de Certeau hat die umfänglichen Machteffekte beschrieben, welche aus dieser ersten und den ihr nachfolgenden Trennungen resultieren. So wie »faire de l'histoire« und »faire l'histoire« zwischen den Fürsten und ihren Historiografen verteilt sind, ergibt sich zwischen beiden eine Asymmetrie der Macht. »Er [der Historiker] ist nur ›in der Nähe‹ der Macht. Auf diese Weise erhält er, in mehr oder weniger expliziter Form, die Direktiven, die in allen *modernen* Ländern die Geschichte – von Dissertationen bis hin zu Lehrbüchern – mit der Aufgabe der Erziehung und der Mobilisierung belasten. [...] Er denkt die Macht, die er nicht hat.«[157] Die kinematografische Agentur der Geschichte, als die CARAVAGGIO begegnet, verfolgt dieses moderne Verteilungsprogramm nicht. Man braucht nun nicht mehr »drei Wörter, eines für die Eigenschaften einer Entität, ein weiteres für ihre Geschichte und ein drittes für den sie erkennenden Erkenntnisakt, sondern es gibt nur ein durchgängiges Netzwerk.«[158] CARAVAGGIO ist ein solches Netzwerk, genauer: eine solche kinematografische Agentur der Geschichte, die amoderne Geschichtsproduktion in Zeiten des Kinematografen vor Augen und Ohren führt. »Wir sind nie vorgerückt oder zurückgegangen. Wir haben immer aktiv Elemente sortiert und ausgewählt, die zu verschiedenen Zeiten gehörten. Wir können immer noch auswählen. *Dieses Auswählen macht die Zeiten und nicht die Zeiten das Auswählen.*«[159]

---

156 vgl. Baumgart, 1955, Caravaggio, S. 20.
157 (Hervorhebung A. W.) Michel de Certeau, 1975/1991, Das Schreiben der Geschichte. Frankfurt am Main u. a., S. 19.
158 Latour, 1999/2000, Die Hoffnung der Pandora, S. 375.
159 Latour, 1991/1995, Wir sind nie modern gewesen, S. 103f.

5. Queere Geschichte

Wovon handelt aber die kinematografische Agentur der Geschichte, als die ich CARAVAGGIO bezeichnet habe? Ich habe bisher den Blick meiner Analyse eher auf Funktionen und Strukturen der so verstandenen kinematografischen Geschichte gerichtet. Was jedoch mit Caravaggios Bildern, dem Film und vielleicht uns als deren Betrachter_innen geschieht, ist bisher noch eher im Hintergrund verblieben. Ich will dazu einige Diskussionen aufgreifen, die gleichermaßen um den Film und die Gemälde geführt wurden und anhand dieser einige Elemente des geschichtlichen Wissens explizieren, das der Film mit uns teilt. Wenn Michele erstmals in einem filmisch deutlicher artikulierten Zusammenhang als Maler erscheint, so finden wir ihn den *Fruchtschälenden Knaben* malend auf der Straße in Begleitung einer etwas älteren männlichen Person, die das Drehbuch als »Pimp«, der Abspann aber als »Model Peeling Fruit« bezeichnet. Hinter ihm steht der *Früchtekorb* fertig auf einer Treppe. Ein älterer Mann betrachtet das Bild und signalisiert ihm und seinem Maler sein Interesse. Die beiden finden sich in Micheles Zimmer wieder, wo sie sich mit der Kamera wild im Kreis drehen, bevor Michele auf sein Bett fällt, um den alten Mann mit vorgehaltenem Messer, jedoch ohne seine Geldbörse, zu entlassen. Vor dem Bett steht eine große grüne Weinflasche und ein Obstkorb. Michele greift sich einen Kranz aus Weinblättern, den er sich auf den Kopf setzt, trinkt aus der Flasche und sieht lächelnd zum rechten Rand der Einstellung (Abb. 4.34). Sein verschwitzter nackter Oberkörper glänzt und wird von einer Reihe von Lichtreflexen überzogen. Währenddessen hören wir Micheles Voiceover:

> »I built my world as Divine Mystery, found the god in the wine, and took him to my heart – I painted myself as Bacchus and took on his fate, a wild orgiastic dismemberment. I raise this fragile glass and drink to you, my audience, 'Man's character is his fate.'«

Es folgt ein Close-up auf Micheles Gesicht. Fast unbewegt blickt er weiterhin nach rechts. Die nächste Einstellung zeigt Michele als *Knabe mit dem Früchtekorb* zunächst in der Haltung, wie wir ihn von Caravaggios Gemälde kennen (Abb. 4.35 und 4.36). Auf der Tonspur wird das Geräusch eines vorbeifahrenden Zuges immer lauter, woraufhin sich der Früchtekorb-Michele zur linken Seite des Bildes wendet und zu lachen beginnt. Wir hören nur noch den Zug und die Voiceover-Stimme. Schnell folgt ein Schnitt zurück auf die vorherige Einstellung. Michele im Close-up sitzt nun aber nicht mehr unbewegt, sondern lacht ebenfalls für uns unhörbar. Wiederum sehr schnell folgt der Schnitt in die nächste Sequenz im Hospital auf den halbfertigen *Bacchino malato*. Intensiv kommunizieren diese Einstellungen miteinander, reagieren die Figuren darin aufeinander und werden ihre Posen und Gesten mit den Gemälden in Beziehung gesetzt. Schließlich sind die Zuschauer_innen intensiv in das Blickspiel zwischen den Medien und Figuren einbezogen: Ich erkenne in diesen Einstellungen CARAVAGGIOS hier zum ersten

Abb. 4.34 – Michele als Bacchus. Einst. aus Caravaggio, Sequ. 6

Abb. 4.35 – Michele als Knabe mit dem Früchtekorb. Einst. aus Caravaggio, Sequ. 6

Abb. 4.36 – Caravaggio: *Knabe mit Früchtekorb*. 1593/94, 70 cm × 67 cm, Museo e Galleria Borghese, Rom.

Mal die Bilder Caravaggios wieder, ich beziehe den Körper des Schauspielers Dexter Fletcher sowohl auf den historischen Caravaggio als auch auf die Modelle bzw. Figuren der Bilder. Ich nehme die Einladung des Films an und betrachte den halbnackt auf dem Bett ausgestreckten Michele, um festzustellen, dass ich das Bild dieses Körpers, die Bilder dieser Körper genieße, wenn nicht begehre. CARAVAGGIO wird nicht aufhören, mir nackte Männerkörper zu zeigen: Jerusaleme, Ranuccio, Michele, andere Modelle. Und er ähnelt darin Caravaggios Gemälden, von denen kaum einmal eines keine nackten oder halbnackten Männerkörper zeigt.

Es hat sich in der Caravaggio-Forschung eine lebhafte Diskussion, die offenbar noch lang nicht verstummt ist, darüber entwickelt, was von diesen vielen Männerkörpern zu halten ist, was sie bedeuten oder wem sie etwas sagen wollen. Im Zusammenhang mit einigen mehr oder weniger zeitgenössischen Überlieferungen zu Caravaggio formierte sich schnell die Frage, unter der diese Körper betrachtet wurden: Drückt sich in ihnen ein homosexuelles Begehren aus und ist dieses Begehren mit der sexuellen Identität Caravaggios gleichzusetzen?[160] Während die Frage sich kaum veränderte, hat es zahlreiche Beweggründe, sie zu stellen, und eben so viele unterschiedliche Antworten auf sie gegeben. Im siebzehnten Jahrhundert wurden Hinweise auf die Homosexualität Caravaggios oder seiner Bilder zumeist in diffamierender Absicht lanciert. So ist wohl die Aussage Tommaso Salinis im Verleumdungsprozess von 1603 zu interpretieren, derzufolge sich Caravaggio mit einem Freund eine *bardassa*, einen Lustknaben, geteilt hätte.[161] Später wurde die gleiche Behauptung dann nicht mehr gegen, sondern für Caravaggio gewendet: »seit der im 19. Jahrhundert propagierten Identität von Genie, Kriminalität und Wahnsinn gilt, daß nur der verkannte Bohemien oder der Verbrecher ein genialer Künstler sein könne. Noch Derek Jarmans Kultfilm CARAVAGGIO von 1986 bezog sich auf dieses Image.«[162] In einer dritten Lesart wurde seine Homosexualität dann affirmiert, um ihn als frühe schwule Heldenfigur Teil schwuler Emanzipationsbewegungen in der zweiten Hälfte des zwanzigsten Jahrhunderts werden zu lassen.[163] Schließlich wurden diese Lesweisen als anachronistisch zurückgewiesen: Abgesehen davon, dass sich keine überzeugenden historischen Belege für seine Homosexualität beibringen ließen, wären diese Argumentationen ohnehin zum Scheitern verurteilt, weil damit ein Identitätskonzept an das siebzehnte Jahrhundert angelegt würde, welches erst aus dem neunzehnten Jahrhundert stammt: »In einer Zeit, in der eine bekenntnishafte Identifizierung mit Sexualitätsformen weder möglich noch relevant war, ist die Frage, ob Merisis Bilder entsprechende Aus-

---

160 vgl. zu einem Überblick über die Beiträge zu dieser Frage David Carrier, 1987, The Transfiguration of the Commonplace. Caravaggio and his Interpreters. In: Word & Image 3 (1987), Nr. 1, S. 41–73.
161 vgl. Leo Bersani; Ulysse Dutoit, 1998, Caravaggio's Secrets. Cambridge, Mass, London, S. 10.
162 Ebert-Schifferer, 2009, Caravaggio, S. 26f.
163 vgl. Donald Posner, 1971, Caravaggio's Homo-Erotic Early Works. In: Art Quarterly 34 (1971), S. 302–324.

sagen enthalten, schlicht ahistorisch.«[164] Wo die einen im Versuch, Caravaggio als politische Kampffigur zu rekrutieren, jede noch so vage Andeutung, jede noch so gewagte Auslegung seiner Gemälde für seine Homosexualität in Stellung bringen, schüttet die andere Fraktion das Kind mit dem Bade aus. »Diese teils tiefenpsychologisch argumentierenden Interpretationen setzten kaum zufällig in jener Zeit ein, als die Strafgesetzgebung zur Homosexualität liberalisiert wurde.«[165] Wem die bloße Möglichkeit, Caravaggio könnte kein lupenreiner Heterosexueller gewesen sein, schon Angst einflößt, der muss sich hier in die Zeiten vor die Liberalisierung der Strafgesetzgebung zurück wünschen, in der offenbar solche diffamierenden Äußerungen nicht möglich gewesen wären. Die letzte und auch jüngste Antwort, die man zur Lösung dieses alten Problems gegeben hat, weist Caravaggios schwule Identität zurück, weil sie aus guten Gründen stabile Identitäten insgesamt skeptisch betrachtet und markiert sein Projekt damit als queer. »Caravaggio's poses are appealing precisely insofar as they oddly embody a demand that resists easy recognition and conscription by a group who wants to read them as transmitting its sense of identity and value. These poses are appealing precisely insofar as they are formally, aesthetically, and historically queer.«[166]

Diese letzte Lesart, die neben Graham L. Hammill auch Leo Bersani und Ulysse Dutoit (1998) vertreten haben, ist im Bezug auf CARAVAGGIO besonders wichtig, weil man auch Derek Jarmans Kino als queer gelabelt hat und damit zumindest die Möglichkeit erscheint, dass Film und Maler eine mehr als nur zufällige Verbindung eingegangen sind, wobei dieses ›mehr‹ die Möglichkeit eines gemeinsamen politischen Projektes andeutet.[167] Ich werde an dieser Stelle keine Zusammenfassung oder Definition von Queer Cinema versuchen, weil es mir im Moment zweckmäßiger erscheint, den Aporien einer Definition dessen auszuweichen, was sich ausdrücklich der Transgression und Subversion des Definitiven verschrieben hat.[168] Ich möchte stattdessen einige Schnittstellen benennen, an denen der Film die Konfrontation mit Fragen aufnimmt, wie sie auch in den queer theories immer wieder auftauchen. Spätestens seit Teresa de Lauretis' kleinem Text von 1991 gehört es zu den grundlegenden Sprechübungen eines jeden Textes, der als queer theory gelesen werden will, das Verhältnis der eigenen theoretischen Überlegungen zum politischen Handeln queerer Aktivist_innen zu problema-

---

164 Ebert-Schifferer, 2009, Caravaggio, S. 267; Im selben Sinn: Creighton E. Gilbert, 1995, Caravaggio and His Two Cardinals. University Park.
165 Ebert-Schifferer, 2009, Caravaggio, S. 266.
166 Graham L. Hammill, 2000, Sexuality and Form. Caravaggio, Marlowe, and Bacon. Chicago, London, S. 68f.
167 vgl. Niall Richardson, 2009, The queer cinema of Derek Jarman : critical and cultural readings. London.; Tweedie, 2007, The suspended spectacle of history.
168 vgl. für die hier ausgesparten (Nicht-)Definitionsversuche etwa: Richardson, 2009, The queer cinema of Derek Jarman, Kap. 2, S. 47–80; Robin Griffiths (Hg.), 2006, British Queer Cinema. London, New York; Michele Aaron (Hg.), 2004, New Queer Cinema: A Critical Reader. Edinburgh.

tisieren.[169] Immer wieder dreht sich diese Diskussion um die Konfrontation zwischen den wahlweise saturierten oder philosophisch weitsichtigen akademischen Theoretiker_innen und den Aktivist_innen der Straße, die entweder akademische Schützenhilfe brauchen oder aber die einzigen sind, die wirklich und prädiskursiv ermessen können, im Namen welcher Leiden der queere Kampf geführt wird. Die Unlösbarkeit dieser Frage ergibt sich meiner Meinung nach daraus, dass sie die falsche Alternative stellt, weil die hypostasierte Gegenüberstellung von sog. Theorie und sog. Praxis beiden nicht gerecht wird und verdeckt, dass sie ein und dasselbe sind, dass es an keiner theoretischen Überlegung irgendetwas Unpraktisches gibt und dass jeder Aktivismus neben vielem anderen auch begriffliche Konzepte handhabt.

CARAVAGGIO führt vor, wie Denkhandlungen jenseits dieser Dichotomie funktionieren können. Dutoit und Bersani haben dargelegt, inwiefern Caravaggios Bilder »as a visual speculation on the meaning and the conditions of knowledge« funktionieren. »We infer this speculation from Caravaggio's experiments with relationality.«[170] Dutoit und Bersani untersuchen dafür in erster Linie die Blickstrukturen in einigen Caravaggio-Gemälden. Dabei beschreiben sie zum einen Blicke zwischen den Gemälden und ihren Betrachter_innen und zum anderen Blicke innerhalb der Gemälde. Auf fast schon banale Art und Weise zeigt sich hier, was es heißt, dass uns anblickt, was wir sehen. Die erotische Wirkung der Bacchus-Darstellungen, des *Knabe mit dem Früchtekorb*, des frühen *Johannes der Täufer* mit dem Widder von 1602 und schließlich des *Amor als Sieger* entsteht aus deren offenen Blicken aus dem Bild heraus auf uns als Betrachter_innen bei gleichzeitigem Rückzug oder Abwenden von uns. Immer drehen sich die Figuren nach hinten, verbergen eine Hand hinter dem Rücken oder geben irgendetwas nicht zu sehen, obgleich sie mit ihrem schamlosen Blick zum Blicken einladen. Dieser doppelte Blick in den Bildern Caravaggios löscht aber, so Dutoit und Bersani, die traditionelle Verteilung von Objekt und Subjekt des Blicks:

> »a certain activity on the part of the work's subject prevents it from being defined or identified merely as a subject. The work's meaning is what happens at the moment of an engagement—an engagement between the work and the viewer, between the painter and his models, and between the painter and the subject he sets out to treat.«[171]

Von diesem Standpunkt aus wird es unmöglich, definitiv anzugeben, was für Blicke, was für eine Art von Erotik in diesen Bildern liegt; es wird sinnlos, sie etwa als homoerotisch zu beschreiben. Nur gemeinsam mit den je einmaligen Betrach-

---

169 vgl. Teresa de Lauretis, 1991, Queer Theory: Lesbian and Gay Sexualities. In: differences: A Journal of Feminist Cultural Studies, Vol. 3,2, S. III–XVIII; In diesem Sinne beispielhaft Richardson, 2009, The queer cinema of Derek Jarman, Kap. 1, S. 15–46.
170 Gemeint ist hier der Maler, nicht der Film. Bersani; Dutoit, 1998, Caravaggio's Secrets, S. 15.
171 Bersani; Dutoit, 1998, Caravaggio's Secrets, S. 46.

Abb. 4.37 – Michele, Lena und Ranuccio. Einst. aus CARAVAGGIO, Sequ. 30

Abb. 4.38 – Pipo und Jerusaleme. Einst. aus CARAVAGGIO, Sequ. 30

ter_innen produzieren die Bilder für diese je spezifische Artikulation von Blicken so etwas wie Sinn oder Bedeutung. Ich kann mich von den Bildern gemeint fühlen, ich kann mein schwules Begehren von ihnen angesprochen fühlen, ich kann den Blick unter einem Aspekt beantworten, der mit meiner geschlechtlichen oder sexuellen Identität nichts zu tun hat, ich kann einen ikonografischen Blick auf die Bilder werfen, ich kann den Blick des Bildes nicht beantworten, kann mich von ihm gemeint oder gestört fühlen, ich kann einen Blick auf das Bild richten, welchen dieses nicht beantwortet usw. Die Möglichkeiten sind so zahlreich wie die Blicke, die auf die Bilder gerichtet werden. Bersani und Dutoit sehen in dieser Konfiguration in Caravaggios Gemälden einen deutlichen Gegensatz zur maßgeblich von Alberti geprägten Ästhetik der Renaissance,[172] die nicht zuletzt genau

---

172 vgl. ebd., S. 51–53. Das gilt analog auch für die Blickordnungen innerhalb der Gemälde, vgl. etwa die Interpretation der *Gefangennahme Christi*, S. 54–58.

diesen Blick auf die Betrachter_innen verbot und bezeichnen diese Verschiebung als »Caravaggio's move from historical representation to ontological projection.«[173]

Wenn es stimmt, dass die Gemälde Caravaggios als ontologische Projektionen Bedeutungen und Handlungen unter Einbeziehung anderer Personen und Dinge fabrizieren, dann lassen sich die Verfahren und Ergebnisse eines solchen »ontological laboratory«[174] in CARAVAGGIO in Kinoformat erleben und betrachten. Der Film verbindet, wie ich bereits gezeigt habe, zahlreiche Gemälde Caravaggios mit den in ihnen befindlichen und aus ihnen herausragenden Blicken mit den Blicken der Figuren des Films. In einer Szene, in der Michele Ranuccio als *Johannes der Täufer* malt, kommt es zu einer aufschlussreichen Blickkonstellation. Wir sehen hier, wie Michele Lena ein teures Kleid und kostbare Ohrringe schenkt, was zu ihrem ersten Kuss im Film führt. Die Szene wird von Ranuccio aus dem Hintergrund beobachtet, der noch immer für Johannes den Täufer sitzt (Abb. 4.37). Außerdem schauen Pipo, ein weiteres Modell und Jerusaleme, Micheles Helfer, von der anderen Seite des Raumes aus zu (Abb. 4.38). Diese Ordnung des Gegenseitigen Sich-Beobachtens wird durch eine Reihe klassischer Point-of-View-Shots etabliert. So klar die Blicke selbst hier sind, so vielfältig sind ihre Bedeutungen, die sich im Laufe des Filmes immer wieder verschieben. Ursprünglich hatte Michele Lena und Ranuccio zusammen, als Pärchen bei einem Straßenkampf aufgegabelt. Dann erkaufte er sich mit viel Gold zunächst die sexuellen Dienste Ranuccios und beginnt anschließend eine Affäre mit Lena, die schließlich beide Männer verlässt und getötet wird. Am Ende erfahren wir, dass Ranuccio sie getötet hat, was wiederum belegt, dass seine Beziehung zu Michele nicht nur auf kalter Berechnung beruht. Man muss diese komplizierte Story nicht in allen Details verstehen um zu sehen, wie wandelbar und vielgestaltig die Begehren hier sind, die nur ungenügend mit Begriffen wie schwul, homosexuell, heterosexuell, bisexuell, polygam usw. zu beschreiben sind. In der Literatur zum Film ist über diesen Punkt heftig diskutiert worden: Soll man ihn als homosexuell in einem herkömmlichen Sinn verstehen, ist er als homosozial im Sinne Luce Irigarays zu begreifen oder muss man ihn in politischer Absicht als queer bezeichnen. Ich möchte gern der Lesart Timothy Murrays folgen, der sagt: the film »challenges its reader to reflect on, rather than avoid, this fluid slide between homosocial and the homosexual. [...] The film's sometimes-contradictory slide between homosocial and homosexual relations illustrates the instability of any 'gay male political identity'.«[175] Wie aber setzt der Film diese queeren Identitäten ins Bild? Von Laura Mulvey haben wir gelernt, dass die Strukturen des Begehrens im Kino Strukturen der Blicke sind. Und in dieser Hinsicht ist der Film sicherlich queer. So ist der Zuschauende Ranuccio ziemlich seltsam: Von uns als Kinozuschauern selbst als Bild angesehen, hat er doch die Fähigkeit selbst zu blicken: ein blickendes Bild also. Was er sieht, scheint ihn aber

---

173 Bersani; Dutoit, 1998, Caravaggio's Secrets, S. 46.
174 ebd., S. 59.
175 Timothy Murray, 1993, Like a film. Ideological fantasy on screen, camera and canvas. London, New York, S. 134.

nicht weiter zu stören. Er schaut seinen beiden Geliebten beim Küssen zu, ohne etwas zu sagen oder zu reagieren. Während sie von Michele geküsst wird, schaut Lena über dessen Schulter zu den beiden anderen Zuschauern am anderen Ende des Raumes, die ihren Blick sehr freundlich zurückgeben, während sie über etwas ganz anderes sprechen, genaugenommen über die nächste Sequenz des Filmes. Die Frage, was der Blick Ranuccios als Johannes der Täufer aber sagt oder bedeutet, ergibt sich nur, weil wir als Zuschauer_innen genau symmetrisch zu seinem Blick die Szene beobachten können. Wir sehen selbst Michele und Lena und wir sehen, wie Ranuccio die beiden sieht. Nicht erst, wenn die Filmfiguren nacheinander fast alle irgendwann einmal in die Kamera und damit zu uns schauen, verstehen wir, wie das Netz der Blicke unweigerlich in den Kinosaal erweitert ist. Die Blicke werden aber auch immer wieder unterbrochen, umgelenkt, neu justiert. So werden sowohl die Kamera als auch die Blicke einiger Figuren immer wieder von Lichtspiegelungen und -reflexionen geblendet. Während also nach Laura Mulveys klassischer Leseweise einiger Hitchcock-Filme dort durch die Ordnung der Blicke eine stabile heterosexuelle Ordnung des Begehrens etabliert wird, verwerfen hier die vielen kleinen Spielchen und Perversionen der Blicke genau diese Ordnung und ersetzen sie durch eine spielerische Vielheit der Beziehungen.

Inwiefern ist das wichtig für die anachronistische Historiografie des Films? Zunächst ist die Lektüre, die ich eben wiedergegeben habe, und die man ohne weiteres als common sense der Jarman-Literatur bezeichnen kann, eine zutiefst zeitgenössische Sichtweise auf die Identitätspolitiken des Films. Das kann aber umgekehrt nur heißen, dass alle Identitätspolitiken historisch verfertigt sind und selbst eine Geschichte haben und damit zu einem gewissen Teil auch Produkt von Geschichtsschreibung sind. Geschichtsschreibung installiert also immer auch historisch konkrete Identitätsangebote. Der Film macht das an einem letzten Beispiel deutlich. Pipo wird in den Film als Modell für den bereits erwähnten *Amor als Sieger* eingeführt. Die Figur sieht recht androgyn aus und wird im Film als »er« angesprochen. Gespielt wird sie jedoch von einer Schauspielerin mit dem wunderbar uneindeutigen Namen Dawn Archibald. Jarman hatte ursprünglich für diese Rolle nach einem nackten zwölfjährigen Jungen gesucht, der so aussieht wie der Junge auf dem Caravaggio-Gemälde. Aus welchen Gründen auch immer, scheint es für Caravaggio 1602 kein Problem gewesen zu sein, einen solchen Jungen zu malen und das Bild dann zu verkaufen. Jarman jedoch wurde von den Produzenten des Films nachdrücklich dazu aufgefordert, auf diese Besetzung zu verzichten und konnte auch mit der Hilfe von Filmhochschulen und Agenturen keinen entsprechenden Jungen finden.[176] Die Geschichte des phantasmatischen Blicks auf nackte Knaben wird hier visuell kommentiert. Und während wir selbst diese Szene sehen, ist es beinahe unmöglich, die Geschichtlichkeit unseres eigenen Blicks auf diese teilweise sehr lebendigen Körper nicht zu sehen.

Ich unterstreiche die geläufige Bezeichnung des Films als queer hier, weil der Begriff eine ähnlich fragile Stabilität bezeichnet, wie sie für die Funktionsweise

---

176 vgl. Jarman, 1986, Derek Jarman's Caravaggio, S. 75.

des Films als kinemtografische Agentur der Geschichte gilt. Gegen den Begriff queer ist immer wieder in Anschlag gebracht worden, dass gerade seine begriffliche Kondensierung gegen die von ihm gemeinte Offenheit arbeitet. Queere Praktiken und Identitäten, denen an der Aufrechterhaltung von Anschlussmöglichkeiten, einer Vergrößerung der Artikulationen im Netzwerk, gelegen ist, sind also offenbar fortwährend von unerwünschten, panoramatischen Schließungen bedroht. Agenturen sind jene Instanzen, die gerade *gegen* Schließungen dieser Art arbeiten, weil sie eine Vielzahl standardisierter Artikulationsmöglichkeiten bieten. Gleichzeitig sorgt die Begrenztheit ihrer Anschlüsse und Akteure dafür, dass die Artikulationen wohldefiniert bleiben und nicht beliebig wuchern und damit instabil werden.

Schluss

Sucht man für diese Arbeit eine Argumentationsstrategie, so dürfte sie in der Vervielfältigung zu finden sein. Einerseits in der Vervielfältigung der Gegenstände: Ungeachtet der kleinen Zahl untersuchter Filme, führte jeder von ihnen in jenen erweiterten Bereich von Gegenständen, der vielleicht für medienkulturwissenschaftliche Untersuchungen charakteristisch ist. Ein biografischer Film über Johann Sebastian und Anna Magdalena Bach leitet zu Überlegungen zur Bach-Historiografie und deren beider Referenzstrategien. Ein Film über Kleopatra wies den Weg in ein nahezu unüberschaubares Netz aus kommerziellen Körpertechnologien, historischen Darstellungen unterschiedlicher Genres und Techniken. Ein Film über Caravaggio konfrontierte schließlich nicht nur mit barocken Dingkonzeptionen und den Techniken zu ihrer Lesbarmachung, sondern auch mit den umfangreichen Transformationsbewegungen, denen sie zwischen Malerei und Kino ausgesetzt sind. Während die Frage nach dem historiografischen Wissen des Kinos traditionell im Rekurs auf die Ontologie des fotografischen Bildes und dokumentarischen Formen beantwortet wurde,[1] oder aber eine breitere Diskussion in der Besprechung sogenannter experimenteller Kinoformen erfuhr, habe ich mich hier ausdrücklich mit Filmen sowohl aus massenpopulären als auch experimentellen, sowohl dokumentarisch inspirierten als auch fiktionalen Filmen befasst. An die Stelle vorgefertigter epistemologischer Standards, in denen monumentale Hollywoodfilme kaum jemals gegen vordergründig politisch engagiertes Kino bestehen können, habe ich ein gleichberechtigtes Interesse gegenüber den vielfältigen Zuschauer_innen und Produzent_innen all dieser unterschiedlichen Filmarten gesetzt und gezeigt, dass historiografisches Wissen nicht weniger gehaltvoll ist, nur weil es in Netzwerken produziert wird, denen solches traditionell nicht zugesprochen wird. »For every history that is analysed, hundreds and even thousands of other histories, which may take the form of children's books, textbooks, films or theatrical productions, are passed over in silence.«[2] Es kann deshalb nicht genügen einige wenige Filme widerwillig in den Kanon der Historiografie aufzunehmen, nur um dafür die große Masse historiografischer Filme

---

[1] vgl. in diesem Sinn Simon Rothöhler, 2011, Amateur der Weltgeschichte : Historiographische Praktiken im Kino der Gegenwart. Zürich.
[2] Hughes-Warrington, 2007, History Goes to the Movies, S. 31.

von ihm fernhalten zu können. Es muss stattdessen damit gerechnet werden, dass sich die Vorstellungen davon, was historiografische Geltung beanspruchen kann und was nicht, unter den Bedingungen des bewegten Bildes charakteristisch verändern. »If we value some historical practices over others, it is because of historical decisions. And because our views on what history is are themselves historical, they are subject to re-evaluation and change.«[3]

Die Fluchtpunkte der in dieser Arbeit dargestellten kinematohistoriografischen Praktiken sind dabei vielfältig. Einerseits verweisen sie immer wieder auf den historiografisch für den nordatlantischen Raum relativ stabilen und bedeutsamen Umstand der chronologischen Zeit: eine neuzeitliche Technologie, die sich aus verschiedene Praktiken der zeitlichen und räumlichen Messung, der Astronomie, Mathematik und Philologie zusammensetzt. Andererseits befinden sich fast alle historiografischen Verfahren in einem Spannungsfeld zu den im neunzehnten Jahrhundert institutionalisierten historischen Wissenschaften. Im Kino tauchen dabei insbesondere spezifische Bildtechnologien des neunzehnten Jahrhunderts immer wieder auf: tableau vivant und Panorama, Fotografie und in Bewegung versetztes Standbild. Mit Jonathan Crary u. a. lassen sich diese Praktiken einem einigermaßen konsistenten epistemischen Feld zuweisen.

Gleichzeitig öffnet sich jedoch mit dem Kino eine neue historiografische Episteme, die wenigstens durch folgende drei Punkte gekennzeichnet ist. Die relative Neuigkeit der im Kino anzutreffenden Historiografien lässt sich erstens an der veränderten Rolle der Anachronismen ablesen. Während diese nach wie vor die bevorzugten Kritikpunkte traditioneller Historiker_innen sind, produziert das Kino sie massenhaft und auf allen Ebenen fortwährend. Sie sitzen dabei oft nicht schamhaft in der letzten Reihe, sondern stehen center stage und im vollen Licht, wie der Triumphbogen in CLEOPATRA oder die Rouault-Grafik in CHRONIK DER ANNA MAGDALENA BACH. Zu Anachronismen dieser Art im geläufigen Sinn des Wortes kommen die zahlreichen spezifisch filmischen Anachronismen. Die besprochenen Filme führen Zeitschleifen, gegeneinander laufende Zeiten, Ellipsen, stehende, schneller oder langsamer laufende Zeiten ein, in denen die filmisch-historiografischen Materialien in ungewohnte Anordnungen gebracht werden. Damit verbindet sich das zweite Merkmal der kinematohistoriografischen Episteme: All diese anachronistischen Zeitexperimente beruhen auf der technologischen Basis des bewegten Bildes. Angetrieben wird die historiografische Ratio des Kinos vom Mechanismus des Kinematografen. Spätestens in der Projektion der bewegten Bilder beruhen diese ganz und gar auf dem Funktionieren einer Maschine, die ohne weiteres Zutun denkender Menschen ihre Bilder aufführt. Das führt zum dritten Punkt: Die Menschen nämlich, welche die bewegten Bilder sehen, begegnen ihnen deutlich diesseits der Hermeneutik, d. h. als einer Präsenz, die Körper und Sinne betrifft und Sinn- und Bedeutungseffekte niemals jenseits dieser produziert.

---

3   ebd., S. 32.

Um auf diese Ausgangslage zu antworten, in der divergente Genres, vielfältige Gegenstände und zahlreiche Zeitmodelle immer wieder weit über die einzelnen Filme hinausweisen, habe ich einige methodische Hilfsangebote der Actor Network Theory angenommen. Die erste dieser methodischen Hilfen bestand darin, die Vorannahmen möglichst bescheiden zu halten und den Verzweigungen der Filme soweit zu folgen, wie das eben notwendig war; sie nicht ein- oder auszuschließen, weil sie einem bestimmten Genre (nicht) angehörten; die Untersuchung nicht von vornherein auf die Diegese oder die Produktionsbedingungen zu beschränken. Die Filme verlieren damit ihren Charakter als Beispiele für ganze Genres oder Typen und werden zu spezifischen Einzelfällen. Mit CHRONIK DER ANNA MAGDALENA BACH ließ sich zeigen, dass die Referenz auf vergangene Zeiten und Ereignisse kein einmaliger Akt ist, der dann dauerhaft und aus sich heraus Stabilität hat, sondern dass Referenz als Prozess gedacht werden muss, der ständig aufrechterhalten und erneuert werden muss. Dabei können, wie an CLEOPATRA zu sehen war, Geschichtsnetzwerke von enormer Ausdehnung entstehen, die kaum noch zu überblicken sind, die aber dank einer Vielzahl von Akteuren und lokaler Einwirkungen *funktionieren*. Der im Zusammenhang mit CARAVAGGIO eingeführte Begriff der Agentur hat schließlich gezeigt, dass diese Netzwerke jedoch keineswegs endlos sind, sondern im Gegenteil spezifische Umrisse erkennen lassen, die ihre epistemologische Reichweite anzeigen und umfassen.

Anhang

Sequenzprotokoll 1: Shutter Island

Beginn der Sequenz etwa 19m 45sek nach Beginn des Films. Ende der Exposition, nachdem die Figuren DiCaprios und Ruffalos die Zelle Rachel Solandos gesehen, dem Wachpersonal bei der Suche über die Schultern geschaut, das Pflegepersonal und Dr. Cawley befragt haben.

1. *Totale*: Kommandantenvilla von Außen, es regnet, Blitze, Donner, Windgeräusche, wenig (Mond?)-Licht, einige Fenster der Villa sind erleuchtet. Kranschwenk von oben nach unten an der Fassade entlang. Mahlers Fragment eines Klavierquartettes in a-moll beginnt bereits kurz vor Beginn der Einstellung, ragt also in sie hinein.
2. *Halbtotale:* im Inneren der Villa. Kamera fährt mit der gleichen Geschwindigkeit wie in der vorherigen Einstellung in die Tiefe des Bildes. Ein opulent ausgestatteter Raum mit schwerem Teppich, Stuckdecken, unzähligen Lampen. Das Bild ist symmetrisch aufgebaut, in der Mitte hängt eine riesige achtflammige Lampe von der Decke, genau in der Flucht des Raumes und des Bildes steht in Längsrichtung ein Tisch mit einer riesigen nicht näher bestimmbaren Bronzeplastik. Das Bild wird nach rechts und links von schweren roten Vorhängen begrenzt. Dr. Cawley mit Zigarre, Leo und Mark Ruffalo überholen die Kamera und treten ins Bild.
3. *Gegenschuss*, amerikanische Einstellung, Kamera zunächst noch bewegt, dann zum Stillstand kommend, die drei Männer von vorn, DiCaprio, Ruffalo, Dr. Cawley. Während Ruffalo und Dr. Cawley sich über die Räumlichkeiten unterhalten, schaut DiCaprio mit finsterem, misstrauischem Blick umher.
4. *Nahaufnahme* einer aufwendig gearbeiteten Stuckdecke von unten. Musik und Unterhaltung gehen weiter. Schwenk nach unten in den Raum. Rechts vorn im Bild zwei Lampen, links ein roter Sessel, im Hintergrund ein Billardtisch. In den Schwenk hinein Schnitt auf
5. *Nahaufnahme*, DiCaprio, nahezu unbewegt, er schaut sich immer noch schweigend und skeptisch schauend um.
6. *Nahaufnahme*, Fahrt auf einen Phonoschrank der 50er Jahre, der geöffnet ist und in dem sich eine Schallplatte dreht. Der Dialog setzt für einen Moment

aus, die Musik wird lauter. Gegen Ende der Einstellung setzt die Unterhaltung wieder ein. Dr. Cawley erklärt noch immer die Geschichte des Hauses.
7. *wie 3.* die drei Herren setzen sich in Bewegung, auf die Kamera zu, die zurückfährt und die Einstellung ungefähr gleich hält. Ruffalo sagt: »Nice music. Who is that? Brahms?« Dr. Cawley geht nach links aus dem Bild. DiCaprio antwortet: »No.«
8. *Nahaufnahme* auf KZ-Häftlinge. Von einem dumpfen Donner, der von dem Gewitter herrühren könnte, begleiteter Umschnitt auf eine in kühles Blau gefärbte Außeneinstellung. Es schneit leicht. Die Kamera fährt schnell parallel entlang des Stacheldrahtzauns. Während der kurzen Einstellung wird die Musik fortgesetzt. Kein Dialog.
9. *Nahaufnahme* DiCaprio, deutliches Flackern vom Kaminfeuer auf seinem Gesicht. Er blickt unbestimmt in die Ferne. »It's Mahler.«
10. *Halbnahe Einstellung* auf DiCaprio und Ruffalo aus derselben Perspektive wie 9. Über den Schnitt aus dem Hors-champs: »Right, right, Marshal.« Dr. Cawley, ebenfalls aus dem hors-champs, entschuldigt sich und stellt seinen Kollegen, Dr. Jeremiah Naehring vor. Darüber Umschnitt auf
11. *Halbnahe Einstellung* eines roten, samtenen Ohrensessels von hinten in leichter Aufsicht. Die Kamera fährt auf ihn und an ihm vorbei, schwenkt dabei nach links, so dass der darin sitzende Dr. Naehring langsam ins Bild kommt. Als er ganz zu sehen ist, stoppt die Kamera und er sagt: »Quartet for piano and strings, in a minor.«
12. *Gegenschuss.* Halbnahe Einstellung. DiCaprio und Ruffalo betreten das Bild von rechts und schauen offenbar auf Naehring, leichte Froschperspektive.
13. *Halbnahe* auf Dr. Cawley, der an einer anderen Ecke des Raums steht. Er klatscht in die Hände und fragt, was die Herren trinken möchten.
14. *Totale.* Der ganze Raum aus deutlicher Froschperspektive. Links DiCaprio und Ruffalo stehend, in der Mitte Naehring sitzend, rechts Dr. Cawley stehend.
15. *Naehring* wie 11 am Ende.
16. *Gegenschuss* wie 12.
17. *Gegenschuss* wie 11 Naehring
18. *Gegenschuss* wie 12. die beiden
19. *Gegenschuss* wie 11 Naehring
20. *Gegenschuss* wie 12 die beiden
21. *Dr. Cawley* lacht. wie 13
22. *Naehring* wie 11
23. *Gegenschuss* wie 12 die beiden
24. *Dr. Cawley,* wie 13
25. *Naehring* wie 11: »You have outstanding defense mechanisms. You must be quite adept at interrogation.«
26. *Totale* eines anderen Raumes, in dasselbe blaue Licht getaucht wie 8, symmetrisch drei Fenster an der gegenüberliegenden Wand, dazwischen zwei erleuchtete Stehlampen. Ein sehr farbiges Hitler-Porträt hängt zwischen den

beiden linken Fenstern. Weißes und blaues Papier wirbelt von links oben durch den Raum. Im Vordergrund ist deutlich ein schräg in den Raum ragender schwarzer Flügel zu erkennen. Kein Dialog, nur die fortgesetzte Musik.
27. *Nahaufnahme* DiCaprio, er schluckt, sieht nervös auf den Boden, während Naehring über »men like you« zu sprechen beginnt.
28. *Gegenschuss* Naehring wie 11
29. *Gegenschuss* wie 12, die beiden.
30. *Gegenschuss* Naehring wie 11 »Men of violence.«
31. *Gegenschuss* wie 12, die beiden.
32. *Gegenschuss* Naehring wie 11 »You both served overseas, hum?«
33. *Gegenschuss* wie 12, die beiden. Ruffalo: »Well, you know, we were both paper pushers over there.«
34. *Gegenschuss* Naehring wie 11 »No, you were not.«
35. *Anschluss* zu 26. Naheinstellung zur Decke, wirbelndes Papier, Kamera folgt dem Flug des Papiers auf den Boden. Ab hier kein Dialog mehr, aber deutlich vernehmbar die Musik.
36. *Nahaufnahme* eines Formulars, das am Boden in einer sehr roten Flüssigkeit liegt, vermutlich Blut und sogleich beginnt diese aufzusaugen. Ein Stempel mir Reichsadler ist sichtbar, weitere Blätter fallen herab.
37. *Nahaufnahme* einer Lampe und eines Gemäldes im Nazistil (nackte, sitzende Frau), weiter wirbelndes Papier.
38. *Näher* auf die Frau auf dem Gemälde.
39. *Musiktruhe*, derjenigen aus 6. ähnlich, auch die gleiche Einstellung, auch hier dreht sich eine Schallplatte.
40. *näher* auf die Schallplatte.
41. *noch näher*.
42. *noch näher*. fast nur noch Nadel im Bild, deutlich die Rillen. 39–42 sind deutlich auf den Takt der Musik geschnitten und sehr kurz (wesentlich kürzer als eine Sekunde)
43. *Vogelperspektive*, die genau von oben auf den Boden schaut. Ein Mann in grauer Uniform liegt am Boden, ein Bein angewinkelt, weiter fliegende Blätter. Aus seinem Kopf tritt eine riesige sehr rote Blutlache aus. Er bewegt den Kopf leicht.
44. *Totale*, Soldaten, teilweise mit Stahlhelm durchwühlen den Raum, der klar erkennbar derselbe ist wie 26., sie werfen Papier stapelweise in die Luft.
45. *extreme Froschperspektive*. Symmetrischer Blick zu einer schmutzigen Bretterdecke rechts und links von Balken getragene Säulen. DiCaprio mit Stahlhelm, Gewehr über der Schulter tritt ins Bild und blickt nach unten in Richtung der Kamera. Er beginnt sich den Helm zu lösen.
46. *Naehring* wie 11, er analysiert die beiden weiter als Men of Violence.
47. *Gegenschuss* wie 12, die beiden, Naehring weiter aus dem hors-champs. Ruffalo blickt nach Links zu
48. *Dr. Cawley* wie 13.
49. *Naehring* wie 11, »Who raised you, Marhsal?«

50. *Gegenschuss* wie 12, die beiden. DiCaprio: »Me? Wolves.«
51. *Dr. Cawley* wie 13, lacht
52. *Naehring* wie 11 »Very impressive defense mechanisms.« mit Blick zu Dr. Cawley.
53. *Offenbar der Gegenschuss* zu 45, starke Vogelperspektive, ein Mann in Uniform, offenbar derselbe wie in 43, liegt am Boden, blutverschmiertes Gesicht, seine linke Gesichtshälfte ist zerfetzt und blutet. Er zittert stark. Auf seinem Ärmel kann man »DACH« lesen.
54. *Gegenschuss* wie 45, DiCaprio nimmt Helm ab und blickt nach rechts aus dem Bild auf
55. *POV* die Musiktruhe wie 39.
56. *Nahaufnahme*, DiCaprio im Profil. Die Kamera beginnt sofort einen 90° Schwenk um ihn bis er frontal im Bild ist, wütend, entschlossen blickt er in Richtung der Kamera.
57. *Offenbar POV*. Kamerafahrt auf ein Fenster zu, draußen im Schnee liegen in wilden Haufen ausgemergelte Leichen.
58. *Nahaufnahme* DiCaprio, frontal wie am Ende von 56., Blick nach links, er schlägt die Augen nieder auf
59. *POV* wie 53. der Mann am Boden blickt nach rechts, an seinem ausgestreckten Arm entlang, die Kamera folgt dem Blick mit einem Schwenk, eine silbern glänzende Waffe kommt ins Bild, die der Mann am Boden versucht zu erreichen.
60. *Gegenschuss* wie 45. DiCaprio von unten
61. *Nahaufnahme*, Kamera auf dem Boden, das zerfetzte Gesicht von rechts, die Schärfe verlagert sich nach vorn auf seiner Hand und dann die Waffe, nach der er tastet.
62. *wie 53* Mann am Boden von oben. Er wendet den Kopf, versucht ihn verzweifelt zu heben.
63. *Gegenschuss* wie 45, DiCaprio von unten. Verachtender/mitleidiger Blick. Er macht einen Schritt nach vorn auf die Kamera zu.
64. *Nahaufnahme*, Kamera am Boden ähnlich 61. Wildlederstiefel, in Nahaufnahme, einige Schritte nach rechts, die Kamera folgt mit einem Schwenk bis die Waffe aus 59 in starker Nahaufnahme ins Bild kommt. Die Stiefel treten auf die Waffe und ziehen sie von der unscharf im Hintergrund tastenden Hand weg.
65. *wie 53*, Mann am Boden von oben, versucht weiterhin verzweifelt den Kopf zu heben.
66. *Gegenschuss* wie 45, DiCaprio von unten
67. *Gegenschuss* ähnlich 53, nur von weiter oben, so dass unscharf auch DiCaprio von hinten oben ins Bild kommt. Der Mann am Boden lässt den Kopf zurück auf den Boden sinken.
68. *Gegenschuss* wie 45, DiCaprio von unten, er dreht sich langsam um und wendet sich ab. Einsetzender Dialog von Naehring über den nächsten Schnitt hinweg: »Do you believe in God, Marshal?«

69. *Naehring* wie 11
70. *Gegenschuss* wie 12, die beiden, DiCaprio lacht.
71. *Gegenschuss* Naehring wie 11: »No, I'm quite serious.«
72. *Gegenschuss* wie 12, die beiden. DiCaprio, in dt. mit deutlichem Akzent: »Das glaube ich.«
73. *Dr. Cawley*, Halbnahe Einstellung, blickt skeptisch zu
74. *wie 12*, die beiden. DiCaprio fragt Naehring, ob er schonmal ein Death Camp gesehen habe.
75. *Gegenschuss* Naehring wie 11, schüttelt den Kopf.
76. *Gegenschuss* wie 12, die beiden. DiCaprio: dt. »Ein Konzentrationslager. No? Ich, ich war dabei bei der Befreiung von Dachau. Ihr Englisch, ihr Englisch ist sehr gut, fast perfekt.«
77. *Gegenschuss* Naehring wie 11
78. *Gegenschuss* wie 12, die beiden. Ruffalo: »You are German?«
79. *Gegenschuss* Naehring wie 11: »Is legal immigration a crime?«
80. *Gegenschuss* wie 12, die beiden
81. *Dr. Cawley*, ähnlich 73, stumm
82. *Naehring* wie 11, stumm
83. *Nahaufnahme* DiCaprio wie 27. Beendet die Konversation, verlangt Personalakten der Mitarbeiter, schaut zu
84. *Dr. Cawley*, ähnlich 81, nervös
85. *Naehring* wie 11 lehnt das ab
86. *DiCaprio* in halbnaher Einstellung insistiert.
87. *Naehring* wie 11 »Out of the question.«
88. *DiCaprio* in halbnaher Einstellung aber deutlich anders als 86. verliert die Fassung: »Bullshit.« und schlägt auf den Tisch, so dass die Lampe zu seiner rechten wackelt.
89. *Ruffalo* in gleicher Einstellung wie DiCaprio in 88 legt ihm beruhigend die Hand auf die Schulter, er ist angeschnitten im Bild.
90. *DiCaprio* wie 88, geht nach Links aus dem Bild, Kamera folgt mit Schwenk
91. *Dr. Cawley*, halbnah, blickt verstört auf den Boden und seine Zigarre.
92. *Dr. Cawley* von hinten, vor ihm kommen DiCaprio und Ruffalo angelaufen.
93. *Dr. Cawley* wie 91, versucht zu erklären, warum sie die Akten nicht haben können. Leichte Kamerabewegung, DiCaprio kommt rechts sehr unscharf von schräg hinten ins Bild.
94. *Gegenschuss*. Links unscharf Dr. Cawley, in der Mitte etwas zurück Ruffalo, rechts DiCaprio, regt sich auf, zeigt auf Naehring.
95. *Gegenschuss* auf Naehring in seinem Sessel, anders als 11 auf Augenhöhe mit ihm, links unscharf DiCaprios Mantel im Bild.
96. *Gegenschuss* auf Dr. Cawley, wie 91
97. *Gegenschuss* wie 94 Ruffalo und DiCaprio
98. *Gegenschuss* Dr. Cawley wie 91

99. *Gegenschuss* wie 94 Dr. Cawley, DiCaprio verlässt das Bild nach rechts, die Kamera folgt ein klein wenig. Ruffalo und Dr. Cawley bleiben im Bild, Ruffalo schaut ihn noch einmal an.
100. *Totale*, draußen, eine Tür öffnet sich, durch die DiCaprio nach draußen in den nächtlichen Regen stürmt, rechts an der Kamera vorbei, im Hintergrund sehr kurz und undeutlich Ruffalo.
101. *Totale*, Fassade des Hauses, ähnlich 1. nur etwas näher und von der anderen Seite, wieder Kranschwenk von oben nach unten, ein Auto kommt ins Bild, in das DiCaprio und Ruffalo einsteigen.
102. *Halbnahe Einstellung*, Das Innere des Autos von den Vordersitzen nach hinten gesehen, DiCaprio und Ruffalo steigen in das Auto ein. Fahrer sagt über den Schnitt hinweg: »Nice night.«
103. *Das Auto von außen* wie am Ende von 101. fährt nach rechts aus dem Bild, Kamera unbewegt, Schnitt in die Fahrt des Autos hinein.
104. *Nahaufnahme* DiCaprio von hinten durch die regennasse und deshalb die Sicht verzerrende Rückscheibe des Autos, blickt sich skeptisch um.
105. *POV* durch die Scheibe des vom Haus wegfahrenden Autos, deutlich wackelnd, durch die Begrenzung der Scheibe geframt. Vor dem Haus steht Dr. Cawley, Naehring kommt hinzu.
106. *Nahaufnahme* des inneren Rückspiegels, in dem die Augen des Fahrers zu sehen sind, der erklärt, dass die beiden in den Unterkünften der Pfleger untergebracht sind. Im Hintergrund sehr unscharf Lichtreflexe durch das bewegte Auto und den Regen auf der Frontscheibe

Ende der Sequenz nach fast genau 6 Minuten mit einem Schnitt ins Innere der Unterkünfte des Pflegepersonals.

Sequenzprotokoll 2:
Chronik der Anna Magdalena Bach

Ich gebe im Folgenden das Sequenzprotokoll der Einstellungen 78 bis 89 nach Jean-Marie Straub, 1969, *Chronik der Anna Magdalena Bach*. Frankfurt am Main, S. 79–89 wieder.

77. (8,26 m) GROSS: *die Kamera schwenkt von oben nach unten auf der dritten und letzten Seite des Briefes:*

allwißender Zeuge, daß ihn seit vorm Jahr nicht wieder zu sehen bekommen:) Um zu vernehmen, was er gesonnen fernerhin zu thun? Zu bleiben, u. seine LebensArth zu ändern? oder sein fortun anderwerts zu suchen? Ich will nicht gerne, daß Eu: HochEdler Rath mit selbigem soll belastiget seyn, sondern nur noch so viel patience mir ausbitte, biß er wieder zum Vorscheine komme, oder man sonsten erfahren könne, wohin er sich gewendet. Da auch verschiedene creditores sich bey mir gemeldet, ich aber ohne meines Sohnes mündliche oder schriffliche Geständniß zu derenselben Zahlung nicht wohl verstehen kan (wie in allen Rechten gegründet) als ersuche Eu: HochEdlen ganz dienstlich, daß Dieselben die Gütigkeit haben u. genaue Erkundigung seines Aufenthalts einziehen u. mir so dann die sichere Nachricht zu ertheilen belieben mögen, um zu dann die letzte Hand anzulegen, u. zu versuchen ob unter Göttlichem Beystand das verstockte Hertz gewonnen u. zur Erkändniß gebradit werden könne. Da Er auch bißhero das Glück gehabt bey Eu: HochEdlen zu logieren, als will mir zugleich ausbitten mich zu benachrichtigen, ob er seine wenige meublen mit genommen, oder was noch von denenselben vorhanden. In Erwartung baldigster Antwort, auch anwünschung vergnügterer Ferien werde ich haben werde, beharre nebst gehorsamsten Empfehl an Dero Frau Gemahlin Eu: HochEdlen ganz ergebenster Diener

Joh. Seb. Bach.

Leipzig. den 24. May.
1738.

KOMMENTAR (ANNA MAGDALENA): – – selbig arbeiten, daß er lerne erkennen, wie die Bekehrung einig und allein Göttlicher Güte zuzuschreiben. Bernhard aber starb plötzlich in Jena, wo er als Student der Jura immatriculirt war und bei Herrn Johann Nikolaus Bach, Senior aller noch lebenden Bachen, Organisten sowohl an der Universitäts- als Stadtkirche wohnte.

78. (4,84 m) GROSS *auf folgende Titelseite (Originaldrucke):*

Dritter Theil
der
Clavier Ubung
bestehend
in
verschiedenen Vorspielen
über die
Catechismus- und andere Gesänge,
vor die Orgel:
Denen Liebhabern, und besonders denen Kennern von dergleichen Arbeit, zur Gemüths Ergezung
verfertiget von
Johann Sebastian Bach
Koeniglich Pohlnischen, und Churfürstlich Sæchs. Hoff-Compositeur, Capellmeister, und Directore Chori Musici in Leipzig.
In Verlegung des Authoris.

Klavierübung II. Teil, Concerto nach italienischem Gusto, BWV 971, Andante. *(Endend mit Einstellung 80.)*

KOMMENTAR (ANNA MAGDALENA): Jenes Jahr veröffentlichte Sebastian den dritten Teil der Clavier-Uebung, bestehend in verschiedenen Vorspielen über die Catechismus- und andere Gesænge vor die Orgel.

79. (4,54 m) SCHWENK von oben nach unten auf folgender Titelseite (Originaldruck):

Zweyter Theil
der
Clavier Ubung
bestehend in
einem Concerto nach Italiænischen Gusto
und
einer Overture nach Französischer Art
vor ein
Clavicymbel mit zweyen
Manualen.
Denen Liebhabern zur Gemüths-Ergötzung verfertiget,
von
Johann Sebastian Bach
Hochfürstlich Sächßisch Weißenfelßischen Capellmeistern
und
Directore Chori Musici Lipsiensis.
in Verlegung
Christoph Weigel Junioris.

KOMMENTAR (ANNA MAGDALENA): Den zweyten Theil, bestehend in einem Concerto nach Italiænischem Gusto und einer Overture nach Französischer Art vor ein Clavicymbel mit zweyen Manualen hatte er vier Jahre zuvor drucken lassen.

Musikzimmer in der Wohnung des Kantors. Tag.

80. (123,60 m) HALBNAH auf den ‹Studenten der Theologie›, der – als Johann Elias – am zweimanualigen Cembalo sitzt (vor der gedruckten Partitur von 1735) und das Andante des Concerto nach italienischem Gusto spielt.

KOMMENTAR (ANNA MAGDALENA) später einsetzend: Unser lieber guter Herr Vetter Johann Elias Bach, wohlbestallter Kantor in Schweinfurt, wohnte in jenen Jahren bei uns. Er war an der Universität zu Leipzig als Student der Theologie immatriculirt, und ließ sich zugleich von Sebastian in der Music fördern. Und Sebastian hatte ihn mit der Unterweisung meiner drei Söhne, Gottfried Heinrich, Johann Christoph Friedrich und Johann Christian beauftragt. Und der Herr Vetter sollte sie noch zum Tisch des Herrn vorbereiten.

Ende des Andante des Concerto.

Sequenzprotokoll 2: Chronik der Anna Magdalena Bach

Schlafzimmer. Tag.

81. (12,27 m) NAH *auf einen Käfig, in dem ein Hänfling eingesperrt ist.*

KOMMENTAR (ANNA MAGDALENA): Für mich hatte er mehrmals an seine liebe Mutter und Schwester geschrieben, daß sie mir etliche Pflanzen von gelben Nelken überschickten, weil ich eine große Liebhaberin der Gärtnerey war. Und da Sebastian mir einmal referirte, daß er bei einem Herrn Cantor zu Halle einen Hänfling gesehen, welcher durch die geschickte Unterweisung seines LehrMeisters sich besonders im Singen hören ließe, hatte der Herr Vetter nach Halle geschrieben, und diesen Cantor gebeten, seinen Sänger gegen billige Bezahlung an mich – –

82. (6,18 m) HALBNAH *auf sie – krank – im Bett.*

KOMMENTAR (ANNA MAGDALENA): – – zu überlassen. Und da ich mich einmal plötzlich sehr unbaß befand, während Sebastian in Berlin war, Emanuel zu besuchen, und man nicht wußte, ob etwa aus heftigen Wallungen des Geblüths gar ein schleichendes Fieber oder sonsten üble Folgerung entstehen möchte, mußte der Herr Vetter mehrmals an Sebastian schreiben, und ihn in seiner Ruhe und Zufriedenheit stöhren, damit er seine Reise – –

83. (70,78 m) HIMMEL-AUFNAHME: *Himmel mit ziehenden Wolken über den Gipfeln zweier Bäume (Lücke).*

KOMMENTAR (ANNA MAGDALENA): – – beschleunigen möchte.

Kantate BWV 140, Wachet auf, ruft uns die Stimme, Duett 1, Takt 1 bis 36. [Violine piccolo, Violoncello, Orgel (Gustav Leonhardt), Sopran (Knabe), Baß.] *(Gleich nach dem Schluß des Kommentars einsetzend.)*

Seele: Wann kommst du, mein Heil?
Jesus: Ich komme, dein Teil.
Seele: Ich warte mit brennendem Öle.

Ende der 8. Rolle

84. (6,49 m) SCHWENK *von oben nach unten auf folgender Titelseite (Originaldruck):*

Clavier Ubung
bestehend
in einer
ARIA
mit verschiedenen Veränderungen
vors Clavicymbal
mit 2 Manualen
Denen Liebhabern zur Gemüths-
Ergetzung verfertiget von
Johann Sebastian Bach
Königl. Pohl. u. Churf. Sæchs. Hoff-
Compositeur. Capellmeister. u Directore
Chori Musici in Leipzig.
Nürnberg in Verlegung
Balthasar Schmids

KOMMENTAR (ANNA MAGDALENA) *etwas später einsetzend:* Einige Zeit nach seiner Rückkehr ließ er – als eine neue Clavier-Uebung – eine Aria mit dreyssig Variationen vors Clavicymbal mit zweyen Manualen, so von ihm componirt über eine Sarabande aus meinem Clavier-Büchlein, in Kupfer stechen.

Sequenzprotokoll 2: Chronik der Anna Magdalena Bach

Musikzimmer. Abend.

85. (110,78 m) GROSS bis NAH/GROSS:
– erst nur auf die Hände des Kantors, der am zweimanualigen Cembalo sitzt und die 25. Variatio spielt

Goldberg-Variationen, BWV 988, Variatio 25.

KOMMENTAR (ANNA MAGDALENA) gleich nach Beginn der Variatio fortfahrend: Graf Keyserlingk, der Ihrer Russischen Kayserlichen Majestät Ambassadeur am dresdener Hofe war, hatte gegen Sebastian geäußert, daß er gerne einige Clavierstücke haben möchte, für seinen Cembalisten, der ihm während der schlaflosen Nächte etwas vorspielen mußte;

– schwenkt die Kamera auf sein Gesicht hoch (Profil, NAH/GROSS).

und da Sebastian diese Variationen dafür componirt, hatte ihm der Graf ein Geschenk mit einem goldenen Becher gemacht, welcher mit 100 Louis d'or angefüllt war.
Weiter die Variatio allein.

86. (1,54 m) SCHWENK von unten (Erde) nach oben (Sonne): Chantez Mâtines, le jour renaît. aus dem Miserere von Georges Rouault.

Nachhall des Schlusses der Variatio.

Schlafzimmer. Morgen.

87. (3,90 m) NAH/HALBNAH auf sie, die den Fensterladen aufmacht, den Käfig mit dem Hänfling ans Fenster hängt.

88. (6,91 m) HALBNAH auf die Tür:
Es wird an der Tür geklopft.

sie kommt ins Bild, macht auf, der ›Johann Elias‹ erscheint auf der Schwelle:

JOHANN ELIAS: Selbstmord des Konrektors. Er hat sich in dem Zwinger sogleich hinter der Pastor Wohnung an dem Wagnerischen Garten an einer Krause gehangen, und ein Ende genommen mit Schrecken.

318   ANHANG

Orgelempore Nr. 1 als die zu S. Thomae. Tag.

89. (131,66 m) HALBNAH/HALBTOTAL bis NAH:
– erst HALBNAH/HALBTOTAL auf alle Mitwirkenden:
– 1 Sänger (Bassist), 1 Oboist (ob. d. cacc.), 10 Streicher (5 Vl,
2 Vla, 2 Vc, 1 Cb), Organist, und auf den Kantor

Kantate BWV 82, Ich habe genug, letztes Rezitativ
und letzte Arie.

Rezitativ (Baß):
Mein Gott! Wann kommt das schöne: Nun!
Da ich im Frieden fahren werde
Und in dem Sande kühler Erde
Und dort bei dir im Schoße ruhn?
Der Abschied ist gemacht,
Welt, gute Nacht!

KOMMENTAR (ANNA MAGDALENA) *während des
Ariervorspiels*: In den letzten Jahren führte er
einige frühere Kirchenstücke wieder auf.

Arie (Baß):
Ich freue mich auf meinen Tod,
Ach, hätt er sich schon eingefunden.
Da entkomm ich aller Not,

– *fährt die Kamera langsam bis NAH auf den Sänger zu.*

Die mich noch auf der Welt gebunden.

Kurze Pause nach dem Schluß der Arie.

Ende der 9. Rolle.

Sequenzprotokoll 3: Cleopatra

Cleopatra hat sich in einen Teppich gerollt in den Palast zu Caesar schmuggeln lassen. Nach einer ersten Unterredung, in der die politischen Standpunkte und Ziele ausgetauscht wurden, verlässt sie ihn. Er bleibt mit seinen Generälen Agrippa und Rufio zurück. Diese erste Begegnungsszene dauert etwas über 8 Minuten.

1. *Halbtotale* auf einen schwach bläulich beleuchteten Gang, in dem Cleopatra und Apollodorus geräuschlos auf die Kamera zugehen und dann rechts an ihr vorbei. Die Kamera folgt in einem Schwenk nach rechts ihrer Bewegung und legt dabei ein von hinten beleuchtetes, in die Wand eingelassenes farbiges Fenster in der Form eines großen Gesichtes frei. Cleopatra tritt nah an eines der Augen des Gesichtes heran.
2. *Nahaufnahme* des Fensterauges von der anderen Seite. Es werden zwei kleine Löcher in der goßen blauen Pupille geöffnet hinter denen die zwei Augen Cleopatras sichtbar werden. Aus dem Hors champ beginnt Agrippa über Cleopatra aus einer Schrift zu zitieren, die er Cicero zuschreibt.
3. *Gegenschuss,* Totale aus der Vogelperspektive der Augen. Caesar und seine Generäle sitzen um eine Feuerschale, sein Diener Flavius löscht die Lichtfakeln im Raum.
4. *Halbtotale* auf den sitzenden Caesar, Kamera nun auf Augenhöhe, der den Ausführungen Agrippas lauscht. Im Hintergrund Flavius erneut beim Löschen der Fakeln, was die gesamte Beleuchtung dimmt.
5. *Halbtotale* auf Agrippa und Rufio, Agrippa liest weiter aus einer Schriftrolle.
6. *Halbnahe* auf Cleopatra und Apollodorus von hinten wie sie durch die Augenlöcher schaut. Während Agrippa für sie schmeichelhafte Details vorträgt, dreht sie sich mit einem vielsagenden Lächeln zu Apollodorus um.
7. *wie 5,* Agrippa: »Nothing bores me so much as an intelectual.«
8. *wie 4,* Caesar: »Makes you a better admiral, Agrippa.«
9. *wie 5,* Rufio beginnt nun aus einer anderen Schriftrolle zu lesen.
10. *wie 4,* Caesar hört nachdenklich zu, im Hors champ weiterhin Rufio.
11. *wie 5,* Rufio über »her sexual talents that are said to be considerable.«
12. *wie 6,* Rufio im Hors champ »Her lovers, I am told, are listed more easily by number than by name.« Daraufhin stößt Cleopatra Apollodorus etwas weg von dem Fenster.
13. *wie 5,* Rufio weiter.
14. *wie 4,* Caesar hat seinen Blick zu Boden gesenkt.
15. *wie 5,* Rufio spricht Caesar direkt an.
16. *wie 4,* Caesar reagiert »I am sorry Rufio, I wasn't listening.«
17. *wie 5,* Agrippa ergreift das Wort.
18. *wie 4,* Caesar antwortet.
19. *wie 2,* das Auge nah von vorn, Caesar weiter im Hors champ.

20. *wie 3,* die drei Männer erheben sich, Caesar löst die Runde auf und wünscht den beiden Gute Nacht. Sie entfernen sich nach rechts.
21. *Halbnahe* aus der Vogelpespektive auf Caesar allein, er geht nach hinten zu seinem Schreibtisch, die Kamera folgt in einem leichten Schwenk. Im Off setzt leise Filmmusik ein.
22. *Nahaufnahme* auf Augenhöhe auf Caesar, der sich an den Tisch setzt, den Kopf in die Hände nimmt und sich die Augen reibt.
23. *wie 2,* das Auge nah von vorn.
24. *wie 22,* Caesar betrachtet den Ring des ermordeten Pompeius, der an einer Goldkette um seinen Hals hängt und schleudert ihn durch den Raum. Er erhebt sich, die Kamera schwenkt und fährt leicht zurück. Er geht nach links aus dem Bild.
25. *Totale* auf das Zimmer mit Tür, Caesar tritt sehr schnell von rechts ins Bild, offenbar in die Richtung, in die er gerade den Ring geschleudert hat. Fast an der Tür angekommen, ergreift ihn ein Krampf, er führt beide Hände an seinen Hals, erstarrt und ruft nach Flavius.
26. *ähnlich dem Ende von 1,* Cleopatra wendet sich fragend Apollodorus zu und blickt sofort wieder zurück durch das Fenster. Die Musik wird merklich lauter.
27. *Totale ähnlich 3,* nur etwas weiter nach links blickend. Das Zimmer ist fast nur noch vom blauen Mondlicht beleuchtet, das in schmalen Streifen durch vier große torartige Fenster hereinfällt. Caesar ruft mit ersticktem Ton erneut nach Flavius und sinkt auf die Knie.
28. *wie 25,* während Caesar vollends zusammenbricht, öffnet sich die Tür und Flavius kommt hereingerannt.
29. *Halbnahe* auf den am Boden liegenden und in Krämpfen zappelnden Caesar.
30. *wie 25,* Flavius rennt zu einer rechts stehenden Truhe, öffnet sie und nimmt etwas aus ihr heraus.
31. *wie 29,* Flavius dreht Caesar auf den Rücken und steckt ihm ein Holzstück mit weißen Enden quer zwischen die Zähne.
32. *Nahaufnahme* ähnlich 29 nur größer, Caesar mit dem Holz im Mund krampft weiterhin, Flavius hält versucht seine Arme auf den Boden zu drücken.
33. *wie 2,* das Auge nah von vorn.
34. *wie 29,* Flavius kämpft noch immer gegen Caesars Krämpfe.
35. *wie 2,* das Auge nah von vorn, die Augen Cleopatras dahinter ziehen sich zurück und verschwinden im Dunkel.
36. *ähnlich 26,* nur etwas weiter weg. Cleopatra dreht sich langsam um in Richtung Kamera und blickt versonnen zu Boden, Apollodorus verschließt die Öffnung im Fenster und tritt hinter sie.
37. *Halbtotale,* Caesar bäuchlings auf dem Bett, seine Krämpfe haben nachgelassen, Flavius löst seine Bekleidung, die Kamera fährt langsam näher heran. Die Musik kommt zur Ruhe. Überblendung zu
38. *Fahrt auf Cleopatra* an einem großen steinernen Schminktisch, zunächst Halbtotale, am Ende Halbnahe. Sie schaut versonnen nach unten oder in einen großen Spiegel, der direkt vor ihr steht, berührt sich leicht das Gesicht.

Ihre Dienerin Charmian entfernt sich mit einer Verbeugung, im Hintergrund richten Dienerinnen ihr Bett. Es setzt eine neue Musik ein. Überblendung auf

39. *Halbtotale* aus Vogelperspektive auf Caesar in seinem Bett, ruhiger, auf dem Rücken, Flavius tupft im das Gesicht mit einem Tuch. Wieder andere Musik. Überblendung auf

40. *Fahrt* aus einer Totalen in eine Halbnahe in Cleopatras Bad, diese liegt nackt und bäuchlings auf einem großen Stein, ein Tuch bedeckt eines ihrer Beine und die Hälfte ihres Hinterns, während ihr der Rücken massiert wird. Im Hintergrund sind eine Reihe ihrer Sklavinnen damit beschäftigt, zwei runde Becken zu säubern und Badezusätze in sie zu gießen. Rechts sitzt eine Gruppe Sklavinnen, die mit dem blinden Phoebus in eher schrägen Tönen und einer nicht erkennbaren Sprache musiziert. Überblendung auf

41. *Nahaufnahme* auf den friedlich schlafenden Caesar, Kamera schwenkt nach rechts auf Flavius der an seinem Bett sitzt und wacht. Plötzlich in großem Kontrast zum Gesang des Phoebus ruhige Streichermusik. Überblendung zu

42. *Halbnahe* auf Charmian, schlafend am Boden und Fußende von Cleopatras Bett. Die Musik bleibt die gleiche wie in der vorigen Einstellung. Kamerafahrt nach rechts entlang eines halbdurchsichtigen Vorhangs um ihr Bett endet bei Cleopatra, die wach in ihrem Bett liegt und an die Decke starrt. Mit dem Ende der Fahrt und der Einstellung kommt die Musik zur Ruhe und es beginnt ein Flötenmotiv, das in der folgenden Einstellung aufgenommen wird. Überblendung auf

43. *Totale* auf die Gemächer Cleopatras bei Tag, im Vordergrund eine breite Treppe die nach beiden Seiten über den Rand des Bildes hinausgeht, im Hintergrund eine Bibliothek und ein riesiges skulpturales, globenartiges Fenster, das offenbar ein Observatorium darstellen soll (vgl. die Broschüre zum Film). Von rechts kommt schnell Lotos, eine asiatische Dienerin Cleopatras in einem wehenden braunen Gewand herein, sie trägt eine Schüssel hoch erhoben mit beiden Händen. Die Kamera folgt ihrem Weg schräg die Treppen hinab in einer Parallelfahrt. Schließlich kommt sie bei Cleopatra an, die unter einem Sonnenschirm auf einer Steinbank sitzt. Sie trägt ein einfaches türkisfarbenes Gewand, das eines ihrer Beine zu sehen gibt und einen sehr tiefen Ausschnitt hat. Links von ihr steht Charmian. Rechts vier Musikerinnen und Phoebus, der zur Musik Gedichte rezitiert. Lotos stellt die Schüssel auf einen Tisch neben Cleopatra.

44. *Halbtotale* auf Charmian, Cleopatra und Lotos, die an dem Tisch niederkniet und die Speise für Cleopatra vorkostet, die davon keine Notiz nimmt. Nachdem sich Lotos entfernt, fährt die Kamera etwas näher an Charmian und die noch immer unbewegliche Cleopatra.

45. *Halbtotale* auf Phoebus und die Musikerinnen, er unterbricht die Musik mit einer Handbewegung.

46. *wie 44*, Cleopatra blickt nach rechts zu Phoebus und fragt, wieso er aufhört.

47. *wie 45*, Phoebus richtet sich auf: »In the corridor. There is movement.«

48. *wie 44,* Charmian und Cleopatra schauen beide unbestimmt in Richtung der Kamera. Cleopatra: »That's how the Romans frighten their enemy: by stamping their elephant feet.«
49. *wie 45,* Phoebus: »No, this is one man, followed by others. Caesar I would say.«
50. *wie 44,* Cleopatra: »Would you?« Zu Charmian, die einen Schritt herantritt, die Kamera folgt mit einem leichten Schwenk: »We must not disappoint the mighty Caesar. The Romans tell fabulous tales of my bath and handmaidens … and my morals.« Cleopatra erhebt sich und geht nach rechts, die Kamera folgt mit einem Schwenk.
51. *Halbtotale,* Caesar gefolgt von zwei Männern nach links. Die Kamera folgt in schneller Fahrt der Bewegung der drei Männer, die an einer Tür ankommen, die von vier römischen Soldaten und Apollodorus versperrt wird. Nach kurzem Wortwechsel verschafft sich Caesar gegen dessen Einspruch Zutritt. Seine Begleiter lässt er vor der Tür warten.
52. *Totale* auf die geöffnete Tür aus dem Gemach heraus. Caesar tritt ein, sich umschauen, die Tür wird hinter ihm geschlossen. Links führen einigen goldene Stufen zu einer schwarzen Figur hinauf, die Wände sind dort mit zahlreichen goldenen Reliefs bedeckt. Er kommt langsam auf die Kamera zu, die seiner Bewegung nach links mit einem leichten Schwenk folgt. Caesar verharrt kurz mit suchenden Blicken an einer Säule im Vordergrund. Im Hors champ die ganze Zeit der unverständliche und reichlich schief klingende Gesang Phoebus.
53. *Totale,* Point-of-View-Shot aus der Perspektive Caesars. In der Mitte des symmetrischen Bildes liegt Cleopatra nahezu nackt auf einer weiß-goldenen Liege, umgeben von zahllosen Dienerinnen, die ihr Hände und Füße pflegen, zwei riesige Fächer bewegen, musizieren oder einfach nur dasitzen. Links im Vordergrund ihr Schminktisch mit einem hohen goldenen Regal, auf dem zahlreiche Perücken stehen. Eine Tänzerin tritt vor Cleopatra und tanzt eine kurze Figur. Phoebus hat inzwischen begonnen auf English zu rezitieren.
54. *Amerikanische Einstellung* auf Caesar, der mit goldenem Brustpanzer, sein goldenes Schwert mit der linken Hand haltende, schnell nach links schreitet. Die Kamera folgt mit einem Schwenk nach links, der in einem Bild ähnlich 53, nur etwas näher, endet. Niemand bemerkt Caesar, er bleibt vor dem ganzen Ensemble stehen.
55. *ähnlich 54,* nur an einer anderen Stelle des Raumes, Caesar verschränkt die Hände hinter seinem Rücken und grinst, während er die Gruppe vor seinen Augen betrachtet. Im Hors champ nach wie vor Phoebus und die Musik.
56. *Gegenschuss,* Halbtotale auf Cleopatra und ihre Dienerinnen. Mit künstlichem Erschrecken Charmian: »Huh, an intruder, a man.« Sie geht auf ihn zu, sich vor Cleopatra zu stellen. Alle Dienerinnen unterbrechen Ihre Aktivitäten, stehen auf und schauen in Caesars Richtung. Nur Cleopatra bleibt liegen und hebt etwas den Kopf.
57. *Gegenschuss,* wie 55, Caesar schaut ohne etwas zu sagen

58. *Gegenschuss*, Halbnah, selbe Blickrichtung wie 56 nur näher. Cleopatra liegt lasziv und nackt auf ihrer Liege, sie wird notdürftig von einem hautfarbenen halb durchsichtigen Tuch verhüllt: »Oh, it's you.«
59. *Gegenschuss*, wie 55, Caesar: »You well wanted to see me?«
60. *Gegenschuss*, wie 56, während sich die meisten Dienerinnen mit einer Verbeugung entfernen, dreht sie sich auf die Seite, eilig zieht eine Dienerin das Tuch etwas weiter über ihre Seite. Cleopatra: »I *summoned* you yesterday for an audience in my throneroom. I was told I was not permitted to go there.«
61. *Gegenschuss*, wie 55, Caesar antwortet ihr, warum sie nicht in den Thronsaal durfte.
62. *Gegenschuss*, wie 58, setzt sich unter Protest auf und verbittet sich von Caesar in ihrer Bewegungsfreiheit eingeschränkt zu werden. Die Kamera schwenkt mit ihr und behält die Naheinstellung bei.
63. *Gegenschuss*, wie 55, Caesar will gehen.
64. *Gegenschuss*, wie 62, Cleopatra verlangt ihren Thron.
65. *Gegenschuss*, wie 55, er hält inne und wendet sich ihr wieder zu.
66. *Gegenschuss*, wieder wie 58, sie legt sich wieder hin und bemerkt, dass er wohl seine beste Rüstung angelegt habe.
67. *Gegenschuss*, wie 55, er dreht sich weiter zu ihr, kommt auf sie zu, die Kamera folgt mit einer Fahrt. »I'm afraid it's not worn in your honor.«
68. *Gegenschuss*, sehr ähnlich 58, etwas seitlicher, sie legt sich nun wieder auf das Kissen, die Kamera folgt ihr, sie blickt zur Seite, nicht mehr auf Caesar und erzählt ihm, dass sie weiß, dass er die Rüstung trägt, weil er am Morgen das Grab Alexanders besucht hat.
69. *Gegenschuss*, wie 55, er schaut etwas verwundert und fragt sie, woher sie das wisse.
70. *Gegenschuss*, wie 68, sie erzählt weiter, dass er dort geweint hat, sie stützt sich wieder auf ihren Arm, die Kamera schwenkt leicht mit ihr mit. Ihren Blick wieder auf Caesar fragt sie ihn, wieso er dort geweint hat.
71. *Gegenschuss*, etwas näher als 55, er blickt nach unten, hebt den Blick, ohne zu antworten und sieht in die Richtung Phoebus'.
72. *Halbtotale*, selbe Blickrichtung wie 71, links von hinten Charmian und eine weitere blonde Dienerin stehend, Cleopatra nach wie vor liegend, rechts Phoebus, in der Mitte Caesar von vorn. Er macht einige Schritte auf Phoebus zu und fragt: »Is he blind?« Die blonde Dienerin fordert ihn auf, ihm nichts zu tun. Caesar lobt seine Catullrezitation und würde ihm deshalb nie etwas tun. Cleopatra versteht nicht, wieso er Catull nicht umbringen lässt, obwohl dieser ihm doch nicht wohlgesinnt sei. Caesar schätzt ihn dennoch. Cleopatra richtet sich wieder auf, so dass ihr nackter Rücken gut zu sehen ist. Sie warnt Caesar, das Achillas mit seiner Armee den Angriff auf Alexandria plane.
73. *Gegenschuss*, Halbtotale, Cleopatra nun von vorn, Caesar seitlich von hinten. Sie sagt vorher, dass Achillas den Palast bald völlig umzingelt habe.
74. *Halbnah*, ähnlich 71, Caesar: »Except to the sea.«

75. *Gegenschuss,* Cleopatra nah, ähnlich 62, sie, süßlich: »You plan to sail away, great Caesar?«
76. *Gegenschuss,* wie 74, Caesar: »Not for the time being.«
77. *Gegenschuss,* wie 75, sie unterstreicht mit Furor, dass Achillas jeden Moment angreifen könnte.
78. *Gegenschuss,* wie 74, Caesar: »Very propable.«
79. *wie 73,* wütend stellt sie in Frage, wie er behaupten könnte, den Palast gegen eine solche Übermacht zu verteidigen.
80. *wie 74,* seine Offiziere seien sich über den genauen Angriffstermin nicht einig. Er fragt nach ihrer Meinung.
81. *wie 68,* sie zählt auf, was ihm und seinen Soldaten alles passieren könnte
82. *wie 74,* er wenig bewegt, während sie weiter aufzählt
83. *wie 68,* »A few days, Caesar, at the most, a few days.«
84. *wie 74,* er mit süffisantem Lächeln: »I'm inclined to agree to you.« Er blickt dann wieder in Phoebus' Richtung und fragt: »Young man, do you know this of Catullus? 'Give me a thousand and a thousand kisses / When we have many thousand more, we will scramble them and forget the score, so evil envy will not know how high the count … and cast its evil eye.'« Während er rezitiert fährt die Kamera leicht zurück bis Cleopatra und die blonde Dienerin ins Bild kommen, Caesar geht zu dieser und küsst sie nach seinen letzten Worten auf den Mund. »It couldn't possibly have been as pleasant in the throne room.« Dann geht er nach rechts aus dem Bild.
85. *ähnlich 73,* Charmian beginnt Catull gegen Caesar zu zitieren: »My desire to please you, Caesar, is very slight.« Worauf Cleopatra nur sagt: »Be still!«

Als nächstes sehen wir Caesar und seine Begleiter außerhalb von Cleopatras Gemächern davon marschieren, wo sie auf andere Offiziere treffen.

Die 85 Einstellungen dauern im Film knapp über 9 Minuten.

Sequenzprotokoll 4: Caravaggio

Zwei Sequenzen am Beginn des letzten Drittels von CARAVAGGIO, die in Derek Jarman, 1986, *Derek Jarman's Caravaggio*. London. als Nr. 37 und 38 bezeichnet werden. Das in diesem Buch enthaltene, von Jarman kommentierte Drehbuch entspricht im Bezug auf die Sequenzen dem Film. Einige Dialoge, die in diesem Drehbuch noch enthalten sind, wurden offenbar für den Film später entfernt.

Sequenz 37

1. *Nahaufnahme* zweier weiblicher Hände, die ineinander ruhend im Schoß einer Frau liegen. Die Frau trägt reich verzierte Röcke in grün und braun. Im Hintergrund, unscharf hat sie eine rote Schleife um die Taille gebunden. Auf der Tonspur Gewittergeräusche, die noch aus der vorangehenden Einstellung nachhallen. Langsame Überblendung zu
2. *Nahaufnahme* von Lenas Kopf, von uns aus gesehen leicht nach rechts gebeugt, die Augen niedergeschlagen, bewegungslos. Die roten Haare sind glatt und offen, nur auf der linken Seite ist ein Knoten angedeutet. Auf der Tonspur sind schwach Pinselstriche auf einer Leinwand zu hören. Es beginnt ein Geräusch wie von zwei aufeinander reibenden Steinen mit der langsamen Überblendung zu
3. *Nahaufnahme* auf ein am Boden stehendes Glasgefäß mit einer gelben Flüssigkeit, eine Perlenkette und zwei Perlenohrringe. Die Umrisse oder der Standort dieser vier Gegenstände sind mit blauer Kreide auf dem Boden bezeichnet. Es liegt etwas Schmutz und Stroh herum. Das Glasgefäß ist hell erleuchtet. In seiner Oberfläche spiegeln sich deutlich punktförmige Scheinwerfer von links. Auf der rechten Seite zeichnet sich ein halbtransparenter Schatten des Gefäßes auf dem Boden ab, sowie das farbige, durch die gelbe Flüssigkeit gebrochene Licht. In dem Gefäß ist rechts verzerrt die Perlenkette zu sehen. Das Steingeräusch unterbricht kurz und setzt wieder ein mit der langsamen Überblendung zu
4. *Halbtotale*, die die drei vorhergehenden Einstellungen vereint. Lena sitzt unbewegt auf einem Stuhl, auf der linken Seite am Boden steht das Glasgefäß, daneben die Kette. Helles Licht von Links. Im Hintergrund eine unbestimmt dunkle Wand. Das mahlende Steingeräusch fährt fort. Die Einstellung sieht aus wie Caravaggios Reuige Magdalena von 1594. Schnitt zu
5. *Nahaufnahme* auf den malenden Michele. Links, etwas unscharf und leicht zurückgesetzt die Leinwand mit der halbfertigen Reuigen Magdalena. Michele blickt abwechselnd nach links, offenbar zur modellsitzenden Lena, und dann auf seine Leinwand und setzt einige Pinselstriche, was die gespannte Leinwand in Bewegung versetzt. Er legt den Pinsel weg und nimmt einen

Zug aus seiner Zigarette. Blick aus dem Bild nach links. Die ganze Zeit das Geräusch der mahlenden Steine im Hintergrund. Schnitt auf
6. *wie 4.* Lena als Modell der Maria Magdalena. Schnitt auf
7. *Halbtotale.* Jerusaleme sitzt vor einem einfachen Tisch mit Malutensilien, Glasflaschen, einer Steinschüssel, einem großen Tonkrug. Auf dem Tisch steht ein angeschnittenes sehr großes halbfertiges Gemälde, auf dem lediglich zwei Füße zu erkennen sind. Jerusaleme blickt zunächst in scheinbarer Erwiderung Micheles Blick nach rechts und widmet sich dann wieder dem großen Mörser, den er auf dem Schoß hat und der die Quelle des Mahlgeräusches ist, das die ganze Zeit zu hören war. Schnitt auf
8. *Nahaufnahme* des Mörsers von oben. Darin befinden sich sehr fein zermahlene erdrote Pigmente. Jerusaleme unterbricht das Mahlen, greift mit der Hand in die Pigmente, prüft ihre Konsistenz mit seinen Fingern und setzt das Mahlen fort. Schnitt auf
9. *wie 5.* der malende Michele. Nach einigen Pinselstrichen und prüfenden Blicken fragt er: »Do you wanna stop for a while?« Schnitt auf
10. *wie 2.* Lenas Kopf. Sie antwortet nicht, bleibt unbewegt. Schnitt auf
11. *wie 7.* der sitzende Jerusaleme blickt mit etwas sorgenfaltiger Stirn nach rechts und unterbricht das Mahlen erneut. Schnitt auf
12. *wie 5.* Michele legt den Pinsel weg und geht nach links aus dem Bild. Schnitt in die Bewegung auf
13. *wie 4.* Lena als Modell, Michele geht von rechts ins Bild zu Lena hin, hockt sich neben den Stuhl. Schnitt auf
14. *ähnlich 2,* jedoch aus einer etwas veränderten Perspektive, etwas weiter von rechts. auf der rechten Seite Micheles Kopf von hinten. Er fragt: »Lena?« Schnitt auf
15. *Nahaufnahme.* Gegenschuss zu 14. Lenas Kopf links im Bild, unscharf von hinten, rechts Michele von vorn. Er blickt auf, nach rechts aus dem Bild: »Bring some water.« Schnitt auf
16. *wie 7.* Jerusaleme stellt den Mörser beiseite und steht auf. Schnitt in die Bewegung auf
17. *wie 15.* Lena bewegt ihren Kopf, nimmt einen Zug von ihrer Zigarette. Michele fragt: »What's wrong with my Magdalen?« Die Frage reicht leicht in die nächste Einstellung hinein.
18. *wie 14.* Lena läuft eine Träne über die Wange. Sie lacht. »It's my child.«
19. *wie 15.* Michele sieht sie an, sagt nichts.
20. *wie 14.* Lena: »I'm pregnant.« Im selben Augenblick hört man einen Krug zu Bruch gehen.
21. *wie 15.* Michele sieht auf das Geräusch des zerbrechenden Kruges hin nach rechts.
22. *Nahaufnahme* eines gerade noch zerbrechenden Tonkruges mit Wasser am Boden.
23. *Nahaufnahme* Jerusaleme, blickt nach unten, hebt die Hände, lacht verlegen.
24. *wie 15.* Michele sieht noch immer zu Jerusaleme

25. *wie 14.* Lenas Lächeln verschwindet langsam
26. *Blick über die Schulter* Jerusalemes nach unten auf den Boden. Der Krug fällt in leichter Zeitlupe auf den Boden und zerschellt, das Wasser ergießt sich in alle Richtungen. Auf der Tonspur ist davon nichts zu hören. Stattdessen dieselbe Cembalo-Musik von Frescobaldi, die Cardinal del Monte früher im Film einmal auf einem Cembalo gespielt hat. Die Musik hängt hinüber in

Sequenz 38.

27. *Halbtotale* eines undeutlich zu erkennenden Raums aus leichter Vogelperspektive, sehr dunkel, nur von einem undeutlichen blauen Licht beleuchtet. Kardinal del Monte tritt aus einem Durchgang im Hintergrund und kommt nach vorn, die Kamera schwenkt leicht nach unten um ihn im Bild zu halten.
28. *Halbtotale,* offenbar Gegenschuss zu 27, Jerusaleme, der in eine Decke gehüllt auf einem hohen, mit Stroh belegten Bett liegt, hinter ihm ein mit Brettern verschlossenes Fenster, durch dessen Spalten andeutungsweise Licht dringt. Rechts steht eine Holzleiter. Er stützt den Kopf in seine Hände und schaut. Weiterhin die Cembalo-Musik
29. *wie 27.* Der Kardinal schaut sich um und macht einige Schritte nach rechts. Die Kamera schwenkt noch etwas nach unten und wir erkennen den Stuhl, auf dem Lena als Maria Magdalena Modell gesessen hatte. Glasgefäß und Perlenkette liegen noch immer da. Der Kardinal hebt beide auf und betrachtet sie. Die Musik endet vor der Einstellung. Hundegebell.
30. *Nahaufnahme* auf den Kardinal im Profil mit dem gefüllten Glasgefäß und der Kette in der Hand. Von links das blaue Licht zu dem er aufschaut. Indem er seinen Blick senkt, dreht er sich frontal zur Kamera. Im Glasgefäß bricht sich das Licht sowie das purpurne Gewand des Kardinals sowie ein hell erleuchtetes kleines Fenster. Er bückt sich nach unten aus dem Bild heraus, offenbar um das Gefäß wieder abzustellen.
31. *wie 28.*
32. *wie 29.* der Kardinal stellt das Gefäß wieder am Boden ab und drapiert die Perlenkette ungefähr so, wie sie vorher lag. Er nimmt eine Hand voll des Sandes vom Boden auf, streckt seinen Arm vor sich aus und lässt den Sand langsam zu Boden rieseln, der in dem Licht ebenfalls weiß-blau aussieht. Er macht eine Handbewegung, wie um den restlichen Sand von der Hand abzustreifen und geht nach unten aus dem Bild heraus. Im Bild noch kurz der leere Stuhl, über dem das Gewand Lenas liegt sowie Gefäß und Kette am Boden. Hundegeheul.

Filmverzeichnis

Barry Lyndon, UK/USA 1975, Stanley Kubrick.
Caravaggio, UK 1986, Derek Jarman.
Chronik der Anna Magdalena Bach, D/IT 1968,
    Jean-Marie Straub, Danièle Huillet.
Cleopatra, UK/USA/CH 1963, Joseph L. Mankiewicz.
Cleopatra – The Film that changed Hollywood, USA 2001,
    Kevin Burns, Brent Zacky.
Das Testament des Dr. Mabuse, D 1933, Fritz Lang.
Gladiator, USA/UK 2000, Ridley Scott.
Shutter Island, USA 2010, Martin Scorsese.
The Birth of a Nation, USA 1915, David Wark Griffith.

Literaturverzeichnis

20th Century-Fox Corporation (Hg.), 1963, *Cleopatra*. New York.
Michele Aaron (Hg.), 2004, *New Queer Cinema : A Critical Reader*. Edinburgh.
Theodor W. Adorno, 1951/2003, Bach gegen seine Liebhaber verteidigt. In: Ders., 2003, *Gesammelte Schriften.* hg. v. Rolf Tiedemann. Bd. 10/I : *Kulturkritik und Gesellschaft.* Frankfurt am Main, S. 138–151.
Anonymus, 1963, 'Cleopatra' Barges In — At Last. In: *LIFE*, Vol. 54, Nr. 16, 19. April 1963, S. 72–81.
Anonymus, 1964, Necklines Take the Plunge. In: *LIFE* Vol. 56, Nr. 1, S. 70.
Michail W. Alpatov, 1938/1974, »Der Tod des Marat« von J. L. David. In: *Studien zur Geschichte der westeuropäischen Kunst.* Köln, S. 276–291.
Svetlana Alpers, 1976, Describe or Narrate? A Problem in Realistic Representation. In: *New Literary History* 8 (1976), Nr. 1, S. 15–41.
Svetlana Alpers, 1983/1985, *Kunst als Beschreibung : Holländische Malerei des 17. Jahrhunderts.* Köln.
Svetlana Alpers; Michael Baxandall, 1994/1996, *Tiepolo und die Intelligenz der Malerei.* Berlin.
Alicia Annas, 1987, The Photogenic Formula: Hairstyles and Makeup in Historical Films. In: Edward Maeder (Hg.), 1987, *Hollywood and history : costume design in film.* London u. a., S. 52–77.
Alicia Annas; Satch LaValley; Edward Maeder, 1987, The Three Faces of Cleopatra. In: Edward Maeder (Hg.), 1987, *Hollywood and history : costume design in film.* London u. a., S. 43–51
Raymond Aron, 1938/1981, *Introduction à la philosophie de l'histoire : Essai sur les limites de l'objectivité historique.* Paris.
Carl Philipp Emanuel Bach u. a., 1754/1972, Nekrolog auf Johann Sebastian Bach. In: Hans-Joachim Schulze, 1972, *Bach-Dokumente III : Dokumente zum Nachwirken Johann Sebastian Bachs 1750–1800.* Kassel u. a.
Johann Sebastian Bach, 1747/1977, *Musicalisches Opfer BWV 1079. Fotomechanischer Nachdruck der Originalausgabe Leipzig 1747.* hg. v. Christoph Wolff, Leipzig.
Johann Sebastian Bach, 1963, Neue Ausgabe sämtlicher Werke (NBA), Suppl. Bd. I: *Bach-Dokumente. Schriftstücke von der Hand Johann Sebastian Bachs.* Leipzig. (= Bach-Dokumente 1).
Johann Sebastian Bach, 1969, Neue Ausgabe sämtlicher Werke (NBA), Suppl. Bd. II: *Bach-Dokumente. Fremdschriftliche und gedruckte Dokumente zur Lebensgeschichte Johann Sebastian Bachs 1685–1750.* Kassel u. a. (= Bach-Dokumente 2)
Ernst Badstübner, 1996, Die Wartburg : Historisches Bauwerk und gebautes Geschichtsmonument. In: Kuratorium Schloß Ettersburg e. V. (Hg.), 1996, *Ettersburger Hefte* 4. Weimar, S. 6–34
Friedrich Balke; Harun Maye; Leander Scholz (Hg.), 2009, *Ästhetische Regime um 1800.* München.

Moshe Barasch, 2003, Das Detail in der Malerei. In: Wolfgang Schäffner; Sigrid Weigel; Thomas Macho (Hg.), 2003, »*Der liebe Gott steckt im Detail*« : *Mikrostrukturen des Wissens*. München, S. 21–42.

Max Baumgärtel (Hg.), 1907, *Die Wartburg : ein Denkmal Deutscher Geschichte und Kunst* ; dem deutschen Volke gewidmet von Großherzog Carl Alexander von Sachsen ; dargestellt in Monographien von Carl Alexander Großherzog von Sachsen-Weimar-Eisenach, Richard Voß, Karl Wenck, Paul Weber, Ernst Martin, Wilhelm Oncken, Max Baumgärtel, Otto von Ritgen, August Trinius ; in 706 authentischen Abbildungen im Text und auf 54 Tafeln. Berlin.

Fritz Baumgart, 1955, *Caravaggio : Kunst und Wirklichkeit*. Berlin.

Ilse Becher, 1966, *Das Bild der Kleopatra in der griechischen und lateinischen Literatur*. Berlin.

Giovanni Pietro Bellori, 1672, *Le Vite de' pittori, scultori e architetti moderni*. Rom.

Walter Benjamin, 1942, Über den Begriff der Geschichte. In: Ders., *Gesammelte Schriften*. Bd. I.2. hg. v. Rolf Tiedemann u. Hermann Schweppenhäuser. Frankfurt am Main, S. 691–704.

Leo Bersani; Ulysse Dutoit, 1998, *Caravaggio's Secrets*. Cambridge, Mass, London.

Leo Bersani; Ulysse Dutoit, 1999, *Caravaggio*. London.

Carl Hermann Bitter, 1865, *Johann Sebastian Bach*. Berlin.

P. B. M. Blaas, 1988, *Anachronisme en historisch besef : Momenten uit de ontwikkeling van het Europees Historisch Bewustzijn*. Den Haag.

Manfred Blank; Jean-Marie Straub; Danièle Huillet, 1984, Wie will ich lustig lachen, wenn alles durcheinandergeht : Danièle Huillet und Jean-Marie Straub sprechen über ihren Film Klassenverhältnisse. In: *Filmkritik* 28 (1984), Nr. 9/10, S. 269–282.

Ursula Böser, 2004, *The Art of Seeing, the Art of Listening : The Politics of Representation in the Work of Jean-Marie Straub and Danièle Huillet*. Frankfurt am Main.

Tilman Borsche, 2003, Die rückwirkende Kraft der Geschichte. In: Andreas Speer (Hg.), 2003, *Anachronismen*. Würzburg, S. 51–70.

Arno Borst, 1973, Das historisches Ereignis. In: Reinhart Koselleck; Wolf-Dieter Stempel (Hg.), 1973, *Geschichte – Ereignis und Erzählung*. München, S. 536–540.

Philippe Boyer, 2004, Cléopâtre ou les vertus de l'infortune. In: Claude Ritschard; Allison Morehead; Musée Rath Genève (Hg.), 2004, *Cléopâtre dans le miroir de l'art occidental*. Genf, S. 25–34.

Werner Breig, 1999, Johann Sebastian Bach. In: Ludwig Finscher (Hg.), 1999, *Die Musik in Geschichte und Gegenwart. Allgemeine Enzyklopädie der Musik*. Zweite, neubearbeitete Ausgabe (MGG2). Personenteil, Bd. 1 Aa–Bae. Kassel u. a., Sp. 1397–1535.

Eduard Brinckmeier, 1882, *Praktisches Handbuch der historischen Chronologie aller Zeiten und Völker, besonders des Mittelalters*. 2., vollständig umgearbeitete und vermehrte. Aufl. Berlin. (unveränderter Nachdruck, Akademische Druck- und Verlagsanstalt Graz 1973).

Jack Brodsky; Nathan Weiss, 1963, *The Cleopatra Papers*. New York.

Robert Burgoyne, 1997, *Film nation : Hollywood looks at U.S. history*. Minneapolis u. a.

Peter Burke, 2001, *Eyewitnessing*. London.

John Butt, 2005, Bach in the twenty-first century: re-evaluating him from the perspective of performance. In: Joachim Lüdtke (Hg.), 2005, *Bach und die Nachwelt. Bd. 4: 1950–2000*. Laaber, S. 169–181.

Barton Byg, 1995, *Landscapes of Resistance : The German Films of Danièle Huillet and Jean-Marie Straub*. Berkeley, Calif u. a.

Matteo Campagnolo, 2004, La monnaie conserve les traits de Cléopâtre. In: Claude Ritschard; Allison Morehead; Musée Rath Genève (Hg.), 2004, *Cléopâtre dans le miroir de l'art occidental*. Genf, S. 21–23.

David Carrier, 1987, The Transfiguration of the Commonplace. Caravaggio and his Interpreters. In: *Word & Image* 3 (1987), Nr. 1, S. 41–73.

David Carrier, 1991, Caravaggio: The Construction of an Artistic Personality. In: Ders., 1991, *Principles of Art History Writing*. University Park, S. 48–79.

Stanley Cavell, 1971/1979, *The World Viewed. Reflections on the Ontology of Film*. Enlarged edition. Cambridge, Mass, London.

Stanley Cavell, 1978/1984, What becomes of things on film? In: Ders., 1984, *Themes out of School*. San Francisco, S. 173–183.

Michel de Certeau, 1975/1991, *Das Schreiben der Geschichte*. Frankfurt am Main u. a.

Michel Chion, 1982/1993, *La voix au cinéma*. Paris.

Michel Chion, 1985/1992, *Le son au cinéma*. Paris.

Keith Christiansen, 2000, Lute Player. In: Rossella Vodret Adamo; Accademia Carrara (Hg.), 2000, *Caravaggio. La luce nella pittura lombarda*. Mailand, S. 202.

Pam Cook, 1996, *Fashioning the nation : costume and identity in British cinema*. London.

Jonathan Crary, 1990/1996, *Techniken des Betrachters*. Dresden, Basel.

Georg von Dadelsen, 1983, Anmerkungen zu Bachs Parodieverfahren. In: Wolfgang Rehm (Hg.), 1983, *Bachiana et alia musicologica. Festschrift für Alfred Dürr*. Kassel u. a., S. 52–57.

Gilles Deleuze, 1983/1998, *Das Bewegungs-Bild : Kino 1*. Frankfurt am Main.

Gilles Deleuze, 1985/1999, *Das Zeit-Bild : Kino 2*. Frankfurt am Main.

Jacques Derrida, 1967/1998, *Grammatologie*. Frankfurt am Main.

Georges Didi-Huberman, 1990/1995, *Fra Angelico : Unähnlichkeit und Figuration*. München.

Georges Didi-Huberman, 2000, *Devant le temps : histoire de l'art et anachronisme des images*. Paris.

Georges Didi-Huberman, 2002, *L'Image survivante : Histoire de l'art et temps des fantomes selon Aby Warburg*. Paris.

Georges Didi-Huberman, 2003/2007, *Bilder trotz allem*. München

Diedrich Diederichsen, 2010, In der Hochzeit des kalten Krieges. In: http://www.taz.de/!48381/ (Aufgerufen am 08.12.2011).

Mary Ann Doane, 1989, The Economy of Desire : The Commodity Form in/of the Cinema. In: *Quarterly Review of Film & Video*. Vol. 11 (1989), S. 23–33.

Mary Ann Doane, 2002, *The Emergence of Cinematic Time*. Cambridge, Mass, London.

Stefan Drees; Kurt von Fischer, 1998, Variation. In: Ludwig Finscher (Hg.), 1998, *Die Musik in Geschichte und Gegenwart. Allgemeine Enzyklopädie der Musik*. Zweite, neubearbeitete Ausgabe (MGG2), Sachteil, Bd. 9. Kassel u. a., Sp. 1238–1284.

Alfred Dürr, 1957, Zur Chronologie der Leipziger Vokalwerke J. S. Bachs. In: Bach-Jahrbuch 44 (1957), S. 5–162.

Herman L. Ebeling, 1937, The Word Anachronism. In: *Modern Language Notes*, Vol. 52, Nr. 2 (Feb., 1937), S. 120–121.

Sybille Ebert-Schifferer, 2009, *Caravaggio. Sehen – Staunen – Glauben. Der Maler und sein Werk*. München.

David Eldridge, 2006, *Hollywood's history films*. London u. a.

Thomas Elsaesser, 1986, The New Film History. In: *Sight and Sound*, Vol. 55, Nr. 4, S. 246–251.

Thomas Elsaesser, 2004, The New Film History as Media Archeology. In: *CiNéMAS*, Vol. 14 (2004), Nr. 2–3, S. 75–117.

Thomas Elsaesser, 2009, *Hollywood heute : Geschichte, Gender und Nation im postklassischen Kino*. Berlin.

Thomas Elsaesser; Malte Hagener, 2007, *Filmtheorie zur Einführung*. Hamburg.
Andi Engel, 1975, Andi Engel talks to Jean-Marie Straub, and Danièle Huillet is there too. In: *Enthusiasm*, 1975, Nr. 1, S. 1–25.
Lorenz Engell; Joseph Vogl, 2001, Editorial. In: *Archiv für Mediengeschichte* 1 (2001), S. 5–8.
Lorenz Engell, 2008, Eyes Wide Shut. Szenen kinematographisch verteilter Handlungsmacht. In: Ilka Becker; Michael Cuntz; Astrid Kusser (Hg.), 2008, *Unmenge : Wie verteilt sich Handlungsmacht?* München, S. 75–92.
Lorenz Engell, 2010, Die Agentur des Glücks. In: Ders., 2010, *Playtime*. Münchener Film-Vorlesungen. Konstanz, S. 83–112.
Lorenz Engell, 2010, Kinematographische Agenturen. In: Ders.; Jiri Bystricky; Katerina Krtilová (Hg.), 2010, *Medien denken : Von der Bewegung des Begriffs zu bewegten Bildern*. Bielefeld, S. 137–156.
Lucien Febvre, 1968/2002, *Das Problem des Unglaubens im 16. Jahrhundert : Die Religion des Rabelais*. Stuttgart.
Marc Ferro, 1977, *Cinéma et histoire*. Paris.
Michael Finkelman; Hans-Otto Korth, 1997, Oboe. In: Ludwig Finscher (Hg.), 1997, *Die Musik in Geschichte und Gegenwart. Allgemeine Enzyklopädie der Musik*. Zweite, neubearbeitete Ausgabe (MGG2), Sachteil, Bd. 7. Kassel u. a., Sp. 509–556.
Ludwig Finscher, 1969, Zum Parodieverfahren bei Bach. In: Martin Geck (Hg.), 1969, *Bach-Interpretationen. Festschrift für Walter Blankenburg*. Göttingen, S. 94–105.
Kurt Flasch, 2002, Nachwort: Lucien Febvre und der Unglaube im 16. Jahrhundert. In: Lucien Febvre, 1968/2002, *Das Problem des Unglaubens im 16. Jahrhundert : Die Religion des Rabelais*. Stuttgart, S. 506–536.
Vilém Flusser, 1993, Eine korrigierte Geschichtsschreibung. In: Ders., 1993, *Nachgeschichte : Eine korrigierte Geschichtsschreibung*. Bensheim, Düsseldorf, S. 263–269.
Sabine Folie; Michael Glasmeier, 2002, Atmende Bilder. Tableau vivant und Attitüde zwischen »Wirklichkeit und Imagination«. In: Dies., 2002, *Tableaux Vivants : Lebende Bilder und Attitüden in Fotografie, Film und Video*. Ausstellungskatalog Kunsthalle Wien. Wien, S. 9–52.
Johann Nikolaus Forkel, 1802, *Ueber Johann Sebastian Bachs Leben, Kunst und Kunstwerke*. Leipzig. (Reprint hg., kommentiert und mit Registern versehen von Axel Fischer. Kassel 1999).
Michel Foucault, 1971/2002, Nietzsche, die Genealogie, die Historie. In: Ders., 2002, *Schriften in vier Bänden. Dits et Ecrits*. Bd. II 1970–1975. hg. v. Daniel Defert u. François Ewald. Frankfurt am Main, S. 166–190.
George MacDonald Fraser, 1989, *The Hollywood history of the world : film stills from the Kobal Coll*. London u. a.
Freunde der Wartburg e. V. (Hg.), 1924, *Carl Alexander und die Wartburg in Briefen an Hugo von Ritgen, Moritz von Schwind und Hans Lucas von Cranach*. Hannover (Hefte der Freunde der Wartburg e. V. Eisenach Nr. 2).
Conrad Freyse, 1933, *Eisenacher Dokumente um Sebastian Bach*. Leipzig.
Vladimir Frömke, 2008, *Moritz von Schwinds Sängerkriegsfresko auf der Wartburg : die historischen Quellen und deren Auslegung in der Kunst des 19. Jahrhunderts*. Frankfurt am Main.
Péter Fülöp (Hg.), 1995, *Mahler Discography*. New York.
Daniel Fulda, 1996, *Wissenschaft aus Kunst : Die Entstehung der modernen deutschen Geschichtsschreibung 1760–1860*. Berlin, New York.
Peter Galison, 2002/2003, *Einsteins Uhren, Poincarés Karten : Die Arbeit an der Ordnung der Zeit*. Frankfurt am Main.

Martin Geck, 2000, *Bach : Leben und Werk.* Reinbek bei Hamburg.
Peter Gendolla, 1992, *Zeit : Zur Geschichte der Zeiterfahrung. Vom Mythos zur Punktzeit.* Köln.
Gabriele Genge, 2000, *Geschichte im Négligé : Geschichtsästhetische Aspekte der Pompiermalerei.* Weimar.
Creighton E. Gilbert, 1995, *Caravaggio and His Two Cardinals.* University Park.
Bernhard Gill, 2008, Über Whitehead und Mead zur Akteur-Netzwerk-Theorie.
    Die Überwindung des Dualismus von Geist und Materie – und der Preis, der dafür zu zahlen ist. In: Georg Kneer; Markus Schroer; Erhard Schüttpelz (Hg.), 2008,
    Bruno Latours Kollektive. Frankfurt am Main, S. 47–75.
Andreas Glöckner, 2004, *Kritischer Bericht zu Johann Sebastian Bach, Neue Ausgabe sämtlicher Werke, Serie II, Bd. 5b, Matthäus-Passion Frühfassung BWV 244b.* Kassel u. a.
Glenn Gould, 1966/1992, Die Zukunftsaussichten der Tonaufzeichnung. In: Ders., 1984/1992, *Vom Konzertsaal zum Tonstudio : Schriften zur Musik 2.* München, S. 129–160.
Anthony Grafton, 1975, Joseph Scaliger and Historical Chronology: The Rise and Fall of a Discipline. In: *History and Theory* 14, Nr. 2, S. 156–185.
Anthony Grafton, 1993, *Joseph Scaliger : A Study in he History of Classical Scholarship. II Historical Chronology.* Oxford.
Margreta de Grazia, 2010, Anachronism. In: Brian Cummings (Hg.), 2010,
    Cultural Reformations: Medieval and Renaissance in Literary History. Oxford, S. 13–32.
Ulrich Gregor; Enno Patalas, 1962, *Geschichte des Films.* Gütersloh.
Robin Griffiths (Hg.), 2006, *British Queer Cinema.* London, New York.
Leger Grindon, 1994, *Shadows on the past : studies in the historical fiction film.* Philadelphia (Pa.).
Götz Großklaus, 1994, Medien-Zeit. In: Mike Sandbothe; Walther Ch. Zimmerli (Hg.), 1994, *Zeit – Medien – Wahrnehmung.* Darmstadt, S. 36–59.
Hans Ulrich Gumbrecht, 2004, *Diesseits der Hermeneutik : Die Produktion von Präsenz.* Frankfurt am Main.
Klaus Häfner, 1987, *Aspekte des Parodieverfahrens bei Johann Sebastian Bach.* Laaber.
Mary Hamer, 1993, *Signs of Cleopatra : History, politics, representation.* London, New York.
Graham L. Hammill, 2000, *Sexuality and Form : Caravaggio, Marlowe, and Bacon.* Chicago, London.
Nikolaus Harnoncourt, 1984/1987, Bachs »Oboe da Caccia« und ihre Rekonstruktion.
    In: Ders.: 1984/1987, *Der musikalische Dialog.* München, Kassel u. a., S. 83–87.
Sue Harper, 1994, *Picturing the past : the rise and fall of the British costume film.* London.
Uwe Hebekus, 2003, *Klios Medien : Die Geschichtskultur des 19. Jahrhunderts in der historistischen Historie und bei Theodor Fontane.* Tübingen.
Peter Hecht, 2005, Das Vergnügliche erkennt man leicht, aber nicht die Bedeutung. In: Jeroen Giltaij (Hg.), 2005, *Der Zauber des Alltäglichen. Holländische Malerei von Adriaen Brouwer bis Johannes Vermeer.* Ostfildern, S. 20–29.
Georg Johann Herwarth von Hohenburg, 1610, *Thesaurus Hieroglyphicorum.* München.
Hans H. Hiebel; H. Hiebler; K. Kogler; H. Walitsch, 1999, *Große Medienchronik.* München.
Paul Hindemith, 1953/2000, *Johann Sebastian Bach : Ein verpflichtendes Erbe.* Frankfurt am Main.
Peter Uwe Hohendahl (Hg.), 2000, *Öffentlichkeit : Geschichte eines kritischen Begriffs.* Stuttgart, Weimar.
John House, 2008, History without values? Gérômes history paintings. In: *Journal of the Warburg and Courtauld Institutes,* 71 (2008), S. 261–276.
Lucy Hughes-Hallet, 1990, *Cleopatra. Histories, Dreams and Distortions.* London.

Marnie Hughes-Warrington, 2007, *History Goes to the Movies. Studying history on film.* London, New York.
Danièle Huillet; Jean-Marie Straub, 1968, Gespräch mit Danièle Huillet und Jean-Marie Straub. In: *Filmkritik* 10/1968, 12. Jg, H. 142, S. 688–694.
Ludwig Ideler, 1825–26, *Handbuch der mathematischen und technischen Chronologie.* 2 Bde. Berlin.
Jens Jäger; Martin Knauer (Hg.), 2009, *Bilder als historische Quellen?* München
William James, 1909/1975, *The Meaning of Truth.* hg. v. F. Bowers u. I. K. Skrupskelis. Cambridge, Mass., London.
Peter W. Jansen; Wolfram Schütte (Hg.), 1976, *Herzog Kluge Straub.* München.
Derek Jarman, 1986, *Derek Jarman's Caravaggio.* London.
Hans Robert Jauß, 1973, Versuch einer Ehrenrettung des Ereignisbegriffs. In: Reinhart Koselleck; Wolf-Dieter Stempel (Hg.), 1973, *Geschichte – Ereignis und Erzählung.* München, S. 554–560.
Birgit Jooss, 1999, *Lebende Bilder. Körperliche Nachahmung von Kunstwerken in der Goethezeit.* München.
Marcus Junkelmann, 2004, *Hollywoods Traum von Rom : »Gladiator« und die Tradition des Monumentalfilms.* Mainz am Rhein.
Friedrich P. Kahlenberg, 1975, Zur Methodologie der Kritik und Auswertung audiovisuellen Archivguts als Geschichtsquelle. In: *Der Archivar. Mitteilungsblatt für das deutsche Archivwesen* 28, Sp. 50–52.
Sascha Keilholz, 2010, Shutter Island. In: http://www.critic.de/film/shutter-island-1729/ (Abgerufen: 08.12.2011).
Wolfgang Kemp (Hg.), 1980, *Theorie der Fotografie I : 1839–1912.* München.
Wolfgang Kemp, 1985, Vorwort. In: Svetlana Alpers, 1983/1985, *Kunst als Beschreibung. Holländische Malerei des 17. Jahrhunderts.* Köln, S. 7–20.
Athanasius Kircher, 1652–1654, *Obelisci.* Rom.
Athanasius Kircher, 1652–1654, *Oedipus Aegiptiacus,* 4 Bde. Rom.
Athanasius Kircher, 1666, *Obelisci Aegyptiaci.* Rom.
Friedrich A. Kittler, 1986, *Grammophon Film Typewriter.* Berlin.
Friedrich Kluge; Elmar Seebold, 2002, *Etymologisches Wörterbuch der deutschen Sprache.* 24., durchges. u. erw. Aufl. Berlin u. a.
Gertrud Koch, 1996, *Kracauer zur Einführung.* Hamburg.
Ralf Konersmann, 1991, *Erstarrte Unruhe : Walter Benjamins Begriff der Geschichte.* Frankfurt am Main.
Reinhart Koselleck, 1979/1992, *Vergangene Zukunft : zur Semantik geschichtlicher Zeiten.* Frankfurt am Main.
Reinhart Koselleck, 2003, *Zeitschichten.* Frankfurt am Main.
Reinhart Koselleck; Wolf-Dieter Stempel (Hg.), 1973/1973, *Geschichte – Ereignis und Erzählung.* München.
Siegfried Kracauer, 1969/2002, *Geschichte – Vor den letzten Dingen.* Frankfurt am Main (= Werke, hg. v. Inka Mülder-Bach u. Ingrid Belke, Bd. 4).
Siegfried Kracauer, 1960/2005, *Theorie des Films. Die Errettung der äußeren Wirklichkeit.* Frankfurt am Main (= Werke, hg. v. Inka Mülder-Bach u. Ingrid Belke, Bd. 3).
Sibylle Krämer, 2007, Was also ist eine Spur? In: Dies.; Gernot Grube; Werner Kogge (Hg.), 2007, *Spur : Spurensuche als Orientierungstechnik und Wissenskunst.* Frankfurt am Main, S. 11–33.

Klaus Krüger, 2006, Bilder der Kunst, des Films, des Lebens. Derek Jarmans Caravaggio (1986). In: Thomas Hensel; Klaus Krüger; Tanja Michalsky (Hg.), 2006, *Das bewegte Bild. Film und Kunst.* München, S. 257–279.

Kuratorium Schloß Ettersburg e. V. (Hg.), 1996, *Ettersburger Hefte* 4. Weimar.

Bruno Latour, 1991/1995, *Wir sind nie modern gewesen : Versuch einer symmetrischen Anthropologie.* Berlin.

Bruno Latour, 1999/2000, *Die Hoffnung der Pandora.* Frankfurt am Main.

Bruno Latour, 2005/2007, *Eine neue Soziologie für eine neue Gesellschaft : Einführung in die Akteur-Netzwerk-Theorie.* Frankfurt am Main.

Bruno Latour, 2009, Spheres and Networks: Two Ways to Reinterpret Globalization. In: *Harvard Design Magazine,* 30 (2009), S. 138–144.

Teresa de Lauretis, 1991, Queer Theory: Lesbian and Gay Sexualities. In: *differences: A Journal of Feminist Cultural Studies,* Vol. 3,2, S. III–XVIII.

Carl Richard Lepsius, 1849–52, *Denkmäler aus Aegypten und Aethiopien : nach den Zeichnungen der von seiner Majestät dem Könige von Preussen Friedrich Wilhelm IV nach diesen Ländern gesendeten und in den Jahren 1842 – 1845 ausgeführten wissenschaftlichen Expedition / auf Befehl seiner Majestät herausgegeben und erläutert R. Lepsius.* 12 Bde in 6 Abth. Berlin.

Carl Richard Lepsius, 1855, *Koenigliche Museen. Abtheilung der aegyptischen Alterthümer. Die Wandgemälde der verschiedenen Raeume.* 37 Tafeln nebst Erklaerung. Berlin.

Anke Leweke, 2010, Shutter Island. In: http://www.dradio.de/dkultur/sendungen/fazit/1131241/ (Abgerufen: 08.12.2011)

Gilles Lipovetsky; Jean Serroy, 2007, *L'écran global : Culture-médias et cinéma à l'âge hypermoderne.* Paris.

Lloyd Llewellyn-Jones, 2002, Celluloid Cleopatras or Did the Greeks ever get to Egypt? In: Daniel Ogden (Hg.), 2002, *The Hellenistic World. New Perspectives.* London, Swansea, S. 275–304.

Nicole Loraux, 1993, Eloge de l'anachronisme en histoire. In: *Le genre humain* 27 (1993), S. 23–39.

Chris Lorenz, 1987/1997, *Konstruktion der Vergangenheit.* München.

Michael Ludenscheidt, 2002, *Georg Neumark (1621–1681) : Leben und Werk.* Heidelberg.

Niklas Luhmann, 1978, Geschichte als Prozeß und die Theorie sozio-kultureller Evolution. In: Karl-Georg Faber (Hg.), 1978, *Historische Prozesse.* München, S. 413–440.

Edward Maeder (Hg.), 1987, *Hollywood and history : costume design in film.* London u. a.

Richard Maltby, 2011, New Cinema Histories. In: Ders. u. a. (Hg.), 2011, *Explorations in New Cinema History : Approaches and Case Studies.* London, S. 3–40.

Howard Marcuse, 2001, *Legacies of Dachau. The Uses and Abuses of a Concentration Camp 1933–2001.* Cambridge.

Henri-Irénée Marrou, 1954/1973, *Über die historische Erkenntnis.* Freiburg, München.

Christian Meier, 1978, Fragen und Thesen zu einer Theorie historischer Prozesse. In: Karl-Georg Faber (Hg.), 1978, *Historische Prozesse.* München, S. 11–66.

Friedrich Meinecke, 1942, *Aphorismen und Skizzen zur Geschichte.* Leipzig.

Friedrich Meinecke, 1936, *Die Entstehung des Historismus.* München u. Berlin.

Millard Meiss, 1945, Light as Form and Symbol in fifteenth century painting. In: *The art bulletin* 27 (1945), S. 175–181.

Guido Messling, 1997, Die ägyptische Abteilung im Neuen Museum zu Berlin. Vorgeschichte, Konzeption und Umsetzung. In: *Jahrbuch der Berliner Museen* 39 (1997), S. 71–98.

Katrin Meyer, 1998, *Ästhetik der Historie : Friedrich Nietzsches »Vom Nutzen und Nachteil der Historie für das Leben«.* Würzburg.

Esther Meynell, 1925, *Little Chronicle of Magdalena Bach.* London.
Ted Mico (Hg.), 1995/1996, *Past imperfect : history according to the movies.* London.
Margaret M. Miles (Hg.), 2011, *Cleopatra. A Sphinx Revisited.* Berkeley, Calif u. a.
Jean Mitry, 1968–1973, *Histoire du cinéma.* Paris.
Bernard de Montfaucon, 1719–1724, *L'Antiquité expliquée et représentée en figures,* 10 Bde. Paris.
Philipp Müller, 2008, *Erkenntnis und Erzählung : Ästhetische Geschichtsdeutung in der Historiographie von Ranke, Burckhardt und Taine.* Köln u. a.
Wolfgang Müller-Funk (Hg.), 2000, *Zeit : Mythos, Phantom, Realität.* Wien u. a.
Erich H. Müller von Asow, 1938/1950, *Johann Sebastian Bach. Gesammelte Briefe.* Regensburg.
Timothy Murray, 1993, *Like a film : ideological fantasy on screen, camera, and canvas.* London, New York.
Alexander Nagel; Christopher S. Wood, 2010, *Anachronic Renaissance.* New York.
Werner Neumann, 1961, Über Ausmaß und Wesen des Bachschen Parodieverfahrens. In: *Bach-Jahrbuch* 48 (1961), S. 63–85.
Werner Neumann, 1963, Vorwort. In: Johann Sebastian Bach, 1963, Neue Ausgabe sämtlicher Werke (NBA), Suppl. Bd. I: *Bach-Dokumente. Schriftstücke von der Hand Johann Sebastian Bachs.* Leipzig.
Georg Neumark, 1651, *Georg Neumarks von Mühlhausen aus Thür: Verhochteutschte Kleopatra / Mit beygefügten Kupferstükken / und kurtzen Historischen Erklährungen / der eigenen Nahmen und etlicher dunkelen Redensahrten.* Gedrukkt zu Dantzig / bey Andreas Hünefeld in Verlegung Ernst Müllers / Buchhändlers / im Jahr 1651. Exemplar der Herzogin Anna Amalia Bibliothek Weimar, Sig. B 932.
Friedrich Nietzsche, 1874/1972, Unzeitgemäße Betrachtungen II: Vom Nutzen und Nachtheil der Historie für das Leben. In: *Kritische Studienausgabe (KSA).* Hg. v. G. Colli u. M. Montinari, III,1. Berlin u. a., S. 239–330.
Friedrich Nietzsche 1887/1968, Zur Genealogie der Moral. Vorrede. In: *Kritische Studienausgabe (KSA).* Hg. v. G. Colli u. M. Montinari, VI, 2. Berlin u. a.
Thomas Nipperdey, 1983/1994, *Deutsche Geschichte 1800–1866 : Bürgerwelt und starker Staat.* München.
John E. O'Connor (Hg.), 1990, *Image as artifact : the historical analysis of film and television.* Malabar (Fla).
Erwin Panofsky, 1939/1978, Ikonographie und Ikonologie. Eine Einführung in die Kunst der Renaissance. In: Ders., 1978, *Sinn und Deutung in der bildenden Kunst.* Köln, S. 36–67.
Erwin Panofsky, 1953/2001, *Die altniederländische Malerei. Ihr Ursprung und Wesen.* Bd. 1. Köln.
Gerhard Paul, 2006, Von der Historischen Bildkunde zur Visual History. Eine Einführung. In: Ders. (Hg.), 2006, *Visual History : Ein Studienbuch.* Göttingen, S. 7–36.
Michael Pfrommer, 2000, Kleopatra im archäologischen Niemandsland. Eine Ikone in Film und Fernsehen. In: Siegrid Düll (Hg.), 2000, *Das Spiel mit der Antike.* Möhnesee, S. 291–314.
Andor Pigler, 1956, *Barockthemen.* Berlin, Budapest.
Plutarch, 1954/1991, *Von großen Griechen und Römern. Fünf Doppelbiographien.* Übers. v. K. Ziegler und W. Wuhrmann. München und Zürich.
Ulrich Pohlmann, 1996, Alma-Tadema and Photography. In: Edwin Becker; E. Morris; E. Prettejohn; J. Treuherz (Hg.), 1996, *Sir Lawrence Alma-Tadema.* Zwolle, S. 111–124.
Donald Posner, 1971, Caravaggio's Homo-Erotic Early Works. In: *The art quarterly* 34 (1971), S. 301–324.
Jacques Rancière, 1996, Le concept d'anachronisme et la verité de l'historien. In: *L'Inactuel* 6 (1996), S. 53–68.

Jacques Rancière, 1998, Die Geschichtlichkeit des Films. In: Eva Hohenberger; Judith Keilbach (Hg.), 2003, *Die Gegenwart der Vergangenheit : Dokumentarfilm, Fernsehen und Geschichte.* Berlin., S. 230–246.

Jacques Rancière, 2011, *Und das Kino geht weiter : Schriften zum Film.* Hg. v. Sulgi Lie und Julian Radlmaier. Berlin.

Leopold von Ranke, 1824, *Geschichten der romanischen und germanischen Völker von 1494–1535.* Leipzig u. Berlin.

Niall Richardson, 2009, *The queer cinema of Derek Jarman : critical and cultural readings.* London.

Paul Ricœur, 1983–85/1988–91, *Zeit und Erzählung.* 3 Bde. München.

Günter Riederer, 2006, Film und Geschichtswissenschaft : Zum aktuellen Verhältnis einer schwierigen Beziehung. In: Gerhard Paul (Hg.), 2006, *Visual History : Ein Studienbuch.* Göttingen, S. 96–113.

Joshua Rifkin, 1975, The Chronology of Bach's Saint Matthew Passion. In: *Musical Quarterly* LXI (1975), S. 360–387.

Hugo von Ritgen, 1859/1876, *Der Führer auf der Wartburg. Ein Wegweiser für Fremde und ein Beitrag zur Kunde der Vorzeit.* 3., vermehrte und verbesserte Auflage. Leipzig.

Claude Ritschard; Allison Morehead; Musée Rath Genève (Hg.), 2004, *Cléopâtre dans le miroir de l'art occidental.* Genf.

Robert A. Rosenstone, 1988, History in Images/History in Words: Reflections on the Possibility of Really Putting History onto Film. In: *The American Historical Review* 93 (1988), Nr. 5, S. 1173–1185.

Robert A. Rosenstone, 2006, *History on film / film on history.* Harlow.

Gustav Roßler, 2008, Kleine Galerie neuer Dingbegriffe: Hybriden, Quasi-Objekte, Grenzobjekte, epistemische Dinge. In: Georg Kneer, Markus Schroer, Erhard Schüttpelz (Hg.), 2008, *Bruno Latours Kollektive.* Frankfurt am Main, S. 76–107.

Rainer Rother (Hg.), 1991, *Bilder schreiben Geschichte : Der Historiker im Kino.* Berlin.

Simon Rothöhler, 2011, *Amateur der Weltgeschichte : Historiographische Praktiken im Kino der Gegenwart.* Zürich.

Richard Roud, 1971, *Jean-Marie Straub.* London.

Jörn Rüsen (Hg.), 2003, *Zeit deuten : Perspektiven – Epochen – Paradigmen.* Bielefeld.

Joseph Scaliger, 1583/1629, *Opus de emendatione temporum : Hac postrema Editione, ex Auctoris ipsius manuscripto, emendatius, magnáque acessuibe auctius.* Genf.

Christina Scherer; Guntram Vogt, 1996, Derek Jarman. In: Jürgen Felix u. a. (Hg.), 1996, *Experimente und Visionen. Studien zum neuen britischen Kino.* Augen-Blick, Marburger Hefte zur Medienwissenschaft, Nr. 24. Marburg.

Arnold Schering, 1921, Über Bachs Parodieverfahren. In: *Bach-Jahrbuch* 18 (1921), S. 49–95.

Wilhelm Schmidt-Biggemann, 2003, Geschichte, Ereignis, Erzählung. Über Schwierigkeiten und Besonderheiten von Geschichtsphilosophie. In: Andreas Speer (Hg.), 2003, *Anachronismen.* Würzburg, S. 25–50.

Wolfgang Schmieder (Hg.), 1990, *Thematisch-systematisches Verzeichnis der musikalischen Werke von Johann Sebastian Bach : Bach-Werke-Verzeichnis (BWV).* 2., überarbeitete und erweiterte Aufl. Wiesbaden.

Robert A. Schneider, 2006, On Film Reviews in the AHR. In: *Perspectives on History*, May 2006. URL: http://www.historians.org/perspectives/issues/2006/0605/0605aha2.cfm (Zugriff: 08.12.11).

Hans-Joachim Schulze, 2004, »Zumahln da meine itzige Frau gar einen sauberen Soprano singet ...« In: Maria Hübner, 2004, *Anna Magdalena Bach. Ein Leben in Dokumenten und Bildern.* Leipzig, S. 11–24.

Hans-Joachim Schulze, 2001, Probleme der Werkchronologie bei Johann Sebastian Bach. In: Martin Staehelin (Hg.), 2001, *»Die Zeit, die Tag und Jahre macht« Zur Chronologie des Schaffens von Johann Sebastian Bach. Bericht über das wissenschaftliche Colloquium aus Anlaß des 80. Geburtstages von Alfred Dürr.* Göttingen, S. 11–20.

Albert Schweitzer, 1908/1969, *Johann Sebastian Bach.* Leipzig.

Linda M. Scott, 2005, *Fresh Lipstick. Redressing Fashion and Feminism.* New York u. a.

Louis Seguin; Freddy Buache, 1991/2007, *Jean-Marie Straub. Danièle Huillet. «Aux distraitement désespérés que nous sommes…»*, Paris.

Vittorio Sgarbi, 1985, The contradictions of genius. In: *FMR America*, Nr. 9 (1985), S. 45–76.

Michel Serres, 1980/2002, *Der Parasit.* Frankfurt am Main.

Georg Simmel, 1916/2003, Das Problem der historischen Zeit. In: Ders., 2003, *Gesamtausgabe*, Band 15. hg. v. Uta Kösser, Hans-Martin Kruckis u. Otthein Rammstedt. Frankfurt am Main, S. 287–304.

Friedrich Smend, 1962, Was bleibt? Zu Friedrich Blumes Bach-Bild. In: *Der Kirchenmusiker* 13 (1962), Nr. 5, S. 1–13.

Gary A. Smith, 1991, *Epic films : casts, credits, and commentary on over 250 historical spectacle movies.* Jefferson, N.C.

Vivian Sobchack, 1990, "Surge and Splendor": A Phenomenology of the Hollywood Historical Epic. In: *Representations* 29 (1990), S. 24–49.

Vivian Sobchack (Hg.), 1996, *The persistence of history : cinema, television and the modern event.* New York u. a.

Vivian Sobchack, 1996, Introduction : History Happens. In: Dies. (Hg.), 1996, *The persistence of history : cinema, television and the modern event.* New York u. a., S. 1–14.

Susan Sontag, 1964/2009, Anmerkungen zu ›Camp‹. In: *Kunst und Antikunst : 24 literarische Analysen.* München, S. 322–341.

Andreas Speer, 2003, Anachronismen – zur philosophischen Produktivität des Unzeitgemäßen. Eine Einleitung. In: Ders. (Hg.), 2003, *Anachronismen.* Würzburg, S. 9–24.

Philipp Spitta, 1873–1880, *Johann Sebastian Bach.* 2 Bde. Leipzig.

Jean-Marie Straub, 1969, *Chronik der Anna Magdalena Bach.* Frankfurt am Main.

Johannes Süßmann, 2000, *Geschichtsschreibung oder Roman? : Zur Konstitutionslogik von Geschichtserzählung zwischen Schiller und Ranke (1780–1824).* Stuttgart.

Fritz Terveen, 1955, Der Film als historisches Dokument. Grenzen und Möglichkeiten. In: *Vierteljahrshefte für Zeitgeschichte* 3 (1955).

Georg Christoph Tholen, 2002, *Die Zäsur der Medien.* Frankfurt am Main.

Georg Christoph Tholen; Michael O. Scholl (Hg.), 1990, *Zeit-Zeichen.* Weinheim.

Jerzy Toeplitz, 1955–70/1972–91, *Geschichte des Films.* 5 Bde. Berlin

Robert Brent Toplin, 2002, *Reel history : in defense of Hollywood.* Lawrence, Kan.

Grant Annis George Tracey, 2002, *Filmography of American history.* Westport, Conn. u. a.

Jörg Traeger, 1986, *Der Tod des Marat. Revolution des Menschenbildes.* München.

Maureen Turim, 1976, Ecriture Blanche : The Ordering of the Filmic Text in The Chronicle of Anna Magdalena Bach. In: *Purdue Film Studies Annual* (1976), S. 177–192.

James Tweedie, 2007, The suspended spectacle of history: the tableau vivant in Derek Jarman's Caravaggio. In: Jackie Stacey (Hg.), 2007, *Queer Screen. A Screen Reader.* New York, S. 208–235.

Gore Vidal, 1992, *Screening history.* London.

Joseph Vogl, 2002, *Kalkül und Leidenschaft : Poetik des ökonomischen Menschen*. München.
Christoph Martin Vogtherr, 1997, *Das königliche Museum zu Berlin. Planungen und Konzeption des ersten Berliner Kunstmuseums*. Jahrbuch der Berliner Museen, Bd. 39 (1997) (Beiheft). Berlin.
Susan Walker; Sally-Ann Ashton, 2006, *Cleopatra*. London.
Walter Wanger; Joe Hyams, 1963, *My Life with Cleopatra*. London.
Sigrid Weigel, 1997, *Entstellte Ähnlichkeit : Walter Benjamins theoretische Schreibweise*. Frankfurt am Main.
André Wendler, 2008, Bach im Kino. Wer und was Geschichte machen. In: *Archiv für Mediengeschichte* 8 (2008), S. 93–100.
Diana Wenzel, 2005, *Kleopatra im Film. Eine Königin Ägyptens als Sinnbild für orientalische Kultur*. Remscheid.
Elsa von Wezel, 2001, *Die Konzeption des Alten und Neuen Museums zu Berlin und das sich wandelnde historische Bewusstsein*. Jahrbuch der Berliner Museen, Bd. 43 (2001) (Beiheft). Berlin.
Hayden White, 1973/1994, *Metahistory*. Frankfurt am Main.
Hayden White, 1987/1990, *Die Bedeutung der Form : Erzählstrukturen in der Geschichtsschreibung*. Frankfurt am Main.
Hayden White, 1988, Historiography and Historiophoty. In: *The American Historical Review* 93 (1988), Nr. 5, S. 1193–1199.
Hayden White, 1996, The Modernist Event. In: Vivian Sobchack (Hg.), 1996, *The persistence of history : cinema, television and the modern event*. New York u. a., S. 17–38.
G. J. Whitrow, 1988/1991, *Die Erfindung der Zeit*. Hamburg.
Joachim Wolf, 1968, Chronik der Anna Magdalena Bach. Gespräch mit dem Regisseur Jean-Marie Straub. In: *Film* 4/1968, o. S.
Udo W. Wolff, 1981, *Preußens Glanz und Gloria im Film : die berühmten deutschen Tonfilme über Preussens glorreiche Vergangenheit*. München.
Peter Wollny, 1999, Bach (Familie). In: Ludwig Finscher (Hg.), 1999, *Die Musik in Geschichte und Gegenwart. Allgemeine Enzyklopädie der Musik*. Zweite, neubearbeitete Ausgabe (MGG2). Personenteil, Bd. 1 Aa–Bae. Kassel u. a., Sp. 1273–1311.
Maria Wyke; Dominic Montserrat, 2011, Glamour Girls. Cleomania in Mass Culture. In: Margaret M. Miles (Hg.), 2011, *Cleopatra. A Sphinx Revisited*. Berkeley, Calif u. a., S. 172–194.
Frances Yates, 1964/1999, *Selected Works, Vol. II: Giordano Bruno and the Hermetic Tradition*. London, New York.
Juergen Zarusky, 1998, »That is not the American Way of Fighting«. Die Erschießungen gefangener SS-Leute bei der Befreiung des KZ Dachau. In: *Dachauer Hefte* 13 (1998), S. 27–55.
Johann Heinrich Zedler (Hg.), 1732–1754, *Grosses vollständiges Universallexicon aller Wissenschaften und Künste*. Leipzig.
Natalie Zemon Davis, 1987/1991, Gibt es eine filmische Sicht der Geschichte? In: Rainer Rother (Hg.), 1991, *Bilder schreiben Geschichte : Der Historiker im Kino*. Berlin, S. 37–63.
Friedrich von Zglinicki, 1979, *Der Weg des Films*. Hildesheim.
Christiane Ziegler, 1994, Von einer Ägyptomanie zur nächsten: Das Vermächtnis des römischen Altertums. In: Kunsthistorisches Museum Wien (Hg.), 1994, *Ägyptomanie*. Mailand, S. 15–20.

Danksagung

Ich habe während der Arbeit an diesem Buch von zahlreichen Personen und Institutionen Unterstützung in vielfältiger Form erhalten. Es ist deshalb auch das Werk all dieser Personen, denen ich zu großem Dank verpflichtet bin.

Zunächst danke ich meinen beiden Betreuern und Gutachtern Lorenz Engell und Peter Geimer, die mit Interesse, Kritik, Wohlwollen und Hinweisen jeder Art die Arbeit befördert haben, wo sie konnten.

Ich danke dem Graduiertenkolleg »Mediale Historiographien« der Bauhaus-Universität Weimar, in dem ich zunächst als Forschungsstudent und später als Stipendiat die Arbeit an diesem Projekt beginnen konnte. Die vielfältigen Diskussionen über mein Projekt aber auch die Probleme von Medien und Geschichte ganz allgemein mit den Antragsteller_innen und den Stipendiat_innen des Kollegs werden mir immer in Erinnerung bleiben. Ich habe selten so viel gelernt wie in den »Weimarer Villen«.

Den Großteil meiner Arbeit habe ich während meiner Tätigkeit am Internationalen Kolleg für Kulturtechnikforschung und Medienphilosophie – IKKM Weimar geschrieben. Die dortigen Kolleg_innen und Fellows haben in vielen Gesprächen und Präsentationen unbezahlbare Hinweise zur dieser Arbeit gegeben. Namentlich danke ich Michael Cuntz, Christoph Engemann, Laura Frahm, Rupert Gaderer, Harun Maye, Olga Moskatova, Anne Ortner, Volker Pantenburg, Leander Scholz, Bernhard Siegert, Nicole Stöcklmayr und Barbara Wittmann, die die Großzügigkeit besaßen mir auch im tagtäglichen Arbeitsaufkommen genügend Zeit für die Fertigstellung der Arbeit einzuräumen.

Ich habe das Glück Kolleg_innen zu haben, die gleichzeitig beste Freund_innen sind und deshalb auch für Wissenschaftsprobleme ein Ohr haben, die nicht mit unmittelbar inhaltlichen Fragen zusammenhängen. Danke, dass Ihr für mich da wart und bleibt: Lisa Conrad, Sarah Czerney, Dennis Göttel, Frieda Horstmann, Christiane Lewe, Ringo Rösener, Christin Sirtl, Linda Waack und vor allem Daniela Wentz.

Ab und an tut es auch gut, mit Leuten zusammen zu kommen, die mit Wissenschaft nichts weiter am Hut haben und einem den Kopf einmal auf ganz andere Weise waschen oder einfach nur die Daumen drücken. Danke Euch: Josef Janáč, Kerstin May, Gregor Pfeifer und Robert Scheibe.

Die größte moralische Unterstützung habe ich durch zwei Personen erhalten, die an mich glauben und mir Freiheiten geben und gaben, wie sonst niemand: meine Eltern Ralf Wendler und Silvia Wendler. Danke.

Die Arbeit war nur möglich, weil sie durch öffentliche Gelder aus Quellen der DFG, des BMBF und des Freistaates Thüringen gefördert wurde, die letztlich Gelder sind, welche die Steuerzahler_innen dieses Landes aufgebracht haben. Danke für das Vorschussvertrauen, das hoffentlich von diesem Buch nicht enttäuscht wird.